T0296798

Integriertes Online-Marketing

Lizenz zum Wissen.

Sichern Sie sich umfassendes Technikwissen mit Sofortzugriff auf tausende Fachbücher und Fachzeitschriften aus den Bereichen: Automobiltechnik, Maschinenbau, Energie + Umwelt, E-Technik, Informatik + IT und Bauwesen.

Exklusiv für Leser von Springer-Fachbüchern: Testen Sie Springer für Professionals 30 Tage unverbindlich. Nutzen Sie dazu im Bestellverlauf Ihren persönlichen Aktionscode C0005406 auf *www.springerprofessional.de/buchaktion/*

Springer für Professionals.

Digitale Fachbibliothek. Themen-Scout. Knowledge-Manager.

- Zugriff auf tausende von Fachbüchern und Fachzeitschriften
- Selektion, Komprimierung und Verknüpfung relevanter Themen durch Fachredaktionen
- Tools zur persönlichen Wissensorganisation und Vernetzung

www.entschieden-intelligenter.de

Springer für Professionals

Springer

Michael Jacob

Integriertes Online-Marketing

Strategie, Taktik und Implementierung

Springer Vieweg

Michael Jacob
Fachbereich Betriebswirtschaft
Hochschule Kaiserslautern
Zweibrücken, Rheinland-Pfalz
Deutschland

ISBN 978-3-658-10753-6 ISBN 978-3-658-10754-3 (eBook)
DOI 10.1007/978-3-658-10754-3

Die Deutsche Nationalbibliothek verzeichnet diese Publikation in der Deutschen Nationalbibliografie; detaillierte bibliografische Daten sind im Internet über http://dnb.d-nb.de abrufbar.

Springer Vieweg
© Springer Fachmedien Wiesbaden 2015
Das Werk einschließlich aller seiner Teile ist urheberrechtlich geschützt. Jede Verwertung, die nicht ausdrücklich vom Urheberrechtsgesetz zugelassen ist, bedarf der vorherigen Zustimmung des Verlags. Das gilt insbesondere für Vervielfältigungen, Bearbeitungen, Übersetzungen, Mikroverfilmungen und die Einspeicherung und Verarbeitung in elektronischen Systemen.
Die Wiedergabe von Gebrauchsnamen, Handelsnamen, Warenbezeichnungen usw. in diesem Werk berechtigt auch ohne besondere Kennzeichnung nicht zu der Annahme, dass solche Namen im Sinne der Warenzeichen- und Markenschutz-Gesetzgebung als frei zu betrachten wären und daher von jedermann benutzt werden dürften.
Der Verlag, die Autoren und die Herausgeber gehen davon aus, dass die Angaben und Informationen in diesem Werk zum Zeitpunkt der Veröffentlichung vollständig und korrekt sind. Weder der Verlag, noch die Autoren oder die Herausgeber übernehmen, ausdrücklich oder implizit, Gewähr für den Inhalt des Werkes, etwaige Fehler oder Äußerungen.

Gedruckt auf säurefreiem und chlorfrei gebleichtem Papier

Springer Fachmedien Wiesbaden GmbH ist Teil der Fachverlagsgruppe Springer Science+Business Media (www.springer.com)

Vorwort

Online-Marketing hat sich in den vergangenen Jahren zu einem Modethema entwickelt, womit auch die Anzahl der Veröffentlichungen stark angestiegen ist. Die unter diesem Titel entstandenen Bücher widmen sich aufgrund unterschiedlicher Begriffsverständnisse jedoch nicht einem bis ins Detail einheitlichen Themenkreis. So wird beispielsweise der Vertrieb beziehungsweise der E-Commerce nicht immer als Bestandteil des Online-Marketings angesehen.

Fast alle Autoren gehen jedoch auf folgende Bereiche ein:

- Website
- E-Mail
- Displaywerbung
- Affiliates
- Soziale Medien
- Suchmaschinen

Diese Themenbereiche werden häufig sehr technisch und mit wenig Bezug zum allgemeinen Marketing dargestellt. Ziel ist es deshalb, diese Lücke zu schließen und das Online-Marketing aus Managementsicht mit dem allgemeinen Marketing zu verbinden. Durch diese integrierte Betrachtungsweise erzielen Unternehmen auf allen Märkten mehr Erfolg.

Mit dem integrierten Ansatz verbunden ist die Darstellung unterschiedlicher Perspektiven. Beginnend mit der Strategie wird der Leser aus der Vogelperspektive an das Thema herangeführt und dazu befähigt, Chancen und Risiken des Online-Marketings für ein Unternehmen zu erkennen. Ein Schwerpunkt dieses Kapitels bildet auch die Verknüpfung des Online-Marketings mit dem Themenkomplex ökologische, wirtschaftliche und soziale Nachhaltigkeit. Aufbauend auf der strategischen Ebene wird im nächsten Schritt die taktische Perspektive dargestellt und das Online-Marketing mit der Produkt-, Preis-, Vertriebs- und Kommunikationspolitik eines Unternehmens verbunden. Die abschließende Perspektive betrachtet die Implementierungsebene. Hier werden die bereits erwähnten Instrumente des Online-Marketings (zum Beispiel Möglichkeiten zur Gestaltung der Website) im Detail dargestellt, wobei aufgrund der Vielfalt der Themen eine Auswahl der wichtigsten Aspekte vorgenommen wurde.

Das Buch wendet sich gleichzeitig an Studierende und Praktiker und vermittelt diesen einen ersten Überblick. Damit wird die Befähigung erlangt, die vielfältigen Themen des Online-Marketings und deren Zusammenhänge zu verstehen und für Managemententscheidungen zu nutzen.

Für anregende Diskussionen und viele unterstützende Arbeiten geht mein Dank insbesondere an folgende Personen: Carolin Kerl, Patrick Lindner, B. A., Viktoria Romaschkina, M. Sc., Melanie Schäfer, B. A. und Axel Simon, B. A.

Sollten Sie Fehler feststellen oder sonstige Anmerkungen haben, können Sie den Autor gerne unter michael.jacob@hs-kl.de kontaktieren.

Zweibrücken, September 2015 Michael Jacob

Inhaltsverzeichnis

Abbildungsverzeichnis

Abkürzungsverzeichnis

AGB	Allgemeine Geschäftsbedingungen
API	Application Programming Interface
ARPANET	Advanced Research Projects Agency Network
B2B	Business-to-Business
B2C	Business-to-Consumer
BDSG	Bundesdatenschutzgesetz
BGB	Bürgerliches Gesetzbuch
BVDW	Bundesverband Digitale Wirtschaft
bvh	Bundesverband des Deutschen Versandhandels
C2C	Consumer-to-Consumer
CBC	Customer-Buying-Cycle
CEM	Customer-Experience-Management
CMS	Content-Management-System
CPA	Cost-per-Action
CPC	Cost-per-Click
CPL	Cost-per-Lead
CPM	Cost-per-Mille
CPO	Cost-per-Order
CPS	Cost-per-Sale
CRM	Customer-Relationship-Management
CSA	Certified Senders Alliance
CSR	Corporate Social Responsibility
CSS	Cascading Style Sheet
DHL	Dalsey Hillblom Lynn
DVTM	Deutscher Verband für Telekommunikation und Medien
ECC	E-Commerce-Center
EPC	Earnings per Click

FTP	Filetransfer Protocol
GIF	Grafics Interchange Format
HGB	Handelsgesetzbuch
HTML	Hypertext Markup Language
HTTP	Hypertext Transfer Protocol
HTTPS	Hypertext Transfer Protocol Secure
IMAP	Internet Message Protocol
IP	Internet Protocol
JPEG	Joint Photographic Experts Group
KPMG	Klynveld Peat Marwick Goerdeler
MMS	Multimedia Messaging Service
MSN	Microsoft Network
NGO	Non-Governmental Organization
NNTP	Network News Transfer Protocol
OECD	Organization for Economic Cooperation and Development
OVK	Online-Vermarkterkreis
PAngV	Preisangabenverordnung
PHP	Hypertext Preprocessor, ursprünglich Private Home Page
PNG	Portable Network Graphics
POP	Post Office Protocol
PR	Public Relations
QR	Quick Response
ROI	Return on Investment
SEA	Search Engine Advertising
SEM	Search Engine Marketing
SEO	Search Engine Optimization
SigG	Signaturgesetz
SMS	Short Message Service
SMTP	Simple Mail Transfer Protocol
StGB	Strafgesetzbuch
TCP	Transmission Control Protocol
TKP	Tausenderkontaktpreis
TLD	Top-Level-Domain
TMG	Telemediengesetz
TNS	Taylor Nelson Sofres

URL	Uniform Resource Locator
UWG	Gesetz gegen unlauteren Wettbewerb
WCMS	Web-Content-Management-System
WWW	World Wide Web
WYSIWYG	What You See Is What You Get

1 Einleitung

Zusammenfassung

Im heutigen Informations- und Kommunikationszeitalter werden E-Business und das dazugehörige Online-Marketing immer fester werdende Bestandteile des Alltags von Personen und Unternehmen. Um in der Masse an Anbietern hervorzustechen, bedarf es neuer Wege im Marketing. Die klassischen Marketingmaßnahmen müssen an die neuen Rahmenbedingungen angepasst und durch neue Online-Marketing-Maßnahmen ergänzt werden. Denn das Internet als Kernelement des Online-Marketings bietet bisher unerreichte Interaktivität zwischen Unternehmen und Kunden. Zusätzlich hebt es geografische, demografische, kulturelle sowie zeitliche Grenzen auf. Dadurch ergeben sich neue Möglichkeiten, Kunden anzusprechen, zu gewinnen und zu binden. Zudem wird der Kunde durch seine Interaktion im Web und den Einsatz der Informationstechnik transparenter, was eine gezieltere Kommunikation und eine bessere Personalisierung des Angebots zulässt.

1.1 Aufbau des Buchs

In dem folgenden Buch geht es zunächst darum, wie das Internet Marketingstrategien und den daraus abgeleiteten Marketingmix beeinflusst. Auf dieser Basis werden die wichtigsten Instrumente des Online-Marketings aus einer Implementierungssicht dargestellt. Die Abb. 1.1 verdeutlicht nochmals das Vorgehen.

© Springer Fachmedien Wiesbaden 2015
M. Jacob, *Integriertes Online-Marketing*, DOI 10.1007/978-3-658-10754-3_1

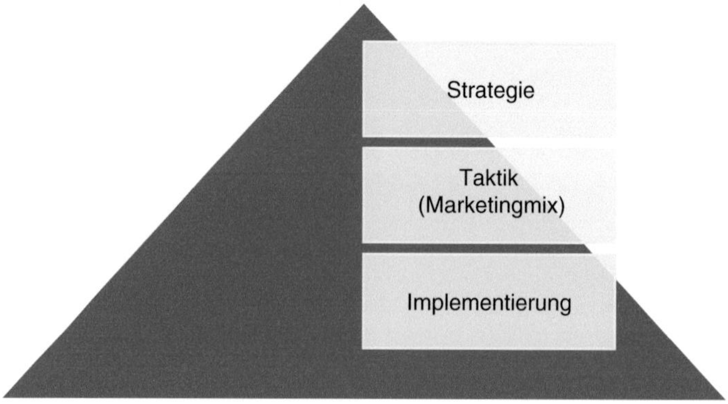

Abb. 1.1 Aufbau des Buchs

1.2 Marketing als Unternehmensfunktion und Leitkonzept

Der Marketingbegriff ist wie viele andere Begriffe in Literatur und Praxis nicht eindeutig definiert. Ursprünglich wurde Marketing neben der Produktion, der Finanzierung, dem Personalwesen und anderen betrieblichen Bereichen als eine reine **Unternehmensfunktion** gesehen. Durchgesetzt hat sich später allerdings der allgemeine Grundgedanke, dass es beim Marketing um eine fortlaufende Anpassung des Unternehmens an den Markt geht. Unbestritten ist ebenfalls, dass Marketing als „Denken vom Markt her" verstanden wird und die Kunden im Zentrum stehen. Ergänzend zu den Kunden wurden in den letzten Jahren auch andere Gruppen angesprochen. Hierzu gehören insbesondere Mitarbeiter, Anteilseigner oder der Staat, sodass sich unterschiedlich weite Definitionen aufstellen lassen. Zusammenfassend betrachtet ist Marketing folglich nicht nur eine Funktion in Unternehmen, sondern gleichzeitig ein **Leitkonzept** beziehungsweise eine Denkhaltung des Managements (vgl. Bruhn 2012, S. 13 f.).

1.3 Marketing und Vertrieb nicht eindeutig abgegrenzt

Ebenfalls nicht eindeutig geklärt ist das Verhältnis zwischen den Begriffen Marketing und Vertrieb. Während die **wissenschaftliche Literatur** den Vertrieb im Regelfall als Teilbereich des Marketings darstellt, verwendet die **Praxis** die Begriffe häufig für zwei parallel zueinanderstehende Sachverhalte. Unter diesem engen Marketingbegriff werden dann primär die kommunikativen Maßnahmen wie zum Beispiel Werbung und Öffentlichkeitsarbeit subsumiert. Da dieses Buch einen integrierten Ansatz verfolgt, wird der Vertrieb hier jedoch als Teilbereich des Marketings betrachtet.

1.4 Online-Marketing unterschiedlich definiert

Wie nicht anders zu erwarten, definieren Literatur und Praxis auch den Begriff Online-Marketing nicht einheitlich. Dies liegt zunächst daran, dass technisch ein fließender Übergang von der Onlinewelt zur Offlinewelt besteht. Klassisch ist eine Person „**online**", wenn sie mit dem Internet verbunden ist. Dies kann heute nicht nur über einen stationären Rechner, sondern auch über ein Smartphone oder einen Tablet-Rechner erfolgen. Auch mithilfe moderner Fernsehgeräte (Smart-TV) kann ein Anwender ins Internet gelangen oder Fernsehsendungen über das Internet empfangen. Das Offlinemedium Fernsehen ist damit zu einem Onlinemedium geworden. Ähnlich, nur zeitlich etwas früher, war die Entwicklung bei den mobilen Telefonen. Ein internetfähiges Endgerät muss jedoch nicht immer zwingend online sein. Auch offline können Inhalte betrachtet werden, die zuvor online heruntergeladen wurden. Eindeutig „**offline**" sind dagegen folgende beispielhaft genannten Marketingmaßnahmen:

- Anzeigen in Printmedien
- (Papier) Coupons
- Beilagen
- Postwurfsendungen (adressiert, teiladressiert, nichtadressiert)
- Plakate
- Telefon- und Faxmarketing
- Beteiligung an Messen

Da offline jedoch zum Beispiel Hinweise auf Webadressen gegeben werden, muss eine integrierte Betrachtungsweise unabhängig von einer Definition auch diese Aspekte berücksichtigen.

1.5 Abgrenzung zu verwandten Themen

Eine integrierte Herangehensweise erfordert neben der Darstellung der zuvor genannten Schwerpunkte auch die Vernetzung mit dem Themenumfeld. Zu diesem Umfeld gehört zunächst die Betrachtung des **allgemeinen Marketings** in dem Umfang, wie es zum Verständnis der Themenschwerpunkte erforderlich ist. Eine Abgrenzung zu dem eher technischen Vorgehen bei der **Erstellung von Internetauftritten** muss ebenfalls gefunden werden. Online-Marketing berücksichtigt nach der hier vertretenen Auffassung zwar den Betrieb einer eigenen Website, jedoch nicht deren detaillierten Erstellungsprozess. Ebenso werden alle über den Onlinebereich hinausgehenden informationstechnischen beziehungsweise digitalen Aspekte im Marketing von diesem Buch ausgeklammert, obwohl in der Literatur die Bezeichnung „**digitales Marketing**" teilweise als Synonym zum Online-Marketing Verwendung findet.

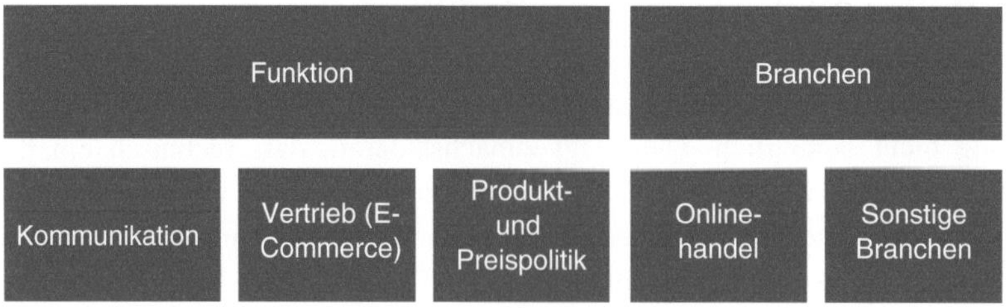

Abb. 1.2 Integrierte Sichtweise des Online-Marketings

1.6 Vertrieb (E-Commerce) als Bestandteil des Online-Marketings

Während die zuvor genannten Schwerpunkte von den meisten Autoren als Kernelemente des Online-Marketings genannt werden, herrscht ebenso wie bei den Teilbereichen Marketing und Vertrieb Uneinigkeit darüber, ob der Onlinevertrieb als Bestandteil des Online-Marketings anzusehen ist. Für eine Zunahme der Begriffsverwirrungen sorgt der englische Begriff „E-Commerce", der häufig auch im Deutschen verwendet wird. Übersetzt bedeutet er „elektronischer Vertrieb" oder „elektronischer Handel". Der hier vertretene integrierte Ansatz sieht, wie aus der Abb. 1.2 hervorgeht, den Onlinevertrieb als **Funktion** und als Teilbestandteil des Online-Marketings. Alternativ gibt es die Meinung, dass Online-Marketing und Onlinevertrieb parallel beziehungsweise additiv zueinanderstehen. Ein dritter Standpunkt betrachtet schließlich den Begriff Onlinevertrieb als Oberbegriff und das Online-Marketing als dessen Teilbestandteil. Der zuletzt genannten Sichtweise liegt häufig ein **institutionelles Begriffsverständnis** zugrunde, das den Onlinevertrieb (E-Commerce) als Branche und nicht als Funktion betrachtet. Häufiger wird deshalb auch von Onlinehandel gesprochen und dieser von anderen Branchen (zum Beispiel Industrie, Dienstleistungen) abgegrenzt. Ein derartiger Branchenfokus wird hier jedoch nicht gelegt.

1.7 Keine Veränderung der Grundregeln des Marketings durch das Internet

An den Grundregeln des Marketings ändert sich durch das Internet zunächst wenig. Auch im Zeitalter des Onlinevertriebs ist es weiterhin wichtig, dass Produkte möglichst passgenau auf die Bedürfnisse der Kunden zugeschnitten werden und diesbezüglich besser als die Wettbewerbsprodukte sind. Durch das Internet werden diese Grundregeln des Marketings folglich nicht beseitigt. So waren einige Unternehmen fälschlicherweise der Meinung, dass sie eigene Internetmarken schaffen könnten, die sich insbesondere durch Suchmaschinen von selbst vermarkten. Unterschätzt wurde in diesem Zusammenhang, dass auch für den Aufbau einer reinen Internetmarke hohe Summen für die

Entwicklung und Bekanntmachung eines Markenimages investiert werden müssen, wie das Beispiel „Amazon“ zeigt. (vgl. TEIA 2015)

Literatur

Bruhn M (2012) Marketing; Grundlagen für Studium und Praxis. Gabler, Wiesbaden.
TEIA (2015) Produktpolitik und Markenführung im Internet. http://www.teialehrbuch.de/Kostenlose-Kurse/Marketing/15273-Produktpolitik-und-Markenfuehrung-im-Internet.html. Zugegriffen am 24. Januar 2015.

Strategie 2

Zusammenfassung

Damit Unternehmen langfristig nicht nur die eigene Existenz sichern, sondern auch ihren Mitarbeitern eine gewisse Arbeitsplatzsicherheit gewährleisten können, muss sich das unternehmerische Handeln an vorab erarbeiteten Zielen ausrichten. Um diese Ziele bestmöglich zu erreichen, sollte das Unternehmen eine Strategie entwickeln und diese konsequent umsetzen. In diesem Kapitel wird zunächst der strategische Prozess unter besonderer Berücksichtigung des Online-Marketings vorgestellt. Anschließend werden ausgewählte Aspekte des internen und externen Unternehmensumfelds thematisiert. Dabei liegt der Fokus zunächst auf den rechtlichen und technischen Rahmenbedingungen des Online-Marketings. Ebenso werden die Effekte des E-Commerce auf die ökonomische, die ökologische und die gesellschaftliche Nachhaltigkeit beleuchtet. Abschließend wird der strategische Einfluss des Kunden auf das Online-Marketing dargestellt.

2.1 Strategischer Prozess

Eine Strategie kann nur so gut sein wie der vorangegangene Strategieprozess. Die inhaltlichen Grundlagen über den strategischen Prozess sollten bekannt sein und bei der Ausführung berücksichtigt werden. Daher wird an dieser Stelle zunächst der Begriff der Strategie erläutert, bevor nachfolgend die unterschiedlichen Phasen des Strategieprozesses vorgestellt werden. Im Anschluss wird der Fokus auf die Analyse eines Unternehmens und dessen Mikro- und Makroumwelt gelegt. Es folgt die Darstellung der Strategieentwicklung, bei der unterschiedliche Varianten gewählt werden können. Dazu werden Optionen entwickelt und nur jene Handlungsmöglichkeiten ausgewählt, die den größten Erfolg versprechen.

© Springer Fachmedien Wiesbaden 2015

M. Jacob, *Integriertes Online-Marketing*, DOI 10.1007/978-3-658-10754-3_2

2.1.1 Strategiebegriff und allgemeiner Ablauf

Dieser einleitende Teil geht zunächst auf den Strategiebegriff und zusammenfassend auf die Phasen des Strategieprozesses näher ein.

Der strategische Begriff

Der Strategiebegriff ist in der Literatur nicht eindeutig definiert. Nach Mintzberg lässt er sich anhand der „Five Ps for Strategy" charakterisieren. Demnach kann eine Strategie interpretiert werden als Plan, Pattern, Position, Perspective und zuletzt Ploy.

- **Plan** bedeutet, dass die Strategie ein Plan ist, mit dem den Mitgliedern einer Organisation eine langfristige Orientierung vorgegeben wird. In diesem Plan werden der angestrebte Zielzustand, der sich aus den langfristigen Zielen des Unternehmens ergibt, sowie der Weg zu dessen Erreichung beschrieben.
- **Pattern** begreift Strategie als eine Art „Muster", das alle getroffenen Entscheidungen als Abfolge zusammenhängender Handlungen zusammenfasst.
- **Position** bezieht sich auf die Position eines Unternehmens am Markt. Die Strategie dient dann also dazu, eine bestimmte Zielposition in Wirtschaft und Gesellschaft bestmöglich zu erreichen.
- **Perspective** sieht die Strategie als eine perspektivische Aussicht eines Unternehmens. Damit ist die Art und Weise gemeint, wie eine Organisation ihr Leitbild begreift. Im Vordergrund stehen die handelnden Personen, die im Sinne der richtungsweisenden Vision der Organisation agieren.
- **Ploy** versteht Strategie oftmals als eine Art List oder auch Spiel, mit dessen Hilfe Konkurrenten abgedrängt werden.

Von wesentlicher Bedeutung für das Verständnis des Strategiebegriffs sind die ersten vier Dimensionen, mit denen auf Einzigartigkeit und nachhaltige Existenzsicherung abgezielt wird. Die verschiedenen Bestandteile einer Strategie werden in ein übergeordnetes Leitbild integriert. Das Leitbild eines Unternehmens entwickelt sich aus der Vision und fixiert die Mission. Die Mission bildet die Basis für die Ausformulierung und Konkretisierung langfristiger Unternehmensziele, welche wiederum die Grundlage für die Strategiedefinition und -planung sind. (vgl. Mintzberg 1987, S. 11 ff.)

Strategieprozess ist Aufgabe des Managements

Die Aufgaben des strategischen Managements umfassen Strategieplanung, Strategieentwicklung, Strategieimplementierung sowie Strategiekontrolle. Die jeweiligen Phasen können in einem in Abb. 2.1 dargestellten Strategieprozess erfasst werden. Dieser Prozess ist jedoch **nicht** als **sukzessiver Ablaufprozess** zu sehen, sondern beinhaltet in jeder Phase eine Kontrollfunktion als Rückkopplungseffekt. (vgl. Hungenberg 2012, S. 9 f.)

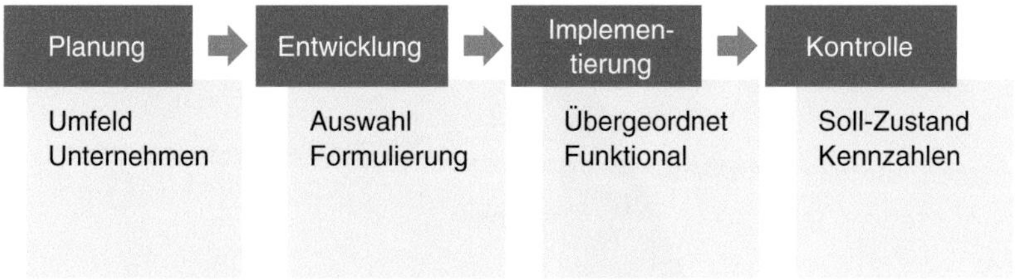

Abb. 2.1 Phasen des Strategieprozesses

Beim **Online-Marketing** ist der dargestellte Strategieprozess unter Einbeziehung des allgemeinen Marketings und des gesamten Unternehmens zu durchlaufen. Im Folgenden wird ausführlicher auf die einzelnen Phasen eingegangen.

2.1.2 Zielsetzung und Analyse

Der folgende Unterabschnitt erläutert die Teilbereiche der strategischen Planung. Zunächst werden als Ausgangspunkt die Ziele beschrieben, bevor näher auf die Analyse des Unternehmens selbst und seiner Makro- und Mikroumwelt eingegangen wird. Die SWOT-Analyse führt die zuvor genannten Untersuchungsformen zusammen.

Ziele und Anforderungen an Ziele

Vor Beginn des eigentlichen Strategieplanungsprozesses muss das Unternehmen seine für das Online-Marketing relevanten Ziele festlegen. Diese müssen zu den allgemeinen Unternehmenszielen und den allgemeinen Marketingzielen passen und können beispielsweise Kundenneugewinnung oder Kundenbindung sein. Weiterhin ist darauf zu achten, dass daraus abgeleitete Unterziele, etwa in Bezug auf die Erstellung einer Website oder die Ausgestaltung von E-Mail-Marketing, nicht zu den Zielen des Online-Marketings in Konflikt stehen. Dieser Zusammenhang wird in Abb. 2.2 nochmals verdeutlicht.

Bei der Zielplanung und -formulierung sollten bestimmte Anforderungen erfüllt werden, die sogenannten SMART-Kriterien. Jeder Buchstabe steht dabei für eine bestimmte Anforderung:

- **S** = **Specific**, spezifisch: Das Ziel definiert genau das zu erreichende Ergebnis.
- **M** = **Measurable**, messbar: Das Ziel muss quantitativ messbar sein, das heißt, es müssen Größen definiert werden (zum Beispiel vergleichbar zu Vorperioden).
- **A** = **Achievable**, erreichbar: Das Ziel sollte im Hinblick auf die zur Verfügung stehenden Zeit und die gegebenen Möglichkeiten, wie die Ressourcenbasis, erreichbar sein.
- **R** = **Realistic** oder **Relevant**, realistisch oder relevant: In Anlehnung an die Erreichbarkeit sollten realisierbare, nicht idealistische und für den jeweiligen Betrachtungsrahmen relevante Ziele formuliert werden.

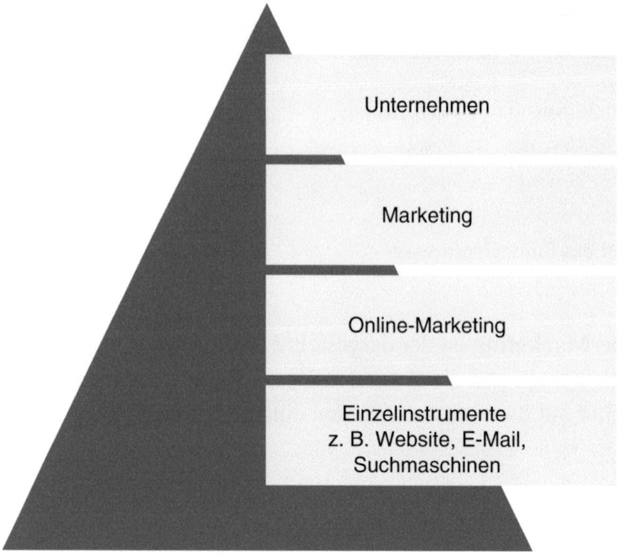

Abb. 2.2 Zielpyramide im Online-Marketing

- **T = Time bound**, zeitgebunden, besser zeitbezogen: Langfristige Ziele sollten entsprechend langfristig angestrebt und durch das Setzen von Meilensteinen verfolgt und erreicht werden.

Sind die SMART-Kriterien bei der Zieldefinition erfüllt, kann darauf aufbauend die Strategieplanung zur Erreichung der festgelegten Ziele erfolgen. (vgl. Kreutzer und Blind 2014, S. 123)

Überblick zur Analysephase

Die sich an den Prozess der Zieldefinition anschließende Analysephase muss ebenso wie die Zielfindung in den allgemeinen Analyseprozess eines Unternehmens eingebunden werden. Die für eine allgemeine Unternehmensanalyse zur Verfügung stehenden Methoden sind anschließend in Bezug auf ihre **Anwendbarkeit im Online-Marketing** zu evaluieren. Eine häufig verwendete Analysemethode ist die in Abb. 2.3 dargestellte **SWOT-Analyse**, die zunächst Chancen und Risiken der Makro- und Mikroumwelt (Umfeld) untersucht und diese zu den Stärken und Schwächen des Unternehmens selbst in Beziehung setzt.

Analyse der Makroumwelt

Die Makroumwelt lässt sich insbesondere durch die Untersuchung des politisch-rechtlichen, ökonomischen, sozio-kulturellen und technischen Umfelds eines Unternehmens analysieren. Von einigen Autoren werden ergänzend natürliche beziehungsweise ökologische Rahmenbedingungen genannt.

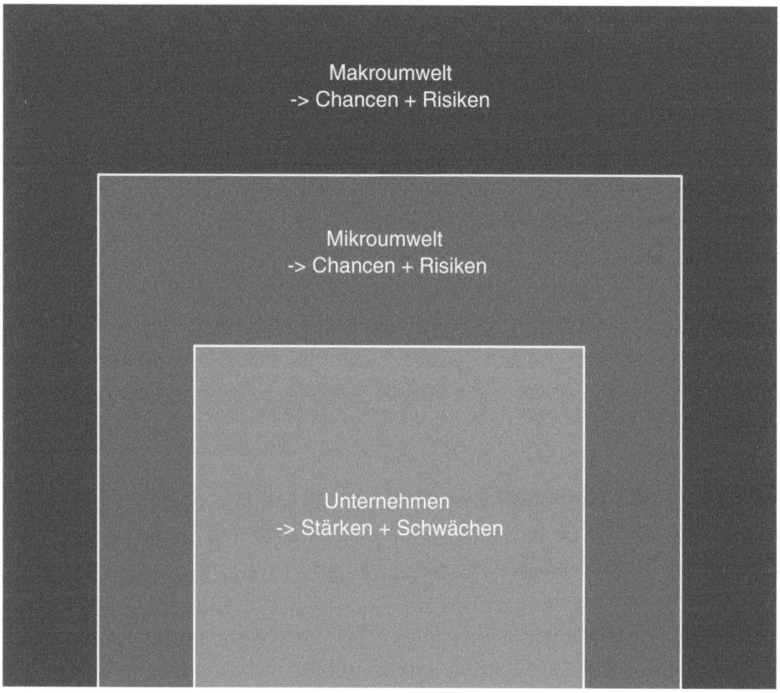

Abb. 2.3 SWOT-Analyse

Das **politisch-rechtliche Umfeld** umfasst die institutionellen Regelungen, die ein Unternehmen zu beachten hat. Dies sind insbesondere:

- Gesetze und Gesetzgebungsvorhaben auf nationaler und internationaler Ebene, zum Beispiel im Hinblick auf Steuerpolitik, Rechnungslegung und Datenschutz
- Satzungen und Verordnungen für die einzelnen Standorte des Unternehmens
- politische Ideologie der aktuellen und zukünftigen Regierung
- sonstige nationale und internationale Normen

Das **ökonomische Umfeld** bezieht volkswirtschaftliche und betriebswirtschaftliche Faktoren mit ein. Dabei sollte die Analyse insbesondere folgende Aspekte berücksichtigen:

- volkswirtschaftliche Leistung (Wirtschaftswachstum, Konjunkturzyklen, Inflation, Deflation)
- Außenhandel (Wechselkurse)
- Beschäftigungs- und Arbeitslosenquoten (regional, national)
- Finanz- und Geldmärkte (Zinsniveau, Gebührenpolitik)

Das **sozio-kulturelle Umfeld** beeinflusst die Geschäftstätigkeit eines Unternehmens durch gesellschaftliche und soziale Normen und Entwicklungen innerhalb einer Gesellschaft. Besondere Beachtung finden hier Faktoren, die den Absatzmarkt, die Absatzpolitik sowie den Produktlebenszyklus bestimmen:

- demografische Entwicklung (Zielgruppen, Mitarbeiter)
- Wertevorstellungen (Ethik, Moral, Religion)
- Bildungsstruktur

Die Analyse des **technologischen Umfelds** eines Unternehmens bezieht sich auf die Entwicklung und Entwicklungspotenziale der verwendeten technischen Anlagen, Systeme und Technologien. An dieser Stelle werden in erster Linie folgende Aspekte berücksichtigt:

- Informations- und Kommunikationstechnologie (Beschaffungsprozess, Services)
- Basistechnologien (anerkannte und standardisierte Technologien)
- Forschung und Entwicklung (Innovation, Verbesserung)

Das **natürliche** beziehungsweise **ökologische Umfeld** steht zum Teil in enger Beziehung zum politisch-rechtlichen Umfeld. Hierzu zählen insbesondere rechtliche Vorgaben, die die Produktionsverfahren betreffen, Umweltvorschriften und Standortfaktoren. Analysiert werden sollten vor allem:

- aktuelle ökologische Vorgaben und eventuelle zukünftige Veränderungen
- Umweltschutzfaktoren
- Standortanalyse: Verfügbarkeit von Rohstoffen, logistische Aspekte, zum Beispiel Verkehrsanbindung (vgl. Hutzschenreuter 2009, S. 69 f.)

Die Sammlung der **Umweltdaten** sollte unter Berücksichtigung des ständigen Wandels innerhalb der verschiedenen Unternehmensumfelder geschehen. Dies bedeutet, dass eventuelle **Trends** erkannt werden müssen und deren mögliche Folgen bei der Bestimmung der Chancen und Risiken eines Unternehmens Beachtung finden. (vgl. Straub 2012, S. 96)

Insbesondere das technologische Umfeld besitzt für das **Online-Marketing** eines Unternehmens hohe Chancen- und Risikopotentiale, die durch ein proaktives Vorgehen zu nutzen beziehungsweise zu vermeiden sind. Gleichzeitig sind die darauf bezogenen Aspekte der anderen Bereiche zu evaluieren. Demzufolge sind beispielsweise aktuelle politisch-rechtliche Entwicklungen im E-Commerce strategisch zu berücksichtigen oder der Zeitpunkt für den Beginn des Onlinevertriebs wird von den wirtschaftlichen und sozio-kulturellen Rahmenbedingungen eines Marktes vorgegeben.

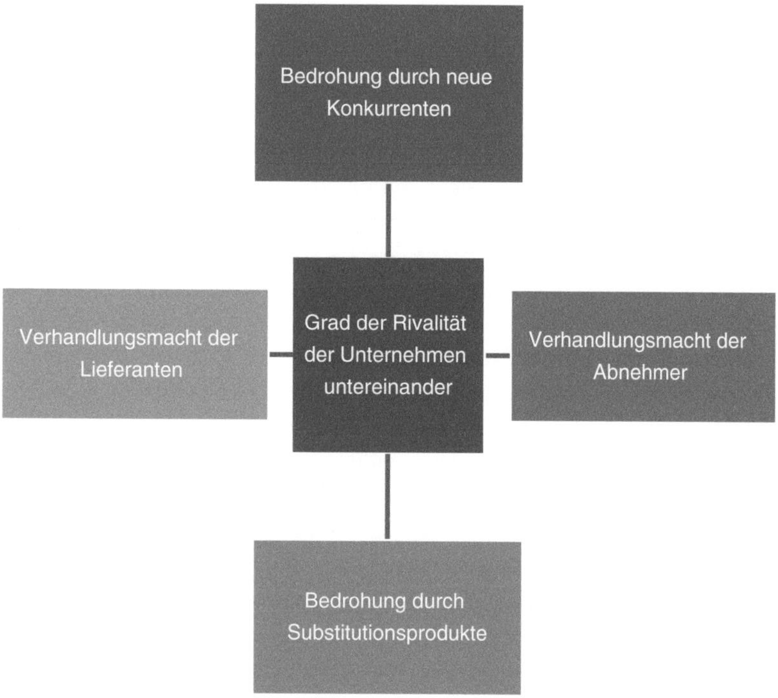

Abb. 2.4 Die fünf Wettbewerbskräfte nach Porter

Analyse der Mikroumwelt

Die Analyse der Mikroumwelt kann in Anlehnung an die fünf Wettbewerbskräfte nach Porter, die in Abb. 2.4 dargestellt sind, vorgenommen werden. Hier erfolgt die Bewertung der Chancen und Risiken innerhalb des Marktsegments (Branche), in dem ein Unternehmen seine Produkte und/oder Dienstleistungen herstellt beziehungsweise anbietet. Die Abgrenzung eines Marktsegments kann anhand der Anbieter (Konkurrenten), der Produkte und Dienstleistungen oder der Kundengruppen erfolgen. Ziel ist es, durch die Beachtung und Einschätzung der jeweiligen Wahrscheinlichkeiten den Einfluss der Wettbewerbskräfte auf das Unternehmen zu identifizieren.

Durch das Internet und das darauf aufbauende Online-Marketing aber auch aufgrund anderer Faktoren sind die Wettbewerbskräfte in jeder Branche stärker geworden. Verschärft hat sich zunächst der **Wettbewerb innerhalb einer Branche**, da das Internet Vergleichsmöglichkeiten bietet, die in dieser Form zuvor nicht vorhanden waren. Gleichzeitig hat das Internet **neuen Konkurrenten** den Zutritt zum Markt gewährt. Zurückzuführen ist dies zum Beispiel auf günstigere Kostenstrukturen, die durch die Möglichkeit zum Onlinevertrieb entstanden sind. Ein zuvor nicht wirtschaftlicher Markteintritt wird damit möglich. Neben neuen Konkurrenten sind durch das Internet auch **Ersatzprodukte** (Substitutionsprodukte) entstanden. Hier sind insbesondere digitale

Produkte zu nennen, die bisher bestehende physische Produkte ersetzen. So hat sich der Buchmarkt beispielweise durch die Einführung von E-Books vollständig verändert. Gleichzeitig stieg die Verhandlungsmacht der **Abnehmer**, da ihnen im Internet im Vergleich zum stationären Handel eine wesentlich größere Anzahl an Geschäften zur Verfügung steht. In Bezug auf die Verhandlungsmacht der **Lieferanten** lässt sich dagegen diesbezüglich keine generelle Aussage treffen, da diese stärker von den jeweiligen Besonderheiten des Markts abhängt. Die Bedeutung der Wettbewerbskräfte wird sich zukünftig voraussichtlich noch verstärken, sodass Unternehmen grundsätzlich nur überleben können, wenn sie sich den Anforderungen der technischen Entwicklung stellen.

Marktforschung als Teil der Umweltanalyse

Die Marktforschung spielt insbesondere bei der Analyse des Unternehmensumfeldes auch im Online-Marketing eine wichtige Rolle. Sie ist definiert als systematische Untersuchung eines Marktes mit dem Ziel, Informationen zu gewinnen. Zu diesem Zweck findet zuerst eine **Datenerhebung** statt, wobei insbesondere auf die Verfahren der Befragung und Beobachtung zurückgegriffen werden kann. Die dabei gewonnenen Informationen werden im Rahmen der **Datenanalyse** ausgewertet und aufbereitet. Sind keine Sekundärdaten verfügbar, müssen neue Daten, die sogenannten Primärdaten, erhoben werden.

- Der Begriff **Online-Marktforschung** bezeichnet die Erhebung von Informationen über das Internet. Das Internet selbst kann zum einen als Werkzeug oder als Methode der Marktforschung aber auch selbst als Erhebungsgegenstand dienen. Dies ist dann der Fall, wenn das Verhalten der Nutzer oder einzelne Web-Angebote im Mittelpunkt einer Erhebung stehen. Analog zur klassischen Marktforschung ist auch in der Online-Marktforschung die Befragung neben der Beobachtung eines der wichtigsten Instrumente. Dabei wird zwischen sogenannten WWW-Befragungen und E-Mail-Befragungen unterschieden.
- Im Gegensatz zum klassischen gedruckten Fragebogen werden bei der **WWW-Befragung** die Inhalte mithilfe eines Browsers dargestellt. Der Befragte befindet sich auf einer speziell für den Fragebogen eingerichteten Website und kann die Fragen dort online beantworten. Mittlerweile existiert eine Vielzahl von Anwendungen, welche die Erstellung und zusätzlich die Auswertung eines solchen Fragebogens auch für Laien möglich machen.
- Die **E-Mail-Befragung** stellt eine Sonderform der internetbasierten Befragung dar und ähnelt stark der klassischen postalischen Befragung. Der Fragebogen kann dem Adressaten dabei direkt innerhalb der E-Mail dargestellt oder als Dateianhang zusammen mit der E-Mail versandt werden. Auch besteht die Möglichkeit, einen einfachen Hyperlink innerhalb der E-Mail zu senden, welcher direkt auf eine WWW-Befragung weiterleitet. In diesem Fall sind die Grenzen zwischen E-Mail- und WWW-Befragung fließend.
- Bei sogenannten **Internetbeobachtungen** geht es um die systematische Sammlung und Auswertung von Kunden- und Nutzungsdaten im Internet. Beispielhaft genannt seien die folgenden Kennzahlen: Zum einen gibt es Visits. Hierbei handelt es sich um

Besuche oder Nutzungsvorgänge auf einer Website innerhalb eines definierten Zeitraums. Des Weiteren werden Page Impressions unterschieden. Diese bestimmen die Anzahl der einzelnen HTML-Seiten, die ein Nutzer abgerufen und angesehen hat. Zudem existieren sogenannte Page-Clicks, welche angeben, wie häufig eine HTML-Seite aufgerufen wird. (vgl. Jacob 2012, S. 232 ff.)

Unternehmensanalyse

Die zuvor dargestellte Analyse der Makro- und Mikroumwelt führt isoliert betrachtet zu keinem für das Unternehmen verwertbaren Ergebnis. Sie ist folglich um eine Unternehmensanalyse (interne Analyse) zu erweitern. Diese ist im Vergleich zur Umweltanalyse aufgrund der leichter verfügbaren Informationen einfacher durchzuführen. Die Strategiedefinition erfolgt aufgrund der Stärken und Schwächen eines Unternehmens. Die Stärken sind diejenigen Ressourcen und Fähigkeiten der Organisation, die zum unternehmerischen Erfolg beitragen. Analog werden durch Schwächen Erfolgspotenziale verringert.

Ressourcenanalyse und Konsistenzmatrix-Modell

Für die interne Analyse stehen verschiedene Methoden beziehungsweise Konzepte zur Verfügung. Ein erster Ansatz analysiert die vorhandenen **Ressourcen** in Bezug auf Stärken und Schwächen. In jedem Unternehmen stehen Personal- und Sachressourcen zur Verfügung, die zunächst aufzugliedern und im Anschluss zu evaluieren sind. Ergänzend kann ein Vergleich mit der Konkurrenz stattfinden (Benchmarking). Steht ein Unternehmen vor der Frage, ob es sich im Online-Marketing engagieren soll, sind zunächst die internen Ressourcen dahingehend zu überprüfen. Steht beispielsweise kein geeignetes Personal zur Verfügung, muss sich das Management über eine Neueinstellung beziehungsweise eine entsprechende Personalentwicklung Gedanken machen. Zur kurzfristigen Überbrückung oder bei einem beschränkten Bedarf können auch externe Kräfte eingesetzt werden.

Erweitert werden kann die Ressourcenanalyse durch das **Konsistenzmatrix-Modell**. Im Vordergrund stehen bei dieser Methode die Wettbewerbsvorteile, die insbesondere von Kunden als wichtig angesehen werden. Das zweidimensionale System beinhaltet vertikal die Wichtigkeit der unternehmensspezifischen Erfolgsfaktoren (Wettbewerbsvorteile) und horizontal die Erfüllung dieser Faktoren durch das Unternehmen. Damit lassen sich ebenfalls gezielt Stärken und Schwächen der Organisation erkennen und ableiten. (vgl. Straub 2012, S. 52)

Analyse der Wertschöpfungskette

Ein weiteres sehr bekanntes Konzept ist die Analyse der Wertschöpfungskette. Die Grundidee dieses Ansatzes liegt darin, das Unternehmen im Ganzen durch wertschöpfende Aktivitäten abzubilden. Die Aufteilung der Aktivitäten in Primär- und Sekundäraktivitäten erfolgt entlang einer Wertschöpfungskette. Dabei wird untersucht, welchen Zusatznutzen einzelne Aktivitäten in Bezug auf die entstehenden

Kosten bieten. Die Differenz wird durch die Marge oder Gewinnspanne erfasst. Die **primären Aktivitäten** bilden die Kette von der Produktherstellung über den Verkauf bis zur Kundenbetreuung ab (zum Beispiel Eingangslogistik, Produktion, Verkauf, Ausgangslogistik, Service). Die **unterstützenden Aktivitäten** tragen nicht direkt zum Erfolg bei, sind jedoch erforderlich, damit die primären Aktivitäten durchgeführt werden können (zum Beispiel Infrastrukturentwicklung, Personalwirtschaft, Technologieentwicklung). Der eigentliche Zweck dieser Analyse liegt darin, Rationalisierungspotenziale aufzudecken. (vgl. Homburg 2012, S. 484 ff.)

Die Wertschöpfungskette in vielen Unternehmen lässt sich durch eine **Onlinekommunikation** oder einen **Onlinevertrieb** revolutionieren. Hier stellen sich strategisch und organisatorisch insbesondere die Fragen, ob die bisherige Wertschöpfungskette parallel erhalten bleibt oder wie die Offline- und die Online-Wertschöpfungskette zu integrieren sind.

SWOT-Analyse

Im Anschluss an die Analyse der internen und externen Faktoren eines Unternehmens sollten die Ergebnisse innerhalb einer SWOT-Matrix zusammengefasst werden, welche das Resultat einer Analyse der Stärken (Strengths), Schwächen (Weaknesses), Chancen (Opportunities) und Risiken (Threats) ist. Die SWOT-Analyse stellt einen **integrativen Ansatz** dar, der die interne und die externe Analyse verbindet. Hierbei werden die Chancen und Risiken den Stärken und Schwächen gegenübergestellt. Diese Gegenüberstellung dient als **Ausgangspunkt für die Strategiefestlegung**. Wird der Ausbau der Unternehmensstärken als Chancennutzung angestrebt, wird eine Matching-Strategie verfolgt. Zielt das Unternehmen jedoch darauf ab, Schwächen in Stärken oder Risiken in Chancen umzuwandeln, ist die Rede von Neutralisierungs- oder Umwandlungsstrategien. (vgl. Homburg 2012, S. 487 f.)

Die technischen Möglichkeiten des Internets und die daraus abgeleiteten Möglichkeiten des Online-Marketings eröffnen für Unternehmen neue Chancen. Gleichzeitig entstehen dadurch jedoch neue Risiken (zum Beispiel neue Wettbewerber). Darauf bezogen müssen die Stärken und Schwächen der unternehmerischen Ressourcen und die unternehmerische Wertschöpfungskette angepasst werden.

2.1.3 Entwicklung von Strategien

Die Entwicklung von Strategien folgt der Analysephase und beinhaltet insbesondere die Bildung von strategischen Optionen sowie die Auswahl derjenigen Alternative, die am meisten Erfolg verspricht.

Strategiearten

Strategien beziehungsweise die damit verbundenen Optionen lassen sich nach vielen Kriterien gliedern. Diese können in Bezug auf das Online-Marketing überdacht und neu entwickelt werden. Mögliche Gliederungskriterien sind insbesondere:

- Organisatorischer Geltungsbereich
- Basisstrategie
- Funktion
- Produkte beziehungsweise Märkte
- Entwicklungsrichtung
- Marktverhalten
- Rendite
- Risiko
- Wachstum
- Technologie

Die Gliederungskriterien sowie die entsprechend dazugehörigen Optionen und Bezeichnungen sind in Literatur und Praxis jedoch nicht einheitlich. Im Folgenden wird nur auf die wichtigen und für das Online-Marketing relevanten Strategien eingegangen. (vgl. Camphausen 2013, S. 22 f.)

Organisatorischer Geltungsbereich

Nach dem organisatorischen Geltungsbereich lassen sich insbesondere folgende **Strategiearten** unterscheiden:

- Unternehmensstrategie
- Geschäftsfeldstrategie
- Funktionsbereichsstrategie
- Regionalstrategie

Die Einführung von **Online-Marketing** beziehungsweise von den entsprechend diesbezüglichen Veränderungen haben teilweise erheblichen Einfluss auf die Unternehmensstrategie. Da das gesamte Unternehmen betroffen ist, muss die Strategie von der jeweils obersten Führungsebene mitgestaltet und entschieden werden. Ein Unternehmen besitzt häufig unterschiedliche Geschäftsfelder, die sich nicht zwingend an organisatorischen Gegebenheiten, sondern am Markt orientieren müssen. Geschäftsfelder können zum Beispiel Produktgruppen, Kundengruppen oder Regionen sein oder aus deren Kombinationen bestehen. Strategien im Online-Marketing können sich auf spezielle Geschäftsfelder beziehen und müssen daher nicht zwingend für das gesamte Unternehmen gelten. Ähnliches gilt für Funktionsbereichs- und Regionalstrategien.

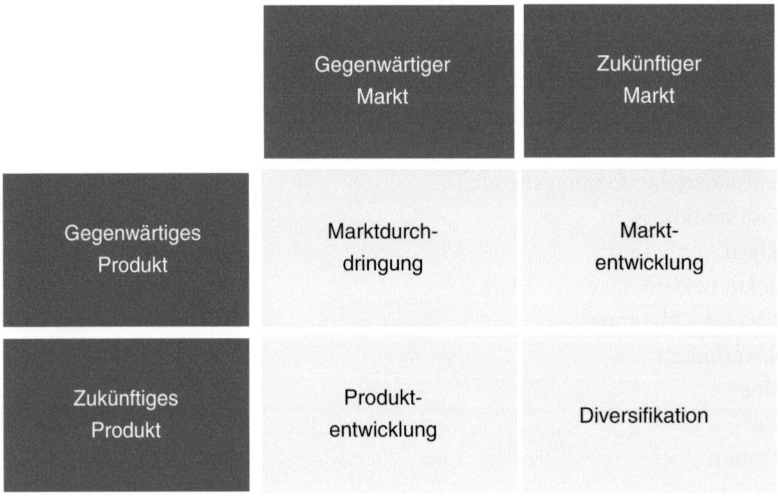

Abb. 2.5 Produkt-Markt-Strategien

Produkt-Markt-Strategien

Die Produkt-Markt-Strategien betrachten mögliche Kombinationen aus bestehenden und neuen Produkten sowie bestehenden und neuen Märkten mit dem Ziel einer stärkeren Marktbeteiligung und der Erreichung eines Unternehmenswachstums. Dabei ist zu beachten, dass Unternehmenswachstum, sofern kein Marktwachstum zu erwarten ist, nur durch Verdrängung von Mitbewerbern möglich ist. Aufgrund der aus Abb. 2.5 ersichtlichen Möglichkeiten der Produkt-Markt-Kombination kann eine solche Strategie vier Ausprägungen annehmen:

- **Marktdurchdringung**: Werden aktuelle Produkte auf gegenwärtigen Märkten angeboten, ist von der Marktdurchdringungsstrategie die Rede. Das Ziel liegt darin, durch absatzpolitische Instrumente höhere Absatzmengen zu gleichbleibenden oder höheren Preisen zu erzielen.
- **Marktentwicklung**: Bei der Marktentwicklungsstrategie wird der Absatz von gegenwärtigen Produkten auf neuen Märkten beabsichtigt. Dies kann durch eine Ausweitung der Zielgruppen oder der Einsatzmöglichkeiten des Produkts erfolgen.
- **Produktentwicklung**: Die Produktentwicklung stellt eine Innovationsstrategie oder Entwicklungsstrategie dar. Dabei sollen Produktinnovationen beziehungsweise Produktnachfolger auf den gegenwärtigen Märkten platziert und abgesetzt werden.
- **Diversifikation**: Die Diversifikationsstrategie wird gewählt, wenn sowohl die Produkte als auch der Markt für ein Unternehmen neu sind. Diese Strategie kann weiter untergliedert werden in horizontale, vertikale und laterale Diversifikation. Bei der **horizontalen Diversifikation** steht das neue Produktangebot des Unternehmens in Verbindung zum bestehenden Produktsortiment. Die **vertikale Diversifikation** bezieht

sich auf die Integration weiterer Wertschöpfungsstufen entlang der Wertschöpfungskette. Dies kann in Form einer Vorwärts- oder Rückwärtsintegration erfolgen. Die **laterale Diversifikation** stellt oftmals eine komplette Neuausrichtung des Unternehmens dar. Hierbei sind das Produkt und die Markttätigkeit losgelöst von der ursprünglichen Geschäftstätigkeit. (vgl. Homburg 2012, S. 500)

Im **Online-Marketing** lässt sich die Marktdurchdringung aufgrund der wegfallenden zeitlichen und räumlichen Restriktionen grundsätzlich besser erreichen als im Offline-Marketing. Beispielsweise stehen einem bisher nur regional tätigen Unternehmen überregional sehr viel mehr potenzielle Kunden zur Verfügung. Zukünftige Produkte (Marktentwicklung und Diversifikation) lassen sich wegen der verbesserten Kommunikationsmöglichkeiten zum Beispiel über soziale Medien leichter entwickeln und einführen. Der Markteintritt in zukünftige Märkte (Produktentwicklung, Diversifikation) gestaltet sich durch grundsätzlich geringere Markteintrittsbarrieren einfacher als im Offline-Marketing.

Wettbewerbsstrategien nach Porter

Die Wettbewerbsstrategien nach Porter werden auch als **generische Strategien** bezeichnet. Ihr Grundgedanke liegt darin, dass Unternehmen nur dann Wettbewerbsvorteile erzielen können, wenn sie sich auf eine strategische Hauptrichtung festlegen. Einem Unternehmen stehen wie in Abb. 2.6 dargestellt drei grundsätzliche Strategien zur Auswahl:

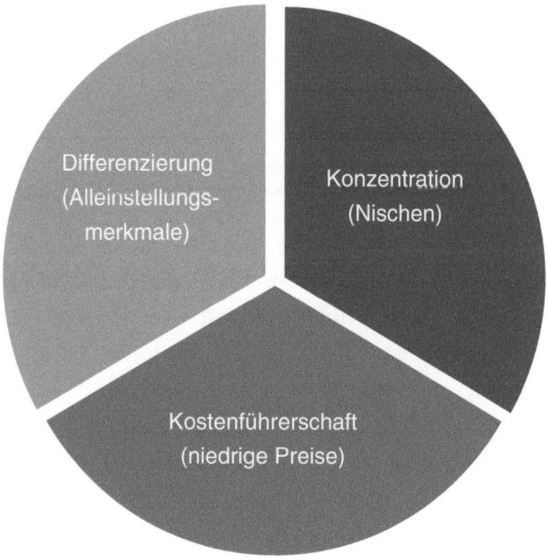

Abb. 2.6 Wettbewerbsstrategien nach Porter

- Der Grundgedanke der **Differenzierungsstrategie** ist, dass Unternehmen auf der Basis von Alleinstellungsmerkmalen im Hinblick auf Produkte und Leistungen Wettbewerbsvorteile gegenüber den Mitbewerbern erzielen. Diese können durch eine gezielte Ausweitung des Produktprogramms, der Vertriebsform oder der Serviceleistungen erreicht werden, durch die das Produkt beziehungsweise der Service einzigartig wird. Darüber hinaus bietet die Differenzierungsstrategie die Möglichkeit der stärkeren Kundenbindung, da Kunden einen höheren Zusatznutzen empfinden und daher eher bereit sind, für ein Produkt und/oder eine Dienstleistung einen höheren Preis zu zahlen.
- Bei **Konzentrationsstrategien (Nischenstrategien)** liegt der Fokus des Unternehmens auf bestimmten kundenspezifischen, produktspezifischen oder regionalen Marktsegmenten beziehungsweise Marktnischen. Das Unternehmen kann dadurch seine Kenntnisse, Kompetenzen und Fähigkeiten auf dem gewählten Gebiet konzentrieren, sich spezialisieren sowie vom Wettbewerb abheben. Vom Kunden werden diese Unternehmen als Spezialisten angesehen.
- Die **Strategie der Kostenführerschaft** zielt darauf ab, durch das Anbieten niedriger Preise die eigene Marktposition zu sichern. Kostenführerschaft kann durch große Produktionsmengen, Beschränkung des Produktportfolios und präzise Kostenkontrolle (Rationalisierung, Qualitätsmanagement, intensives Controlling, Zielgruppenanalyse/-selektion) erreicht werden. Hierbei werden Kosteneinsparungen oftmals durch eine Reduktion der Serviceleistungen erzielt (Beispiel Airlines).

Zusammengefasst werden die strategischen Möglichkeiten in einer Wettbewerbsmatrix. Nach Porter sollte sich ein Unternehmen für eine Strategie entscheiden und keinesfalls versuchen, alle drei gleichzeitig zu verfolgen. (vgl. Straub 2012, S. 52)

Die Strategie der Kostenführerschaft ist im **Internet** aufgrund der hohen Transparenz besonders vielversprechend. Aber auch eine Konzentrationsstrategie (Nischenstrategie) lässt sich online einfacher verfolgen, da im Vergleich zu einem stationären Vertrieb ein wesentlich größerer Markt vorhanden ist. Die Individualisierungsmöglichkeiten, die das Internet bietet, lassen sich insbesondere für eine Differenzierungsstrategie nutzen.

Marktteilnehmerstrategien

Marktteilnehmer sind insbesondere **Kunden, Lieferanten, Absatzmittler, Wettbewerber und gesellschaftliche Anspruchsgruppen**. Gegenüber Kunden können die bereits beschriebenen Wettbewerbsstrategien als Optionen herangezogen werden. Die Strategien gegenüber den anderen Marktteilnehmern sind vielfältig. Grundsätzlich kann zwischen eher anpassenden, ausweichenden, konfliktären oder kooperierenden Strategien unterschieden werden. Durch das **Online-Marketing** sind neue strategische Optionen entstanden. So bietet es sich zum Beispiel an, Absatzmittler durch einen eigenen Direktvertrieb auszuschalten. Online-Marketing lässt sich aber auch kooperativ betreiben, zum Beispiel durch eine gemeinsame Website oder Werbung auf Partnerseiten.

2.2 Recht und Technik

Die rechtlichen und technischen Rahmenbedingungen sind nicht nur zwei wesentliche Bestandteile des strategischen Unternehmensumfelds, sondern stellen gleichzeitig auch zentrale Voraussetzungen für die Durchführung des Online-Marketings dar. Zunächst werden die rechtlichen Normen genannt, die von Unternehmen eingehalten werden müssen, wenn sie online tätig sind. Auch bei der Vorbereitung eines Internetauftritts und beim Verkaufsprozess müssen bestimmte Anforderungen erfüllt werden. Neben dem rechtlichen Rahmen im elektronischen Vertrieb werden die juristischen Vorgaben für die Onlinekommunikation angesprochen. Diese regulieren die zahlreichen Möglichkeiten, die mittels sozialer Netzwerke von Unternehmen genutzt werden können. Der Abschnitt wird mit der Darstellung der technischen Möglichkeiten abgeschlossen, die innerhalb des gesetzlichen Rahmens bestehen.

2.2.1 Rechtliche Grundlagen

Die politisch-rechtlichen Rahmenbedingungen eines Landes definieren den Handlungsspielraum der Agierenden. Auch wenn in zunehmendem Maße versucht wird, globale politische Vorgaben zu erreichen, unterliegen die gesetzlichen Grundlagen im Bereich des Online-Marketings weiterhin den nationalen Bestimmungen. Sie sind notwendig, um zum einen den Schutz der Verbraucher vor einem missbräuchlichen Umgang mit den Möglichkeiten des E-Commerce seitens der Unternehmen zu gewähren, sollen aber zum anderen auch ebenso die Unternehmen vor den Verbrauchern schützen. Nicht selten wird in der Literatur die Kritik geäußert, dass die bereits bestehenden gesetzlichen Verankerungen zum Schutz der Konsumenten und Unternehmen nicht an die generelle Entwicklung des E-Commerce angepasst wurden.

Die fünf Säulen des Internet-Rechts

Mit Gesetzestexten können Handlungen zwischen Vertragspartnern normiert werden. Zu den für den Handel relevanten **allgemeinen Rechtsgrundlagen** zählen u. a. das Bürgerliche Gesetzbuch (BGB), das Handelsgesetzbuch (HGB), das Gesetz gegen unlauteren Wettbewerb (UWG) sowie das Strafgesetzbuch (StGB). Da sich in den vergangenen Jahren die virtuellen Verkaufsmöglichkeiten stark in der Gesellschaft etabliert und weiterentwickelt haben, wurden weitere Gesetze erlassen, die **speziell die Gegebenheiten des Internets** berücksichtigen. Die Vertragspartner, die ihre Geschäfte im virtuellen Raum abschließen, müssen ihre Handlungen zusätzlich an den folgenden fünf „E-Commerce-Gesetzen“ (siehe auch Abb. 2.7) ausrichten: dem Telemediengesetz (TMG), dem E-Commerce- und Fernabsatzrecht des BGB, der Verordnung über Informations- und Nachweispflichten nach bürgerlichem Recht (BGB-InfoV), dem Signaturgesetz (SigG) sowie der Preisangabenverordnung (PAngV). (vgl. IHK Frankfurt/Main 2015)

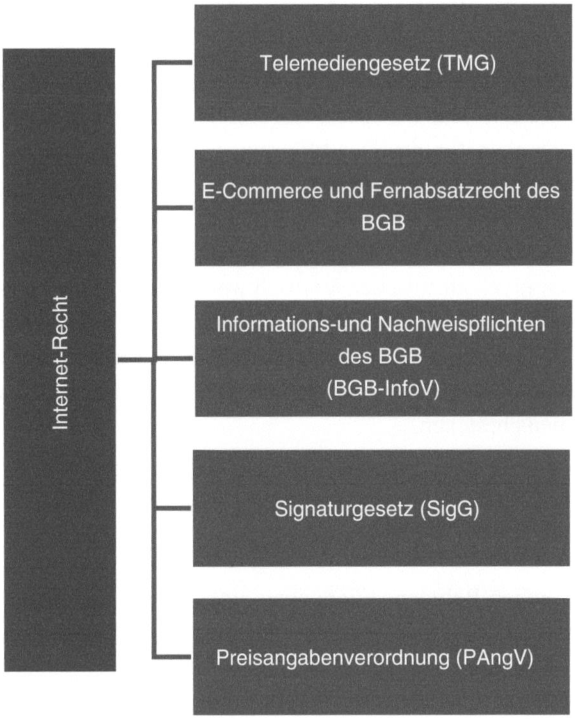

Abb. 2.7 Rechtliche Regelungen im E-Commerce

Gesetzesänderungen und Internationalisierung als Herausforderungen

Generell sind Gesetzestexte keine starren Gebilde, sondern unterliegen **regelmäßigen Gesetzesänderungen**, mit denen auf aktuelle Entwicklungen reagiert wird. Die Möglichkeiten des E-Commerce werden zwar derzeit schon rege genutzt; allerdings kann der Gesetzgeber erst mit einer gewissen Verzögerung auf Missbrauchsmöglichkeiten sowohl aufseiten der Unternehmen als auch aufseiten der Verbraucher reagieren. Die Tatsache, dass täglich neue Wege der Nutzung des E-Commerce gefunden und praktiziert werden, macht Anpassungen der bestehenden Gesetzeslage zwingend erforderlich. Darüber hinaus stellt die **zunehmende Internationalisierung** von und weltweite Verflechtung zwischen Unternehmen eine weitere Herausforderung für die Schaffung einer passenden Gesetzeslage dar. Die Literatur führt häufig unterschiedliche Problematiken im Zusammenhang mit der Internationalisierung auf. Zu diesen gehören beispielsweise die Finanzierung, die unterschiedliche Kultur der Länder, die Internationalisierungsfähigkeiten der Gesellschafter oder die benötigten Fach- und Führungskräfte in den hinzugekommenen Nationen. Doch wenige Autoren weisen im Zusammenhang mit Globalisierung auf Probleme bezüglich der Onlinekommunikation oder der Onlinekäufe hin. Die Regelungen im E-Commerce unterliegen weitgehend **nationalen**

Bestimmungen. Zwar gibt es Bestrebungen von Regierungen, die in Richtung Vereinheitlichung gehen, wie beispielsweise die **EU-Verbraucherrechterichtlinie**. Mit diesen über nationale Grenzen hinausgehenden Bestimmungen sollen komplexe Tatbestände weitgehend standardisiert werden, insbesondere damit die Internationalisierung aufgrund unterschiedlicher zu beachtender Gesetzeslagen nicht weiter als „Bremse" gerade für mittelständische Unternehmen gesehen wird. (vgl. Stallmann und Wegner 2014, S. 284 ff.)

2.2.2 Rechtlicher Rahmen beim elektronischen Vertrieb

Unternehmen haben beim elektronischen Vertrieb einige juristische Vorgaben zu beachten. Hierzu gehören zum Beispiel Regelungen bei der Wahl der Internet-Domain oder der Abwicklung eines Verkaufsprozesses.

Rechtliche Bedingungen für die Gestaltung der Internetauftritte

Es gibt Unternehmen, die aus unterschiedlichen Gründen noch keine E-Commerce-Geschäfte abgeschlossen haben. Entscheiden sich diese am virtuellen Markt „inaktiven" Unternehmen nun zum Beispiel für die Änderung der Betriebsform von einem stationären in ein hybrides Geschäft (offline und online), müssen bestimmte Bedingungen beachtet und erfüllt werden. So ist bei der Planung eines Internetauftritts sicherzustellen, dass alle vertraglichen und gesetzlichen Vorschriften eingehalten werden, die hier exemplarisch angesprochen werden.

- Bei der **Vorbereitung des Internetauftritts** ist zunächst zu beachten, dass sich die gewünschte eigene **Internet-Domain** von der Domain anderer Anbieter im Netz klar unterscheidet und somit keine bestehenden Marken- und/oder Namensrechte verletzt werden. Des Weiteren muss der Website-Betreiber selbst als Domain-Inhaber eingetragen werden.
- Der **Inhalt des Internetauftritts** darf nicht gegen vertragliche und/oder gesetzliche Bestimmungen verstoßen. Dies betrifft alle Angaben, die auf der Internetseite des Unternehmens veröffentlicht werden. Hierzu zählen allgemeine Inhalte, angegebene Links, Werbeanzeigen inklusive Bannerwerbung, Abbildungen, veröffentlichte Texte oder Artikel, Fotografien und nicht zuletzt Video-Dateien. Es ist zu prüfen, ob die Inhalte gegen bestehendes Recht verstoßen. Ihre Verwendung hätte nämlich eine Haftung zur Folge, weil ihr Besitz und/oder ihre Verbreitung in der Öffentlichkeit nicht zulässig sind. Die veröffentlichten Links dürfen zudem nicht das Marken-, Urheber- oder Wettbewerbsrecht verletzen. Wird Werbung im Internet eingesetzt – die Bannerwerbung mit eingeschlossen -, so muss diese dem deutschen Wettbewerbs- und Werberecht entsprechen. Nicht nur der Inhalt der eigenen Internetseite, sondern auch der Inhalt der verlinkten Seiten darf nicht gegen Persönlichkeitsrechte Dritter verstoßen. Wird ein Bild veröffentlicht, so ist zuvor grundsätzlich die Einwilligung des Abgebildeten einzuholen oder eine Abbildungsfreiheit zu vereinbaren. Grundsätzlich

gilt: Für alle urheberrechtlich geschützten Werke sind vor deren Veröffentlichung Nutzungsrechte zu erwerben und die Namen der Urheber mit anzugeben.

- Letztlich müssen die eigenen **Informationspflichten** erfüllt werden. Eine sehr hohe Aufmerksamkeit erfährt im Rahmen der Informationspflicht die sogenannte **Anbieterkennzeichnung**, die dabei helfen soll, den Anbieter einer Website zuverlässig und schnell zu identifizieren und zu erreichen. Diese Anbieterkennzeichnung muss sich nicht nur irgendwo auf der Homepage eines Unternehmens befinden, sondern auf jeder Seite des Internetauftritts gut sichtbar im Bildschirmbereich. Ist dies nicht gewünscht und/oder nicht möglich, so ist ersatzweise ein deutlich sichtbarer Link auf jeder Seite des Angebots zu platzieren, der den Nutzer zu der Anbieterkennzeichnung führt. Genau geregelt sind auch Inhalt und Umfang dieser Anbieterkennzeichnung. So müssen der Name und die Adresse des Anbieters, die Rechtsform des Unternehmens, der Name und die Anschrift des für die Inhalte der Seite Verantwortlichen, die Umsatzsteuer-Identifikations-Nummer, die E-Mail-Adresse sowie die telefonische Erreichbarkeit angegeben werden. Ist das Unternehmen in einem Register eingetragen, so ist das betreffende Register vollständig zu nennen. Letztlich ist darauf zu achten, dass im Falle einer Liquidationsabwicklung ebenfalls eine entsprechende Information zum Schutz von Personen, die Ansprüche gegen das Unternehmen geltend machen können, vorhanden ist. (vgl. IHK Koblenz 2009, S. 2)

Rechtliche Bedingungen für den Verkaufsprozess

Neben den Bedingungen, die den Internetauftritt betreffen, müssen Unternehmen weitere Vorgaben einhalten, die im Zusammenhang mit dem Verkaufsprozess relevant sind. Dazu ist es wichtig zu wissen, welche Geschäfte online durchgeführt werden dürfen und was im Umgang mit den allgemeinen Geschäftsbedingungen zu beachten ist. Des Weiteren müssen rechtliche Grundlagen über den Verbraucherschutz sowie die Verpackungsverordnung eingehalten werden.

- Die erste Bedingung, die für einen zulässigen Verkaufsprozess erfüllt sein muss, ist die **Kenntnis der im Internet statthaften Geschäfte**. Mögliche Fragestellungen in diesem Zusammenhang lassen sich zumeist mithilfe der Vorschriften des BGB beantworten, insbesondere den §§ 104 ff. BGB. Unterliegen Verträge jedoch bestimmten gesetzlichen Formanforderungen, so ist ein Abschluss über das Internet problematisch. Beispiele hierfür wären notarielle Beurkundungen, Beglaubigungen oder schriftliche Verträge. Lediglich Letztere können durch eine qualifizierte digitale Signatur über das Internet abgeschlossen werden, was durch das Signaturgesetz legitimiert wird.
- Eine zweite wichtige juristische Bestimmung im Rahmen des Verkaufsprozesses sind die **Allgemeinen Geschäftsbedingungen** (AGBs). Diese haben für den Unternehmer den Vorteil, dass zum einen Verträge vereinheitlicht werden und zum anderen mögliche Geschäftsrisiken besser kalkulierbar sind. Der Verbraucher kann sich mit ihnen einfach und schnell über die Vertragsbedingungen informieren. Damit die AGBs allerdings zur Geltung kommen, müssen sie bei Vertragsabschluss Bestandteil des

Vertrags sein. Ob dies der Fall ist, hängt von unterschiedlichen und einseitig vom Unternehmen zu erfüllenden Kriterien ab. Dazu gehört u. a., dass das Unternehmen entweder die AGBs an einer gut sichtbaren Stelle auf der Internetseite platziert oder durch einen ausdrücklichen Hinweis auf dem Bestellformular und die explizite Aufforderung, die AGBs durch Anklicken zu akzeptieren, deren Verbindlichkeit kommuniziert. Es muss gewährleistet sein, dass der Verbraucher die Inhalte der AGBs vollständig auf der Website zur Kenntnis nehmen kann. Dabei ist darauf zu achten, dass keine „betrügerischen" Schriftgrößen verwendet werden. Letztlich sollte das Lesen der AGBs in einem vertretbaren zeitlichen Rahmen erfolgen können und sich der Verbraucher nicht durch eine Masse an „unwesentlichen" Informationen getäuscht fühlen.

- Die dritte verbindliche Bedingung im E-Commerce-Verkaufsprozess ist der **Verbraucherschutz** im Fernabsatzrecht. Hier sind die Informationspflicht des Anbieters und das Widerrufsrecht des Verbrauchers von zentraler Bedeutung.
  - Gesetzliche Grundlage der **Informationspflicht** ist § 312d Abs. 1 BGB, während das Widerrufsrecht über §§ 312 g, 355 ff. BGB geregelt wird. Es gibt zahlreiche Kriterien, die erfüllt sein müssen, um der Informationspflicht vor Vertragsabschluss vollständig nachzukommen. So soll der Verbraucher die wesentlichen Eigenschaften der angebotenen Ware der Internetseite entnehmen können, über den Zeitpunkt des Vertragsabschlusses genauestens informiert sein und Angaben über die Mindestlaufzeit eines Vertrags auch nachträglich noch transparent nachvollziehen können. Zusätzlich ist die Gültigkeitsdauer von befristeten Angeboten eindeutig und verständlich mitzuteilen. Auch über die Zahlungs- und Lieferkonditionen muss der Kunde informiert werden und den Endpreis inklusive der Mehrwertsteuer und sonstiger noch anfallender Kosten ausgewiesen bekommen. Dies gilt auch für alle Kosten, die nicht direkt dem Verkäufer zuzurechnen sind wie beispielsweise die Transportkosten. Zu den Informationspflichten eines Anbieters zählt zudem die nachvollziehbare Darstellung der Widerrufs- und Rückgaberechte des Verbrauchers. Weiterhin besteht eine wesentliche Pflicht darin, dass der Verkäufer den Eingang einer Bestellung unverzüglich auf elektronischem Wege bestätigt und dem Kunden die Möglichkeit gibt, die von ihm akzeptierten AGBs auf den eigenen Computer zu laden und zu speichern.
  - Neben der Pflicht zur Information über die **Widerrufsrechte** kommt im Rahmen des Verbraucherschutzes dem Widerrufsrecht selbst eine große Bedeutung zu. Da im Onlinegeschäft der Verbraucher die bestellte Ware nicht in Augenschein nehmen und testen kann, ist das Widerrufsrecht quasi gleichbedeutend mit einer längeren Überprüfungszeit des Produkts. Somit werden die Nachteile des Kunden beim Onlinegeschäft gegenüber einem Kauf im stationären Handel in gewisser Weise ausgeglichen. Dem Käufer wird grundsätzlich eine Frist von zwei Wochen eingeräumt, um die Ware zu betrachten und eine abschließende Kaufentscheidung zu treffen. Entscheidet sich der Kunde gegen einen Kauf, so kann er ohne Angabe von Gründen den Vertrag widerrufen. Die Widerrufsfrist beginnt, wenn erstens der

Verbraucher über das Widerrufsrecht belehrt wurde und ihm zweitens die zuvor beschriebenen Pflichtinformationen in Textform zur Verfügung gestellt wurden. Sollte eine dieser Voraussetzungen nicht erfüllt sein, so wird aus der Zwei-Wochen-Frist eine Sechs-Monats-Frist mit Beginn der Warenanlieferung. Sollte keine Widerrufsbelehrung erfolgt sein, gibt es keine Frist und der Widerruf kann zeitlich unbegrenzt durchgeführt werden. Jedoch ist die Möglichkeit des Widerrufs nicht bei jedem Kaufgegenstand gegeben. Ausgenommen sind speziell angefertigte oder versiegelte Waren, die vom Kunden entsiegelt wurden sowie Zeitungen, Zeitschriften und Illustrationen.

- Die vierte und letzte juristische Vorgabe im Zusammenhang mit dem Verkaufsprozess betrifft die **Verpackungsverordnung**. Die aktuelle Verpackungsverordnung (VerpackV), richtet sich besonders an jene Betriebe, die sich nicht direkt an der Entsorgung von Verpackungsmüll beteiligen, weil sie beispielsweise nicht an ein Entsorgungssystem angeschlossen sind. Dazu zählen neben den Herstellern auch Importeure und Firmen, die Waren um- oder neuverpacken. Die Verordnung hat das Ziel, dass Unternehmen nicht mehr ihren eigenen Verpackungsmüll auf Kosten derer entsorgen können, die am Ende der Nutzungs- oder Verkaufskette stehen. Die Verpackungsverordnung soll sicherstellen, dass die verwendeten Verpackungsmaterialien – Karton, Papier, Folien, Füllstoffe usw. – bei den Entsorgungsunternehmen vom Ersten der Verkaufskette lizenziert werden. Diese Lizenz ist lediglich einmal für ein Verpackungsmaterial zu beantragen. Erfolgt eine Umverpackung durch weitere Beteiligte innerhalb der Verkaufskette, muss dieser Verpacker ebenfalls eine Verpackungslizenz bei einem Entsorgungsunternehmen beantragen. Die Lizenzierungspflicht kann entfallen, wenn das Unternehmen die Verpackungsmaterialen wieder zurücknimmt und selbst für die Entsorgung sorgt. Dann ist das Unternehmen jedoch dazu verpflichtet, den Kunden ausdrücklich über die Möglichkeiten der Verpackungsrücknahme zu informieren. Auch ist das Unternehmen in der Pflicht, stets die eigenen Lieferanten über bestehende Lizenzen bezüglich deren eigener Verpackungen zu befragen. Liegt keine vor, so muss die Lizenzierung vom Unternehmen nachgeholt werden. (vgl. IHK Koblenz 2009, S. 4 ff.)

2.2.3 Rechtlicher Rahmen der Internet-Kommunikation

Aufgrund der Möglichkeiten des Internets sind Unternehmen in der Lage, aktuelle und potenzielle Kunden zielgruppengerecht und einfach ansprechen zu können. Der Gesetzgeber hat diesbezüglich jedoch Einschränkungen erlassen, auf die im Folgenden eingegangen wird.

Verbraucher werden vom Gesetzgeber geschützt

Das Kommunikationsinstrument „Internet" bietet unterschiedliche **Subinstrumente**: die „Foto- und Videocommunitys", die „Microbloggingdienste" und die sozialen Netzwerke gehören beispielhaft dazu. Als weiteres Instrument ist das E-Mail-Marketing zu nennen, das von Unternehmen ebenfalls zur Ansprache der Zielgruppe genutzt wird. Auch bei der Onlinekommunikation sind gesetzliche Vorgaben einzuhalten. Im Rahmen der Kundengewinnung und -pflege, auch als Customer-Relationship-Management (CRM) bezeichnet, sind zwei Gesetzestexte zu beachten. Zum einen muss die Art der Adressgewinnung, der Adressspeicherung und des Adresseinsatzes geprüft werden, was durch das Bundesdatenschutzgesetz (§§ 4, 28 BDSG) normiert wird. Das Gesetz gegen den unlauteren Wettbewerb oder umgangssprachlich Wettbewerbsrecht (§§ 4, 7 UWG) regelt zum anderen die Art der Kommunikation, die mit dem Adressaten erlaubt ist. Im Allgemeinen wird gegen diese Gesetze nicht verstoßen, wenn das Unternehmen zuvor eine entsprechende Zustimmungserklärung vom Kunden eingeholt hat. Liegt eine solche nicht vor, so müssen die entsprechenden Paragraphen beachtet werden. Je nachdem, ob es sich bei der Geschäftsbeziehung um ein Geschäft zwischen einem Unternehmen und einem Verbraucher handelt (**B2C**) oder um eines zwischen zwei Unternehmen (**B2B**), gibt es Unterschiede in der Gesetzeslage. Allgemein wird davon ausgegangen, dass der Verbraucher stärker vor Missbrauch zu schützen sei. Die nachfolgende Ausführung stellt die zu beachtenden Gesetze bezogen auf die Onlinekommunikation zwischen Privatkunden und Unternehmen kurz dar. (vgl. Ulbricht 2015)

Datenschutzgesetz

Das Bundesdatenschutzgesetz (BDSG) legt in § 28 BDSG fest, ob und inwieweit Kundendaten gespeichert, verwertet oder weitergegeben werden dürfen. Hier sind drei Regelungen relevant. Der Kunde wird **erstens** über die Absichten des Unternehmens bezüglich der Verwendung seiner personenbezogenen Daten informiert und stimmt daraufhin auf elektronischem Wege diesen Absichten ausdrücklich zu. Jedoch muss dem Kunden dabei die Möglichkeit eingeräumt werden, seine Einwilligung jederzeit mit Wirkung für die Zukunft widerrufen zu können. **Zweitens** können personenbezogene Daten durchaus auch ohne Einwilligung des Verbrauchers verarbeitet werden, wenn diese für die Abwicklung eines Rechtsgeschäfts erforderlich sind. Stammen die Verbraucherdaten **drittens** aus allgemein zugänglichen Quellen, ist das Unternehmen ebenfalls nicht dazu verpflichtet, die Zustimmung des Verbrauchers zur Speicherung, Verwertung und Weitergabe seiner Daten einzuholen. (vgl. Ulbricht 2015)

Wettbewerbsgesetz

Das Gesetz gegen den unlauteren Wettbewerb regelt, welche Art der Kundenansprache über Telefon, E-Mail oder die sozialen Medien zulässig ist. So muss nach § 7 Abs. 2 Nr. 3 UWG die **Zustimmung** des Kunden vorliegen, bevor das Unternehmen dazu berechtigt ist, Werbung über die genannten Kommunikationskanäle zu betreiben. Das Verbreiten von **Werbung** über diese Medien ist gerade dann problematisch, wenn der Inhalt der Werbung den direkten Absender verschleiert, also keine Rückschlüsse auf ihn zulässt. (vgl. Ulbricht 2015)

Säulen der erfolgreichen Social Media-Nutzung

Gerade die zielgruppengerechte Ansprache potenzieller Kunden mithilfe von Onlinekommunikationsmedien öffnet Unternehmen die Tür zur direkten Interaktion mit Internetnutzern und damit auch indirekt zur Stärkung des eigenen Markenimages. Hierfür sind jedoch einige Informationen über die derzeitigen und potenziellen Kunden in Erfahrung zu bringen, die auch „Kunden-Rahmen-Informationen" genannt werden. Erst mittels dieser Daten können von Unternehmen die Funktionen in vollem Umfang genutzt werden, die von sozialen Netzwerken zur zielgerichteten Kundenansprache angeboten werden.

2.2.4 Technischer Rahmen

Der technische Rahmen des Online-Marketings wird insbesondere durch die Möglichkeiten des Internets vorgegeben, auf die im Folgenden näher einzugehen ist. Gleichzeitig sind jedoch auch andere Technologien wie die Entwicklung der Rechner-Hardware von Relevanz.

Geschichte und Funktion des Internets

Der **Ursprung** des Internets liegt beim US-Militär. Im Jahr 1969 wurde das Advanced Research Projects Agency Network (ARPANET) entwickelt, um eine Kommunikation zwischen unterschiedlichen Netzen zu ermöglichen. Dies war nötig, um die damals knappen Rechenkapazitäten der informationsverarbeitenden Anlagen wissenschaftlicher Einrichtungen gemeinsam nutzen zu können. Die Entwicklung des World Wide Webs durch Tim Berners-Lee im Jahre 1989 machte es dann auch Privatpersonen und Unternehmen möglich, Informationen im Internet auszutauschen. Das Internet ist also eine Kommunikationsinfrastruktur, die es ermöglicht, sowohl einzelne Computer miteinander zu vernetzen als auch komplette eigenständige Netzwerke miteinander zu verbinden, sozusagen ein **Netzwerk der Netzwerke** zu schaffen. Es verteilt Daten wie beispielsweise Texte und Bilder in Pakete und verschickt diese über verschiedene Träger (zum Beispiel Glasfaser, Funk). Zu diesem Zweck verwendet das Internet sogenannte **Protokolle,** zum Beispiel das Transmission Control Protocol (TCP), welches für die Paketnummerierung zuständig ist und das Internet Protocol (IP) zur eindeutigen Adressierung von Datenpaketen. Das Internet hat keine Zentrale, weswegen ein hierarchischer Aufbau der durch das Internet vernetzten Computer fehlt. Es ist deutlich schneller gewachsen als die meisten bisher entwickelten Massenmedien und kann in Bezug auf den Innovationsgrad mit der Erfindung der Dampfmaschine verglichen werden. (vgl. Jacob 2012, S. 38 f.)

Dienste im Internet

Das Internet bietet verschiedene Dienste an, für die aufgrund der nicht bestehenden zentralen Verwaltung keine konkreten Vorgaben bestehen. Der Erfolg und die Verbreitung dieser Dienste sind fast ausschließlich von der Akzeptanz und Resonanz der Nutzer abhängig. Das Senden und Empfangen von **E-Mails** ist der bekannteste und älteste Internetdienst. Dabei handelt es sich um eine elektronische Nachbildung der Briefpost, die anstatt per Briefträger über das Internet zugestellt wird. Um den Dienst in Anspruch zu nehmen, werden lediglich ein Serviceanbieter und ein E-Mail Client benötigt, der dem Nutzer ein geeignetes Interface zur Verfügung stellt. (vgl. Jacob 2012, S. 38)

Auch das **World Wide Web** (WWW), das Webseiten überträgt, stellt einen Dienst dar. Weitere Internetdienste sind die **Dateiverwaltung** sowie die **Internet-Telefonie**, das **Internet-Fernsehen** oder das **Internet-Radio**. Ebenso gehören **Chats** und **Diskussionsforen** zu den Internetdiensten. Im Folgenden wird auf das World Wide Web ausführlicher eingegangen.

Webbrowser

Die Basis für die Nutzung des World Wide Webs bilden sogenannte Webbrowser. Die **Funktion** eines Webbrowsers, welcher auch als Internetbrowser oder einfach Browser bezeichnet wird, besteht darin, Anfragen (Requests) an einen angewählten Webserver zu senden und die zurückgesendeten Informationen entgegen zu nehmen. Die vom Server zurückgesandten Hypertexte und Multimediadaten, wie beispielsweise Texte, Bilder oder Videos, werden grafisch an lokalen Rechnern angezeigt. Die meisten Internetbrowser können neben **HTML-Seiten** auch **andere Dokumentarten** und Formate wie Joint Photographic Experts Group (JPEG), Portable Network Graphics (PNG) und Grafics Interchange Format (GIF) darstellen. Tim Berners-Lee war der Erste, der Hypertext verwendete und den ersten Webbrowser unter dem Namen „World Wide Web" entwickelte. Der erste weitverbreitete Webbrowser war der NCSA Mosaic, dessen Version 1.0 im September 1993 veröffentlicht wurde. Im Zuge dessen entstand Netscape, das vom Leiter des Entwicklerteams Mosaic erstellt wurde. Netscape dominierte den Markt als Internetbrowser bis zur Erscheinung des Internet Explorers von Microsoft im Jahr 1999. Weitere heute bekannte Browser sind Firefox, Opera, Safari und Chrome. Diese kamen jedoch erst zu einem späteren Zeitpunkt auf den Markt. (vgl. Stewart 2013)

Entwicklung des Web 2.0

In der Anfangszeit des Internets diente dieses verstärkt als Nachschlagewerk. Unternehmen erstellten und veröffentlichten Webseiten mit dem primären Ziel, Informationen im Hinblick auf Produkte und Dienstleistungen bereitzustellen. Rückmeldungen oder Anregungen der Kunden innerhalb des Webs standen zu dieser Zeit im Hintergrund und waren teilweise nicht möglich. Im Laufe der Entwicklung des Internets und der Entstehung des Web 2.0 änderte sich dieser Sachverhalt. Das Web 2.0 ermöglichte **neuartige Vernetzungen** zwischen Unternehmen und Kunden einerseits sowie zwischen den Kunden untereinander andererseits. Das Internet entwickelte sich somit zu einer Plattform, auf der es vordergründig um **Meinungs- und Informationsaustausch** ging. (vgl. Wagner et al. 2011, S. 63 ff.)

Das Aufkommen der Breitbandinternetanschlüsse bewirkte, dass das Internet heute zu einem allgegenwärtigen **Instrument der Kommunikation** geworden ist. Mit

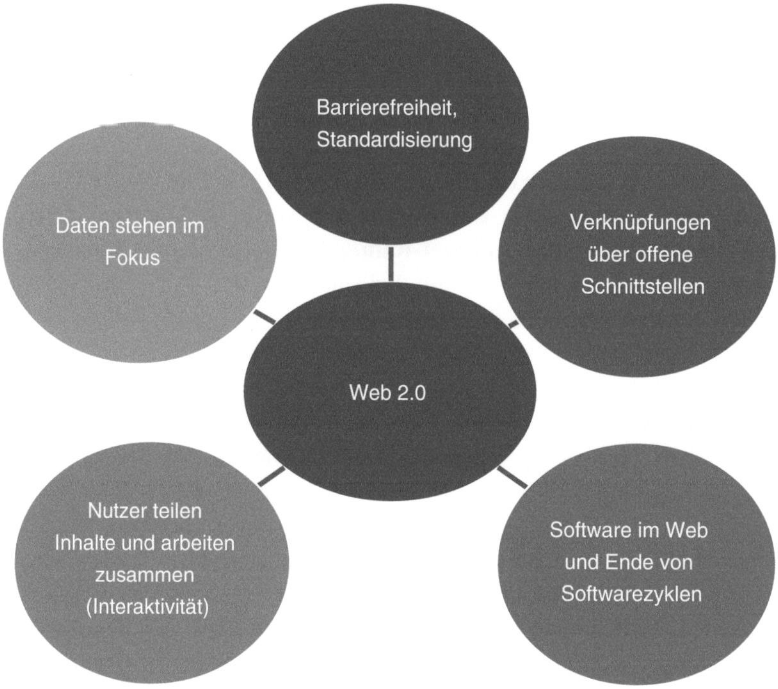

Abb. 2.8 Merkmalausprägungen des Web 2.0

Interaktionsprogrammen und Anwendungen, die mit dem Web 2.0 erschienen sind und dieses geprägt haben, können Internetnutzer ohne technische Hintergrundinformationen Inhalte erstellen und veröffentlichen. Unterschiedliche Applikationen und Dienste ermöglichen das einfache Hochladen von Texten, Bildern oder Videos ins Netz. Ein besonderes Schlagwort des Web 2.0 ist die **gemeinsam genutzte Intelligenz.** Aufgrund dieser Ausgangslage entstanden die heute bekannten Merkmale des Web 2.0, die sich auch aus Abb. 2.8 ergeben. (vgl. Pomaska 2012, S. 19)

Physisches Web oder Internet der Dinge

Neben dem Schlagwort Web 2.0 sind in Verbindung mit dem Internet weitere Begriffe wie zum Beispiel Mobile Web entstanden, die den derzeitigen oder zukünftigen Entwicklungsstand beschreiben. Als **nächste Evolutionsstufe** wird häufig das physische Web beschrieben, das Gegenstände und Orte zu einem Bestandteil des Internets werden lässt. Dadurch können Personen in neuer Form mit Gegenständen interagieren. Beispielsweise lässt sich beim Carsharing ein Auto mit dem Smartphone aufschließen, nachdem das Fahrzeug eine entsprechende Kennung gesendet hat. In einem Ladengeschäft wäre es denkbar, dass der Besucher beim Betreten die aktuellen Angebote auf seinem Handy angezeigt bekommt und mithilfe seiner Einkaufsliste zu den günstigen Produkten navigiert wird. Zur Ware selbst kann sich der Konsument nützliche Informationen (zum

Beispiel Bewertungen, Hersteller, Zulieferer) anzeigen lassen. Durch das physische Web lassen sich folglich stationäre Geschäfte mit dem E-Commerce verbinden. Im Internet erhält der Nutzer Informationen und vor Ort kann er das Produkt anfassen und ausprobieren. Über das Einkaufen hinaus verändert das physische Web unser gesamtes Umfeld. Dies drückt sich beispielhaft in den Stichworten Smart Home, Smart Office, Smart Car und Smart Cities aus und ist ein weiterer Baustein des „**Ubiquitous Computing**". Dazu gehört ebenfalls das Thema „**Augmented Reality**", wodurch unsere Wahrnehmung mit Informationen aus dem Internet angereichert wird. So kann beispielsweise eine Datenbrille wie „Google Glass" Dinge situationsbezogen einblenden. Bis zur praktikablen Umsetzung der genannten Möglichkeiten wird jedoch noch einige Zeit vergehen. Hierbei stellt sich insbesondere die Frage, ob die Nutzer bereit sind, mehr eigene Daten für einen möglichen Komfortgewinn preiszugeben und sich in neue Abhängigkeiten zu begeben. (vgl. Tißler 2015)

2.3 Nachhaltigkeit

Das Thema Nachhaltigkeit genießt heute einen hohen Stellenwert und wird von vielen Individuen bei ihren Handlungen berücksichtigt. Einige Autoren kritisieren bereits eine inflationäre Verwendung des Begriffs „Nachhaltigkeit". Andere Autoren hingegen sind der Überzeugung, dass Nachhaltigkeit ein Garant für ökonomischen Erfolg und daher die Häufigkeit der Begriffsanwendung gerechtfertigt ist. Nachhaltiges Handeln betrifft nicht nur ökonomische Faktoren; vielmehr sind – wie aus der Abb. 2.9 hervorgeht – auch ökologische und soziale Aspekte (Gesellschaft) wesentliche Standbeine. Da aktuelle Studien eine zunehmende Nutzung des Internets in nahezu jeder Branche in den kommenden Jahren prognostizieren, stellt sich folgende Frage: Wie wirkt sich Online-Marketing beziehungsweise E-Commerce auf Ökologie, Ökonomie und Gesellschaft aus?

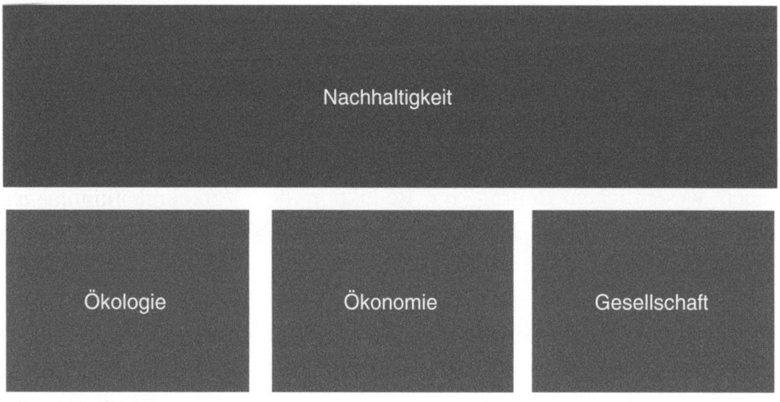

Abb. 2.9 Säulen der Nachhaltigkeit

Die Beantwortung dieser Frage zeigt, dass diese drei Faktoren, die sich unter dem Überbegriff der Nachhaltigkeit vereinen lassen, wesentliche Bestandteile des strategischen Umfelds eines Unternehmens darstellen.

2.3.1 Ökologie

Die Ökologie ist deshalb von großer Bedeutung, da ein System oder eine Organisation nur dann seine Existenzberechtigung erhält, wenn nicht langfristig gegen die Belange der Umwelt verstoßen wird. Im Folgenden geht es darum, die ökologischen Auswirkungen des E-Commerce zu betrachten. Im Onlinehandel hat der Verbraucher die Möglichkeit, nahezu alle Produkte „per Click" zu kaufen und seine Bedürfnisse schnellstmöglich zu befriedigen. Diese Flexibilität ist noch größer geworden durch die Erweiterung der vorherrschenden stationären Internetnutzung durch mobile internetfähige Endgeräte. Da sowohl Hersteller als auch Verbraucher zudem Umweltaspekte zunehmend in den Mittelpunkt ihrer Einkaufsgewohnheiten stellen, kann von einer sogenannten „grünen" New Economy gesprochen werden. Da diese New Economy der Literatur zufolge aber nicht eindeutig bewertbar ist, sollen nachfolgend die ökologischen Chancen und Risiken des E-Commerce dargestellt werden. Um den Überblick zu wahren, beschränken sich die Ausführungen auf drei Aspekte: Verkehrsaufkommen, Energieverbrauch und Ressourcenproduktivität.

E-Commerce leistet einen Beitrag zur Reduktion des Verkehrsaufkommens

Einige Fachleute gehen davon aus, dass durch die Nutzung des E-Commerce mit einer Reduktion des Emissionsaufkommens durch **private PKW** zu rechnen ist. Die vorherrschenden Kommunikations- und Informationssysteme eröffnen die Möglichkeit, physische Einkaufsströme von Verbrauchern in virtuelle Ströme innerhalb des Datennetzes zu transferieren. Mit der Reduzierung der bisher anfallenden physischen Ströme wird gleichzeitig das mit ihnen einhergehende Verkehrsaufkommen verringert. Diese Annahme ist relevant für die Nachhaltigkeit von E-Commerce. Nutzt der Verbraucher die Möglichkeit, bestimmte Waren aus dem Internet zu beziehen, wird seine Autofahrt zum stationären Handelsgeschäft überflüssig. Ein Transportfahrzeug liefert lediglich einmal täglich die Bestellungen aller sich in einem bestimmten Umkreis befindenden Verbraucher aus. Der Einsatz eines einzelnen **Transportfahrzeugs** leistet einen wesentlichen Beitrag zur Reduktion des Verkehrsaufkommens, da es viele Fahrten zum stationären Handel durch private PKW ersetzt. (vgl. Dworak und Burdick 2002, S. 44 ff.)

E-Commerce führt zur Erhöhung des Verkehrsaufkommens

Es gibt aber auch Untersuchungen, die von einem genau gegenteiligen Effekt ausgehen und mit einem erheblichen Anstieg des Straßenverkehrs und des damit einhergehenden

Emissionsaufkommens durch private PKW rechnen. Diese Annahme soll anhand der folgenden drei Beispiele veranschaulicht werden.

- Das **erste Beispiel** geht davon aus, dass der physische Verkehr der Verbraucher trotz der Nutzung von E-Commerce weiterhin bestehen bleibt, weil das Internet den stationären Einkauf nicht ersetzt, sondern ihn lediglich ergänzt. So kann ein Konsument zwar Sparangebote des Internets nutzen (zum Beispiel ein Getränkeangebot mit kostenloser Anlieferung), jedoch muss er andere Waren, etwa notwendige Lebensmittel, mit einer zusätzlichen Fahrt in ein stationäres Geschäft besorgen.
- Ein **zweites Beispiel**, das die Annahme einer Emissionssteigerung unterstützt, ist die Verknüpfungsmöglichkeit von Offline- und Onlineaktivitäten der Unternehmen. Hier wird ein Kunde im Internet nach einer Onlinebestellung mittels Rabatt-Coupons zu einem zusätzlichen Kauf in einem stationären Ladengeschäft motiviert. In beiden Beispielen fällt zum einen die Fahrt des Kunden mit dem privaten PKW nicht weg, zum anderen fährt zusätzlich ein Transportfahrzeug zur Auslieferung der Waren. Somit ist der E-Commerce am Ende für ein höheres Verkehrsaufkommen verantwortlich.
- Eine weitere mögliche Ursache für erhöhten Verkehr zeigt das **dritte Beispiel**. Erledigt der Verbraucher seine täglichen Einkäufe mit dem PKW im stationären Handel und den Monatseinkauf online, so hat er eine Zeitersparnis. Analysten gehen davon aus, dass diese nun zur Verfügung stehenden Zeitressourcen in das Freizeitverhalten investiert werden, was zu weiterem physischen Verkehr auf den Straßen führt. Zwar ist dieser anfallende Verkehr einem anderen Zweck als dem reinen Einkauf geschuldet, dennoch sind die Ursachen und Wirkungen in Form einer schlechteren Umweltbilanz dem E-Commerce zuzuschreiben. (vgl. Florian 2000, S. 1 ff.)

E-Commerce wirkt sich auf den Energieverbrauch aus

Der zweite ökologische Effekt, der bei der Nutzung des E-Commerce erwartet wird, bezieht sich auf den Energieverbrauch. Hier gehen Experten von einem erheblichen Anstieg aus. Sowohl der PC als auch das Internet zählen zu den „Energiefressern des Jahrhunderts". Daher arbeiten Forscher und Entwickler daran, die Produkte „grüner" werden zu lassen und sie mit **energiesparender Technik** auszustatten. Mit der Energieverbrauchsskala an der Verpackung wird der Energieverbrauch eines Produkts transparent dargestellt. Somit liegt es in der Hand des Verbrauchers, zwischen diesen angebotenen Endgeräten das sparsamste zu wählen. Wird jedoch durch energiesparende Geräte tatsächlich Energie gespart? Hier gehen Forscher davon aus, dass die zunächst aufgrund verbesserter Technik eingesparte Energie langfristig durch **leistungsfähigere Komponenten** im Endgerät kompensiert wird und damit letztlich nicht von einer Energieeinsparung auszugehen ist. (vgl. Florian 2000, S. 1 ff.)

Ergänzungs- und Substitutionsgüter beeinflussen den Energieverbrauch unterschiedlich

Wird die Debatte über den Energieverbrauch des Internets tiefergehend beleuchtet, ist eine differenzierte Betrachtung vorzunehmen. Zunächst ergibt sich die Frage, was genau bei der Internetnutzung Energie verbraucht. Die digitalen Produkte werden zunächst in Bitströme transformiert und somit zu einer Information. Diese Information wird über Datennetze vertrieben, was – je nach Größe – zu einem entsprechenden Energieaufkommen führt. Der Versand von 2 Megabyte an Informationen verbraucht ein halbes Kilogramm Kohle. Dennoch kann nicht pauschal gesagt werden, dass E-Commerce den Energieverbrauch grundsätzlich erhöht, da es auf die Art des zu vertreibenden Produkts ankommt, und darauf, ob es sich bei dem gekauften Produkt um ein Substitutions- oder um ein Ergänzungsprodukt handelt. Handelt es sich um ein **Ergänzungsgut**, ist in jedem Falle der Energieverbrauch erhöht, da Energie sowohl für die Produktherstellung benötigt wird als auch für die Lieferung, sei es als Transportenergie, zusätzlich anfallender elektronischer Datentransfer oder beides. Handelt es sich bei dem vertriebenen Produkt um ein **Substitutionsgut**, so kann der Energieverbrauch der alternativen Bezugsquelle gleich hoch, höher oder niedriger sein als der anfallende Energieverbrauch im E-Commerce. So ist etwa der Energieverbrauch zur Herstellung einer gedruckten Zeitung (einschließlich des Energieverbrauchs der Holzernte zur Bereitstellung des Rohstoffs Holz, der Zeitungspapiererstellung und des generellen Druckprozesses) wesentlich höher als der Energieverbrauch des reinen Datentransfers der Zeitung mit anschließender Anzeige am Computer oder Laptopbildschirm. Abschließend kann festgehalten werden, dass auch die Betrachtung der Auswirkungen des E-Commerce auf das Energieaufkommen nicht zu einem eindeutigen Ergebnis kommt. (vgl. Berendt et al. 2003, S. 20–25; 33–39 ff.)

E-Commerce wirkt sich auf die Ressourcenproduktivität aus

Es wird davon ausgegangen, dass unter ökologischen Gesichtspunkten die größte Chance des E-Commerce in der Erhöhung der Ressourcenproduktivität liegt. Dies bezieht sich primär auf die unternehmerischen Bereiche Supply Chain Management, Beschaffung, Produktion und Distribution. Weitere Bereiche können ebenfalls profitieren, werden hier aus Gründen der Übersichtlichkeit jedoch nicht aufgeführt.

- Ressourcenproduktivitätssteigerungen im Bereich des **Supply Chain Managements** sind aufgrund des zeitnahen elektronischen Datenaustauschs realisierbar. Der schnelle Datentransfer hat zur Folge, dass Fehlerquoten in der Produktion gesenkt und die damit einhergehenden Abfallmengen stark reduziert werden können. Daneben müssen Lagerflächen nicht mehr im bisherigen Ausmaß in Anspruch genommen werden, da sich die Lagerbestände auf ein Minimum beschränken.
- Der Bereich **Beschaffung** wird häufig durch Shopping-Roboter (kurz: Shop-Bots) unterstützt. Diese haben grundsätzlich zwei Hauptaufgaben: Zum einen durchsuchen sie das Internet nach kostengünstigen Produktalternativen – gleiche Qualität

vorausgesetzt –, zum anderen überprüfen sie die einzukaufenden Produkte auf ihre ökologischen Eigenschaften und machen sie dem Beschaffungsverantwortlichen als Vorschlag kenntlich. Die Shop-Bots sind zudem vorteilhaft, wenn die eigenen Produkte auf dem Markt platziert und potenzielle Kunden von deren ökologischer Herstellung überzeugt werden sollen.

- Der Bereich **Produktion** profitiert von einer kundenindividuellen Produktionsmöglichkeit, die erst mit dem E-Commerce vollumfänglich genutzt werden kann. Hierzu setzen Unternehmen unterschiedliche Strategien wie beispielsweise „Build-to-Order" oder „Print-on-Demand" ein, bei denen die Produktion erst nach erfolgter Bestellung beginnt. Entsprechend sind Lageraufwendungen gering und nicht absetzbare Produktionsmengen werden vermieden. Dies ist gerade dann von großer Bedeutung, wenn es sich um Produkte mit einem verkürzten Produktlebenszyklus handelt, da bei diesen längere Lagerzeiten meist einen Werteverlust in beachtlicher Höhe zur Folge haben.
- Abschließend sollte der Bereich der **Distribution** kurze Erwähnung finden. Wird der direkte Transport (der bereits unter dem Aspekt der Verkehrsbelastung thematisiert wurde) vernachlässigt, so ist es dem Unternehmen mithilfe des E-Commerce möglich, die Lagerfläche der Versandabteilung insgesamt zu verringern und damit einen positiven Beitrag zur Entlastung der Umwelt zu leisten. (vgl. Berendt et al. 2003, S. 40 ff.)

Fazit zur ökologischen Auswirkung

Die vorhergehenden Ausführungen werden in Abb. 2.10 zusammengefasst und machen deutlich, dass die Wirkungen des E-Commerce auf die Umwelt nicht eindeutig als gut oder schlecht zu bewerten sind. Vielmehr werden von Experten **gegenläufige Trends** prognostiziert. Zum einen ist es denkbar, benötigte Ressourcenmengen (wie Produktionsfaktoren und Energie) durch eine kundenindividuelle Produktion verringern zu können. Zum anderen befürchten Experten einen nicht absehbaren Anstieg des Emissionsaufkommens, da ein Transportfahrzeug nicht ausreichend sein wird, um die dicht besiedelten Städte zu beliefern. Bei den bisherigen Untersuchungen handelt es sich um

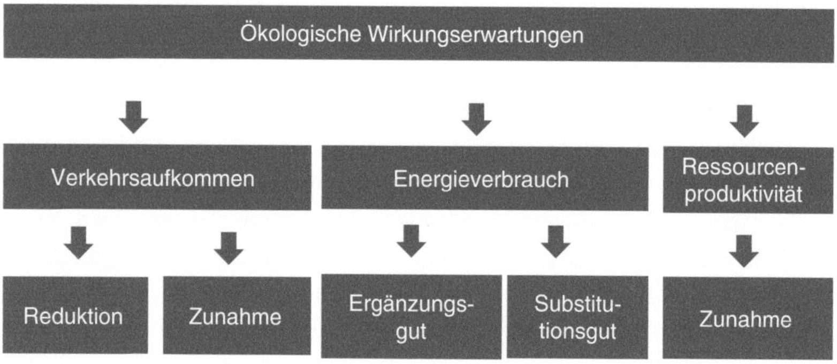

Abb. 2.10 Ökologische Wirkungserwartungen

Einzelfalluntersuchungen, die keinen eindeutigen und allgemeingültigen Schluss zulassen. Geschuldet ist dies nicht zuletzt den **Systemgrenzen**, die die Ergebnisse beeinflussen. Es bilden sich **Wirkungsketten** heraus, die von vielen Faktoren abhängig sind, die entweder so oder so eintreten können. Mit einem ausgeprägten Verständnis des Verbrauchers für diese Thematik könnten gewisse dargestellte Risiken auch als Chance begriffen und genutzt werden. Gerade wenn elektronische Medien zukünftig nicht als Ergänzungsgüter, sondern vielmehr als Substitutionsgüter genutzt werden, lassen sich Chancen realisieren. Die ökologische Nettobilanz eines Landes ist auch von den ökologischen Eigenschaften der Hardware und der gegebenen Infrastruktur abhängig. Diese Faktoren legen den Grundstein dafür, ob die Ausgestaltung von E-Commerce mit einer Umweltbelastung oder aber mit einer -entlastung einhergeht. Es gilt insgesamt, den Trend des E-Commerce mit Bedacht auf die Belange der Umwelt voranzutreiben.

2.3.2 Ökonomie

Der Aspekt „Ökonomie“ ist eine weitere Komponente des strategischen Unternehmensumfelds. In diesem Unterabschnitt wird der Fokus auf die ökonomischen Auswirkungen des E-Commerce gelegt. Dabei sollen sowohl Chancen als auch Risiken identifiziert werden.

Ökonomie als ein Bestandteil von Nachhaltigkeit

Unternehmen oder Organisationen, die wirtschaftlich erfolgreich sind, bestehen fort und übernehmen durch langfristige Arbeitsplatzsicherung gesellschaftliche **Verantwortung im engeren Sinne** gegenüber den eigenen Mitarbeitern. Daneben hat das wirtschaftlich tätige Unternehmen durch die Stärkung des gesellschaftlichen Allgemeinwohls zusätzlich eine Verantwortung gegenüber der breiten Gesellschaft, die dieses Buch als **Verantwortung im weiteren Sinne** bezeichnet. Sie soll dazu beitragen, einer Volkswirtschaft stetiges Wachstum zu verleihen und sie gegenüber anderen Volkswirtschaften wettbewerbsfähig zu erhalten. Nur mit einer starken Volkswirtschaft können Wohlstand und eine Verbesserung des Lebensstandards und der damit einhergehende gesellschaftliche Fortbestand gesichert werden. Aufgrund des **demografischen Wandels** droht am Arbeitsmarkt und somit auch in Unternehmen zukünftig allerdings ein Mangel an Fach- und Führungskräften. Trotzdem müssen Betriebe weiterhin den Anforderungen einer wettbewerbsfähigen und wachsenden Volkswirtschaft genügen, wollen sie ihrer breiten gesellschaftlichen Verantwortung gerecht werden. Diese Aufgabe wird sich nicht selten zu einem „Mammutprojekt“ auswachsen, da die notwendige Wirtschaftlichkeit durch Produktivitätssteigerungen gewahrt werden soll bei einem gleichzeitigen Verlust von Arbeitskraft. Die Nutzung des E-Commerce ist nicht nur ein vorübergehender Trend, sondern vielmehr der Beginn unseres digitalen Zeitalters und birgt für Unternehmen wirtschaftlich gesehen Chancen und Risiken. Die folgenden genannten Effekte beziehen sich primär auf Kostenaspekte. Zusätzlich zu den quantitativen Folgen des E-Commerce werden auch qualitative Effekte aufgezeigt.

Erster Aspekt: Kosteneinsparungspotenziale

Bei der Beschreibung der Wirkungen des E-Commerce auf die Wirtschaftlichkeit eines Unternehmens werden als wohl wichtigste quantitative Chance mögliche Kosteneinsparungen genannt. Drei Varianten der Nutzung des E-Commerce stehen zur Verfügung, um Kosteneinsparungen realisieren zu können. Es können sowohl die **Prozesse** verkürzt als auch die **Beschaffungspreise** verringert werden, wobei in der Praxis ersteres gegenüber letzterem größeres Sparpotenzial bietet. Zudem sind als dritte Variante einzusparende **Lagerkosten** zu nennen. Alle drei Kosteneinsparungsmöglichkeiten werden nachfolgend dargestellt.

Einsparmöglichkeiten bei den Prozesskosten

E-Commerce kann erheblich dazu beitragen, die unterschiedlichsten Abläufe in einem Betrieb zu verkürzen und somit zu beträchtlichen Kosteneinsparungen führen. Die folgenden beschriebenen Einsparungsmöglichkeiten bei den Prozesskosten basieren auf Untersuchungsergebnissen der Wirtschaftsprüfungsgesellschaft „KPMG" und der Organisation für wirtschaftliche Zusammenarbeit, auch „Organization for Economic Cooperation and Development" (OECD) genannt. Demnach geht die zukünftige **elektronische Rechnungsstellung** mithilfe von E-Commerce konkret mit bis zu 90 Prozent geringeren Kosten einher. Die **elektronische Beschaffung** weist eine branchen- und produktabhängige Spannbreite des Sparpotenzials zwischen 25 und 75 Prozent auf. Weiter reduzieren sich die **Transaktionskosten** um bis zu 50 Prozent. Darüber hinaus ist davon auszugehen, dass die **Vertriebskosten digitalisierter Güter** 50 bis 99 Prozent geringer ausfallen können. (vgl. Riehm et al. 2002, S. 365 ff.)

Einsparmöglichkeiten bei den Beschaffungskosten

Der Produktpreiseffekt ist als weitere Variante der Kostenreduktion aufzuführen. Die Kommunikations- und Informationssysteme ermöglichen es, wie bereits in Abschn. 2.3.1 thematisiert, alternative Produkte gleicher Qualität von anderen Lieferanten unkompliziert und schnell zu finden und dem Beschaffungsmanager zur Entscheidung vorzulegen. Was sich zunächst als **quantitative Chance** zeigt, kann sich jedoch als **Risiko qualitativer Art** erweisen. Es könnte ein Imageverlust eintreten, wenn langjährig bestehende Geschäftsbeziehungen mit einem regionalen Lieferanten aufgrund der Wahl des günstigsten Produktangebots gelöst werden. Dadurch gerät dessen Existenz in Gefahr und folglich ist ebenso die Existenz seiner Arbeitnehmer gefährdet. Ein **Imageschaden** für das die Geschäftsbeziehungen kündigende Unternehmen wäre nur schwer abzuwenden, da es auch in einer gesellschaftlichen Verantwortungspflicht gegenüber der Region steht. Zusätzlich kann ein etwaiges fehlerhaftes Arbeiten der Informationssysteme (beispielsweise der genannten Shop-Bots) in einer Verringerung der Produktqualität resultieren.

Einsparmöglichkeiten bei den Lagerkosten

Die letzte Variante der Kostenreduktion sind einzusparende Lagerkosten. E-Commerce ermöglicht eine **kundenindividuelle Produktion**, was dazu führt, dass weniger Produkte auf Lager zu halten sind. Langfristig lassen sich so die Lagerplätze verringern. Es wäre sogar denkbar, dass zukünftig kein Lager mehr nötig sein und somit eine 100-prozentige Einsparung der **Lagerkosten** möglich wird. Zu diesen zählen nicht nur die Kosten für die Lagermiete, sondern auch die Lagerfolgekosten wie die Lagerverwaltung, Löhne für Lagermitarbeiter, Energiekosten für das Lager, Kosten, die bei dem Verderb von Waren entstehen usw. Jedoch halten Kritiker dieses Szenario für fragwürdig. Das **Beispiel großer Internethändler** zeigt, dass auf ein Lager nicht gänzlich verzichtet werden kann. Sie profitieren von ihrer Flexibilität und ihrer Schnelligkeit und verschaffen sich damit einen Wettbewerbsvorteil. Verzichteten sie auf ein eigenes Lager, wären sie in vollem Maße vom Lieferanten abhängig und der Wettbewerbsvorteil wäre aufgegeben. Außerdem erwiese sich eine mögliche anzustrebende Expansion als problematisch, da mit der großen **Abhängigkeit des Händlers vom Lieferanten** erhebliche strategische Probleme verbunden sind. Es ist daher davon auszugehen, dass mit E-Commerce Lagerkosten zwar sehr wohl eingespart werden können, indem die Lagergröße langfristig erheblich reduziert wird. Ein Wegfall ist jedoch aufgrund der aufgezeigten Problematik nicht zu erwarten. (vgl. Riehm et al. 2002, S. 371 ff.)

Zweiter Aspekt: Margenmaximierung

Eine weitere quantitative Chance durch die Nutzung von E-Commerce besteht in der Margenmaximierung. E-Commerce hat die **Verkürzung der traditionellen Vertriebskette** mit den Stationen Produzent – Großhandel – Einzelhandel – Endverbraucher zur Folge. Aufgrund des technologischen Fortschritts ergibt sich für das produzierende Gewerbe die Chance, diese Vertriebskette um die beiden Bestandteile „Großhandel" und „Einzelhandel" zu verkürzen. Der Produzent könnte zukünftig direkt und einfach den Kontakt mit dem Konsumenten herstellen und müsste die Dienste des Handels nicht mehr beanspruchen. Auf diese Weise könnte er entweder die durch den Handel veranschlagten Margen für sich gewinnen und/oder geringere Preise an den Verbraucher weitergeben. In jedem Falle sicherte er sich einen erhöhten Umsatz. Allerdings sind die Dienste des Einzel- oder Großhandels für einen Produzenten unumgänglich. Kritiker eines solchen Gedankenspiels befürworten entsprechend einen engeren Kontakt mit dem Handel. Die Verkürzung der Vertriebskette ist eine **nicht realistische Option** im E-Commerce, weshalb die Möglichkeit einer Maximierung der Margen ebenfalls reduziert und auch relativiert wird. (vgl. Stallmann und Wegner 2014, S. 13 ff.)

Dritter Aspekt: Umsatzsteigerung durch mehr Transparenz

Dank der modernen Informations- und Kommunikationstechnologie kann ein Unternehmen oder eine Organisation mehr **Transparenz** gewährleisten, weil die Möglichkeiten der Informationsveröffentlichung einfacher genutzt werden können. Generelle Informationen über die anzubietenden Produkte, Herstellungsverfahren, Qualitäten und Kundenbewertungen sowie nicht zuletzt die Unternehmensgeschichte können transparent und für jeden zugänglich dargestellt werden. Kunden sind bereit, einen **höheren Preis für nachhaltig hergestellte Produkte** zu zahlen. Wenn Unternehmen ihre Werte und ökologischen Normen offensiv mitteilen, werden sie neue potenzielle Kunden erreichen, für die Qualität und faire Produktionsbedingungen wichtig für die Kaufentscheidung sind. Hilfreich sind hier „Fair-Trade-Siegel" oder Symbole wie „der grüne Baum". Über das Internet kann der Kunde zuverlässig herausfinden, welcher Händler am ehesten seinen eigenen Idealwerten für Produktion und Qualität entspricht. Ein mögliches **Risiko** der Transparenz besteht jedoch darin, dass die gegebenen Informationen eines Anbieters nicht nur als Entscheidungsgrundlage für einen bewussten Kauf dienen, sondern auch zur Rück- oder Nachverfolgung von dessen Lieferanten genutzt werden können. Der Verkäufer ist in der Pflicht, seine Angaben wahrheitsgemäß abzugeben, was besonders bezüglich der **Lieferantenrückverfolgung** im Zweifel eine erhebliche Problematik darstellt. (vgl. E-Commerce Magazin 2010)

Vierter Aspekt: Erweiterung des Kundenkreises durch zielgruppengerechte Kommunikation

Durch E-Commerce sind Dienste entstanden, welche die direkte Kundenansprache ermöglichen und damit den bereits bestehenden Kundenkreis um potenzielle Neukunden erweitern. Primär ist dafür eine **vereinfachte und zielgruppengerechte Kommunikation** des Unternehmens mit den Endverbrauchern verantwortlich. Dies kann beispielsweise durch Suchmaschinenoptimierung oder aber durch bewusste Schaltung von kundenindividueller Werbung erfolgen. Nicht zuletzt erhalten soziale Medien einen immer größeren Stellenwert. Durch Angabe von zielgruppenspezifischen Merkmalen wie zum Beispiel Alter, Region und Präferenz können Unternehmensinformationen (über ein Produkt oder über eine Aktion) genau jener Zielgruppe angezeigt werden, die zuvor als solche identifiziert wurde. Soziale Medien sind nicht zuletzt deswegen interessant, da sie nicht unwesentlich zu einem veränderten **Customer-Relationship-Management** (CRM) beigetragen haben. Während in der Vergangenheit ein CRM der Version 1.0 durchgeführt wurde, hat sich dieses längst zur Version 2.0 weiterentwickelt. Das Vorgehen der früheren CRM-Praxis war, zunächst eine Zielgruppe festzulegen, daraufhin Kunden zu akquirieren, Maßnahmen zu ergreifen, um die akquirierten Kunden zu halten, und letztlich die Expansion des Geschäftsbetriebes zu erreichen. Der Weg führte also vom Marketing über den Verkauf des Produktes hin zum Kundenservice. Die gegenwärtige Version des Prozesses zeigt sich gänzlich verändert, was nicht zuletzt auf gesättigte Märkte zurückzuführen ist. Das CRM beginnt nun mit dem Bedürfnis des Kunden und seiner Entscheidung, ein Produkt bei einer bestimmten Firma zu kaufen und nicht bei zahlreichen anderen. Der Kunde sammelt mit diesem Produkt Erfahrungen und gibt diese dann über E-Commerce-Dienste weiter. Er kann damit das gekaufte Produkt oder eine Dienstleistung **weiterempfehlen** oder Gründe angeben, wenn er das Produkt anderen **nicht empfehlen** kann. Er wird mit großer Wahrscheinlichkeit motiviert sein, eine Rezension (Lieferanten- oder Produktbewertung) abzugeben, da eine solche für den Käufer ursprünglich auch ausschlaggebend für seinen eigenen Kauf war. Grundlage für heutige CRM-Prozesse ist also die Wertschätzung des Kunden, die durch unterstützende Prozesse seitens des Unternehmens sowie optimale Transaktionsprozesse entstanden ist. Getreu dem Motto „Wem vertraust Du mehr, einem Freund oder einem Unternehmen?" wenden sich die Konsumenten heute an zahlreiche E-Commerce-Dienste, um sich vor einem Kauf vom zu kaufenden Produkt überzeugen zu lassen. (vgl. Almunawar und Anshari 2015, S. 1 ff.)

Fünfter Aspekt: Imagesteigerung

Es wird davon ausgegangen, dass Online-Marketing beziehungsweise E-Commerce dabei hilft, sowohl das Image eines Unternehmens zu steigern als auch das Unternehmen positiv in der Öffentlichkeit darzustellen. Diese qualitative Chance bietet sich in besonderem Maße **kleinen und mittelständischen Unternehmen**. Das wirtschaftliche Handeln eines Unternehmens oder einer Organisation ist zumeist von Ressourcenknappheit geprägt. Besonders schwierig ist die Allokation finanzieller Ressourcen etwa für Vertriebs-, Marketing- oder Kommunikationsbudgets gerade in Zeiten gesättigter Märkte, bei denen zunehmend gleiche Produkte angeboten werden und zusätzlich für den Kunden Preistransparenz besteht. So kann sich ein Unternehmen nur schwer preislich von seinen direkten Wettbewerbern am Markt abheben. Zudem besteht eine Tendenz zu sinkenden Preisen entgegen den anfallenden Produktionskosten. Somit hat das Unternehmen ein großes Interesse, mithilfe einer eigenen Persönlichkeit den Unterschied zu anderen Anbietern festzuhalten und auszudrücken. Diese **Unternehmensidentität** ist jedoch **zielgruppengerecht zu kommunizieren**. Aufgrund der oftmals kleineren Betriebsgröße sowie der gering zur Verfügung stehenden Kommunikationsressourcen haben kleine und mittelständische Unternehmen keinen oder maximal unzureichenden Zugang zu Medien und damit nicht die Möglichkeit, in der Öffentlichkeit auf sich und ihre Produkte aufmerksam zu machen. Für diese Unternehmen bietet sich Online-Marketing beziehungsweise E-Commerce an. Es können sämtliche Arten von unterschiedlichen **sozialen Medien** genutzt werden, die dabei helfen, das Unternehmen in einem passenden und adäquaten Licht darzustellen. Hierfür stehen zahlreiche Werkzeuge zur Verfügung, deren finanzieller Ressourceneinsatz von der Art des Werkzeugs sowie dessen Ausgestaltungsumfang abhängig ist. Als Werkzeuge seien konkret folgende drei Subinstrumente beispielhaft zu nennen, die in ihrer Gesamtheit das Kommunikationsinstrument „Internet" zusammenfassen: „Foto- und Videocommunity" wie Flickr und YouTube, „Microbloggingdienste" wie Twitter und letztlich die „Social Networks" wie Facebook und Xing. Neben der Verwendung als reine Werbeplattform können diese Werkzeuge jedoch auch dafür eingesetzt werden, soziales Engagement und Hilfestellungen des Unternehmens bewusst zu kommunizieren. Es besteht weiterhin die Möglichkeit des direkten Dialogs mit derzeitigen und potenziellen Kunden. Darüber hinaus können Foren oder weitere Plattformen dafür genutzt werden, das fachspezifische Know-how Dritten anzubieten und für Problemstellungen Ansprechpartner zu sein. Die Hilfe und Unterstützung steht hierbei im Vordergrund, was das Image gerade bei jenen Kunden, die das Unternehmen noch nicht kennen, um ein hohes Maß verbessern dürfte. Somit ist die

Voraussetzung für ein verbessertes Fremdbild geschaffen und die Differenz zwischen Eigen- und Fremdbild (zwischen der Identität und dem Unternehmensimage) verringert. (vgl. Grabs 2014)

Sechster Aspekt: Auswirkungen auf Entwicklungsländer

Ein quantitatives Risiko besteht im Zusammenhang mit Entwicklungsländern. E-Commerce kann, wie bereits an anderer Stelle des ökonomischen Bereichs erwähnt, zu wirtschaftlichem Wachstum eines Landes führen. Dieser Effekt konnte bei Industrieländern mittels zahlreicher Untersuchungen nachgewiesen werden. Im Gegensatz zu den Industrienationen verzeichnen Entwicklungsländer jedoch **kein wirtschaftliches Wachstum durch E-Commerce**, insbesondere wenn die technische Ausstattung des Landes schwach ist und somit seine Produktivität noch weiter hinter der der Industrieländer liegt. Dadurch öffnet sich die derzeitige Kluft in der Wirtschafskraft zwischen Industrie- und Entwicklungsländern immer weiter. Damit gehen zahlreiche Verluste für das Entwicklungsland einher. Zu nennen sind hier beispielsweise ein abnehmendes Bruttoinlandsprodukt, sinkende Löhne, beeinträchtigte Handelsbedingungen und eine sich verschlechternde Wohlfahrt. Verbessern Entwicklungsländer jedoch die technischen Voraussetzungen und ermöglichen jedem Bewohner sowohl den Zugang als auch die Nutzung des Internets, so erweist sich E-Commerce als wohl wichtigstes **Werkzeug, um die Industrie- und Entwicklungsländer wirtschaftlich auf Augenhöhe zu bringen**. (vgl. Regionales Informationszentrum der Vereinten Nationen für Westeuropa 2001)

Fazit zur wirtschaftlichen Auswirkung

Es ist darauf hinzuweisen, dass die ökonomischen Wirkungen der Nutzung des E-Commerce, welche in Abb. 2.11 dargestellt sind, auf Untersuchungen beruhen, die mitunter auch aus **Eigeninteresse** erfolgten. Deshalb sind auch die herausgestellten Chancen zu relativieren. Oft liegen den dargestellten Wechselwirkungsbeziehungen **vereinfachte Modelle** zugrunde, die wiederum von einem weiteren Konstrukt abhängig sind und beeinflusst werden. Je nachdem, wie sich dieses Konstrukt entwickelt, verändern sich auch die Ergebnisse. Häufig werden solche Komplexitäten in einem vereinfachten „Chancen-Risiken"-Modell nicht berücksichtigt. Dies zeigt auch das **Beispiel der digitalen Güter**. Hier wurde zunächst davon ausgegangen, dass mit der Digitalisierung von Dokumenten der Papierverbrauch in Büroräumen reduziert werden könne. Die Praxis hat jedoch gelehrt, dass zusätzlich zum digitalen Dokument ein Ausdruck erfolgt. Dementsprechend sind zuvor genannte Argumente nur Vermutungen und Erwartungen von Analysten. Auch bei der Betrachtung der **Kostenreduktion** als wohl wichtigster Chance des E-Commerce ist auf eine angemessene Bewertungsgrundlage zu achten. Es wäre nicht richtig, lediglich die eingesparten Kosten (Prozesskosteneinsparungen, Produktpreisreduzierungen, Lagerkosteneinsparungen) zu berücksichtigen und diese auf die Folgejahre hochzurechnen. Vielmehr müssen alle Aufwendungen, die mit der Einführung und Umstellung auf E-Commerce verbunden sind, bedacht werden. Hierzu zählen nicht nur

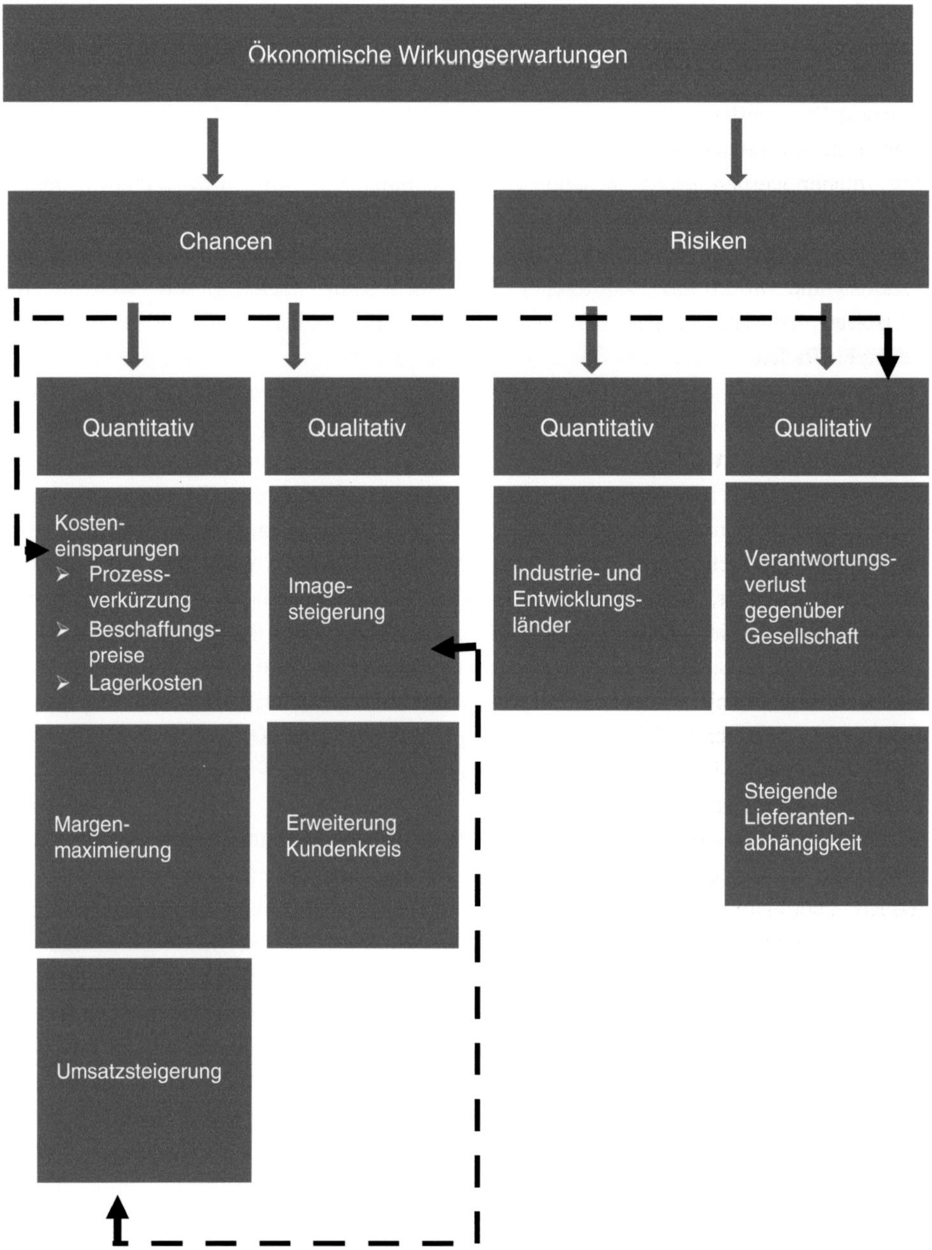

Abb. 2.11 Ökonomische Wirkungserwartungen

die System- und Einarbeitungskosten, sondern auch solche, die sowohl bei Qualitätsmängeln als auch bei einer Imageverschlechterung anfallen. Da sich die Umwandlung von qualitativen in quantitative Unsicherheiten als sehr schwierig herausstellt, werden diese oft nicht in die Kalkulation mit einbezogen, was die Bewertungsgrundlage fehlerhaft macht. Letztlich müssen zunächst grundlegende Hürden überwunden werden, um die Chancen, die E-Commerce bietet, auch nutzen zu können. Zuerst ist zu prüfen, ob die **Zielgruppe** den Vertriebskanal mit E-Commerce überhaupt verwenden kann und wird und ob es sich bei den angebotenen Produkten auch um solche handelt, die über diesen Kanal vertrieben werden können. Erst wenn diese **Einstiegshürden** überwunden sind, können mögliche wirtschaftliche Chancen in Betracht gezogen werden.

2.3.3 Gesellschaft

Nachfolgend sollen die gesellschaftlichen beziehungsweise sozialen Auswirkungen des E-Commerce betrachtet werden. Dabei wird zum einen der Mensch als Individuum in den Mittelpunkt gestellt, zum anderen wird analysiert, welche Chancen und Risiken durch E-Commerce im Hinblick auf eine funktionierende Gesellschaft zu erwarten sind. Somit wird mit diesem Unterabschnitt das strategische Umfeld eines Unternehmens um die Komponente „Gesellschaft" erweitert, die neben Ökologie und Ökonomie das dritte Standbein der Nachhaltigkeit und ein weit diskutiertes Feld ist. Befürworter des E-Commerce sind der Auffassung, dass dieser für den Verbraucher Chancen bereithält, da das Individuum und seine Bedürfnisse im Vordergrund des Handelns stehen. Auf der anderen Seite sind Skeptiker der Meinung, dass dem E-Commerce und im Besonderen der Nutzung des Internets verschleierte Gefahren immanent sind. Damit ein Unternehmen jedoch überhaupt von den wirtschaftlichen Möglichkeiten des E-Commerce wie Kosteneinsparungen profitieren kann, ist es erforderlich, dass die Gesellschaft beziehungsweise die sozialen Individuen diesen Kanal zum Kauf von Produkten auch nutzen. Nachfolgend werden die gesellschaftlichen Risiken und Chancen des E-Commerce gegenübergestellt und ein abschließendes Fazit gezogen.

Erstes Risiko: Fehlende Produkttransparenz in Bezug auf Produktqualitäten und Konsumfolgen

Ein erstes Risiko von E-Commerce auf der gesellschaftlichen Ebene ist die fehlende Produkttransparenz bezogen auf die Produktqualitäten sowie die möglichen Konsumfolgen. Begründet wird diese Auffassung anhand verschiedener Aspekte. Der Kunde hat mithilfe des Internets die Möglichkeit, scheinbar gleiche Produkte preisbezogen vergleichen zu können. Auch werden Kundenrezensionen angezeigt, die die Entscheidungsfindung erleichtern sollen. Jedoch enthalten vorhandene Produktinformationen oftmals keine Angaben über soziale und ökologische Herstellungsbedingungen, was einen wirklichen Vergleich nicht möglich macht. Hier könnten **einheitliche Label**

Abhilfe schaffen, die Hinweise auf soziale und ökologische Produktionsbedingungen geben wie beispielsweise der Blaue Engel oder standardisierte Energieeffizienzkennzeichen. Allerdings stellen Kritiker fest, dass diese nur in seltenen Fällen verwendet werden. Es wird ebenfalls bemängelt, dass Inhaltsstoffe, gentechnische Manipulationen oder klimarelevante Effekte nicht erwähnt werden oder lediglich dem Kleingedruckten zu entnehmen sind. In jedem Falle würde ein „normaler" Verbraucher solche Auskünfte nur durch erheblichen Aufwand erhalten, was bei einer echten Transparenz anders wäre. Hinsichtlich der **Kundenrezensionen** wird festgestellt, dass sich deren Anzahl immer weiter erhöht. Jedoch kann ihr Wahrheitsgehalt nur schwer von einem Laien erkannt oder überprüft werden. Daher fußt eine getroffene Kaufentscheidung möglicherweise auf einer fehlerhaften Informationsbasis. (vgl. Hagemann 2015, S. 1 ff.)

Zweites Risiko: Fehlende Preistransparenz

Ein zweites Risiko ergibt sich aus einer mangelhaften Preistransparenz. Es wird von einer **„scheinbaren" Preistransparenz** gesprochen. Der Verbraucher vergleicht zwar die Preise seiner ausgewählten Produkte mithilfe von Internetplattformen und erhält als Resultat seiner Anfrage den günstigsten Preis. Allerdings werde nur der Anschein erweckt, dass es sich bei dem ausgewiesenen Preis tatsächlich um den günstigsten handele. Der Grund liegt mitunter in **manipulierten Suchergebnissen**. Unternehmen zahlen eine hohe Summe dafür, dass ihre Produkte bei Produktpreisvergleichen angezeigt werden. Daneben weisen Suchmaschinen eine hohe Fehlerquote auf. Das erste Angebot, das angezeigt wird, ist nicht gleich das Beste. Der günstigste Produktpreis beinhaltet oftmals keine System- und Folgekosten und ist dementsprechend in der Summe letztlich teurer als zuvor angenommen. (vgl. Hagemann 2015, S. 1 ff.)

Drittes Risiko: Marktmacht bedroht kleine Unternehmen und benachteiligt Konsumenten

Als drittes Risiko wird von Kritikern des E-Commerce die Marktmacht genannt, die von großen Online-Playern bewusst genutzt und eingesetzt wird. Ein Verbraucher wird in den meisten Fällen für Produktvergleiche oder Suchanfragen die bekannten und damit großen Plattformen und Suchmaschinen nutzen. Hier sind beispielhaft **Google, Amazon und eBay** zu nennen. Aufgrund der Größe dieser „Riesen" trifft der Verbraucher auf einen Markt, der durch **oligopolistische oder monopolistische Strukturen** gekennzeichnet ist. Ein Großteil der Konsumenten weiß nicht von der Existenz alternativer Plattformen und Suchmaschinen. Die Informationen durch die zuvor genannten „Riesen" sind daher nicht nur unvollständig (da ja sämtliche andere Anbieter oder Plattformen keine Beachtung finden), sondern auch noch die einzige Möglichkeit der Informationsbeschaffung für den Verbraucher. Es gibt keinen Weg für den Konsumenten, mit einem angemessenen und vertretbaren Zeitaufwand an vergleichbare Ergebnisse zu gelangen. (vgl. Hagemann 2015, S. 1 ff.)

Viertes Risiko: Verbraucher ist betrügerischen Maßnahmen ausgesetzt

Das vierte hier zu nennende Risiko des E-Commerce für die Gesellschaft und das handelnde Individuum sind mögliche Manipulationen und betrügerische Maßnahmen. E-Commerce benötigt bestimmte Transaktionen, mit denen ein Geschäft erst abgewickelt werden kann und für die der Verbraucher oftmals einen **einseitigen Vertrauensvorschuss** leisten muss. Er wird nicht nur dazu angehalten, die bestellten Güter durch eine Online-Sofort-Überweisung zu zahlen, sondern auch aufgefordert, sämtliche private Daten anzugeben und zusätzlich zu hinterlegen. Häufig kann erst nach erfolgtem Anlegen eines Kundenkontos eine Bestellung abgegeben, und damit ein gültiges Rechtsgeschäft abgeschlossen werden. Betrügerische Handlungen, die bei einem einseitigen Vertrauensvorschuss drohen, bestehen in der Täuschung des Kunden in Bezug auf die Kauf- und Lieferkonditionen sowie dem „Leerkauf". Dieser wird aufgrund der Veröffentlichung von Kundenrezensionen und der aktiven Internetaufsicht zwar immer seltener. Dennoch sind Fälle bekannt, bei denen Verbraucher beispielsweise eine Zahlung im Voraus leisten, ohne die bestellte Ware jemals zu erhalten. Darüber hinaus ist der Kunde der Gefahr des **Kleingedruckten** ausgesetzt. Hier können sich Angaben über mögliche oder nichtige Preisgarantien, garantierte Liefertermine oder Kosten für in Anspruch genommene Beratung befinden. Nicht zuletzt birgt die Hinterlegung der persönlichen Daten die Gefahr des **Datenhandels**, ohne dass der Verbraucher selbst davon in Kenntnis gesetzt wird. Sogar sein Kaufverhalten wird gespeichert und ausgewertet und wieder für Werbezwecke eingesetzt. Somit ist das Ziel der Marketingagenturen noch einfacher zu erreichen, durch zielgruppengerechte Platzierung von Werbeanzeigen ein Bedürfnis beim Konsumenten zu wecken. (vgl. Hagemann 2015, S. 1 ff.)

Fünftes Risiko: Mangelnde Medienkompetenz der Verbraucher

Der fünfte gesellschaftlich relevante Risikofaktor ist eine nicht ausreichende Medienkompetenz seitens der Verbraucher. Die Literatur stellt heraus, dass Onlinekäufer häufig wenig über die **eigenen Rechte** bei einem Kauf wissen und zudem auch nicht bereit sind, sich dieses Wissen anzueignen. Gemäß der Einstellung „Das machen so viele, da passiert schon nichts" verlassen sich viele Konsumenten auf ihr Bauchgefühl. Einen entscheidenden Einfluss hat natürlich der erste Eindruck, der bei dem Besuch eines Onlinehändlers entsteht. Daneben sind jedoch auch Ergebnisse von Rankings oder Suchmaschinen für den Konsumenten vertrauenerweckend und somit eine mögliche Ursache für Fehlentscheidungen. Aufgrund ihrer mangelnden Medienkompetenz sind Verbraucher zu wenig dafür sensibilisiert, wie sich **Kriminalität** im Internet zeigt und daher leichte Opfer der oben erwähnten möglichen Betrügereien. (vgl. Hagemann 2015, S. 1 ff.)

Chancen des E-Commerce bezogen auf das Individuum und die Gesellschaft

Neben diesen fünf Risiken, die bei der Nutzung des E-Commerce bestehen, werden nachfolgend Chancen erörtert. Diese beziehen sich auf das Individuum (Chancen im engeren Sinne) und die Gesellschaft (Chancen im weiteren Sinne). Ob die Chancen oder die Risiken überwiegen, hängt von vielen einzelnen Faktoren ab.

Die Chancen im engeren Sinne – für das Individuum

Die erste These lautet, dass E-Commerce die Lebensqualität des einzelnen Individuums erhöht. Dies zu belegen ist nicht ganz einfach, da jeder Mensch die eigene Lebensqualität anders definiert und auch den einflussnehmenden Faktoren eine unterschiedliche Gewichtung zuschreibt. Aus diesem Grund wird in einer von TNS Infratest, im Auftrag der DHL durchgeführten Studie, darauf verwiesen, dass die Ergebnisse oftmals auf intuitiven Antworten der Befragten beruhen. Aus der Untersuchung geht hervor, dass der Verbraucher seine verbesserte persönliche Lebensqualität auf unterschiedliche Einflüsse zurückführt, die erst durch E-Commerce entstanden sind.

- Als erster Faktor ist die **Angebotsvielfalt** zu nennen. Der Verbraucher kann die benötigte Ware mithilfe eines internetfähigen Endgerätes auf einem virtuellen Marktplatz bei einem Onlinehändler oder einem Produzenten kaufen. Dadurch steht dem Kunden – bezogen auf die Produktbreite und die Produkttiefe – eine größere Auswahl zur Verfügung, die der stationäre Handel alleine schon aus Platzgründen nicht anbieten kann. Zusätzlich hat der Verbraucher die Möglichkeit, im E-Commerce **individuelle Angebote** zu nutzen. Ein Beispiel dafür sind Fotoservice-Anbieter, bei denen unterschiedliche Fotogeschenke mit persönlichen Motiven bestellt werden können. Ein weiteres Beispiel ist die Gestaltung der eigenen Tapete. Weil die Kunden ihren Vorstellungen freien Lauf lassen können, verbessert die Angebotsvielfalt die Lebensqualität des Menschen.
- Der zweite Einflussfaktor ist die **Spontanität**. Zwar haben Spontaneinkäufe eine negative Konnotation, da sie nicht geplant sind und somit die Haushaltskasse unerwartet belasten. Jedoch zeigen die Ergebnisse der DHL-Studie, dass von Verbrauchern gerade diese Spontanität bei Einkäufen begrüßt wird, besonders wenn der Konsument einen Schnäppchenkurs verfolgt. Händler versenden Informationen über Sparangebote per E-Mail oder preisen ihr „Angebot des Tages" auf der Website an. Wenn das Angebot mit einem Produkt der persönlichen „Bedürfnisliste" übereinstimmt, ist ein Spontaneinkauf möglich.
- Ein dritter Einflussfaktor auf die Steigerung der Lebensqualität aufgrund des Interneteinkaufs ist die empfundene **Stressreduktion.** So sind die Kunden nicht an vorhandene Öffnungszeiten gebunden, müssen nicht in der Warteschlange vor Umkleidekabinen oder an der Kasse anstehen und haben keine Parkplatzprobleme. Auch finden sie ihr gewünschtes Produkt und einen Anbieter mit wenigen „Klicks" in Sekundenschnelle. Der Mensch kann sein Leben an seinen Bedürfnissen ausrichten und dabei externe Einflussfaktoren weitestgehend vernachlässigen.
- Daraus lässt sich ein vierter Faktor für die gestiegene Lebensqualität durch E-Commerce ableiten: die **Selbstbestimmung**. Da der Einzelne heute im Berufsleben mehr denn je über größtmögliche Flexibilität verfügen muss, so möchte er im privaten Bereich selbst bestimmen, wann er zum Beispiel welche Produkte zu welchem Preis einkauft. Hier profitiert der Verbraucher von der größeren Internettransparenz, auch wenn E-Commerce-Kritiker diese anzweifeln. Insbesondere gilt dieser Nutzen für die

Paketnachverfolgung, mit der der Verbraucher in der Lage ist, jederzeit und überall nachvollziehen zu können, wo sich die bestellte Ware gerade befindet. Gegebenenfalls kann der Käufer noch in den Lieferprozess eingreifen, indem er die Lieferadresse und den Lieferzeitpunkt seinem voraussichtlichen Aufenthaltsort anpasst. Somit können mögliche Frustrationen durch zu lange Wartezeiten vermieden werden. Für diese angesprochene „**Versand-Transparenz**" sind jedoch die Transportunternehmen verantwortlich und nicht der E-Commerce-Händler.
- Liegen bei einem Einkauf die zuvor genannten Faktoren Spontanität, Selbstbestimmung und Transparenz über Produkte, Preise und Transport vor, kann fünftens die Lebensqualität subjektiv gesteigert werden durch eine positive **Emotionalität** des Onlinekaufs. Diese kann beispielsweise dadurch entstehen, dass im Gegensatz zum stationären Einkauf die Ware nicht gefühlt, getestet und anprobiert werden kann und der Onlinekauf somit die Gestalt eines Überraschungskaufs annehmen kann. Die Vorfreude kann gesteigert werden durch die Wartezeit während der Versendung der Ware und sogenannte „Auspackerlebnisse".
- Nicht zuletzt ist für die erhöhte Lebensqualität des Individuums als sechster Faktor die **Zeit** anzuführen. Die eingesparte Zeit, die der Verbraucher durch den Onlinekauf freisetzt, kann sinnvoll für private Aktivitäten genutzt werden. Sowohl das Familienleben als auch soziale Kontakte im Allgemeinen werden von dieser Zeitersparnis positiv beeinflusst. (vgl. Deutsche Post DHL 2012)

Die Chancen im weiteren Sinne – für die Gesellschaft

E-Commerce schafft **zusätzliche und langfristige Arbeitsplätze** und trägt somit zum steigenden Wohlstand der Gesellschaft bei. Dem halten Kritiker zwar entgegen, dass Onlinehandel die Gefahr mit sich bringt, die Innenstädte zu veröden und somit den Wegfall von Arbeitsplätzen aufgrund der Schließung von stationären Geschäften verantworten muss. Die Praxis zeigt jedoch, dass stationäre Geschäfte vor Ort nicht gänzlich wegfallen können. Folglich sollte E-Commerce eher als Chance verstanden werden, wenn es um die Schaffung neuer Arbeitsplätze geht, wobei nicht nur die Anzahl der zur Verfügung stehenden Arbeitsplätze erhöht wird (quantitative Arbeitsplatzgenerierung), sondern darüber hinaus neue Tätigkeitsbereiche geschaffen werden, die es zuvor in der Form noch nicht gab. Somit erfolgt auch eine **qualitative Erhöhung der Arbeitsplätze**. Als Beispiel sind hier die Bereiche des Online-Marketings oder der Cyber-Abwehr-Abteilungen zu nennen. (vgl. Deutsche Post DHL 2012)

Fazit zur gesellschaftlichen Auswirkung

Abschließend ist festzuhalten, dass eine Bewertung der Argumentationen bezogen auf die gesellschaftlichen Auswirkungen des E-Commerce mit Schwierigkeiten verbunden ist. Zum Teil sind die Risiken, die von Kritikern genannt werden, nicht mehr zeitgemäß. Zu den vorgebrachten **Risiken** gehören die fehlende Produkttransparenz, die fehlende Preistransparenz, die bestehende Marktmacht von Internetanbietern und Suchmaschinen sowie die Möglichkeit von Datenmissbräuchen und Cyber-Kriminalität. Dass keine gänzliche Transparenz vorliegen kann, wie dies von Kritikern zum Schutz des Konsumenten gefordert wird, dürfte nicht verwundern. Ebenso wie die Tatsache, dass eine vollkommene Markttransparenz nicht realistisch erscheint, kann auch im Zusammenhang mit E-Commerce Transparenz nicht gänzlich erreicht werden. Der Gedanke an eine vollkommene Situation entspricht einer Modellvorstellung. Die Eigenschaft eines Modells ist es, komplexe Zusammenhänge vereinfacht darzustellen. Aus diesem Grund kann auch lediglich eine Annäherung an eine anzustrebende vollständige Transparenz im Produkt- und Preisbereich usw. erreicht werden. In der Literatur wird heute die Auffassung vertreten, dass eine **Annäherung zur kompletten Transparenz** und damit zum Schutz des Kunden praktiziert wird. Außerdem arbeiten Internetanbieter immer weiter daran, die Informationen über Produkte so genau wie möglich zu verfassen, beispielhaft sei hier die Textilbranche zu nennen. Jedoch zeigt die Recherche, dass die Erstellung **gesetzlicher Regelungen** nicht mit der Entwicklung des E-Commerce Schritt gehalten hat. Oder anders: Die befürchteten negativen Begleiterscheinungen des E-Commerce kommen dann zum Tragen, wenn Regelungen aller Art nicht eingehalten werden oder gar nicht erst bestehen. Im gesellschaftlichen Bereich kann E-Commerce mit den **Chancen** überzeugen, die das Individuum und seine Bedürfnisse in den Vordergrund stellen und damit insgesamt betrachtet den Wohlstand der Gesellschaft vorantreiben. Einen Überblick über die gesellschaftlichen Wirkungserwartungen bietet Abb. 2.12.

2.3.4 Zielkonflikte und Lösungen

Das Thema Nachhaltigkeit hat längst seinen Ruf überwunden, lediglich ein Modebegriff zu sein und konnte sich als ernst zu nehmender und entsprechend zu behandelnder Gegenstand fest etablieren. Der Topos Nachhaltigkeit beinhaltet unterschiedliche Aspekte. Häufig wird von „den drei Säulen der Nachhaltigkeit“ gesprochen, womit die ökologischen, ökonomischen und sozialen/gesellschaftlichen Belange gemeint sind. Oftmals zeigen nachhaltige Aktivitäten aus dem Bereich der Wirtschaft eine konkurrierende Beziehung zu den Handlungen, die die gesellschaftlichen und/oder ökologischen Interessen einer Gemeinschaft zu stärken versuchen. Aufgrund dieser schweren Vereinbarkeit der unterschiedlichen Interessenlagen erweist sich die Nachhaltigkeitsthematik als ausgesprochen komplex. Zur Erklärung kann ein „magisches Dreieck“ dienen, das üblicherweise die Zielbeziehungen von Rentabilität, Liquidität und Sicherheit verdeutlicht. Übertragen auf das Thema E-Commerce kann festgestellt werden, dass die allgemeine Aussage, E-Commerce sei entweder nachhaltig oder nicht, nicht verifizierbar ist. Vielmehr kann E-Commerce unter Berücksichtigung der drei zuvor genannten Säulen und unter geeigneten Rahmenbedingungen nachhaltiges Handeln unterstützen und damit einen Beitrag zur Nachhaltigkeit leisten.

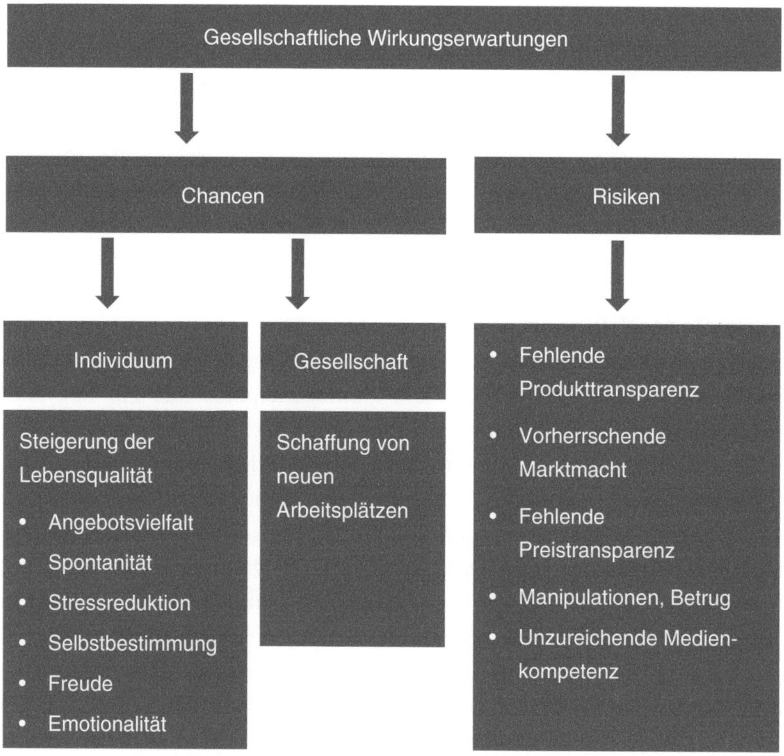

Abb. 2.12 Gesellschaftliche Wirkungserwartungen

Betriebswirtschaftliche und volkswirtschaftliche Kosten

Die vorigen Ausführungen über die Chancen und Risiken von E-Commerce für die einzelnen Standbeine Ökonomie, Ökologie und Gesellschaft verdeutlichen, inwiefern dieser einen Beitrag zur Nachhaltigkeit leisten kann. Ob und inwieweit E-Commerce überhaupt zum nachhaltigen Handeln eingesetzt wird, hängt aber maßgeblich von den agierenden Unternehmen selbst ab. Zunächst haben diese die ökonomische Chance auf **Kosteneinsparungen** aufgrund von E-Commerce. Bei der Betrachtung von Kosten oder Kosteneinsparungen nehmen wirtschaftlich tätige Unternehmen immer eine **Abwägung** vor. Sie können die Kostenaspekte aus einer rein betriebswirtschaftlichen Perspektive heraus betrachten, Entscheidungen treffen und entsprechend handeln oder aber zusätzlich die volkswirtschaftlichen Aspekte berücksichtigen. Beachtet ein Unternehmen zur betriebswirtschaftlich errechneten Kostenersparnis zusätzlich volkswirtschaftliche Folgen, so resultiert daraus womöglich eine andere Handlungsentscheidung. Es ist davon auszugehen, dass zunächst aus rein betriebswirtschaftlichen Gesichtspunkten entschieden und gehandelt wird. Aber durch welche Gegebenheiten wird das Unternehmen die volkswirtschaftlichen Faktoren in die Entscheidung einfließen lassen?

Beachtung volkswirtschaftlicher Kosten in Entscheidungssituationen

Die Einbindung der volkswirtschaftlichen Perspektive in Handlungsentscheidungen kann aufgrund von zwei differenten Möglichkeiten erfolgen. Zum einen kann das Unternehmen die **Folgen des Nichteinbeziehens unmittelbar spüren,** zum Beispiel wenn der eigene Kundenkreis die Berücksichtigung des volkswirtschaftlichen Standpunkts mit Nachdruck fordert. Zum anderen kann ein Unternehmen die **volkswirtschaftliche Sicht aus eigener Überzeugung einbeziehen,** unabhängig davon, ob es dadurch Nachteile hinnehmen muss oder nicht.

Der Kunde als Machthaber

Bei der Entscheidung, die volkswirtschaftliche Perspektive für ihr Handeln zu berücksichtigen, werden Unternehmen ihre Aufmerksamkeit eher auf ihre derzeitigen und potenziellen Kunden richten, als ihre eigenen Überzeugungen zugrunde legen. Der Verbraucher entscheidet, welches unternehmerische Handeln er befürwortet oder ablehnt und entsprechend wird oder bleibt er Kunde eines Anbieters oder er löst Geschäftsbeziehungen beziehungsweise geht erst gar keine ein. Diesbezüglich lässt sich ein eindeutiger Trend erkennen: **Kunden befürworten** nachhaltiges Handeln – bezogen auf Umwelt und Gesellschaft – gerade **im stationären Handel**. Dabei verzeichnen Fair-Trade- und Bio-Produkte sowie Bio-Supermärkte einen regelrechten Boom. Der Verbraucher hat eine Machthaberfunktion, indem er entscheidet, welches unternehmerische Handeln er durch Käufe unterstützen will und welches nicht. Daher sind Unternehmen angehalten, den Wünschen der Kunden nachzukommen. Im stationären Handel liegt die Konzentration dabei auf der Produktpräsentation und auf der Auswahl des Produktangebots. Lassen sich die Erkenntnisse aus dem stationären Handel jedoch auf den E-Commerce übertragen? Wie lässt sich die Sensibilität der Käufer für Nachhaltigkeit in Verbindung mit E-Commerce beschreiben? Ist überhaupt eine Sensibilität für einen nachhaltigen Umgang beim Onlinekauf vorhanden? Und wie sieht die **Ausstattung des Online-Markts** bezüglich der Nachhaltigkeitsaspekte aus?

Forderung nach Nachhaltigkeit im E-Commerce-Geschehen

Seitens des Kunden lässt sich ein **widersprüchliches Verhalten** identifizieren. Während er sich im stationären Handel für das Thema Nachhaltigkeit im größten Maße sensibilisiert erweist, zeigt sich ein gegenteiliges Bild bei Onlineeinkäufen. Für den CSR-Tracker wurden Konsumenten bezüglich unterschiedlicher Hypothesen befragt. Ein Ergebnis ist, dass sich gut die Hälfte der Befragten bei der Bestellung von Produkten in Onlinegeschäften noch keine ausreichenden Gedanken über das Thema Nachhaltigkeit gemacht hat. Darüber hinaus scheinen Konsumenten ihre Onlinekaufentscheidung unter anderen Voraussetzungen zu treffen als bei Offlinekäufen. Ein Beispiel, das diese These verdeutlicht, ist der Versandhändler **Zalando**. Er beliefert täglich Tausende Verbraucher mit Produkten, verzeichnet jedoch eine hohe Retourenquote. Eine Möglichkeit zur Entlastung der Umwelt ist die Senkung dieser Quote, was etwa durch die Abwälzung der

Retourenkosten auf den Besteller erreicht werden kann. Solchen Maßnahmen stehen Besteller jedoch ablehnend gegenüber, und sie wären bereit, in solchen Fällen den Händler zu wechseln. (vgl. IFH Retail Consultants 2014)

Onlinehändler müssen nachhaltig agieren, um langfristig Bestand haben zu können

Voriges Beispiel zeigt, inwiefern Unternehmen bei ihrer Strategieausrichtung von bestehenden und/oder potenziellen Kunden abhängig sind. Dennoch sollten Onlinehändler zukünftig ihren Fokus auf nachhaltiges Handeln legen und stolz darauf sein, zu den Ersten der Branche zu zählen, bei denen ein Umdenken Richtung Nachhaltigkeit nicht nur auf dem Papier, sondern auch praktisch erfolgt. Denn **langfristig** gesehen müssen Unternehmen sowohl im Offline- als auch im Onlinehandel ökologisch bewusst handeln, um dauerhaft einen ökonomischen Erfolg zu verzeichnen. Dies bedeutet jedoch nicht, dass jedes Onlinegeschäft schließen muss, wenn nicht durchweg „grüne Produkte" angeboten werden. Vielmehr soll das Bewusstsein für ein nachhaltiges Sortiment, das weder dem Menschen noch der Natur Schaden zufügt, geschärft werden und die Motivation bestehen, Schritt für Schritt die bisherige Strategie daran auszurichten. Neben dem nachhaltigen Produktsortiment sollten Strategien im „grünen E-Commerce" auf Verpackungsmaterialien, den Schutz von Kundendaten und den allgemeinen Geschäftsbetrieb ausgerichtet sein, um damit einen Beitrag zu einem umweltfreundlichen E-Commerce zu leisten. (vgl. Alexandru 2014)

Eine Vielzahl von Onlinehändlern zählt bereits heute zu den „Nachhaltigkeitsaktivisten"

Positiv zu bewerten ist die Tatsache, dass einige Unternehmen der zuvor gestellten Forderung bereits nachkommen. Eine Umfrage des Bundesverbandes des Deutschen Versandhandels (bvh) zeigt, dass unter seinen Mitgliedern bereits 80 Prozent der Versand- und Onlinehändler aktiv Nachhaltigkeitsforderungen umsetzen. Mehr als die Hälfte der „aktiven" Mitglieder stellen schon seit mindestens sechs Jahren dabei die Energiereduktion, die Umstellung auf ökologische Produkte sowie die Beachtung von sozialen Produktionsbedingungen in den Vordergrund. Wenn Nachhaltigkeitsforderungen gestellt werden, ist es zunehmend wichtig, die Unternehmen bei den Vorhaben zu unterstützen, sei es mit der Entwicklung zugeschnittener **Nachhaltigkeitskonzepte** für das online agierende Unternehmen oder ihnen zumindest für einen Erfahrungsaustausch beiseite zu stehen. Hier ist als Beispiel die **Erfahrungsaustauschplattform „Netzwerk Nachhaltigkeit"** des Bundesverbandes des Deutschen Versandhandels zu nennen, die allen Mitgliedern jederzeit zur Verfügung steht. (vgl. Deutscher Fachverlag 2012)

2.4 Kunden

Wie im Abschn. 2.3 bereits deutlich wurde, ist der Kunde im Rahmen des Kaufprozesses ein maßgeblicher Faktor dafür, ob ein Produkt oder eine Dienstleistung gekauft, weiterempfohlen oder nicht weiterempfohlen wird. Um den Kunden zu einem Kauf und entsprechend zu einer Weiterempfehlung zu motivieren, muss ihm als wesentlichem Bestandteil der Mikroumwelt eines Unternehmens besondere Beachtung zuteilwerden. In diesem Themenabschnitt werden zunächst das Kundenverhalten sowie die Kundenerwartungen erläutert. Dabei werden Möglichkeiten zur Durchführung automatisierter Kundenanalysen vorgestellt und die Erwartungshaltung der Kunden an einen Onlineshop beschrieben. Fortgeführt wird diese Thematik mit der Darstellung der Wichtigkeit des Nettonutzens für den Kunden und mit Informationen darüber, was die Kundenzufriedenheit auslöst. Danach wird eine Segmentierung der Onlinekäufer vorgenommen, indem zunächst alternative Segmentierungsverfahren vorgestellt werden. Anschließend werden Merkmale von Käufertypen und Nichtkäufertypen im Internet identifiziert. Darauf folgt die Beschreibung einiger grundlegender Strategien, die das Ziel haben, die Bedürfnisse der zuvor herausgestellten Käufertypen zu befriedigen und deren Kaufverhalten somit positiv zu beeinflussen.

2.4.1 Kundenverhalten und Kundenerwartungen

Die Kunden- beziehungsweise Nachfrageranalyse ist eines der wichtigsten Werkzeuge für das Management eines E-Commerce-Systems. Sie gibt Aufschluss über die Zusammensetzung der Käufergruppen, sodass Produkte gezielter platziert werden können. Unterschiedliche Zielgruppen erfordern unterschiedliche Marktbearbeitungsstrategien. In den meisten Fällen werden zunächst klassische Segmentierungsansätze herangezogen, die jedoch nur bedingt für den E-Commerce geeignet sind, da geografische und demografische Merkmale deutlich weniger Bedeutung haben, als dies im stationären Handel der Fall ist. Im E-Commerce steht das Nutzer- oder Käuferverhalten im Vordergrund und dient als Grundlage der Kundenanalyse. Das Verhalten gibt zudem Aufschluss über Möglichkeiten zur Verbesserung der Oberfläche der Vertriebsmedien (zum Beispiel eines Webshops) oder zur Platzierung der Produkte. Je mehr das Unternehmen über den Kunden weiß, desto besser kann es sich auf ihn einstellen und dessen Erwartungen erfüllen. Die Käufererwartungen stellen an das E-Commerce-System neben den Grundanforderungen (Kosten, Geschwindigkeit, Flexibilität, Sicherheit, Produktangebot, Seitenfunktionalität) auch Spezialanforderungen, die zum Beispiel aus der vergangenen Erfahrung mit einem bestimmten E-Shop entstanden sein können. E-Commerce-Betreiber sind daher angehalten, die Konkurrenz permanent zu beobachten und deren Verbesserungen schnell in das eigene System zu implementieren. (Jacob 2012, S. 259 f.)

Automatisierte Kundenanalyse

Sowohl online als auch offline ist es unerlässlich, das Verhalten und die Bedürfnisse der eigenen und potenziellen Kunden zu kennen, um eine erfolgreiche Marketingstrategie zu entwickeln und letztlich kundenorientiert handeln zu können. Die Käuferanalyse ist also ein erster Schritt zur Strategieentwicklung. Durch die größtenteils **automatische Datenerfassung** bietet das Internet neue und komfortable Wege, um das Kundenverhalten zu analysieren, wobei die gesetzlichen Bestimmungen des Datenschutzes einzuhalten sind. Eine relativ einfache Methode, um an Nutzerdaten zu gelangen ist die **Verfolgung der sogenannten Nutzerspur** auf der eigenen Website. Wird zum Beispiel beobachtet, dass ein Nutzer mehrfach auf ein bestimmtes Produkt oder eine Produktgruppe klickt, kann daraus abgeleitet werden, dass eine Kaufabsicht vorliegt. Es ist auch möglich, auf **Konkurrenzseiten** Informationen über das Kundenverhalten zu sammeln. So geben beispielsweise deren Quellcode und die darin verwendeten Metatags Aufschluss darüber, wie Kunden die Website über Suchmaschinen gefunden haben. Ebenfalls können anhand der Eintragungen in Branchenverzeichnissen oder durch geschaltete Werbung der Konkurrenten wichtige Erkenntnisse über Kunden erlangt werden. Ein weiteres Verfahren der Kundenanalyse ist die **Clickstream-Analyse**. Hier werden verschiedene Daten erfasst und ausgewertet, um das Kundenverhalten zu analysieren. Es werden unter anderem Informationen gesammelt über:

- **Visits**: Hier wird gemessen, wie viele Besucher eine Website in einem bestimmten Zeitraum ansehen und wie lange die Besucher auf der Website bleiben.
- **Page Impressions**: Die Page Impressions messen, wie viele Unterseiten der Website ebenfalls besucht werden.
- Die **Ein- und Ausstiegsseiten** der Kunden, mit denen erfasst wird, von welcher Seite oder welchem Link die Besucher auf die Website gelangen und an welchem Punkt sie wieder verlassen wird.
- **Geolocation**: Anhand der IP-Adresse und dem Einwahlserver wird aufgezeichnet, aus welcher geografischen Region der Besucher kommt.
- **Logfiles**: Mit den Logfiles ist relativ viel in Erfahrung zu bringen. So wird beispielsweise festgestellt, zu welcher Uhrzeit die User die Website besuchen oder welchen Browser, welches Betriebssystem und welche Art der Internetverbindung sie verwenden.

Durch die Auswertung dieser Daten kann das Kundenverhalten näher bestimmt und das eigene Angebot und die Websitedarstellung daran angepasst werden. Diese Analysemethoden sollten **fortlaufend** durchgeführt und die gewonnenen Kundendaten stetig ausgewertet werden, um zuverlässige Daten zu erhalten und entsprechend reagieren zu können. Nur durch den gezielten, permanenten Einsatz eines durchdachten Analyseinstruments kann das Potenzial der Kundenanalyse voll ausgeschöpft werden. Auch die technische Entwicklung der Analysewerkzeuge muss beobachtet werden, um gegebenenfalls Anpassungen vornehmen zu können. (vgl. Kollmann 2013, S. 93 ff.)

Erwartungen der Kunden an einen Onlineshop

Nachdem mittels der Kundenanalyse die Interessen und das Verhalten der Onlinekunden teilweise schon identifiziert sind, gilt es sich mit deren Erwartungen auseinanderzusetzen. Diese werden in der folgenden Auflistung exemplarisch für einen Onlineshop dargestellt:

- Das **Layout** der Website eines Onlineshops muss seriös und interessant gestaltet sein und sollte sich, falls vorhanden, an der Corporate Identity orientieren. Ein übermäßiger Einsatz von Farben und technischen Spielereien erweckt beim Nutzer einen unruhigen Eindruck.
- Die erforderliche **Leistung zur Verarbeitung einer Website** darf nicht zu hoch sein, um ein schnelles Laden und ruckelfreies Abspielen auf dem Gerät des Nutzers zu erreichen. Dies bedeutet, dass zum einen der Inhalt entsprechend gestaltet werden muss und nicht übertrieben viele Videos und Multimediadateien hochgeladen werden. Zum anderen ist auch auf eine gute Serverleistung insgesamt zu achten. Sind die Ladezeiten zu lang, verlassen viele User die Seiten vorzeitig wieder.
- Die **Navigation** der Website ist einer der wichtigsten Punkte. Sie muss einfach und intuitiv aufgebaut sein, um den Kunden das Surfen und Einkaufen so leicht wie möglich zu machen. Irreführende Klickpfade ohne Orientierungshilfen führen zu einem Verlassen der Seite.
- Bei der **Abfrage von Kundendaten** ist bestmögliche Hilfe zu leisten. Gerade Nutzer, die wenig Erfahrung mit dem Internet haben, sind hier sehr leicht verunsichert und brechen im Zweifel eher den Onlinekauf ab. Wird beispielsweise zu Identifikationszwecken die Ausweisnummer abgefragt, stellt man idealerweise ein Bild bereit, das zeigt, wo diese Nummer zu finden ist. Das Eingabefeld sollte zudem genau die Anzahl der abgefragten Zeichen ermöglichen, um die Eingabe zu erleichtern.
- Kunden erwarten, dass für den Fall von Unsicherheiten und offenen Fragen ein einfacher **direkter Kontakt** herzustellen ist. Die leicht zu findende Angabe einer Kontaktadresse, einer Telefonnummer und einer E-Mail-Adresse sind daher unverzichtbar.
- Da Produkte im Onlinevertrieb nicht physisch vorhanden sind und betrachtet oder befühlt werden können, erwarten Kunden hier eine sehr **ausführliche Beschreibung**. Die Unternehmen sind gefordert, alle relevanten Informationen in ansprechender Weise darzustellen. Zusätzlich zu der einfachen Beschreibung der Produktmerkmale bieten sich beispielsweise eine 360°-Ansicht, ein Produktvideo, die Angabe einer Größentabelle, Testberichte usw. an.
- Das Onlineshopping bietet den Kunden zwar die Möglichkeit, rund um die Uhr einzukaufen, der tatsächliche Erhalt der Ware erfolgt aber erst später. Daher sollte eine **schnellstmögliche Lieferung** erfolgen, da sonst einige Kunden dazu neigen, den Artikel zurückzuschicken, da sie das Interesse verloren haben. Vor allem beim Versand

von verderblichen Waren ist auf eine geeignete Verpackung und eine schnelle Lieferung zu achten.

- Bei den Kunden ist der Gedanke verbreitet, dass im Onlineshop mehr Produkte angeboten werden als im Ladengeschäft und dass eine größere Auswahl an Produkttypen besteht. Dieser Erwartung kann man entgegenkommen, indem den Kunden zum Beispiel durch intelligente **Shopsuchmaschinen** das Auffinden aller Produkttypen erleichtert wird oder Alternativen vorgeschlagen werden.
- Der wohl wichtigste Punkt der Kundenanforderungen ist die Auswahl und vor allem die Sicherheit der **Zahlungsmethode**. Die Unternehmen sollten die gängigsten vom Kunden präferierten Zahlungsarten anbieten und größte Sorgfalt der Sicherheit der Daten widmen.
- Kunden sind der Ansicht, dass aufgrund der Prozessstruktur im Onlinehandel für Hersteller und Händler geringere Kosten anfallen und erwarten, dass dieser Kostenvorteil zumindest teilweise an sie weitergegeben wird. Aufgrund der hohen Vergleichbarkeit der Produkte im Internet und des Informationsvorteils auf Kundenseite erfolgen Kaufentscheidungen häufig allein über den **Preis**.
- Schließlich muss die **Reklamation** beziehungsweise der **Umtausch** reibungslos, einfach und schnell funktionieren. Käufer, die hier einmal schlechte Erfahrungen gemacht haben, sind in der Regel als Kunden verloren. (vgl. Kollmann 2013, S. 96 ff.)

Social Shopping verändert den Kaufprozess

Spätestens nach dem rasanten Aufstieg von Facebook rücken die sozialen Netzwerke nun auch in den Fokus der Unternehmen. Hier geht es aber nicht um die Erstellung einer Unternehmens- oder Fanseite auf den sozialen Plattformen, sondern um den Verkauf über soziale Medien, das sogenannte Social Shopping. Diese Shoppingplattformen treten meist als **Vermittler** auf und erhalten eine Provision für eine erfolgreiche Geschäftsvermittlung. Das Kundenverhalten vor allem der internet- und netzwerkaffinen Nutzer hat sich so weit verändert, dass sie die sozialen Netzwerke nicht nur zur Kommunikation, sondern auch zum Einkaufen benutzen. So können registrierte User beispielsweise auf sozialen Shoppingplattformen wie smatch.com oder polyvore.com eigene Produktstyles erstellen, diese von anderen bewerten lassen, Kommentare abgeben, Erfahrungsberichte einstellen, Kaufempfehlungen geben, Favoritenlisten erstellen und dies alles mit anderen Nutzern teilen. Das führt zu einer drastischen Änderung im Kaufverhalten der Kunden, was Abb. 2.13 verdeutlicht. Beim **traditionellen Kaufprozess** wählt der Kunde seinen bevorzugten stationären Anbieter oder Händler, besucht dessen Ladengeschäft, entscheidet sich für ein Produkt und kauft es. Dieser Prozess verändert sich im **Onlinehandel** dahingehend, dass der Kunde bereits im Vorfeld eine Produktauswahl trifft, da es ihm durch den Informationsvorteil im Internet möglich war, sich vorab ausreichend über dieses zu informieren. Aufgrund der hohen Preissensibilität und leichten Preisvergleichbarkeit wählt der Kunde nach dem Produkt den günstigsten Anbieter aus. Das **Social Shopping** verändert diesen Prozess noch einmal. Inspiriert durch die Vorschläge, Ideen und Empfehlungen anderer Nutzer wird als ein weiterer vorgelagerter Prozessschritt das Bedürfnis für ein bestimmtes Produkt beim

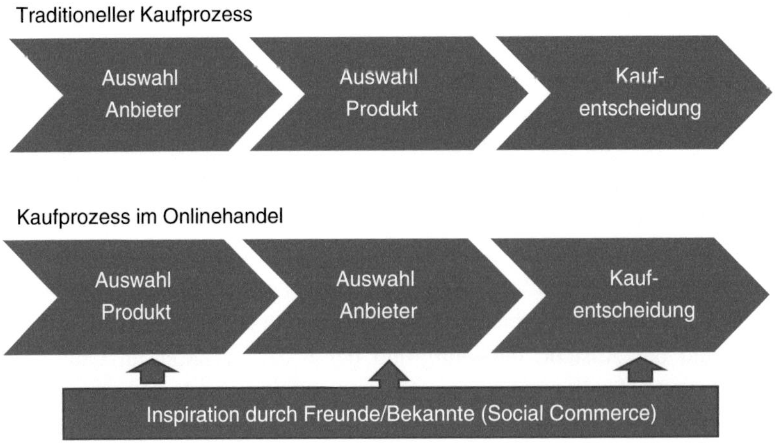

Abb. 2.13 Entwicklung der Kaufprozesse

Kunden geweckt. Anschließend folgen wieder die Prozesse der Produkt- und Anbieterauswahl und die finale Kaufentscheidung. Auf diese Änderung im Kaufverhalten der Kunden müssen sich die Unternehmen einstellen und entsprechend reagieren. Ob die Teilnahme am Social Shopping sinnvoll ist oder nicht hängt auch von der eigenen Produktpalette ab; hier gilt es, Trends zu beobachten und zu erkennen. Die Herausforderung für das Unternehmensmarketing besteht allerdings darin, dass die Kaufentscheidung durch das Social Shopping in der Regel dezentral, also außerhalb des eigenen Onlineshops, gefällt wird. Dies kann zu einem Kontrollverlust des Anbieters führen, der durch entsprechende Gegenmaßnahmen versuchen muss, den Kaufprozess wieder in die gewünschte Richtung zu lenken. (vgl. Heinemann 2010, S. 307 ff.)

Internetnutzung stark angestiegen

Längst hat das Internet Einzug in den Alltag der Menschen gehalten. Laut einer Onlinestudie von ARD/ZDF ist in den Jahren von 1997 bis 2015 ein stetiger Anstieg der zumindest gelegentlichen Internetnutzer zu verzeichnen. Während im Jahre 1997 die Nutzerzahl bei 4,1 Millionen lag, waren es im Jahr 2014 bereits 55,6 Millionen Nutzer. Ein ähnliches Ergebnis verdeutlicht die in Abb. 2.14 dargestellte Internetzugangsdichte in Deutschland und den EU-Ländern. Demnach verfügten bereits 2014 beinahe 90 Prozent der deutschen Haushalte über einen Internetzugang. (vgl. Statista 2015a)

Onlineaktivitäten

Die Statistik der Internetnutzung in Deutschland zeigt, dass hier für Unternehmen ein Markt mit großem Potenzial entstanden ist. Um auf diesem Markt erfolgreich zu agieren, muss sich ein Betrieb kundenorientiert ausrichten und entsprechend eine Kundenanalyse durchführen. Daraus kann ein Unternehmen ableiten, auf welchen Plattformen die

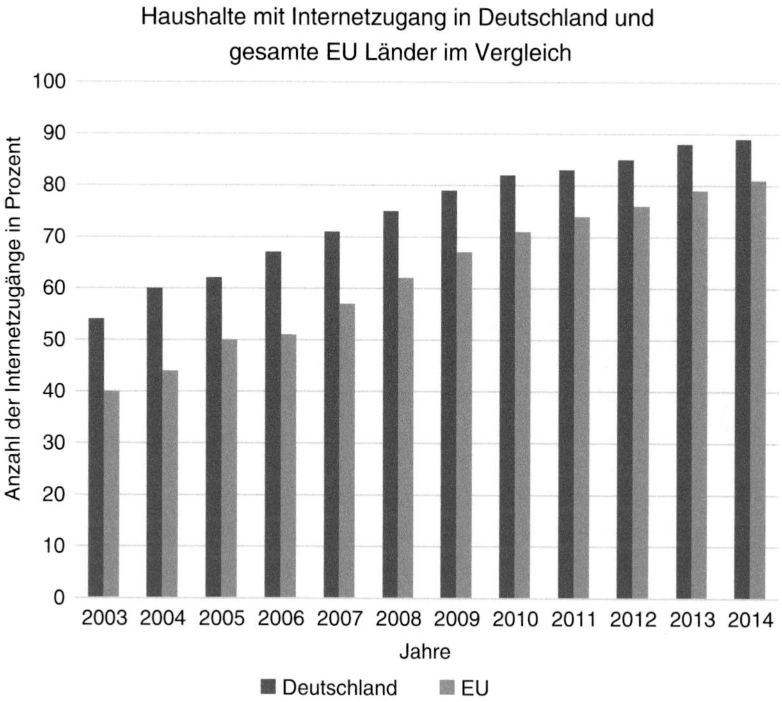

Abb. 2.14 Internetnutzer in Deutschland (Daten: Eurostat 2015)

User die meiste Zeit verbringen und sie auf diesen Seiten ansprechen. Auch für Betreiber dieser Websites ist diese Information wichtig, da das eigene Angebot besser an den Nutzer und die werbenden Unternehmen angepasst werden kann. Musik-Streaming-Portale, Mail-Dienstleister und soziale Netzwerke sind die am häufigsten genutzten Seiten und werden damit tendenziell zum zentralen Kontaktpunkt, von dem aus der Kunde von unternehmensfremden auf die eigenen Seiten geleitet werden kann. Diese Statistik liefert somit zwar einen ersten Anhaltspunkt zum Nutzerverhalten, reicht jedoch nicht aus, um konkrete Rückschlüsse auf die eigenen Kunden beziehungsweise Zielgruppe zu ziehen. Je nach Unternehmen, Branche und Zielgruppe müssen die Kunden zielgerichteter selektiert werden. **Moderne Segmentierungsansätze** (Abschn. 2.4.3) gehen weit über die klassische geografische und demografische Segmentierung hinaus. (vgl. Statista 2015b)

2.4.2 Nettonutzen und Kundenzufriedenheit

Eng verbunden mit den zuvor erörterten Aspekten des Kundenverhaltens und den Kundenerwartungen ist der Nettonutzen aus einer Online-Transaktion für den Kunden.

Der Nettonutzen, den ein Kunde bei Käufen realisieren will, hängt gleichzeitig eng mit der Kundenzufriedenheit zusammen. Auf beide Aspekte wird im Folgenden eingegangen.

Nettonutzen als Differenz von Nutzen und Aufwand

Vor dem Kauf eines Produkts oder einer Dienstleistung überprüft ein Kunde dessen Nutzen für sich (Customer Value). Dabei beeinflusst eine Reihe von Faktoren den Entscheidungsprozess, sodass nicht der Gesamtnutzen eines Produkts, sondern sein Nettonutzen für den Konsumenten ausschlaggebend ist. Eine Rolle spielen beispielsweise seine **emotionale Verbundenheit zu Unternehmen, Marke oder Produkt** oder seine **Bequemlichkeit**. Ein potenzieller Kunde führt also vor einem Kauf bewusst oder unbewusst eine Nutzenanalyse durch, bei der er den **Nutzen,** den er erhält, mit dem zu betreibenden **Aufwand** vergleicht und ihn gegen etwaige Alternativen abwägt. Als Resultat erhält der Kunde einen **Nettonutzen**. Ist dieser positiv, folgt die Kaufentscheidung, ist er negativ wird nicht oder bei der Konkurrenz gekauft. (vgl. Holtmann 2011, S. 27 f.)

Confirmation/Disconfirmation-Paradigma und Kundenzufriedenheit

Die Kundenzufriedenheit kann grundsätzlich mit dem Confirmation/Disconfirmation-Paradigma erklärt werden. Es besagt, dass beim Konsum eines Produkts oder einer Dienstleistung der Kunde einen **psychologischen Soll-Ist-Vergleich** vornimmt. Der Vergleich der Kundenerwartung (Soll) mit der empfundenen, tatsächlichen Leistung (Ist) führt zu Kundenzufriedenheit oder -unzufriedenheit. Wie im Folgenden verdeutlicht, besteht dieser Vorgang aus drei **Phasen**:

- Der Kunde entscheidet sich für ein Produkt, das er für am besten geeignet hält, seine Erwartungen zu erfüllen. Auf Basis seiner Erfahrungen mit diesem Produkt, Empfehlungen von Freunden, Informationen des Anbieters usw. nimmt er eine Erwartungshaltung gegenüber dem Produkt ein.
- Durch den Konsum erfährt der Kunde die tatsächliche Leistung.
- Der Kunde vergleicht seine Erwartungshaltung mit der tatsächlich empfundenen Leistung und kommt zu einem von drei möglichen Ergebnissen:
  - Ist-Leistung > Soll-Leistung → positive Diskonfirmation, die Zufriedenheit des Kunden wird erhöht
  - Ist-Leistung = Soll-Leistung → Konfirmation, der Kunde empfindet ein eher neutrales Zufriedenheitsgefühl
  - Ist-Leistung < Soll-Leistung → negative Diskonfirmation, der Kunde ist unzufrieden (vgl. Bauer 2014, S. 26 f.)

Das Confirmation/Disconfirmation-Paradigma erklärt die Entstehung der Kundenzufriedenheit. Es gibt jedoch zahlreiche **Faktoren**, die die Zufriedenheit beeinflussen können. Einen sehr großen Einfluss hat zum Beispiel die Markentreue. Ein Kunde neigt grundsätzlich dazu, ein Produkt gut zu finden, wenn er der Marke gegenüber positiv eingestellt ist. Zudem lassen sich die Kundenerwartungen vom Unternehmen teilweise steuern, indem besondere Produkteigenschaften wie zum Beispiel 10-jährige Garantie oder Ähnliches versprochen wird. Sollten diese Versprechen jedoch nicht eingehalten werden, ist die Enttäuschung bei den Kunden deutlich größer als bei Erwartungen, die nicht vom Unternehmen geweckt werden. Es ist empfehlenswert, die Zufriedenheit der Kunden **permanent zu kontrollieren**, um bei Bedarf Anpassungen vornehmen zu können. Ein zufriedener Kunde spricht positiv über das Unternehmen und seine Produkte und trägt so auch zum Unternehmenserfolg bei. Zu beachten ist aber, dass die Ansprüche der Kunden und der Grad ihrer Zufriedenheit **individuell** verschieden sind. Was den einen begeistert, muss den anderen nicht auch zufriedenstellen. (vgl. Kotler et al. 2015, S. 164 f.)

E-Satisfaction

Die E-Satisfaction spiegelt die Zufriedenheit der Kunden bei einem Kauf über eine elektronische Plattform wider. Sie wird insbesondere von drei Faktoren beeinflusst: der Kundenorientierung, der Sicherheit und der Auswahl der Beschaffungskanäle.

- **Kundenorientierung**
  - Bequemlichkeit: Die Allgegenwart eines Onlineshops bietet den Kunden die uneingeschränkte Möglichkeit, unabhängig von Ort und Zeit einzukaufen.
  - Produktangebot: Hiermit ist die Produkt- und Sortimentsgestaltung des Unternehmens gemeint. Je größer die Produktauswahl, umso größer ist auch tendenziell die Kundenzufriedenheit.
  - Design und Funktionalität: Hier geht es um die technische Gestaltung des Onlineshops. Die Zufriedenheit des Kunden wird hier u. a. beeinflusst durch die Ladezeit der Website, die intuitive Menüführung und die einfache Prozessgestaltung.
- **Sicherheit**: Die Transaktionssicherheit im Internet muss gewährleistet sein, hauptsächlich beim Zahlungsprozess. Vor allem User, die mit dem Internet nicht so vertraut sind, legen bei der Zahlung großen Wert auf Sicherheit.
- **Multikanal-Strategie**: Je nach aktueller Lebenssituation wünschen sich die Kunden die Verfügbarkeit des Angebots auf verschiedenen Kanälen und wählen den für sie günstigsten aus. Dies wird auch als Channel-Hopping bezeichnet. Um die Kundenzufriedenheit zu steigern, sollten zumindest die beliebtesten Einkaufskanäle angeboten werden. (vgl. Kollmann 2013, S. 102 f.)

Abbildung 2.15 verdeutlicht noch einmal den Prozess der Wirkung der Faktoren auf die E-Satisfaction. Speziell für Onlinekäufe ergeben sich Anhaltspunkte für die Kundenzufriedenheit aus der Abb. 2.16.

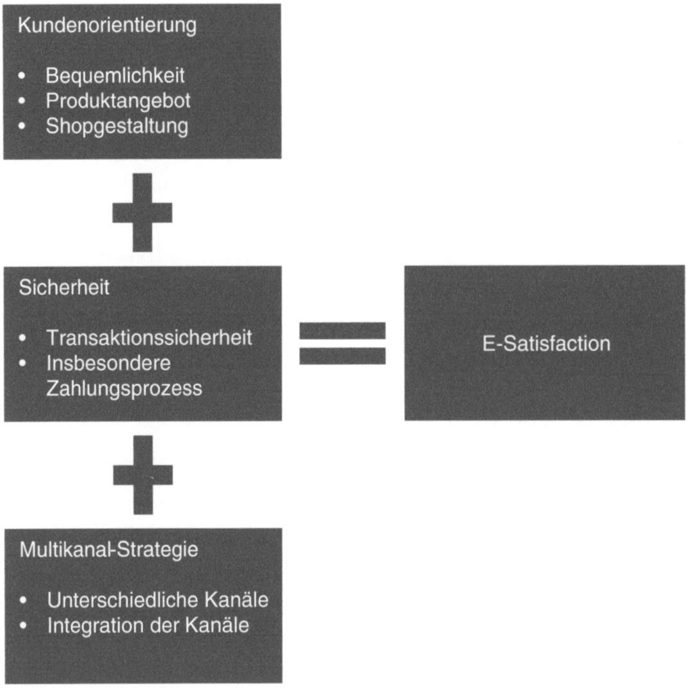

Abb. 2.15 E-Satisfaction

2.4.3 Segmentierung von Onlinekäufern

Aufbauend auf der Analyse des Nutzerverhaltens im Netz folgt die Segmentierung der Käufergruppen, um die eigenen Zielgruppen besser identifizieren und ansprechen zu können.

Klassische Segmentierung

Die klassischen Segmentierungsmethoden sind aus Abb. 2.17 ersichtlich. Diese **reichen** aber vor allem im Onlinehandel **nicht aus**, um eine konkrete Kundeneinteilung vornehmen zu können. Beispielsweise haben geografische Unterschiede eine etwas geringere Bedeutung, da die Entfernung des Käufers zum Produkt im Onlineshop kaum eine Rolle spielt. Ebenso verschwimmen im Internet demografische und kulturelle Unterschiede und der **psychografischen und verhaltensbezogenen Einteilung** kommt eine **erhöhte Relevanz** zu. Die Segmentierung ist natürlich auch abhängig von Branche und Produkt. So ist beispielsweise bei Veranstaltungen, die im Internet beworben werden, die geografische Einteilung selbstverständlich weiterhin zu beachten. (vgl. Kollmann 2013, S. 82 f.)

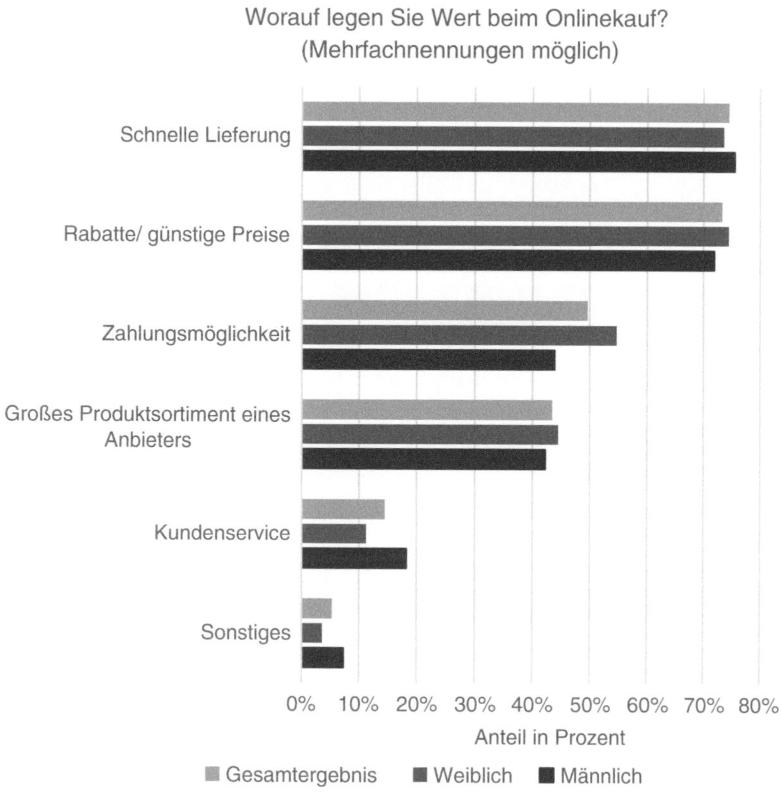

Abb. 2.16 Kundenzufriedenheit beim Onlinekauf (eigene Umfrage, Juni 2015)

Keine allgemeingültigen Definitionen der Zielgruppen im Onlinehandel

Zwar gibt es **zahlreiche Untersuchungen** zum Verhalten von Onlinekäufern und ihrer Einteilung in Käufergruppen. Diese Studien weisen jedoch eine Vielzahl an verschiedenen Ausrichtungen und Interpretationen ihrer Autoren auf. Zudem unterliegt das Medium Internet einem stetigen technischen Fortschritt und erfährt gleichzeitig durch die Anwender eine veränderte Akzeptanz der verschiedenen medialen Möglichkeiten. Daher liegen keine allgemeingültigen und langfristigen Definitionen der Zielgruppen im Onlinehandel vor. Die Studien zeigen nur **Momentaufnahmen**, die allerdings geeignet sind, die aktuelle Situation abzubilden und Käufertypen zu identifizieren. An diesen Ergebnissen kann ein Unternehmen seine Strategie im Onlinehandel ausrichten.

Onlinekäufertypen

Die in Abb. 2.18 und 2.19 dargestellten Onlinekäufertypen sind dem **Digital Shopper Relevancy Research Report** 2014 von Capgemini entnommen. Aufgrund der Aktualität und internationalen Ausrichtung ist dieser Report gut geeignet, um einen Überblick über

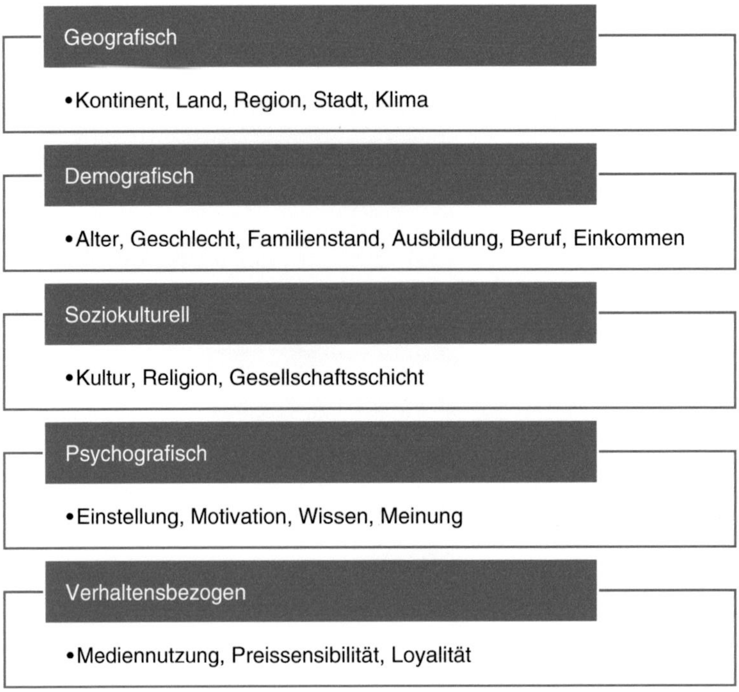

Abb. 2.17 Klassische Segmentierung

die möglichen Segmentierungskriterien und die momentane Situation zu geben. Für diese Studie wurden von Mitte Mai bis Ende Juni 2014 insgesamt 18.000 Personen in 18 Ländern befragt, die in den letzten drei Monaten mindestens einmal einen digitalen Kanal oder ein digitales Gerät zum Einkaufen benutzt haben. Dabei ergaben sich zum Teil **große Unterschiede im Kundenverhalten auf den verschiedenen nationalen Märkten**. Daher wurden die Käufertypen zunächst zwei Märkten zugeordnet: Wachstumsmärkten und reifen Märkten. Je nach angebotenem Produkt gilt es, auf branchen-, länder- und marktspezifische Unterschiede einzugehen und die Untersuchungsergebnisse näher zu betrachten. (vgl. Capgemini 2014)

Nichtkäufertypen im Internet

Es gibt Kundengruppen, die einem Kauf im Internet kritisch gegenüberstehen und ihm aus verschiedenen Gründen abgeneigt sind. Hierzu hat Brengman vier typische Nichtkäufertypen identifiziert, die in Abb. 2.20 dargestellt werden. Die Übersicht nennt Gründe, aus denen viele Menschen nicht online einkaufen, und liefert den Unternehmen somit Ansatzpunkte, um kundenspezifisches Marketing zu betreiben, damit aus diesen „Onlineverweigerern" Onlinekäufer werden. Für die **Fearful Browsers** muss daran gearbeitet werden, ihre Sicherheitsbedenken abzubauen und den Datenschutz zu erhöhen. Den **Positive Technology Muddlers** muss der Umgang mit der Technik erleichtert und

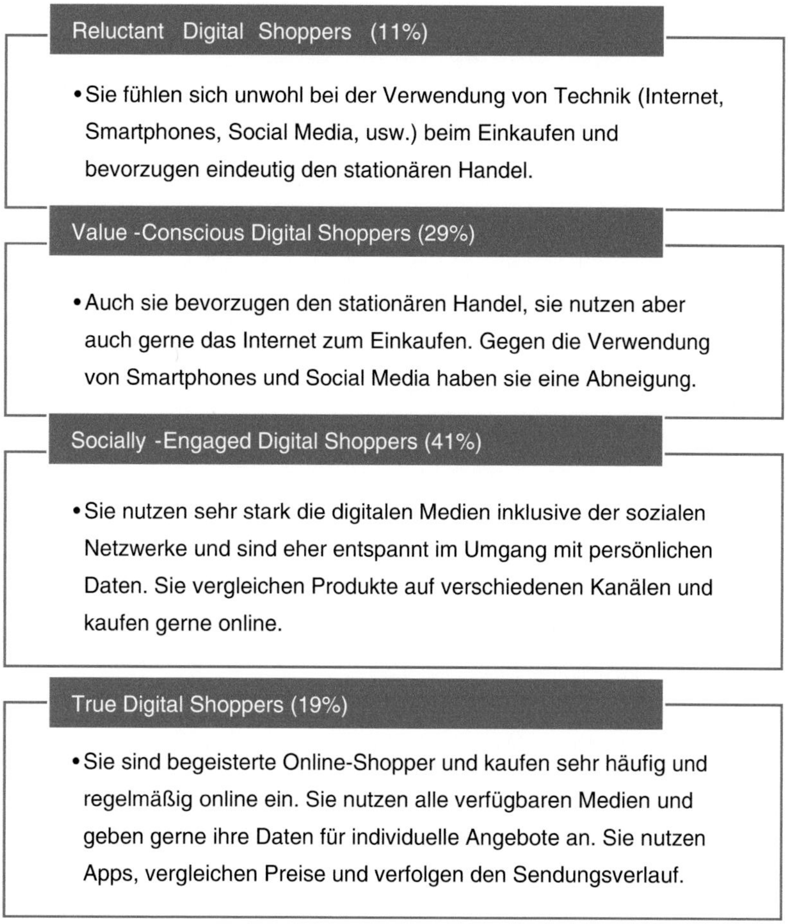
Reluctant Digital Shoppers (11%)
• Sie fühlen sich unwohl bei der Verwendung von Technik (Internet, Smartphones, Social Media, usw.) beim Einkaufen und bevorzugen eindeutig den stationären Handel.
Value -Conscious Digital Shoppers (29%)
• Auch sie bevorzugen den stationären Handel, sie nutzen aber auch gerne das Internet zum Einkaufen. Gegen die Verwendung von Smartphones und Social Media haben sie eine Abneigung.
Socially -Engaged Digital Shoppers (41%)
• Sie nutzen sehr stark die digitalen Medien inklusive der sozialen Netzwerke und sind eher entspannt im Umgang mit persönlichen Daten. Sie vergleichen Produkte auf verschiedenen Kanälen und kaufen gerne online.
True Digital Shoppers (19%)
• Sie sind begeisterte Online-Shopper und kaufen sehr häufig und regelmäßig online ein. Sie nutzen alle verfügbaren Medien und geben gerne ihre Daten für individuelle Angebote an. Sie nutzen Apps, vergleichen Preise und verfolgen den Sendungsverlauf.

Abb. 2.18 Onlinekäufertypen auf reifen Märkten (vgl. Capgemini 2014)

eine Art Aufklärung betrieben werden, um ihnen das Medium Internet näherzubringen. Ähnlich sieht die Vorgehensweise bei den **Negative Technology Muddlers** aus, jedoch gestaltet sie sich hier deutlich schwieriger, da diese außerdem eine negative Einstellung gegenüber Internet und Onlinekauf haben. Die **Adventurous Browsers** scheinen am einfachsten als Kunden im Onlinehandel zu gewinnen zu sein, da sie dem Internet und dem Onlinekauf ohnehin positiv gegenüberstehen. Hier reichen meist die Standardmarketingmethoden wie zum Beispiel eine Rabattaktion aus, um sie in Käufer umzuwandeln. (vgl. Brengman et al. 2005, S. 86 f.)

Geschäftskunden-Käuferverhalten ist mehr rational

Die Käufer im Business-to-Business-Bereich (B2B) unterscheiden sich von den Käufern im Business-to-Consumer-Bereich (B2C) im Grunde hauptsächlich in der

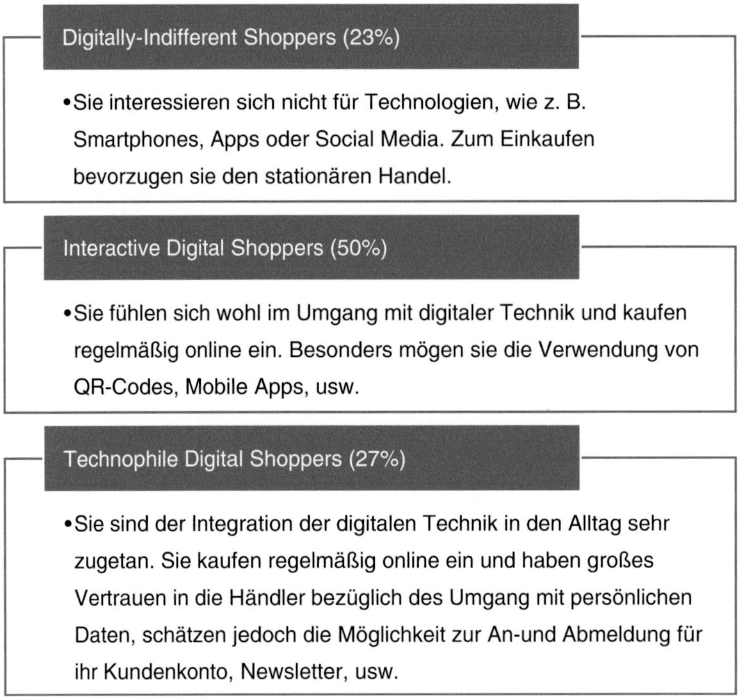
Digitally-Indifferent Shoppers (23%)
•Sie interessieren sich nicht für Technologien, wie z. B. Smartphones, Apps oder Social Media. Zum Einkaufen bevorzugen sie den stationären Handel.
Interactive Digital Shoppers (50%)
•Sie fühlen sich wohl im Umgang mit digitaler Technik und kaufen regelmäßig online ein. Besonders mögen sie die Verwendung von QR-Codes, Mobile Apps, usw.
Technophile Digital Shoppers (27%)
•Sie sind der Integration der digitalen Technik in den Alltag sehr zugetan. Sie kaufen regelmäßig online ein und haben großes Vertrauen in die Händler bezüglich des Umgang mit persönlichen Daten, schätzen jedoch die Möglichkeit zur An-und Abmeldung für ihr Kundenkonto, Newsletter, usw.

Abb. 2.19 Onlinekäufertypen auf Wachstumsmärkten (vgl. Capgemini 2014)

Kaufmotivation. Während Privatpersonen in der Regel ihre persönlichen Bedürfnisse befriedigen, wollen die Käufer im B2B-Bereich letztlich ihre arbeitsvertraglichen Pflichten erfüllen. So ist zu erwarten, dass der Geschäftskunde bei der Angabe von **unternehmensbezogenen Kontaktdaten** weniger zögerlich oder gar ängstlich agiert. Bei der Auswahl des Kontakt- oder Kaufkanals hingegen wird der Käufer eher auf seine persönlichen Präferenzen und Verhaltensmuster zurückgreifen. Dies entspricht zumindest teilweise wieder den zuvor genannten Käufer- beziehungsweise Nichtkäufertypen. Insgesamt kann angenommen werden, dass Geschäftskunden ihre Kaufentscheidung rationaler treffen als Privatkäufer.

2.4.4 Kundenorientierte Managementansätze

Im Folgenden werden einige grundlegende Strategien beschrieben, die das Ziel haben, die Kundenbedürfnisse zu befriedigen und das Kundenverhalten positiv im Sinne des Unternehmens zu beeinflussen.

Fearful Browsers

- Sie nutzen das Internet häufig, kaufen jedoch kaum online, da sie vor allem Sicherheitsbedenken haben. Für sie ist der Vorteil des Internets gegenüber dem stationären Handel nicht erkennbar.

Positive Technology Muddlers

- Sie sind nicht gerade technikaffin und sind unsicher im Umgang mit dem Internet. Aufgrund der eigenen Unkenntnis scheuen sie nicht das Risiko des Onlinekaufs, die Durchführung stellt für sie jedoch eine große Herausforderung dar.

Negative Technology Muddlers

- Ähnlich wie die Positive Technology Muddlers sind sie sehr unsicher im Umgang mit Technik und Internet. Sie sind dem Onlinekauf gänzlich abgeneigt und lassen sich kaum von ihrer Überzeugung abbringen.

Adventurous Browsers

- Sie stehen dem Internet und dem Onlinekauf sehr positiv gegenüber, sind aber bislang noch keine Online-Shopper. Hier bedarf es nur noch geringer Überzeugungsarbeit, um sie zu Onlinekäufern zu machen.

Abb. 2.20 Nichtkäufertypen im Internet (vgl. Brengman et al. 2005, S. 86 f.)

Customer-Relationship-Management

Customer-Relationship-Management (CRM) ist ein ganzheitlicher Ansatz zur Unternehmensführung und Kundenbetreuung. Er integriert und optimiert abteilungsübergreifend alle kundenbezogenen Prozesse. Kommunikations-, Preis-, Distributions- und Produktpolitik sind nicht weiterhin losgelöst voneinander zu betrachten, sondern integriert an den Kundenbedürfnissen auszurichten, um eine höhere Kundenzufriedenheit zu erreichen, die wiederum einen Gradmesser für die Kundenbindung darstellt. Die **Zielsetzung** von CRM ist die Schaffung von Mehrwerten auf Kunden- und Unternehmensseite über die Dauer der Geschäftsbeziehung. Dies setzt voraus, dass CRM-Konzepte Vorkehrungen zur permanenten Verbesserung der Kundenprozesse und für ein berufslebenslanges Lernen der Mitarbeiter enthalten. Auch bei der **Umsetzung** steht der Kunde im Vordergrund.

Alle Bereiche und Abteilungen müssen sich auf den Kunden einstellen und seine Bedürfnisse befriedigen. Ziel eines jeden Unternehmens muss sein, eine systematische Neukundengewinnung und eine erhöhte Kundenbindung zu erreichen. Um diese Aufgabe bewältigen zu können, ist ein Zusammenspiel zwischen Organisation, Mensch und Technik notwendig. Unter CRM ist somit eine **bereichsübergreifende Unternehmensstrategie** zu verstehen, die auf die Pflege dauerhafter und profitabler Kundenbeziehungen abzielt. Die Technik in Form von CRM-Systemen dient dabei als ein unterstützendes Medium. (Jacob 2012, S. 262)

Innovatives CRM im Online-Marketing

Das CRM ist vor allem für den Onlinehandel von großer Wichtigkeit und bildet ein Basisinstrument für die erfolgreiche Prozessgestaltung. Das Internet bietet die Möglichkeit eines interaktiven Kontakts mit Kunden und potenziellen Kunden. Da beispielsweise ein **unmittelbares Feedback** eingeholt werden kann, ist es möglich, Prozesse permanent an den Kundenbedürfnissen auszurichten. Zentrale erfolgskritische Faktoren sind hierbei der Aufbau von loyalen Kundenbeziehungen und die Steigerung des Kundenwerts für das Unternehmen, um so letztlich den Unternehmensgewinn und -wert an sich steigern zu können. Im Gegensatz zum klassischen **Offline-Massenmarketing** (One-to-Many-Marketing), das in der Regel standardisiert ist, muss man im Online-Marketing versuchen, die langfristige, loyale Kundenbeziehung durch Individualität zu erreichen, auch One-to-One-Marketing genannt. Für das Kundenbeziehungsmanagement bietet das Medium Internet zahlreiche, einfache Methoden. Das Ziel eines Unternehmens muss sein, einzigartige Kundenbeziehungen zu knüpfen, die die Konkurrenz so nicht herstellen kann und permanente, gewinnbringende Beziehungen zu erhalten sowie die Zufriedenheit und den Wert der Kunden stetig zu steigern. Aus Unternehmenssicht sind nur solche Kunden wertvoll, die langfristig Gewinn bringen. Um ausschließlich **profitable Kundenbeziehungen** aufzubauen und zu erhalten, gibt es vier einfache Strategien:

- Bei der **Kundengewinnung** sollen diejenigen Nutzer als Kunden gewonnen werden, die ein ähnliches Profil aufweisen wie bereits profitable Kunden.
- Für die **Kundenbindung** ist es wichtig, dass die Beziehung zu den profitablen Kunden aufrechterhalten wird.
- Mit der **Kundenkonversion** sollen aus unprofitablen profitable Kunden gemacht werden.
- Bei unrentablen Beziehungen ist ein **Kundencut** durchzuführen, man trennt sich vom Kunden. (vgl. Heinemann 2014, S. 57 f.)

Der Customer-Buying-Cycle als Instrument des CRM

Eng verbunden mit dem CRM ist der Begriff des Customer-Buying-Cycle (CBC), der den Lebenszyklus einer Kundenbeziehung beschreibt. Abbildung 2.21 stellt den Kreislauf des CBC dar und Abb. 2.22 zeigt die Kernthemen und anwendbaren Maßnahmen zu den entsprechenden Phasen des CBC in Bezug auf das CRM. Der CBC lässt sich aufteilen in die Anregungs-, Evaluations-, Kauf- und After-Sales-Phase. In der **Anregungsphase** geht

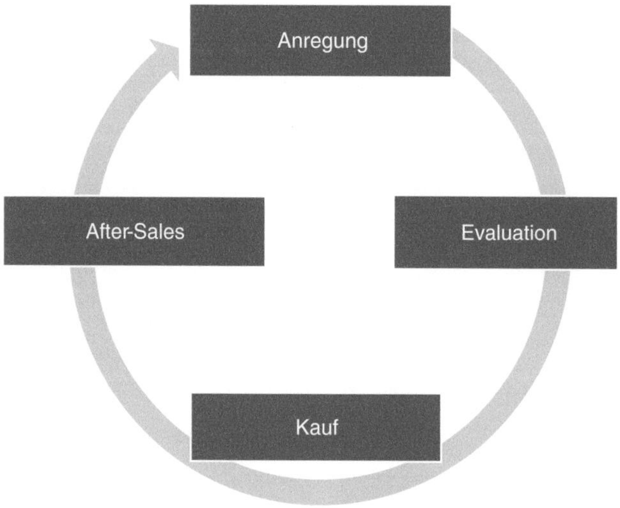

Abb. 2.21 Customer-Buying-Cycle

es primär darum, Bedürfnisse für die eigenen Produkte zu erzeugen und Kunden zu gewinnen. In der anschließenden **Evaluationsphase** soll der Kunde durch Beratung und Information vom Kauf überzeugt werden. In die **Kaufphase** fallen alle Prozesse der Bestell- und Kaufabwicklung inklusive der Lieferung. Zu den Kernthemen der **After-Sales-Phase** gehören der Kundendienst und das Setzen von Anreizen für einen wiederholten Produktkauf oder einen Anschlusskauf. Einzelne Phasen dieses Lebenszyklus können zwar wegfallen, jedoch darf der Kreislauf nicht unterbrochen werden, da dies gleichbedeutend mit dem Ende der Kundenbeziehung wäre. Grundsätzlich sind die hier genannten Maßnahmen nicht beschränkt auf das CRM. Es gibt zahlreiche positive **Nebeneffekte,** die sich auf andere Marketingbereiche auswirken, genauso wie andere Bereiche auch positiv auf das CRM wirken können, wie zum Beispiel die Bannerwerbung. (vgl. Heinemann 2014, S. 64 f.)

Beispiel Loyalitätsprogramme

Als erfolgreiches Beispiel zur Erhaltung der Kundenbeziehung (Kundenbindung) werden im Folgenden die Loyalitätsprogramme angeführt. Hierzu gehören insbesondere:

- **Rabattprogramme**, zum Beispiel Rabatt in Verbindung mit einer Kundenkarte
- **Bonusprogramme**, zum Beispiel Sachprämien
- **Mehrwertprogramme**, zum Beispiel zusätzliche Leistungen für besonders loyale Kunden

Phase	Kernthemen	Mögliche Maßnahmen
Anregung	Werbung / PR	Onlinewerbung, Banner, SEA, SEO
	Verkaufsförderung	Gewinnspiele, Affiliate-Marketing
	Zusatzleistungen	Kostenlose Zusatzleistungen, Produktzugaben
Evaluation	Bedürfnisanalyse / Beratung	Individuelle Angebotserstellung aufgrund des bisherigen Kaufverhaltens, aktive Kaufberatung
	Produkt- und Preisinformation	Erstellung elektronischer Produktkataloge und Preislisten, Sonderangebote
	Konfiguration / Angebotserstellung	Service- und Selbstserviceprogramme zur Konfiguration, Angebotsanpassung
Kauf	Bestell- und Kaufabwicklung	Intelligenter Warenkorb, Onlineshop, ggf. Bestellung per Mail oder telefonisch, Gewährleistung der Transaktionssicherheit
	Preisermittlung	Rechnungssumme ermitteln versandkostenfrei
	Zahlungsverkehr	Anbieten von verschiedenen Zahlungsmöglichkeiten
	Lieferung / Leistungserbringung	Direkter Produktdownload, Angabe Lieferzeit, Online-Tracking
Nach dem Kauf	Installation / Schulung	Online-Handbücher und Bedienungsanleitungen, Hilfe-Videos, ggf. Schulungen anbieten
	Lieferung / Leistungserbringung	FAQ-Listen, Kundenanfragen beantworten, Online-Updates
	Kundenbindung / Kundenpflege	Newsletter, Social Media

Abb. 2.22 Mögliche Maßnahmen im Customer-Buying-Cycle (vgl. Heinemann 2014, S. 66)

Diese Aufzählung ist nicht vollständig, die Technik und die Möglichkeiten des Internets führen auch zu neuen Arten von Loyalitätsprogrammen. **Kundenclubs und Mitgliedskarten** gibt es schon lange in der Offlinewelt, im Internet können jedoch neue Services angeboten werden, die es offline gar nicht geben kann. Ein Beispiel hierfür ist **Amazon Prime**. Als Zusatzleistung erhält der Kunde hier u. a. die Möglichkeit, auf die Onlinevideothek zuzugreifen und eine Vielzahl an Filmen und Serien zu streamen. Auch besteht die Option, sich seine bestellte Ware per Express am nächsten Tag liefern zu lassen. Solche Maßnahmen sind wesentlich, um eine langfristige Kundenbeziehung zu erhalten und den Unternehmenserfolg zu sichern. (vgl. Heinemann 2014, S. 66 f.)

Customer-Experience

In den letzten Jahren hat sich deutlich abgezeichnet, dass für Konsumenten aufgrund des Überangebots und der Austauschbarkeit der Produkte und Dienstleistungen bei der Kaufentscheidung zunehmend das Kauferlebnis im Vordergrund steht. Die Customer-Experience beschreibt hier zum einen die **langfristige Erfahrung** des Kunden basierend auf allen seinen bisherigen Interaktionen mit einem Unternehmen und dessen Produkten. Er bewertet seine Erlebnisse und erlangt so neues Wissen und Produktkenntnisse, sodass das Einkaufserlebnis insgesamt als gut oder schlecht empfunden wird. Zum anderen beschreibt die Customer-Experience auch die eher **kurzfristige Erfahrung** beim direkten Konsum eines Produkts oder einer Dienstleistung. Vor allem hier ist das Erlebnis geprägt vom emotionalen Empfinden des Konsumenten. Zusammenfassend ausgedrückt ist die Customer-Experience die Summe aller subjektiven Empfindungen des Kunden hinsichtlich aller Interaktionen mit einem Unternehmen und der Qualität der Unternehmensleistungen während der gesamten Kundenbeziehung. (vgl. Bruhn und Hadwich 2012, S. 7 ff.)

Customer-Experience-Management

Customer-Experience-Management (CEM) beschreibt ein **Managementkonzept**, mit dem das Einkaufserlebnis der Kunden positiv gestaltet und gesteuert werden soll. Die meisten Unternehmen haben mittlerweile die Bedeutung des CEM erkannt, allerdings steckt seine Anwendung noch in den Kinderschuhen. Daher gibt es aktuell kaum empirische Studien zu diesem Thema und folglich auch keine erprobten CEM-Systeme oder -Methoden. Es ist jedoch unstrittig, dass es einen erfolgskritischen Faktor für Unternehmen darstellt und daher professionell durchgeführt werden sollte. Es ist empfehlenswert für Unternehmen, planvoll an das Thema heranzugehen und gegebenenfalls ein eigenes CEM-System zu kreieren und einen Verantwortlichen zu benennen. Erfolgreiches CEM ist keine Einmalaktion, sondern es muss eine langfristige Strategie auf Basis der analysierten und antizipierten Erwartungen der Kunden hinsichtlich der erhofften Erlebnisse entwickelt werden. Vor allem im **Onlinebereich** bietet sich den Unternehmen eine sehr große Auswahl an Gestaltungsmöglichkeiten. So kann der Kunde beispielsweise als Teil der Social Community ein besonderes Zugehörigkeitsgefühl empfinden oder durch einen Live-Chat während des Kaufprozesses begleitet werden. Durch die Verwendung einer App kann der Kunde auf seinem Smartphone auf aktuelle Angebote in seiner unmittelbaren Umgebung hingewiesen werden. Die Beantwortung von Serviceanfragen oder Beschwerden sollte umgehend und problemorientiert erfolgen. Diese Beispiele verdeutlichen den Ansatzpunkt des CEM und erleichtern den Einstieg in dieses Thema. Sie betreffen zudem auch andere Marketingmaßnahmen, wie zum Beispiel das E-Mail-Marketing oder Social-Media-Marketing. Eine Trennung der einzelnen Mittel ist heute kaum mehr möglich, daher muss eine ganzheitliche Betrachtung der einzelnen Themengebiete und Maßnahmen angestrebt werden. (vgl. Bruhn und Hadwich 2012, S. 23 ff.)

Customer Journey

In Zusammenhang mit der Customer-Experience ist auch der Begriff Customer Journey zu nennen. Er beschreibt sozusagen die Reise eines Kunden zu einem bestimmten, vorher definierten Ziel. Dies kann zum Beispiel ein **Kauf** sein oder lediglich die **Anmeldung zu einem Newsletter**. Das Internet bietet zahlreiche Möglichkeiten, jeden einzelnen Schritt der Kundenreise nachzuvollziehen. So kann beispielsweise durch **Tracking** und die Anwendung von **Cookies** genau analysiert werden, welchen Weg der Kunde genommen hat. Dadurch ist leicht feststellbar, an welchem Punkt er überzeugt wurde, eine bestimmte Aktion durchzuführen. Durch die **Analyse** der Customer Journey können Rückschlüsse auf das Verhalten der Kunden gezogen und die Werbewirksamkeit einzelner Maßnahmen gemessen werden. Zudem ist sie ein geeignetes Mittel, um Synergieeffekte der verschiedenen Kanäle zu ermitteln. Da genau feststellbar ist, auf welchem Kanal beziehungsweise bei welchem Berührungspunkt die gewünschte Handlung vom Kunden durchgeführt wurde, können konkrete Anpassungen an den einzelnen Kontaktpunkten vorgenommen werden. (vgl. Holland und Flocke 2014, S. 827 f.)

Literatur

Alexandru J (2014) Grüne Strategien für Nachhaltigkeit im Online-Handel. http://www.fuer-gruender.de/blog/2014/11/nachhaltigkeit-im-onlinehandel/. Zugegriffen: 30. April 2015.

Almunawar MN, Anshari M (2015) Improving Customer Service in Healthcare with CRM 2.0. http://arxiv.org/ftp/arxiv/papers/1204/1204.3685.pdf. Zugegriffen: 30. April 2015.

Bauer V (2014) Ein Instrument zur Messung von Kundenzufriedenheit; Theoretische Grundlagen, empirische Untersuchungen und konzeptionelle Ausarbeitung für Dienstleistungsunternehmen. Igel, Hamburg.

Berendt S, Jonuschat H, Heinze M, Fichter K (2003) Literaturstudie zu den ökologischen Folgen des E-Commerce. https://www.izt.de/pdfs/IZT_WB51_Literaturstudie_oekologische_Folgen_E-Commerce.pdf. Zugegriffen: 26. Januar 2015.

Brengman M, Geuens M, Weijters B, Smith SM, Swinyard WR (2005) Segmenting Internet shoppers based on their Web-usage-related lifestyle; A cross-cultural validation. http://www.sciencedirect.com/science/article/pii/S0148296302004769. Zugegriffen: 27. Juli 2015.

Bruhn M, Hadwich K (2012) Customer Experience; Eine Einführung in die theoretischen und praktischen Problemstellungen. In: Bruhn M, Hadwich K (Hrsg) Customer Experience; Forum Dienstleistungsmanagement. Gabler, Wiesbaden, S 3–36.

Camphausen B (2013) Strategisches Management; Planung, Entscheidung, Controlling. Oldenbourg, München.

Capgemini (2014) Digital Shopper Relevancy. https://www.capgemini.com/resource-file-access/resource/pdf/dsr_2014_report_final.pdf. Zugegriffen: 27. Juli 2015.

Deutsche Post DHL (2012) Einkaufen 4.0; Der Einfluss von E-Commerce auf Lebensqualität und Einkaufsverhalten. http://www.dpdhl.com/content/dam/dpdhl/presse/pdfs_zu_pressemitteilungen/2011_11/dpdhl-studie-einkaufen-4-0.pdf. Zugegriffen: 30. April 2015.

Deutscher Fachverlag (2012) Onlinehändler sind nachhaltig. http://www.derhandel.de/news/technik/pages/E-Commerce-Onlinehaendler-sind-nachhaltig-8912.html. Zugegriffen: 30. April 2015.

Dworak T, Burdick B (2002) Ökologische und soziale Chancen und Risiken des E-commerce im Nahrungsmittelsektor. http://wupperinst.org/publikationen/details/wi/a/s/ad/126/. Zugegriffen: 26. Januar 2015.

E-Commerce Magazin (2010) Nachhaltigkeit schlägt Preis!? http://www.e-commerce-magazin.de/nachhaltigkeit-schlaegt-preis. Zugegriffen: 26. Januar 2015.

Eurostat (2015) Internet-Zugangsdichte – Haushalte. http://ec.europa.eu/eurostat/web/products-datasets/-/tin00134. Zugegriffen: 31. Juli 2015.

Florian M (2000) Reduzierung von Verkehr und Energieverbrauch durch E-Commerce; Vision oder Illusion? http://www.tuhh.de/tbg/Deutsch/Mitarbeiterinnen/Michael/ECommerce.pdf. Zugegriffen: 27. Juli 2015.

Grabs A (2014) Follow me!; Erfolgreiches Social Media Marketing mit Facebook, Twitter und Co. Galileo Press, Bonn.

Hagemann H (2015) Plädoyer für zukunftsfähige verbraucherorientierte Informationsstrukturen in Internet und eCommerce. http://fo-kus.info/memo.pdf. Zugegriffen: 27. Juli 2015.

Heinemann G (2010) Web-Exzellenz im E-Commerce; Innovation und Transformation im Handel. Gabler, Wiesbaden.

Heinemann G (2014) Der neue Online-Handel; Geschäftsmodell und Kanalexzellenz im E-Commerce. Gabler, Wiesbaden.

Holland H, Flocke L (2014) Customer-Journey-Analyse; Ein neuer Ansatz zur Optimierung des (Online-) Marketing-Mix. In: Holland H (Hrsg) Digitales Dialogmarketing; Grundlagen, Strategien, Instrumente. Gabler, Wiesbaden, S 825–855.

Holtmann O (2011) Produkte kommen und gehen, Kunden bleiben; Customer-Value-Controlling als Herausforderung zur Steuerung des Kundenwerts. Diplomica, Hamburg.

Homburg C (2012) Marketingmanagement; Strategie – Instrumente – Umsetzung – Unternehmensführung. Gabler, Wiesbaden.

Hungenberg H (2012) Strategisches Management in Unternehmen; Ziele – Prozesse – Verfahren. Gabler, Wiesbaden.

Hutzschenreuter T (2009) Allgemeine Betriebswirtschaftslehre. Gabler, Wiesbaden.

IFH Retail Consultants (2014) Kostenfreie Retouren wichtiger als Nachhaltigkeitsaspekte. www.handelswissen.de/themen/nachhaltigkeit/kostenfreie-retouren-wichtiger-als-nachhaltigkeitsaspekte/. Zugegriffen: 30. April 2015.

IHK Frankfurt/Main (2015) E-Commerce. http://www.frankfurt-main.ihk.de/recht/themen/vertragsrecht/e-commerce/. Zugegriffen: 01. Juni 2015.

IHK Koblenz (2009) Rechtliche Rahmenbedingungen des E-Commerce. http://www.ihk-koblenz.de/blob/koihk24/recht/allgemeine_rechtsauskuenfte/1478692/8a2c2172720bda355970cc3c0c88f9c8/MB_E-CommerceStand_Januar09-data.pdf. Zugegriffen: 27. Juli 2015.

Jacob M (2012) Informationsorientiertes Management; Ein Überblick für Studierende und Praktiker. Gabler, Wiesbaden.

Kollmann T (2013) Online-Marketing; Grundlagen der Absatzpolitik in der Net Economy. Kohlhammer, Stuttgart.

Kotler P, Keller KL, Opresnik MO (2015) Marketing-Management; Konzepte – Instrumente – Unternehmensfallstudien. Pearson, Hallbergmoos.

Kreutzer RT, Blind J (2014) Praxisorientiertes Online-Marketing; Konzepte – Instrumente – Checklisten. Gabler, Wiesbaden.

Mintzberg H (1987) The Strategy Concept I; Five Ps for Strategy. California Management Review Fall:11–24.

Pomaska G (2012) Webseiten-Programmierung; Sprachen, Werkzeuge, Entwicklung. Vieweg + Teubner, Wiesbaden.

Regionales Informationszentrum der Vereinten Nationen für Westeuropa (2001) E-Commerce weiter Motor für Wirtschaftswachstum. http://www.unric.org/de/pressemitteilungen/4103. Zugegriffen: 28. Juli 2015.

Riehm U, Petermann T, Orvat C (2002) E-Commerce. https://www.tab-beim-bundestag.de/de/pdf/publikationen/berichte/TAB-Arbeitsbericht-ab078.pdf. Zugegriffen: 26. Januar 2015.

Stallmann F, Wegner U (2014) Internationalisierung von E-Commerce-Geschäften: Bausteine, Strategien, Umsetzung. Gabler, Wiesbaden.

Statista (2015a) Anzahl der Internetnutzer in Deutschland, die das Internet mindestens gelegentlich nutzen, von 1997 bis 2014. http://de.statista.com/statistik/daten/studie/36146/umfrage/anzahl-der-internetnutzer-in-deutschland-seit-1997/. Zugegriffen: 28. Juli 2015.

Statista (2015b) Durchschnittliche tägliche Nutzungsdauer ausgewählter Online-Aktivitäten in Deutschland im Jahr 2014. http://de.statista.com/statistik/daten/studie/321158/umfrage/taegliche-nutzungsdauer-von-onlineaktivitaeten-in-deutschland/. Zugegriffen: 28. Juli 2015.

Stewart W (2013) Web Browser History. http://www.livinginternet.com/w/wi_browse.htm. Zugegriffen: 22. September 2015

Straub T (2012) Einführung in die Betriebswirtschaftslehre. Pearson, München.

Tißler J (2015) Das physische Web. http://upload-magazin.de/blog/9751-das-physische-web-die-naechste-entwicklungsstufe-des-internet/. Zugegriffen: 26. Mai 2015.

Ulbricht K (2015) Social CRM & Recht; Rechtliche Rahmenbedingungen bei der Kundenakquise und-pflege in und über Soziale Netzwerke. http://www.rechtzweinull.de/archives/180-Social-CRM-Recht-Rechtliche-Rahmenbedingungen-bei-der-Kundenakquise-und-pflege-in-und-ueber-Soziale-Netzwerke.html. Zugegriffen: 01. Juni 2015.

Wagner U, Wiedmann K, Oelsnitz D (2011) Das Internet der Zukunft; Bewährte Erfolgstreiber und neue Chancen. Gabler, Wiesbaden.

Taktik

3

Zusammenfassung

Als taktisch werden Planungen bezeichnet, die einen mittelfristigen Charakter aufweisen. Für ein Unternehmen stehen seine Existenzsicherung und damit sein Fortbestand im Fokus des wirtschaftlichen Handelns. Daraus folgt, dass das Umsatzziel in besonderem Maße im Auge behalten wird. Um dieses zu erreichen, sollte idealerweise das richtige Produkt zum richtigen Preis mithilfe des richtigen Vertriebswegs und durch richtige Kommunikation vermarktet werden. Damit sind die vier Marketinginstrumente bereits indirekt genannt. Konkret werden sie mit Produktpolitik, Preispolitik, Vertriebspolitik und Kommunikationspolitik bezeichnet. Gemeinsam sind sie die wesentlichen Teile des Marketing-Mix, mit dem die einzelnen Instrumente des Marketings abgestimmt werden. In diesem Kapitel wird dargelegt, welche Möglichkeiten das Internet für den optimalen Einsatz der vier Teilbereiche bietet und welche Bedingungen für deren Gestaltung relevant sind.

3.1 Produkt

Die Produktpolitik gehört neben der Preis-, der Kommunikations- und der Distributionspolitik zum sogenannten Marketing-Mix eines Unternehmens. Der Abschnitt erläutert zunächst den Produktbegriff und mehrere Ansätze zur Klassifizierung von Produkten. Hiervon ausgehend wird die Eignung von Produkten für das Online-Marketing beziehungsweise den Onlinevertrieb analysiert. Es folgen Erläuterungen zur Produktgestaltung. Diesbezüglich spielen speziell im Online-Marketing die Themen Produktbeschreibung sowie Individualisierung und Produktkonfiguration eine besondere Rolle. Die Summe der zum Verkauf angebotenen Produkte bildet das Produktprogramm eines Unternehmens, das bei Handelsunternehmen auch Sortiment genannt wird. Die hierauf bezogenen Unternehmensentscheidungen werden als Produktprogrammpolitik

© Springer Fachmedien Wiesbaden 2015

M. Jacob, *Integriertes Online-Marketing*, DOI 10.1007/978-3-658-10754-3_3

beziehungsweise Sortimentspolitik bezeichnet. In Verbindung hiermit müssen auch Entscheidungen zur Marktpräsenz von Produkten getroffen werden. Diese spiegeln sich auch im sogenannten Produktlebenszyklus wider und umfassen insbesondere die Teilbereiche Produktinnovation, Produktvariation und Produktelimination.

3.1.1 Begriffe und Systematik

Ausgehend vom Produktbegriff werden im Folgenden mehrere Ansätze zur Klassifizierung von Produkten dargestellt. Da digitale Güter von besonderer Bedeutung für das Online-Marketing sind, werden diese besonders hervorgehoben.

Produktbegriff und nachfrageorientierte Systematik

Produkte, auch Wirtschaftsgüter genannt, stellen Objekte des wirtschaftlichen Handelns dar, die produktionswirtschaftlich betrachtet das Ergebnis einer Kombination von Produktionsfaktoren sind. Während die **Volkswirtschaftslehre** die Produktionsfaktoren Arbeit, Boden und Kapital betrachtet, widmet sich die **Betriebswirtschaftslehre** klassisch den Produktionsfaktoren Arbeit, Betriebsmittel und Werkstoffe. In neueren Ansätzen wird der Faktor Information ergänzend mit aufgenommen. Aus **nachfrageorientierter Perspektive** gesehen sind Produkte Güter zur Bedürfnisbefriedigung Dritter, die sich wie folgt systematisieren lassen: Zunächst sind **freie Güter** von Wirtschaftsgütern zu differenzieren. **Wirtschaftsgüter** unterscheiden sich weiter in Realgüter und Nominalgüter. Zu den **Nominalgütern** zählen insbesondere Geld, Beteiligungen und Verbindlichkeiten. **Realgüter** sind physisch vorhanden und damit greifbar. Sie lassen sich folgendermaßen einteilen:

- Materielle Realgüter beziehungsweise Sachgüter
  - Immobilien (zum Beispiel Grundstücke, Häuser)
  - Mobilien (zum Beispiel Güter des täglichen Bedarfs wie Lebensmittel, Bekleidung usw.)
- Immaterielle Realgüter
  - Arbeitsleistungen
  - Dienstleistungen
  - Informationen
  - Sonstige wie zum Beispiel Patente oder Lizenzen

Digitale Güter, die für das Online-Marketing von besonderer Bedeutung sind und im Anschluss näher erläutert werden, sind eindeutig den immateriellen Realgütern zuzuordnen. (vgl. Schmidt 2007, S. 10 ff.)

Digitale Güter

Digitale Güter bestehen aus Binärdaten und lassen sich unter Zuhilfenahme von Informationssystemen entwickeln, vertreiben oder anwenden. Sie weisen im Vergleich zu nichtdigitalen Gütern besondere Eigenschaften auf und unterliegen folglich in der Produktion und im Vertrieb anderen Bedingungen. Digitale Güter sind zum Beispiel digitalisierte Bücher, Bilder und Videos sowie digitale Fernsehprogramme und Kommunikationsdienstleistungen. In Abhängigkeit von ihrem **Digitalisierungsgrad** kann folgende Differenzierung vorgenommen werden:

- vollständig digital
- semi-digital
- semi-physisch

Vollständig digitale Güter lassen sich komplett über Datennetze wie zum Beispiel das Internet anbieten beziehungsweise nutzen. Während eine netzbasierte Software ein vollständig digitales Gut ist, stellt die Software auf einem physischen Datenträger (DVD) ein **semi-digitales Produkt** dar. Ein **semi-physisches Gut** ist beispielsweise ein klassisches Buch aus Papier, das über das Internet gehandelt wird. (vgl. Clement und Schreiber 2013, S. 43 ff.)

Eigenschaften digitaler Güter

Die **Produktion** digitaler Güter zeichnet sich durch hohe Fixkosten und geringe variable Kosten aus. Der größte Kostenblock entfällt meistens auf die Entwicklung. Die Vervielfältigung ist dagegen fast kostenlos, zudem bestehen geringe Kapazitätsrestriktionen. Auch die Kosten digitaler Dienstleistungen sind im Vergleich zu denen physischer Dienstleistungen in der Regel wesentlich geringer. In einer Konkurrenzsituation kann dies zu einem ruinösen Wettbewerb am Markt führen, wenn die Herstellungskosten durch einen zu niedrigen Preis nicht mehr gedeckt werden. Die **leichte Reproduzierbarkeit** digitaler Güter ermöglicht außerdem die Herstellung illegaler Raubkopien, was ebenfalls zu Einnahmeeinbußen führt. Weiterhin sind die Kosten der **Logistik** bei digitalen Gütern geringer, insbesondere fallen keine beziehungsweise nur geringfügige Lagerkosten bei der Verwendung eines physischen Speichermediums an. Transport und Kommunikation über das Internet sind schneller und ebenfalls minimal kostenintensiv. Auch lassen sich digitale Güter mit einem relativ kleinen Aufwand kostengünstig **modifizieren**, wodurch sie den weiteren Vorteil einer individuellen Anpassbarkeit an die Präferenzen der Verbraucher haben (sogenannte Mass Customization). Da digitale Produkte keinem Verschleiß unterliegen, existiert **kein nutzungsabhängiger Wertverlust**. Allerdings können beispielsweise bei Software im Zeitverlauf Aktualisierungen notwendig werden. (vgl. Peters 2010, S. 3 ff.)

eCl@ss

Während die zuvor beschriebenen Klassifikationen eher dem Bereich der Wissenschaft zuzuordnen sind, hat sich in der Praxis „eCl@ss“ als branchenübergreifender Produktdatenstandard für die Klassifizierung und eindeutige Beschreibung von Produkten und Dienstleistungen herausgebildet. Das System hat sich mittlerweile als **Industriestandard** national und international in vielen Branchen durchgesetzt. Es deckt mit 39.000 Produktklassen und 16.000 Merkmalen einen bedeutenden Anteil aller gehandelten Waren und Dienstleistungen ab und wird insbesondere von **Unternehmen** im Rahmen der **elektronischen Beschaffung** genutzt. Im Folgenden ist beispielhaft die Untergliederung des Bereichs „Obst“ dargestellt:

- 16-04-01 Kernobst
- 16-04-01-01 Apfel
- 16-04-01-02 Birne
- 16-04-01-03 Quitte
- 16-04-01-04 Mispel
- 16-04-01-90 Kernobst (nicht spezifiziert)
- 16-04-02 Steinobst
- 16-04-03 Beerenobst
- 16-04-04 Schalenobst
- 16-04-05 Zitrusfrucht
- 16-04-90 Obst (Sonstige) (vgl. Zahnen 2014)

3.1.2 Eignung

Die Eignung der Produkte für das Online-Marketing beziehungsweise den Onlinevertrieb steht in enger Verbindung zu den zuvor beschriebenen Produktarten. Darüber hinaus sind folgende weitere Kriterien relevant.

Eignung in Bezug auf Kommunikation und Vertrieb

Das Internet kann dazu verwendet werden, über Produkte zu kommunizieren oder diese zu vertreiben. Bei der Produktanalyse muss folglich zwischen der Eignung von Produkten für **Kommunikation** einerseits oder **Vertrieb** andererseits unterschieden werden. Die Anforderungen an die zuerst genannte Gruppe sind in Bezug auf die im Folgenden erörterten Kriterien wesentlich niedriger als an die zweite Gruppe. So lassen sich zum Beispiel Informationen zum Verkauf von **Immobilien** problemlos über das Internet kommunizieren. Auch wäre es denkbar, statt einer Besichtigung vor Ort nur einen virtuellen Rundgang über das Internet zu unternehmen. Der eigentliche Verkauf kann jedoch aktuell in Deutschland nur bei einem Notar erfolgen, der den Kaufvertrag beurkundet. Im Gegensatz hierzu können Kaufverträge über **bewegliche Produkte** grundsätzlich über das Internet abgeschlossen werden. Die folgenden Überlegungen beziehen sich primär auf den Onlinevertrieb von Produkten. Eine Onlinekommunikation ist hiermit im Regelfall verbunden.

Allgemeine Produkteignungsindikatoren

Für die Eignung von Produkten für den Handel im Internet gibt es allgemeine Kriterien. Die Literatur nennt hier beispielsweise folgende **Indikatoren**:

- Preis
- Digitalisierbarkeit
- standardisiert und keine Anpassung an Kunden
- geringe Produktkomplexität
- geringer Beratungsbedarf

Die Bedeutung dieser Indikatoren für eine Kaufentscheidung im Internet lässt sich heute jedoch **anzweifeln** beziehungsweise spielt eine geringere Rolle als angenommen. (vgl. Olderog 2003, S. 298)

Individuelle Kosten- und Nutzenüberlegungen bei Unternehmen und Kunden

Vielmehr stellen sowohl Anbieter als auch Nachfrager (Abschn. 2.4.2) von Produkten **individuelle Kosten- und Nutzenüberlegungen** an. Diese hängen zum Beispiel von deren wirtschaftlichen, rechtlichen und technischen Möglichkeiten und persönlichen Präferenzen ab. Unter Berücksichtigung dieser Aspekte gibt es Produkte, die für den Vertrieb und die Kommunikation im Internet mehr oder weniger geeignet sind. Unternehmen, die **parallel einen stationären Vertrieb** anbieten, müssen entsprechende Entscheidungen anders treffen als Unternehmen, die einen **reinen Internetvertrieb** besitzen. So müssen eventuelle Wechselwirkungen beachtet werden, beispielweise zu vermeidende **Kannibalisierungseffekte**. Da die Voraussetzungen und Präferenzen der Anbieter und Nachfrager unterschiedlich sind, wird es in Bezug auf das gleiche Produkt keine allgemeine, sondern jeweils eine **individuelle Entscheidung** geben. Diese orientiert sich an den in Abb. 3.1 genannten Kriterien.

Digitalisierbarkeit des Produkts

Digitalisierte Produkte wie zum Beispiel Musik, Videos und Bücher sind am besten für den Vertrieb über das Internet geeignet. Bei dieser Produktgattung kann der Konsument vor dem Kauf in der Regel auch ein digitales Muster oder eine Probe erhalten und auf dieser Basis seine endgültige Kaufentscheidung treffen. Der Bezug über ein Onlinemedium ist hier weniger vom Produkt selbst als von der Leistungsfähigkeit des entsprechenden Übertragungswegs abhängig. So macht es beispielsweise keinen Sinn, ein Video online anzusehen, wenn die Geschwindigkeit der Übertragung so gering ist, dass ein unterbrechungsfreies Abspielen nicht möglich ist. Bei **nicht digitalisierbaren Produkten** hängt deren Eignung für den Onlinehandel insbesondere von ihrer Darstellbarkeit durch den Anbieter und der Beurteilbarkeit durch den Nachfrager ab. Außerdem spielen das Produktumfeld und das Kundenverhalten eine besondere Rolle. Mehrere sich verändernde und im Folgenden beschriebene Faktoren werden jedoch

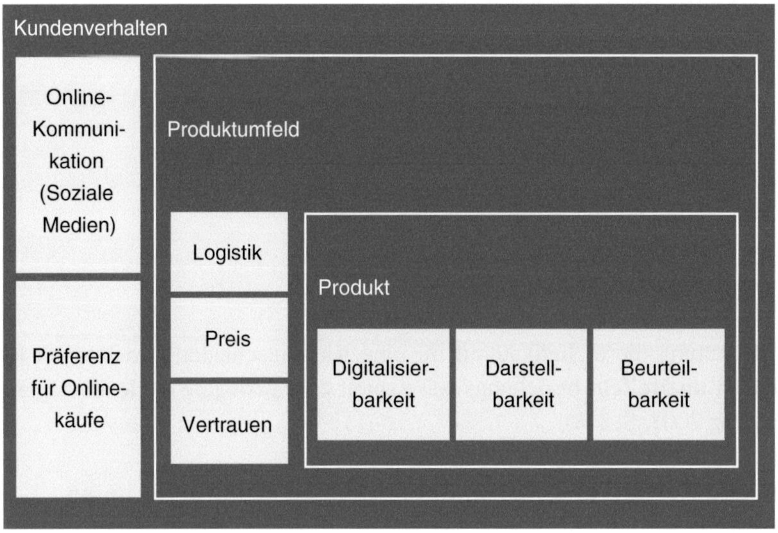

Abb. 3.1 Prüfung der Eignung von Produkten für den Onlinehandel

dazu führen, dass die Eignung von nicht vollständig digitalisierbaren Produkten für den Internethandel zukünftig zunehmen wird. Außerdem wird der Digitalisierungsgrad von Produkten durch Innovationen wie zum Beispiel 3D-Drucker zunehmen.

Darstellbarkeit des Produkts durch den Anbieter

Wie zuvor angedeutet, hängt die Eignung von Produkten für den Onlinevertrieb insbesondere bei nicht vollständig digitalisierten Produkten von deren Darstellbarkeit ab. Hier ist zunächst festzustellen, ob diejenigen **Informationen vollständig digitalisierbar** sind, die der Nachfrager für die Beurteilung des Produkts benötigt. Neben reinen Textinformationen kommen hierfür auch Bilder, Grafiken und Videos infrage. Aufgrund der multimedialen Möglichkeiten ergeben sich im Vergleich zu Prospekten oder Katalogen aus Papier sicher Vorteile. Bestimmte Produkte erfordern jedoch darüber hinaus eine **ergänzende Beratung** durch eine kompetente Person, die persönlich oder über ein anderes Kommunikationsmittel (Telefonat oder Videokonferenz) erfolgen kann. Ein reiner Onlinevertrieb ist bei diesen Produkten schwerer. Jedoch verspricht hier die Zukunft zum Beispiel durch den Einsatz von **digitalen Assistenten** ergänzende Möglichkeiten. Diese werden sich insbesondere dann durchsetzen, wenn der Nachfrager sich mit ihnen bessere Kenntnisse über das Produkt aneignen kann als mit einer persönlichen Beratung.

Beurteilbarkeit des Produkts durch den Nachfrager

Die Begriffe **Qualität** und **Nutzen** stehen in unmittelbarem Zusammenhang zu den Produkteigenschaften. Gemeinsam mit dem zusätzlichen **Faktor Zeit** gilt folgende

Annahme: Die Eignung eines Produkts für den Vertrieb über den Onlinehandel wird davon beeinflusst, wie schnell für den Käufer dessen Nutzen und Qualität feststellbar sind. Im Allgemeinen lassen sich somit drei Produktkategorien definieren:

- Produktqualität und -nutzen sind bereits **vor dem Kauf bekannt**: Dieser Kategorie gehören klassische Standard- und Markenartikel an, welche als charakteristische Merkmale ihre Ubiquität und eine konstante oder verbesserte Qualität aufweisen. Die Eignung dieser Produkte für den E-Commerce ist aufgrund des geringen Informationsbedarfs aus Sicht der Kunden sehr gut.
- Produktqualität und -nutzen sind **vor dem Kauf nicht sofort ersichtlich**: Hierbei handelt es sich vor allem um neue Produkte und solche, bei denen eine Einschätzung erst durch ihren Gebrauch erfolgen kann, beispielsweise Werkzeuge. Aufgrund des höheren Informationsbedarfs des Nutzers und der Möglichkeit, das Produkt in einem Ladengeschäft zu testen, eignet sich diese Produktkategorie nur bedingt für den Onlinevertrieb.
- Produktqualität und -nutzen sind auch **vor einem Wiederkauf nicht ersichtlich**: Charakteristisch für diese Kategorie von Produkten ist die Ungewissheit der Kunden in Bezug auf die Erfüllung ihrer Anforderungen. Dies gilt insbesondere für Lebensmittel, Kunstgegenstände und Produktgruppen, bei denen die Haptik (fühlen, sehen, riechen) wichtig ist. Die Eignung für den Verkauf über das Internet ist bei dieser Produktkategorie ursprünglich als kaum gegeben einzustufen, was sich aktuell jedoch zu ändern beginnt.

Diese Kategorisierung der Beurteilbarkeit von Produkten stellt nur eine grobe Orientierung für deren Eignung für den Onlinehandel dar. Besonders die steigenden Anreize für den Nutzer bezüglich Zeitersparnis und Bequemlichkeit bieten hier großes Potenzial. (vgl. IFH Retail Consultants 2015)

Anforderungen an die Logistik

Neben den direkt auf das Produkt bezogenen Anforderungen Digitalisierbarkeit, Darstellbarkeit und Beurteilbarkeit gibt es Faktoren, die zum **Produktumfeld** gehören und die Eignung von Produkten für den Onlinevertrieb beeinflussen. Hier ist zunächst die Logistik zu nennen. Der Transport beziehungsweise Versand von Produkten stellt bestimmte logistische Anforderungen. Diese betreffen Merkmale wie die Größe des Produkts und seiner Verpackung, das Gewicht sowie die Transportwege und -entfernungen. Somit kann eine Klassifizierung der Produkte nach Logistikklassen erfolgen:

- Digitale beziehungsweise **digitalisierbare Produkte** mit einer sofortigen Auslieferungsoption (digitaler Versand oder Download),
- **materielle Produkte** mit einer **Standardlieferung** insbesondere durch Paketdienste,
- **leicht verderbliche, schwere oder sperrige Produkte**, die mit einer kostenintensiven und komplexeren Auslieferungslogistik verbunden sind, zum Beispiel tiefgekühlte Lebensmittel.

Die unterschiedlichen logistischen Erfordernisse spiegeln sich in den Kosten wider, die mit zunehmendem Aufwand steigen und sich entsprechend in der Kalkulation des Endpreises niederschlagen. Der dadurch entstehende **höhere Preis** muss beim Kunden durch eine Verschiebung der Nutzenmerkmale von der Preissensitivität hin zu **Convenience** und der Bereitstellung von Zusatzinformationen gerechtfertigt werden. Dies führt zur Akzeptanz höherer Preise bei Onlinekäufen im Vergleich zum stationären Handel. (vgl. IFH Retail Consultants 2015)

Technischer Fortschritt in der Logistik fördert Onlinevertrieb

Das Problem der nicht sofortigen Verfügbarkeit von nichtdigitalen Produkten im Onlinehandel wird zukünftig durch entsprechende **Abholmöglichkeiten** für den Käufer und schnellere Lieferungen gelöst. Bereits heute bieten einzelne Händler an, dass der Kunde ein im Onlineshop bestelltes Produkt in einem dazugehörigen Ladengeschäft abholt. Ergänzend ist denkbar, dass sich spezielle **händlerübergreifende Lagermöglichkeiten** entwickeln, an denen die Waren vorrätig sind oder innerhalb kürzester Zeit zur Verfügung stehen. Außerdem tragen Innovationen im Transport zu einer kurzfristigeren Verfügbarkeit bei. Insgesamt gelangen damit Produkte schneller und kostengünstiger zum Kunden. Hierauf wird näher in Abschn. 3.3 eingegangen.

Preis und Vertrauen

Der Preis eines Produkts stellt sowohl bei digitalisierbaren als auch bei nicht digitalisierbaren Produkten ein bedeutendes Kriterium für dessen Eignung für den Onlinevertrieb dar, wobei jeder Nachfrager in Abhängigkeit von seinen Einkommens- und Vermögensverhältnissen andere Schwellenwerte besitzt. Produkte mit einem **niedrigen Preis** sind häufig aufgrund der dazu relativ hohen Lieferkosten tendenziell weniger für den Onlinevertrieb geeignet. Viele Konsumenten ziehen hier den Kauf in einem stationären Geschäft aus Kostengründen vor. Internethändler versuchen dem entgegenzusteuern, indem sie auch bei einer geringen Kaufsumme eine kostenlose Lieferung anbieten. Die Lieferkosten müssen dann zumindest auf lange Sicht in den Produktpreis einkalkuliert werden, da anderenfalls Verluste auftreten. Häufig wird deshalb für eine kostenlose Lieferung eine bestimmte Mindestsumme für den gesamten Einkauf vorausgesetzt. Auch bei relativ betrachtet **hohen Preisen** nimmt die Eignung eines Produkts für den Internet-Vertrieb grundsätzlich ab, da der Nachfrager in diesem Fall noch häufig eine Begutachtung vor Ort und einen persönlichen Kontakt vorzieht. Onlinehändler versuchen deshalb mit günstigeren Preisen, einem verbraucherfreundlichen Widerrufsrecht und Gütesiegeln das **Vertrauen** der Konsumenten zu gewinnen. Hier gilt grundsätzlich, dass das Vertrauen in einen Händler steigt, je höher dessen Bekanntheit ist. Mit zunehmendem Vertrauen lassen sich auch leichter höhere Preise durchsetzen.

Verändertes Kundenverhalten fördert Onlinevertrieb

Ergänzend zu Produkt und Produktumfeld beeinflusst auch das Kundenverhalten (Abschn. 2.4.1) die Eignung von Produkten für den Onlinevertrieb. Kunden wägen bei einem Kauf rational die **Prozesskosten**, die **Prozesszeit** und die **Prozessbequemlichkeit** ab und vergleichen damit den **Produktnutzen**, der gegebenenfalls um **emotionale Elemente** erhöht wird. In Abhängigkeit von seiner Onlinepräferenz wird sich der Kunde dann für einen Kauf über das Internet oder für einen Kauf in einem stationären Geschäft entscheiden. Die Präferenzstruktur wird sich zukünftig wahrscheinlich in Richtung Onlinevertrieb verändern. Dies gilt insbesondere für die jüngere Zielgruppe in der Bevölkerung. Deshalb wird sich die Eignung von Produkten für einen Vertrieb über das Internet erhöhen. Ob das emotionale Element die **parallele Existenz von neuartigen stationären Geschäften** erfordert, wird sich noch zeigen müssen.

Soziale Medien und soziale Geschäftsmodelle fördern Onlinevertrieb von Produkten

Die grundsätzliche Frage, ob Produkte überhaupt über das Internet verkauft werden können, wird aktuell immer weniger gestellt. Waren wie Möbel und Kleider, die früher schwieriger im Internet zu verkaufen waren, gewinnen derzeit im Onlinehandel an Gewicht. Dies liegt unter anderem an der zunehmenden Bedeutung der **sozialen Medien**, die auch von Händlern erkannt wurde. So kann zum Beispiel beim Online-Möbelkauf der Rat von Freunden eingeholt werden, wenn der Händler über soziale Netzwerke die Möglichkeit bietet, diese mit in den Entscheidungsprozess einzubeziehen. Die entsprechenden Reaktionen werden höher bewertet als anonyme Produktbewertungen im Internet. Aber auch diese spielen eine bedeutende Rolle für Kaufentscheidungen, da Konsumenten erkannt haben, dass andere Käufer für sie nützlichere Informationen als die jeweiligen Verkäufer liefern können. Noch einen Schritt weiter gehen **soziale Geschäftsmodelle,** bei denen Nutzer quasi als Produzenten auftreten. So lassen sich zum Beispiel bei Polyvore eigene Modestile kreieren, die per E-Mail an Freunde geschickt oder auf der Plattform veröffentlicht werden. Verbunden hiermit sind entsprechende Bewertungen und Kommentare. Durch einfaches Anklicken erhalten die Nutzer Produktinformationen und einen Link zum passenden Onlineshop. Polyvore erhält für jeden verkauften Artikel eine Provision. Weitere soziale Geschäftsmodelle entwickelten „Etsy" und „garmz". Durch eine andere Form der Information und durch mehr Interaktionen bauen diese Unternehmen Marktunsicherheiten ab und reduzieren wahrgenommene Kaufrisiken. Dies wirkt sich sowohl auf die Menge als auch auf die Art der Produkte aus, für die das Internet als Vertriebsweg geeignet ist. (vgl. Hoberg 2010)

Allgemeine Vorteile des Onlinehandels

Wie die vorherigen Ausführungen zeigen, ist eine genaue Abgrenzung von Produkten bezüglich ihrer Eignung für den Onlinehandel nicht möglich. Für die Akzeptanz und den erfolgreichen Einsatz des Internets als Absatzkanal bedarf es der Evaluierung und

Planung sowie der Anpassung an die neuen Gegebenheiten. Verglichen mit den klassischen Medien und Vertriebswegen bietet das Internet im Allgemeinen folgende **Vorteile**, die sich auf den Onlinevertrieb von Produkten auswirken:

- Im Rahmen der Public Relations können durchdachte Onlineauftritte einem Unternehmen einen innovativen Ansatz verleihen.
- Informationen und Aktualisierungen können in Echtzeit veröffentlicht werden.
- Die Kundenkommunikation und -kontaktaufnahme kann einfach und schnell erfolgen.
- Eine internationale Präsenz kann kostengünstig umgesetzt werden.
- Marktforschung wird auch für kleine Unternehmen möglich.

Diese Vorteile sind jedoch mit **Investitionskosten** für das Online-Marketing verbunden. Darüber hinaus besteht das Risiko, dass durch den betriebenen Onlinehandel eigene traditionelle Vertriebswege aus dem Markt gedrängt werden könnten. (vgl. IFH Retail Consultants 2015)

Produktbezogenes Fazit

Produktbezogen lässt sich festhalten, dass **prinzipiell fast jedes Produkt für die Vermarktung über das Internet geeignet** ist. Welche Produkte aktuell von den Konsumenten online erworben werden, zeigt Abb. 3.2. Jedoch ist es nicht immer lohnend, dass die Vermarktung eines Artikels direkt durch den Hersteller erfolgt, insbesondere, wenn die Logistik- und Rechnungsstellungskosten zu hoch sind. Für einen Händler dagegen kann der Onlineverkauf des identischen Artikels sinnvoll sein, da Kunden noch andere Produkte weiterer Hersteller bestellen. Auch wird festgestellt, dass Produkte, die von den Kunden zunächst **aus- oder anprobiert** werden müssen, nicht für den Vertrieb über das Internet geeignet sind. Das gilt teilweise auch für den **Erstverkauf** von zum Beispiel Parfum. Ein **Wiederholungskauf** kann dagegen im Internet getätigt werden. Bei Bekleidung gibt es keinen prinzipiellen Unterschied zwischen dem Verkauf über das Internet und dem klassischen Versandhandel, der Kataloge einsetzt. Generell muss aber darauf geachtet werden, dass das **Geschäftsmodell für die Internetvermarktung** taugt. So ist es aus Kostengründen wenig sinnvoll, volumenmäßig große und gleichzeitig sehr preiswerte Artikel zu versenden. (TEIA 2015b)

3.1.3 Produktgestaltung

Bei der Produktgestaltung müssen sich Unternehmen insbesondere über den Kern- und den Zusatznutzen dieser Produkte für den Konsumenten Gedanken machen, wobei jeweils onlinespezifische Aspekte zu beachten sind.

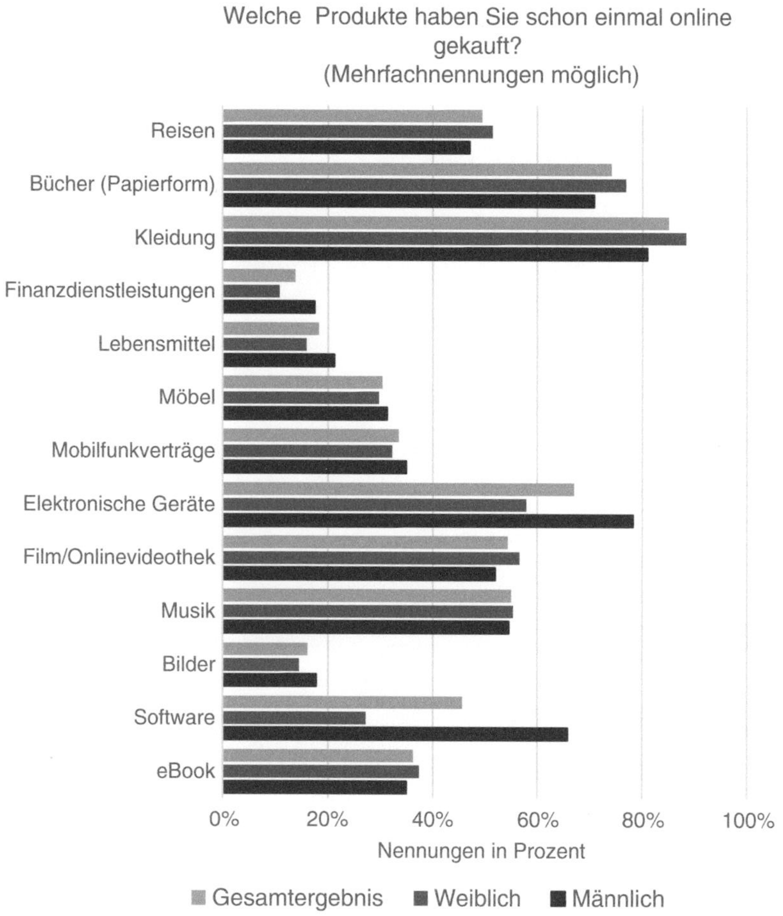

Abb. 3.2 Produktinteresse im Internet (eigene Umfrage, Juni 2015)

Kern- und Zusatznutzen von Produkten

Wie aus Abb. 3.3 ersichtlich, besteht ein Produkt aus mehreren Nutzendimensionen. Der sogenannte **Kernnutzen** (Produktinneres) eines Produkts umfasst dessen funktionale Basiseigenschaften, zum Beispiel das Abspielen von Musik bei einem Musikwiedergabegerät. Ein auf den Nutzer bezogener **Zusatznutzen** kann in Ästhetik, Symbolik und Nebenleistungen differenziert werden. Zur Ästhetik (Produktäußeres) gehören insbesondere das Design und die Verpackung eines Produkts. Unter der Symbolik wird vor allem der Markenname subsumiert. Als Beispiel für Nebenleistungen kann der mit einem Produkt verbundene Service beziehungsweise Kundendienst angeführt werden. Einen erweiterten Zusatznutzen stiften Preis, Kommunikation und Vertrieb.

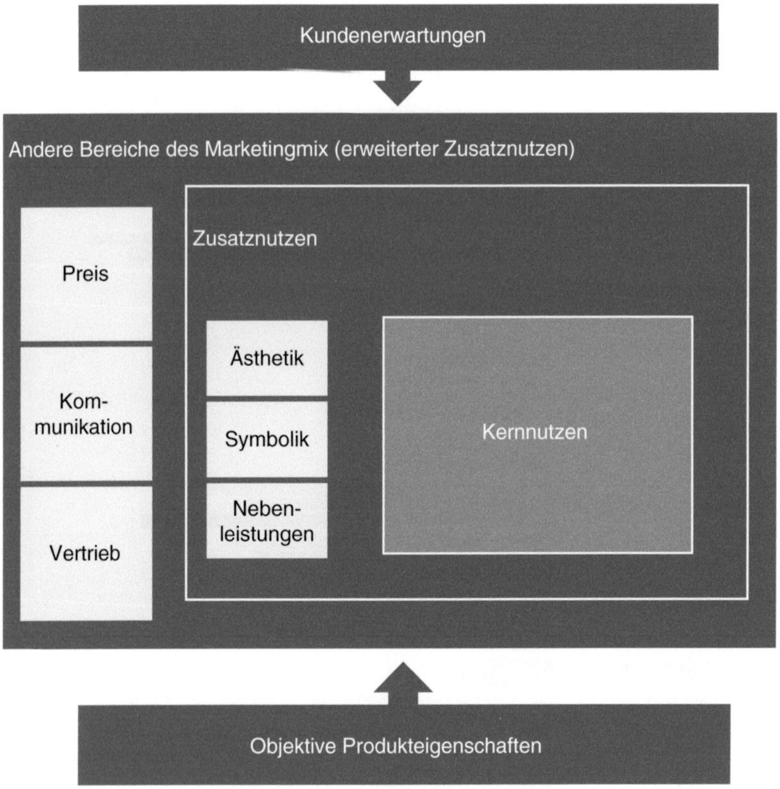

Abb. 3.3 Kern- und Zusatznutzen von Produkten

International unterschiedliche Anforderungen der Nachfrager

Die eigentliche Kaufentscheidung erfolgt sowohl offline als auch online häufig aufgrund der zusätzlichen Nutzeneigenschaften. Hierbei ist international die kulturell bedingte Bedürfnisstruktur zu beachten. Im Falle eines international tätigen Online-Möbelhändlers sind beispielsweise der kundenseitige Anspruch und die Anforderungen durch **kulturelle Gegebenheiten** wesentliche erfolgsbeitragende Aspekte. Während etwa für deutsche Kunden hochwertige und langlebige Möbel einen hohen Stellenwert aufweisen, spielen diese Produkteigenschaften für die italienische Bevölkerung eine untergeordnete Rolle. Daraus ergeben sich **länderspezifisch unterschiedliche Anforderungen** an die qualitativen und produktgruppenbezogenen Eigenschaften. Vor diesem Hintergrund bedarf es eines Leistungsangebots, das hinsichtlich der natürlichen, regionalen und demografischen Gegebenheiten an die Bedürfnisse der Zielkundengruppen angepasst ist. Bezogen auf den Zusatznutzen kann dies durch die Integration zusätzlicher Funktionen, die Verwendung einer besonderen und hochwertigen Verpackung und die Definition der Leistungserbringung erfolgen. Hierbei sind Serviceaspekte, die vor, während und nach einem Kauf sowie während der Produktnutzung erbracht werden, ebenso relevant wie die Produktgestaltung selbst. (vgl. Wiesner 2005, S. 162)

Produktdesign

Zum Design von Produkten gehören insbesondere **Form** und **Farbe**. Das Design beeinflusst jedoch auch die Funktion beziehungsweise Bedienbarkeit. Beim Onlinevertrieb von Produkten muss zwischen dem Design des **Produkts** und dem Design des **Webshops** unterschieden werden. An dieser Stelle wird nur auf das Produktdesign eingegangen. Dieses ist grundsätzlich identisch mit dem Design von im stationären Handel erhältlichen Produkten. Jedoch bietet das Internet – wie noch erörtert wird – mehr Möglichkeiten der Individualisierung, die sich insbesondere für ein an die Präferenzen der Käufer angepasstes Design nutzen lassen. So können zum Beispiel bei Sportschuhen mithilfe eines Onlinekonfigurators Farben und Material für einen Wunschschuh festgelegt werden.

Bedeutung der Produktverpackung im Online-Marketing

Der Verpackung von online gehandelten Produkten kommt eine besondere Bedeutung zu. Da der physische Kontakt des Käufers mit dem gekauften Produkt erstmalig durch die Auslieferung stattfindet, sollte die Verpackung nicht unterschätzt werden. Kunden projizieren den erlebten positiven oder negativen ersten Eindruck auf den Händler und den Onlineshop, was wiederum einen Einflussfaktor auf die Wiederkaufrate darstellt. Es empfiehlt sich, eine Verpackung zu wählen, die sowohl optische als auch funktionale und praktische Ansprüche der Kunden erfüllt. Folgende Aspekte sollten bei der Wahl der Verpackung beachtet werden:

- **Optik:** Eine im Corporate Design gestaltete Verpackung schafft Vertrauen und dient mithilfe des Brandings der Wiederkennung des Onlinehändlers. Das Branding trägt dazu bei, die Verpackung hochwertiger und exklusiver wirken zu lassen und damit einen positiven Eindruck beim Kunden zu bewirken. Das Design in Verbindung mit dem positiven Eindruck ist ein wesentlicher Aspekt der Kundenbindung und Markenpflege. Empfohlen wird ein Design mit hellen Farben und gut lesbarer Schrift. Als Beispiele von Verpackungsdesigns mit Unternehmensbranding sind die Verpackungen der Onlinehandelsunternehmen Amazon und Zalando zu nennen.
- **Größe:** Neben dem Gewicht der im Paket enthaltenen Ware beeinflusst auch die Größe einer Verpackung die Höhe der Versandkosten. Daher sollten die Abmessungen an den Inhalt der Verpackung angepasst werden. Dies betrifft zum einen die Nutzung und Auslastung des gesamten Volumens der Verpackung zur Vermeidung von Hohlräumen, zum anderen die Abwägung, die Lieferung zu splitten. Aus Kundensicht können überdimensionierte Verpackungen den Anschein vermitteln, zu hohe Versandkosten bezahlt zu haben. Auch die Erhebung von Versandkosten, die der Verpackung nicht angemessen sind, können zur Unzufriedenheit beitragen.

- **Sicherheit:** Unter dem Begriff Sicherheit wird in Zusammenhang mit der Verpackung die unbeschadete Auslieferung der Ware verstanden. Hierzu zählen die Transportsicherung, die Kennzeichnung und die sachgemäße Verpackung der Ware zur Gewährleistung der Sicherheit und Vorbeugung von Beschädigungen.
- **Nachhaltigkeit:** Dem Nachhaltigkeitsgedanken kommt in der heutigen Gesellschaft eine stetig wachsende Bedeutung zu (Abschn. 2.3). Auch im Hinblick auf die Verpackung und den Versand von Onlineprodukten ist Nachhaltigkeit ein Erfolgsfaktor für ein Unternehmen. Es werden die Verwendung von wiederverwendbaren Materialen und deren entsprechende Kennzeichnung empfohlen. Der ökologische und ökonomische Gedanke sollte auch im Rahmen der Verpackungswahl und Auslastung immer Beachtung finden.
- **Überzeugung:** Die Grundlage für den Wandel eines Neukunden in einen Bestandskunden bildet die Überzeugungskraft der Onlineprodukte und deren Verpackung. Damit die Kunden von dem Unternehmen und seinem Produkt überzeugt werden, sollten die zuvor beschriebenen Aspekte wie die ansprechende Gestaltung und die Größenwahl der Verpackung umgesetzt werden. Es gilt, dass insbesondere im E-Commerce die Wahl der richtigen Verpackung zum Erfolg und zur Kundenbindung beiträgt. (vgl. Business Netz 2015)

Markenpolitik im Internet

Eine Marke stellt aus Kundensicht ein Erkennungszeichen dar und wird durch Wertevorstellungen sowie die unternehmenseigenen Produkt- und Dienstleistungseigenschaften geprägt. Die **Zielsetzung** der Markenpolitik umfasst die eigentliche Markenbildung, die Stärkung und Verbreitung der Marke sowie die Verbesserung des Markenimages. In Verbindung mit dem Internet ergeben sich für Unternehmen im Rahmen der Online-Marketingpolitik neue Handlungsfelder und Aspekte der Markenbildung. Bezogen auf die Webpräsenz stellt die **Wahl der Domain-Namen** ein zentrales Element der Markenpolitik dar. Die Domain (Abschn. 2.2.2, 4.1.1) ist die individuelle Adresse einer Internetpräsenz, die weltweit gleich lautet und nicht mehrfach vergeben wird. Der Name **bereits etablierter Marken** sollte zum Zweck der Wiedererkennung als Bestandteil der Websiteadresse Verwendung finden. Darüber hinaus bietet sich für die bessere Auffindbarkeit im Netz die Registrierung und Verwendung **mehrerer Domain-Adressen** an. Hierbei können Synonyme der Unternehmensmarke beziehungsweise des Firmennamens sowie produktspezifische Sites und Benennungen verwandt werden. (vgl. Reimann 2006, S. 94)

Die Markenpolitik ist sowohl für reine Onlinehändler als auch für Unternehmen, die nur ergänzend das Internet als Vertriebskanal nutzen, von besonderer Bedeutung. Unter bestimmten Bedingungen kann für bereits bestehende Vertriebskanäle die **Neubildung** einer Marke für die ausschließliche Online-Verwendung förderlich sein. Die Markenpolitik in Verbindung mit Online-Marketing und E-Commerce kann auch als unternehmensübergreifende Co-Branding-Strategie erfolgen. Das **Co-Branding** basiert auf dem Prinzip, dass zwei oder mehrere Unternehmen ihre Markennamen gemeinschaftlich führen und diese auf ihrer jeweiligen Website verwenden. Zielsetzung ist dabei die

Steigerung der Markenwahrnehmung (Bekanntheitsgradsteigerung) sowie das Erreichen von Synergieeffekten. (vgl. Bogner 2006, S. 87 f.)

Markenversprechen kann online erweitert werden

Das Nutzenversprechen und das damit verbundene Qualitätsversprechen einer Marke beziehen sich im E-Commerce nicht nur auf das **Angebot** (Produkte und Dienstleistungen), sondern auf den gesamten **Onlineprozess**. Die Ausweitung etablierter Marken auf das Internet durch die Online-Markenbildung bietet den Unternehmen die Möglichkeit, das Markenversprechen zu erweitern. Dies betrifft insbesondere folgende Eigenschaften:

- digitale Informationsbereitstellung und Entertainment
- Hilfestellung und Integration von Unterstützungsprozessen
- Anerkennungsgefühl und Bestätigung
- Zugehörigkeitsgefühl
- Preiswürdigkeit
- übersichtliche Angebotsdarstellung und Onlinekauf-Option

Die häufigste Art der **Online-Produktsuche** erfolgt über die Eingabe des Markennamens in Suchmaschinen. Auch für die Kaufentscheidung stellen die Bekanntheit der Marke und das jeweilige Nutzenempfinden (Kompetenz und Glaubwürdigkeit) einen Einflussfaktor und damit auch Erfolgsfaktor des E-Commerce dar. (vgl. Walgenbach 2008, S. 220 ff.)

Online-Markenverwendung und E-Brand-Markenbildung

Durch die zunehmende Integration und Verwendung der Markenpolitik im Internet sowie die steigende Onlinenutzung der Verbraucher ist von einem zukünftigen Anstieg der Markenbedeutung als Erfolgsfaktor auszugehen. Dabei wird die Marke verstärkt eine Orientierungsfunktion, Differenzierungsfunktion und Vertrauensfunktion ausüben. Die Systematisierung der Online-Markenverwendung kann im Allgemeinen auf zwei Arten erfolgen: Zum einen gibt es Produktmarken, die **primär offline** gehandelt werden und über das Internet als zusätzlichem Distributions- und Kommunikationskanal angeboten werden. Zum anderen erfolgt der Aufbau von selbstständigen, speziell auf das Internet ausgerichteten Marken als E-Brands. Da **E-Brands** internetbasierte Marken darstellen und primär im und für das Internet aufgebaut wurden, sind diese in ihrer Einführungs- und Wachstumsphase beim Kunden eher unbekannt. Zur Bekanntheitssteigerung der Marke und der erfolgreichen E-Brand-Markenbildung muss sie beworben werden. Dies kann mithilfe unterschiedlicher Marketingmaßnahmen geschehen, die offline, online sowie vernetzt umgesetzt werden können. Eine mögliche Unterscheidung der bekanntheitsgradsteigernden Maßnahmen kann in traffic- und lernorientierte Formen erfolgen. **Trafficorientierte Formen** umfassen die Bewerbung des Onlineauftritts und des Onlineangebots mittels digitaler internetbasierter Werbemaßnahmen wie Bannerwerbung und Suchmaschinenmarketing. Der Nutzer soll dabei durch die Interaktion mit dem Produkt beziehungsweise dem Leistungsangebot von der Marke erfahren. Anders verhält es sich bei den **lernorientierten Formen**. Hierbei sollen die Kunden die Marke und das Produkt primär über Offline-Kommunikationsmaßnahmen wie Plakatwerbung und virales Marketing kennenlernen. Am effektivsten und effizientesten ist jedoch die Vernetzung beider Formen zur Erreichung einer breiten Zielgruppe in einer kurzen Zeit. (vgl. Baumgarth 2013, S. 332 ff.)

Service allgemein

Als Kundendienst oder Service bezeichnen Literatur und Praxis eine Dienstleistung, die einem Kunden **neben der Hauptleistung** angeboten wird. Folglich tritt der Kundendienst nur in Verbindung mit einer Ware beziehungsweise als Problemlösung auf. Da die Absatzleistung eines Anbieters stets als komplexes Gebilde angesehen wird, definiert sich der Kundendienst als jede Art von Dienstleistung, die dem Kunden volle Befriedigung aus dem gekauften Produkt ermöglicht. Der Kundendienst ist oft maßgeblich dafür verantwortlich, die **Kundenzufriedenheit** zu erhöhen und damit Kunden längerfristig zu binden, was wiederum einen bedeutenden Einfluss auf das Image des Unternehmens ausübt. (Jacob 2012, S. 242 f.)

Die Erbringung von Serviceleistungen kann differenziert werden nach der jeweiligen Kaufphase. Es wird unterschieden zwischen Leistungen, die vor, während und nach dem Kauf eines Produkts oder einer Dienstleistung erbracht werden. Zu den **Vor-Kauf-Serviceleistungen** zählen die Bereitstellung von Informationen und die Erbringung von Beratungsleistungen, die das Produkt beziehungsweise die Produktgruppe betreffen. Des Weiteren gehört zu dieser Phase die Bereitstellung potenzieller Finanzierungsangebote und sonstiger problemlösender Ansätze. Die Serviceleistungen der Vor-Kaufphase dienen der Entscheidungsfindung und beeinflussen somit die Kaufphase. Die **Serviceleistungen der Kaufphase** sind abhängig vom erworbenen Produkt beziehungsweise der Dienstleistung. Hierzu zählen die Lieferung, die Montage und Einweisung im Hinblick auf die Nutzung und Funktionsweise der Produkte. Bezogen auf den Onlinehandel können Produkte materieller Art postalisch versandt oder als Speditionsanlieferung zugestellt werden. Bei immateriellen Gütern und Dienstleistungen erfolgt die Auslieferung in der Regel digital, beispielsweise als Download. Die **Serviceleistungen der Nach-Kaufphase** haben eine besondere Bedeutung. Sie umfassen die Wartung und Instandsetzung, Reparaturleistungen und Garantieleistungen. Das Serviceangebot und die Qualität der Leistungserbringung innerhalb dieser Phase sind zentrale Faktoren der Kundenzufriedenheit und damit der Kundenbindung. (vgl. Universität Erlangen 2015, S. 5)

Vorteile von Serviceleistungen für den Anbieter

Aus Anbietersicht bietet die Serviceleistung unterschiedliche Potenziale und Möglichkeiten der Differenzierung und kann als Alleinstellungsmerkmal zur **Stärkung der Wettbewerbsfähigkeit** beitragen. Hierdurch ergibt sich die Möglichkeit, von den angebotenen zusätzlichen Services ausgehend eine vom Markt **unabhängigere Preispolitik** zu betreiben. Unter der Voraussetzung einer kundenseitigen

Produktzufriedenheit stärkt in der Regel nur die Servicezufriedenheit die **Kundenloyalität**. Dies trifft insbesondere auf vergleichbare Produkte von unterschiedlichen Anbietern und **online** gehandelte Güter zu. Vor diesem Hintergrund stellen Serviceleistungen in Verbindung mit der primären Leistungserbringung eine **Komplettlösung** dar und beeinflussen die Bereitschaft der Kunden, höhere Preise zu entrichten. Diese vergleichsweise höheren Preise resultieren aus der Bereitstellung der Services, welche zudem als **Imitationsschutz** dienen können, da sie grundsätzlich weniger schnell zu kopieren sind. Des Weiteren bieten Serviceleistungen entlang der Kaufphasen die **Möglichkeit des Dialogs** mit den Kunden und damit auch das Potenzial der Identifizierung und Integration von Optimierungsmaßnahmen. Dieser Dialog beziehungsweise anhaltende Kundenkontakt ermöglicht und fördert zudem **Cross-Selling-Maßnahmen**, wobei ähnliche oder neue kundenspezifische Produkte abgesetzt werden können. (vgl. Trusted Shops 2015, S. 5)

Kundenservice im E-Commerce ist zielgruppen- und branchenabhängig

Serviceleistungen können sowohl für offline als auch für online vertriebene Produkte im Internet angeboten werden. Aufgrund der räumlichen und physischen Distanz zwischen Händler und Kunde dient im E-Commerce der Kundendienst der Umsatzgenerierung und -steigerung. Insbesondere bei der Bereitstellung von Informationen, die das Produkt und dessen Funktionsweise betreffen, sind zusätzliche Servicekanäle zur Kommunikation empfehlenswert, um individuelle Kundenanforderungen zu bedienen. Im Onlinehandel können dazu **traditionelle Kanäle** wie die E-Mail-Kommunikation (Newsletter), das Kontaktformular, FAQ-Seiten (Frequently Asked Questions, häufig gestellte Fragen) sowie Service-Hotlines angeboten werden. Des Weiteren bieten neue **innovative Kommunikationsservices** eine Alternative. Hierzu zählen Beratungs- und Hilfevideos, Click-to-Chat, Click-to-Call, Click-to-Video und Callback-Funktionen. Die Click-to-Funktionen dienen dabei der direkten Kontaktaufnahme. Die Wahl der angebotenen Servicekanäle ist zielgruppen- und branchenabhängig. Die Kunden der Dienstleistungsbranche fordern eine verbindliche, kompetente und individuelle Beratung. Verglichen mit der Konsumgüterbranche erwarten sie zudem auch eine höhere Servicequalität. Branchenübergreifend stehen eine schnelle Problemlösung sowie die kompetente Beratung im Vordergrund. Nach einer ECC-Studie mit dem Titel „Servicewüste oder -oase“ zählen aus Konsumentensicht die Servicekanäle Click-to-Call, Click-to-Chat und Service-Hotlines zu den am schnellsten und als am kompetentesten eingestuften Kommunikationsmaßnahmen. Demnach sollten Onlinehändler unter der Voraussetzung ausreichender Verfügbarkeit von qualifizierten Personal- und technischen Ressourcen unterschiedliche Kontaktkanäle zur Verfügung stellen. Dies fördert die Servicequalität und ermöglicht eine Abgrenzung von Konkurrenten. Zudem wird dadurch die individuelle Bedürfnisbefriedigung der Kunden und somit die Kundenzufriedenheit gesteigert. (vgl. Buschmann 2014)

Online-Serviceleistungen als Erbringung von Zusatznutzen oder zur Einsparung von Kosten

Online-Kundendienstleistungen bewirken eine Steigerung des **Kundennutzens**, wenn sie keine bisherigen, außerhalb des Internets erbrachten Serviceleistungen ersetzen. Diese verursachen jedoch den Unternehmen Kosten, sodass eine sorgfältige **Kosten-Nutzenabwägung aus Unternehmenssicht** notwendig ist. Häufig substituieren Serviceleistungen über das Internet klassische, bestehende Serviceleistungen. Primäres Ziel dieses Vorgehens ist die **Einsparung** von Kosten. Dies lässt sich insbesondere realisieren, indem der Kunde in den Prozess integriert wird, er also „mitarbeitet". Wenn die Zielgruppe dieser Substitution jedoch kritisch gegenübersteht, kann es zu Umsatzeinbußen durch die Abwanderung von Kunden kommen. Ebenfalls muss bedacht werden, dass der Kunde im Internet eine schnellere Reaktionszeit erwartet, sodass personell insbesondere für Spitzenzeiten Vorsorge zu treffen ist.

Beispiel Beschwerdemanagement

Ein Beispiel für einen Service ist die Möglichkeit, Beschwerden einzureichen, die sich direkt oder indirekt auf ein Produkt beziehen. **Klassisch** erfolgt dies durch einen Brief oder ein Telefonat. Viele Kunden scheuen jedoch diesen Weg, da er ihnen entweder zu aufwendig ist oder eine nicht ausreichende Anonymität bietet. Dadurch gehen dem Unternehmen wichtige Informationen zur Verbesserung von Produkten oder darauf bezogene Leistungen verloren. Die Kunden äußern zudem ihren Unmut auf anderem Wege, was ebenfalls zu einem Schaden für das Unternehmen führen kann. Die Möglichkeit, Beschwerden gezielt über das **Internet** an das Unternehmen weiterzugeben, wird von vielen Kunden heute präferiert. So ist das Schreiben einer E-Mail in der Regel schneller und bequemer als das Schreiben eines Briefes. Auch bietet dieser Weg eine gewisse Anonymität im Vergleich zu einem Brief. Das gezielte Anbieten verschiedener Beschwerdeoptionen für Kunden vermeidet zudem, dass diese ihre Unzufriedenheit über soziale Netzwerke im Internet äußern.

Erfordernis für Garantien ist im Onlinehandel höher

Neben dem Service gewinnen Garantien im Onlinevertrieb immer mehr an Bedeutung. **Garantien** sind freiwillige Leistungen eines Herstellers oder Händlers, die ergänzend zur gesetzlich geregelten **Gewährleistung** dem Kunden angeboten werden. Aufgrund der Anonymität und der physischen Distanz zwischen dem Händler beziehungsweise Hersteller und dem Kunden sind die Anforderungen an Garantien höher als im stationären Handel. Im Onlinehandel haben sich deshalb auch bestimmte **Gütesiegel** etabliert, die dem Kunden zusätzliche Sicherheit bieten sollen.

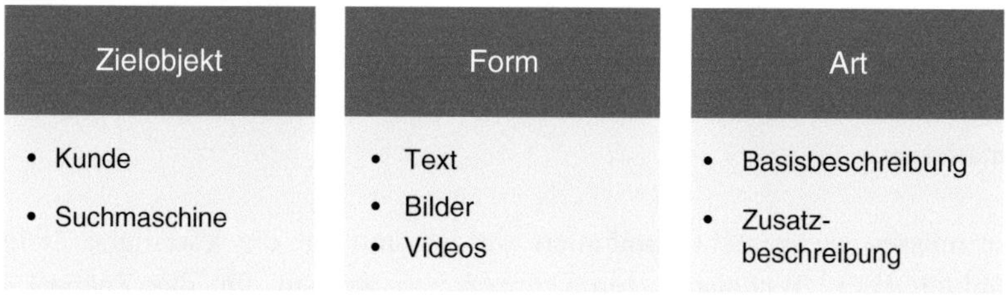

Abb. 3.4 Produktbeschreibungen

3.1.4 Produktbeschreibungen

Produktbeschreibungen gehören im weiteren Sinne ebenfalls zur Produktgestaltung. Ihnen kommt im Onlinehandel eine besondere Bedeutung zu. Zielobjekte der Beschreibung sind, wie aus Abb. 3.4 hervorgeht, Kunden beziehungsweise Interessenten und Suchmaschinen. Daneben sind auch die Form der Beschreibung (Text, Bild usw.) und die Art der Beschreibung (Basisbeschreibung, Zusatzbeschreibung) von Relevanz.

Produktdarstellung zum Ausgleich von Nachteilen

Im Onlinehandel sind Produktbeschreibungen aufgrund der folgenden Nachteile im Vergleich zum stationären Handel **von größerer Bedeutung**:

- Materielle Produkte können nicht getestet und ausprobiert werden.
- Die Beschaffenheit der Produkte kann nicht durch Erfühlen wahrgenommen werden (fehlende Haptik).
- Es besteht keine Möglichkeit, die Produkte zu schmecken und zu riechen.
- Das Einkaufserlebnis und das Ambiente fehlen.

Um diese Nachteile auszugleichen, müssen umfassende Produktinformationen bereitgestellt werden, die der Unterstützung einer Kaufentscheidung dienen. Die aufgezeigten Nachteile stellen Barrieren eines Onlinekaufabschlusses dar. Mithilfe einer detaillierten und umfassenden Produktdarstellung soll die **Reduktion dieser Hemmschwellen** bewirkt werden. (vgl. Walgenbach 2008, S. 227)

Multimediale Beschreibung

Die multimediale Beschreibung eines Produkts ist eine Möglichkeit, die genannten Barrieren zu beseitigen. Dazu lassen sich alle im Internet verfügbaren Mittel einsetzen. Hierzu gehören insbesondere:

- Texte
- Bilder

- Grafiken
- Videos
- Töne
- Animationen

Diese müssen sachgerecht kombiniert werden und auf die jeweiligen Zielgruppen zugeschnitten sein. Technische Innovationen versprechen für die Zukunft weitere Verbesserungen. So werden beispielsweise dreidimensionale Darstellungen dem Kunden Produkte näher bringen.

Anforderungen an Produktbeschreibungen

Im Folgenden soll nur auf **textuelle Beschreibungen** eingegangen werden. Eine Produktbeschreibung in Textform findet in der Regel immer Anwendung. Die Voraussetzungen für eine gute Beschreibung sind die Qualität und der Inhalt der Texte. Qualitativ sollte ein Text den Anforderungen einer verkaufsfördernden Beratung gerecht werden und diese ersetzen können. Für den Inhalt sind eigens erstellte Texte als Unique Content mit relevanten Wortkombinationen wichtig für die Suchmaschinenoptimierung. Eine gelungene Produktbeschreibung umfasst folgende Informationen:

- aus Kundensicht relevante Produktinformationen
- Produktmerkmale zur Abgrenzung von vergleichbaren Produkten (Alleinstellungsmerkmale)
- Gründe und Vorteile für bereits getätigte Käufe
- Verwendungszweck und -potenziale des Produktes
- Angaben zu dem Nutzen, den das jeweilige Produkt stiftet (Zusatznutzen/Mehrwert)

Die Beschreibung sollte unter der Verwendung von umschreibenden Adjektiven zur besseren Veranschaulichung und Vorstellung des Produkts verständlich formuliert sein und aus kurzen klaren Sätzen bestehen. Wichtig dabei sind stets wahrheitsgetreue Angaben. Der ganzheitliche **Aufbau der Produktbeschreibung** ist in zwei Bereiche geteilt und sollte auf 200 bis 300 Wörter beschränkt sein. Der erste Teil umfasst einen Fließtext, in dem alle wichtigen Aspekte und Besonderheiten des Produktes dargestellt werden. Der zweite Teil beinhaltet eine stichpunktartige Aufzählung der Produkteigenschaften, wie technische Angaben und Produktabmessungen. Die verwendeten sogenannten Keywords zur **Suchmaschinenoptimierung** sollten allgemeine umgangssprachliche Bezeichnungen sein. Ebenso ist die Keyword-Dichte zu beachten. In der Regel sind die Platzierung und Hervorhebung der drei bis vier wichtigsten und themenbezogenen Begriffe innerhalb der Einleitung und der eigentlichen Produktbeschreibung förderlich. Einen weiteren Aspekt der Suchmaschinenoptimierung stellen interne Verlinkungen und weiterführende Informationen dar. Hierbei kann auf zusätzliche relevante Produkte wie Zubehör und Produktvariationen in Form von

Verlinkungen hingewiesen werden. Weitere Verlinkungen interner sowie externer Art können auf Beschreibungen verweisen, die einen Mehrwert bieten, wie beispielsweise Bedienungsanleitungen, Video-Tutorials und herstellerseitige Zusatzinformationen. Negativ für die Suchmaschinenoptimierung und somit das Ranking ist Duplicate-Content, der durch das Kopieren von Produktbeschreibungen entsteht. Texte, mit denen ein Hersteller seine Produkte beschreibt, sollten daher nicht einfach kopiert werden, sondern einem Händler lediglich als Orientierungshilfe für eigene Beschreibungen dienen, zumal die Formulierungen des Produzenten oftmals nicht über die notwendigen Keywords verfügen und daher nicht suchmaschinenoptimiert sind. Zur Überprüfung und Bewertung der Produktbeschreibungen in Bezug auf Stil und Keyword-Dichte werden zahlreiche kostenlose Tools wie zum Beispiel WortLiga angeboten. (vgl. Cucu 2015)

Produktbewertung als ergänzende Zusatzinformation

Eine besonders wichtige Form der erwähnten Zusatzinformationen stellen Produktbewertungen von Kunden oder anderen Marktteilnehmern dar. Mit deren Hilfe können Interessenten die Eignung des Produkts für ihre Zwecke häufig besser beurteilen als durch die vom Verkäufer beziehungsweise Hersteller zur Verfügung gestellten Informationen. Produktbewertungen können direkt im Onlineshop platziert sein oder über spezielle Bewertungsportale aufgerufen werden. Problematisch ist in beiden Fällen, dass es sich nicht um echte, von Kunden erstellte Beschreibungen handeln muss, sondern vom verkaufenden Unternehmen in seinem Sinne manipuliert werden können.

3.1.5 Individualisierung und Produktkonfiguration

Allgemein ist in der heutigen Zeit ein Trend zur Individualisierung vorhanden, der sich auch auf den Konsum von Produkten überträgt. Als Folge sind Unternehmen darauf angewiesen, entweder mehr Varianten anzubieten oder Kunden die Möglichkeit einzuräumen, selbst Varianten zu konfigurieren.

Individualisierte Produkte als allgemeine Option für Unternehmen

Neben der Personalisierung der Kommunikation, zum Beispiel durch eine persönliche Anrede, können auch einzelne Produkte und Dienstleistungen an die Bedürfnisse des Kunden angepasst werden. Bei dieser Produktkonfiguration, die dem Bedarf der Kunden nach individualisierten Produkten einerseits sowie der aus Unternehmenssicht kosteneffizienten Umsetzung andererseits Rechnung tragen soll, kommt das Prinzip der **„Mass Customization"** zum Tragen. Das in der Literatur oftmals beschriebene Geschäftsmodell vereint die Massenfertigung von Einzelteilen mit der Individualisierungsmöglichkeit durch eine an Kundenwünsche angelehnte Zusammenstellung der Einzelteile. Durch eine flexible Fertigung können individualisierte Produkte auch zu vertretbaren Kosten hergestellt werden. Ein Beispiel hierfür wäre der Onlineverkauf von Computern.

Eine Vielzahl von Anbietern offeriert Kunden die Option, sich selbst einen PC aus verschiedenen Komponenten (Prozessor, Festplatte, Arbeitsspeicher usw.) zusammenzustellen. Generell eignen sich stark modular aufgebaute Produkte am besten zur Individualisierung. Es sollte jedoch immer eine **Kosten-Nutzen-Analyse** im Vorfeld stattfinden, da die Individualisierung grundsätzlich Mehrkosten bedeutet und folglich das ideale Verhältnis zwischen Massenproduktion und vollständiger Individualisierung zu bestimmen ist. Die Individualisierung ist jedoch eine ausgezeichnete Maßnahme, um sich von der Konkurrenz abzusetzen, dem Preiskampf zu entgehen sowie sich allgemein einen Wettbewerbsvorteil zu verschaffen und somit Kunden zu binden. (Jacob 2012, S. 276 f.)

Neue Dimension der Produktindividualisierung durch das Internet

Das **Customizing**, die exakte Anpassung eines Produkts an die Kundenbedürfnisse, erhält durch das Internet eine neue Dimension. Über Produktkonfiguratoren können Kunden ihre Produkte individuell zusammenstellen lassen, die dann eigens für sie hergestellt werden. So gibt es zum Beispiel bei www.smart.com einen **Car-Konfigurator**, bei dem man aus verschiedenen Farbzusammenstellungen, Sonderausstattungen und Zubehör auswählen kann. Die Bestellung kann sodann online getätigt werden. (Fachakademie Saar für Hochschulfortbildung 2015)

Die Einfachheit des Internets ermöglicht es vor allem im B2C-Bereich, individualisierte Produkte **kostengünstig** anzubieten. Teilweise stellen sich die Kunden bereits ihre individuellen Produkte komplett selbst zusammen, wie dies bei Napster beispielsweise möglich ist. Aber auch Kosmetik oder Medien wie Tageszeitungen sind sehr viel einfacher als auf traditionellen Wegen individualisierbar. Darüber hinaus ist durch das Internet eine starke aktive **Einbindung der Kunden** möglich, indem diese ihre individuellen Produktanforderungen selbst an die Unternehmen weitergeben. (TEIA 2015b)

Produktkonfiguratoren als unterstützende Werkzeuge

In der Praxis kommen zur Herstellung individualisierter Produkte Onlinekonfiguratoren zum Einsatz, die in der Konsumgüterindustrie als Marketinginstrument Verwendung finden. Bekannte und schon genannte Beispiele der Produktkonfiguration sind die individuelle Zusammenstellung von Fahrzeugen, Computern und sogar Schuhen, wie es Nike anbietet. Zusammenfassend bedeutet die Produktkonfiguration die Selektion und Kombination von vordefinierten Produktkomponenten. Dabei wird der Konfigurator als Werkzeug verstanden, das den Konfigurationsprozess unterstützt und ermöglicht. Zu den wichtigsten **Aufgaben eines Konfigurators** zählen die Präsentation des Leistungsangebots, die nutzerfreundliche Führung durch den Konfigurationsprozess und die visuelle Präsentation der Endprodukte. Weitere Aufgabenbereiche betreffen Beratungs- und Unterstützungsfunktionen beim Informations- und Kaufvorgang sowie die Durchführung einer Plausibilitätsprüfung. Folgende **Potenziale** ergeben sich für ein Unternehmen durch den Einsatz von Produktkonfiguratoren:

- die Erschließung neuer Geschäftsfelder und Zielgruppen
- die Möglichkeit, durch Alleinstellungsmerkmale Wettbewerbsvorteile zu erzielen
- eine steigende kundenseitige Zahlungsbereitschaft
- Senkung der Lagerhaltungskosten nach dem Make-to-Order-Prinzip
- Identifizierung von Optimierungsmöglichkeiten (Economies of Integration) und Steigerung der Kundenbindung

Die **Softwareindustrie** bietet mittlerweile entsprechende Standardkonfiguratoren an. (vgl. Bauer und Pittelkow 2008)

3.1.6 Produktprogramm beziehungsweise Sortiment

Unternehmen produzieren beziehungsweise verkaufen in der Regel mehrere Produkte. Das Produktprogramm umfasst die Summe aller Produkte, die ein Unternehmen herstellt und bezieht sich folglich auf Produktionsunternehmen. Bei Handelsunternehmen spricht die Literatur dagegen von einem Sortiment, das die Summe der zu verkaufenden Produkte umfasst. Eine Differenzierung ist für die folgenden Ausführungen jedoch grundsätzlich nicht notwendig. Durch die Möglichkeit, Produkte über das Internet zu verkaufen, ergeben sich im Vergleich zu einem rein stationären Vertrieb weitere Optionen und Entscheidungstatbestände, auf die im Folgenden näher einzugehen ist.

Mehr Sortimentsbreite und -tiefe im Onlinehandel

Das Produktsortiment eines Unternehmens unterliegt besonders bei stationär gehandelten materiellen Gütern grundsätzlich räumlichen **Restriktionen**. Für **onlinebasierte Sortimente** gelten diese Beschränkungen nur teilweise und beziehen sich vor allem auf die **Lagerkapazitäten** und nicht auf die **Warenpräsentation** (Verkaufsfläche). (vgl. Bogner 2006, S. 85)

Zukünftig wird sich dieser Vorteil des Onlinehandels gegenüber dem stationären Handel noch vergrößern, da durch Innovationen die Anforderungen an Lagerflächen reduziert werden können. So ist denkbar und teilweise schon realisiert, dass der Händler kein Lager mehr unterhält und stattdessen Lager von Partnern nutzt, aus denen die Ware zum Kunden gelangt.

Mehr Anordnungsmöglichkeiten der Waren und sortimentspolitische Verbundeffekte

Sowohl im stationären Handel als auch im Onlinehandel wird eine **Anordnung** des Produktsortiments nach kundenorientierten Aspekten benötigt. Dem Kunden soll damit zunächst das Finden der Ware erleichtert werden. Gleichzeitig lassen sich so sortimentspolitische Verbundeffekte erzielen. Bei der Anordnung beziehungsweise Strukturierung der Produkte hat der **Onlinehandel** einen **Vorteil**, da aufgrund der technischen

Möglichkeiten mehr Anordnungsvarianten bestehen. Wenn entsprechende **Kundendaten** vorhanden sind, lässt sich online im Idealfall ein kundenindividuelles Sortiment präsentieren.

Dadurch steigen auch die Möglichkeiten, **sortimentspolitische Verbundeffekte** zu realisieren. Bei dieser **Produkterweiterung** stehen Komplementärprodukte im Mittelpunkt, die dem Kunden während des Kaufs angeboten werden. Ein Beispiel ist folgende Werbemaßnahme von Amazon: „Kunden, die diesen Artikel gekauft haben, kauften auch …“. Derartige Konzepte der Produktverbindungen werden als Cross- oder Up-Selling bezeichnet und bieten dem Unternehmen eine weitere Möglichkeit, einen Mehrwert für den Kunden zu schaffen. (Jacob 2012, S. 259)

Sortimentspolitik ist online dynamischer

Die Sortimentsanpassung kann im E-Commerce im Gegensatz zum stationären Handel sehr viel dynamischer erfolgen. So kann das Angebot eines Onlinekatalogs **ohne Vorlaufzeiten** für Druck und Auslieferung schneller und einfacher als ein Papierkatalog geändert werden. Auch müssen im Vergleich zu einem stationären Ladengeschäft **keine Regalflächen** beziehungsweise sonstige Verkaufsflächen neu gestaltet werden.

Sortimentsgestaltung im Onlinehandel

Um eine optimale Sortimentsgestaltung im E-Commerce zu gewährleisten, ist sicherzustellen, dass die Produktverwaltung sowohl zeit- als auch kosteneffizient möglich ist. In dieser Hinsicht betrifft die erste sortimentspolitische Entscheidung die Frage, ob das Produktangebot ein Nischensortiment oder ein Vollsortiment darstellt. Ein **Nischensortiment** beinhaltet nur eine bestimmte Produktgruppe aus einer Kategorie. Das **Vollsortiment** umfasst hingegen zahlreiche Produkte einer Kategorie. Das Angebot und der Vertrieb von Badezimmerarmaturen (Wasserhähne und Duschbrausen) entsprechen einem Nischensortiment, wohingegen das Angebot aller Sanitäranlagen für das Badezimmer (wie beispielsweise Siphons, Hähne, Abflussrohre, Duschen und Badewannen) ein Vollsortiment ist. Ein möglicher Ansatz der optimalen Sortimentsgestaltung ist der **Sortiment-Mix**, der beide Arten vereint. Hilfestellung bei der anschließenden Entscheidungsfindung bilden die folgenden Aspekte beziehungsweise Fragestellungen:

- Welche **Zielgruppe** soll bedient werden? Hierbei sind das Sortiment und dessen Kategorisierung an die Bedürfnisse der jeweiligen Zielgruppe anzupassen.
- Besteht am Markt ein **Bedarf** und wie hoch ist das **Verkaufspotenzial** der gewählten Produkte?
- Beachtung und Beurteilung der **Beratungsintensität** der Sortimentsprodukte. Erklärungsbedürftige und komplexe Produkte können mit hohen Verwaltungskosten, die aus dem Beratungsaufwand (telefonisch oder per E-Mail) resultieren, verbunden sein. Es gilt abzuwägen, ob und in welcher Weise der Beratungsbedarf im Onlineshop abgebildet werden kann.

- Bewertung der **Cross-Selling-Potenziale** sowie des dadurch bedingten **Vermarktungsaufwands**. Im Allgemeinen gilt, dass je höher das Cross-Selling-Potenzial eines Produkts beziehungsweise einer Produktgruppe ist, desto höher ist auch die Wahrscheinlichkeit, diese mit einem geringeren Vermarktungsaufwand abzusetzen.
- Erfordern die Produkte besondere Beachtung im Hinblick auf die **Verpackung** und den **Versand** sowie die **Lagerung**? Hierbei sind insbesondere Kosten aufgrund eines erhöhten Verpackungs- und Versandaufwands in die Preiskalkulation mit einzubeziehen. Beispiele dafür sind zerbrechliche Waren sowie verderbliche Lebensmittel.
- Wie hoch ist der **Wettbewerb** für die gewählte Produktkategorie? Die Bewertung und Beurteilung des Wettbewerbs am Markt stellt einen externen Faktor dar. Hier gilt es, die Konkurrenzprodukte und -aktivitäten wie das zusätzliche Serviceangebot und die Preisgestaltung zu beobachten. (vgl. Purle 2014)

Produktlebenszyklus

Die Dynamik beim zuvor dargestellten Produktprogramm beziehungsweise Sortiment eines Unternehmens ergibt sich durch den Produktlebenszyklus. Das **Phasenmodell** des Produktlebenszyklus stellt den Lebensweg eines Produkts von der Markteinführung bis zum Ausscheiden aus dem Markt dar. Der Lebensweg kann dabei in Umsätzen, Umsatzveränderungen und in Gewinnen oder Verlusten gemessen werden. **Ziel** des Lebenszyklus ist es, das Unternehmen bei Auswahl und Einsatz der einzelnen Marketinginstrumente zu unterstützen. Der Produktlebenszyklus kann etwa als Frühwarnsystem und als Orientierungshilfe dienen, um zum Beispiel die Überalterung von Produkten zu verhindern. Allgemein teilt die Literatur den Lebensweg eines Produkts in fünf Phasen ein. Sie unterscheidet wie in der Abb. 3.5 die Einführungs-, Wachstums-, Reife-, Sättigungs- und die Rückgangsphase. (vgl. Jacob 2012, S. 239 ff.)

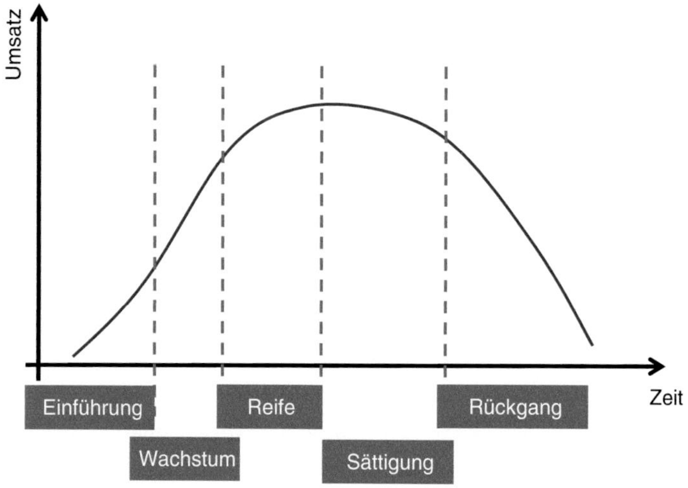

Abb. 3.5 Produktlebenszyklus

Wie sich das **Internet** auf den Produktlebenszyklus auswirkt, lässt sich nicht allgemein feststellen. So wäre es denkbar, dass durch den Onlinehandel und die dadurch bedingte Schnelllebigkeit der Produktlebenszyklus allgemein **verkürzt** wird. Umgekehrt kann aber auch eine **Verlängerung** des Produktlebenszyklus eintreten, da es möglich ist, dass im Onlinehandel bestimmte Produkte noch verkauft werden, für die im stationären Handel ein wirtschaftlicher Vertrieb nicht mehr sinnvoll ist. Unabhängig von der Länge des Produktlebenszyklus stellt sich die Frage nach der Möglichkeit für Unternehmen, eine Änderung der Phasen **frühzeitig zu erkennen**. Hier bieten beispielsweise Recherchen in sozialen Netzwerken neue Optionen. Werden diese genutzt, ergeben sich zum Beispiel Wettbewerbsvorteile dadurch, dass rechtzeitig eine entsprechende Preispolitik betrieben wird.

Produktprogrammpolitik

Der Lebenszyklus eines Produkts bildet die Grundlage für Veränderungen in der Absatzprogrammgestaltung. Hierbei stehen den Unternehmen hinsichtlich der **Anzahl der Produkte** online und offline folgende Maßnahmen zur Verfügung: Programmkonstanz, Programmerweiterung und Programmreduktion (Produktelimination). Alternativ kann eine Differenzierung des Produktprogramms nach dem **Innovationsgrad** in folgende Kategorien erfolgen:

- Unter einer **Produktinnovation** versteht die Literatur die Entwicklung eines neuen Produkts. Allgemein lässt sich die Produktinnovation in Produktdifferenzierung und Produktdiversifikation unterteilen. Bei der **Produktdifferenzierung** entstehen neue Produkte in einer bestehenden Produktgruppe. So kann zum Beispiel ein Autohersteller ein leistungsstärkeres Modell anbieten. Von **Produktdiversifikation** wird gesprochen, wenn neue Produktgruppen in das Produktangebot aufgenommen werden. Dieses Marketinginstrument lässt sich grundsätzlich in die horizontale, vertikale sowie die laterale Diversifikation unterteilen. Von **horizontaler Diversifikation** wird gesprochen, wenn das Unternehmen Produkte der gleichen Wirtschaftsstufe in das Produktionsprogramm aufnimmt. Ein mögliches Beispiel dafür ist, dass ein Warenhauskonzern Urlaubsreisen in seinem Sortiment anbietet. Von **vertikaler Diversifikation** sprechen Unternehmen, wenn sie Produkte vor- beziehungsweise nachgelagerter Wirtschaftsstufen aufnehmen. Ein Beispiel für eine solche Diversifikation ist ein Fleischwarenhändler, der eine Schweinezucht erwirbt. Unter **lateraler Diversifikation** wird die Aufnahme völlig artfremder Produkte verstanden, die in keinem Bezug zum bisherigen Sortiment des Unternehmens stehen.
- Als **Produktvariation** lässt sich die Veränderung eines bereits am Markt eingeführten Produkts bezeichnen. Allerdings dürfen dabei seine Basisfunktionen nicht verändert werden. Bezüglich der Veränderungen der Eigenschaften eines Produkts unterscheidet die Praxis zwischen physikalischen beziehungsweise funktionalen Eigenschaften (Material, Bauart, Qualität, Haltbarkeit), ästhetischen Eigenschaften (Farbe, Form, Verpackung), symbolischen Eigenschaften (Markenname) sowie Zusatzleistungen (Garantie, Kundendienst).

Die zuvor erörterten Begriffe werden in der Literatur teilweise abweichend definiert. (vgl. Jacob 2012, S. 241 f.)

Zusätzliche Produkte durch das Internet

In Bezug auf die dargestellten Möglichkeiten der Produktprogrammpolitik kann zunächst überlegt werden, wie das Internet das Produktangebot verändert hat beziehungsweise zukünftig verändern kann. So sind zum einen zusätzliche Onlineprodukte wie zum Beispiel E-Books entstanden, die bereits existierende physische Produkte **ergänzen** und eine Produktdifferenzierung darstellen. Zum anderen hat das Internet **völlig neue Produkte** geschaffen, wie zum Beispiel Virenscanner. Dies gilt insbesondere auch für den Bereich der Dienstleistungen, der fast täglich Innovationen unter Nutzung des Internets hervorbringt.

Zusätzliche Produktideen durch mehr Beteiligte

Die Einbeziehung des Internets in die Produktprogrammpolitik erhöht die Markttransparenz deutlich. So können beispielsweise **Ideen ausländischer Anbieter** aufgegriffen werden. Dezentrale **Unternehmenseinheiten** können ebenfalls leicht in den Prozess der Produktinnovation integriert werden, zum Beispiel durch virtuelles Brainstorming. Geeignete Organisationsstrukturen sind dazu jedoch eventuell noch notwendig. Auch die **Kunden** können durch das Internet auf die Produktpolitik einwirken, zum Beispiel durch Anregungen per E-Mail. Die Folge sind mehr neue Ideen, die zur Verfügung stehen. Diese können dann zur Entwicklung schneller an entsprechende Spezialisten weitergeleitet werden. Kosten für „Flops“ werden somit reduziert oder teilweise auch vermieden. (Fachakademie Saar für Hochschulfortbildung 2015)

Mit **Online-Votings oder Wunsch-Barometern** auf der Unternehmenshomepage werden Informationen gesammelt, um Bedürfnisse und Trends frühzeitig zu erkennen. So können bei der Produktentwicklung die Ideen und Wünsche der Kunden berücksichtigt werden. Für die Unternehmen ergibt sich neben der schnellen und günstigen Informationsbeschaffung ein weiterer Vorteil, da die Kunden durch ihre Beteiligung am Entwicklungsprozess ein Zugehörigkeitsgefühl entwickeln und dadurch ein höheres Vertrauen in das Unternehmen und die Produkte haben, sodass letztlich auch die Kundentreue erhöht wird. (Reimann 2006, S. 93 f.)

Prozess der Einbeziehung von Kunden in die Produktprogrammpolitik

Die Einbeziehung der Kunden in die Produktprogrammpolitik gliedert sich in vier Phasen. Phase 1 beschreibt die **Ideengewinnung**, die eine quantitativ hohe Anzahl an geeigneten Ideen fordert. Bereits in dieser Phase kann über das Internet eine Vernetzung mit potenziellen und gegenwärtigen Kunden über die Einrichtung von Diskussionsforen und Online-Fokusgruppen erfolgen und den Ideenfindungsprozess fördern. Weitere Möglichkeiten der Kundenintegration bilden Online-Produktvorschlagsformulare. In der zweiten Phase sollen die gesammelten **Ideen geprüft** werden. Die bereits in der ersten

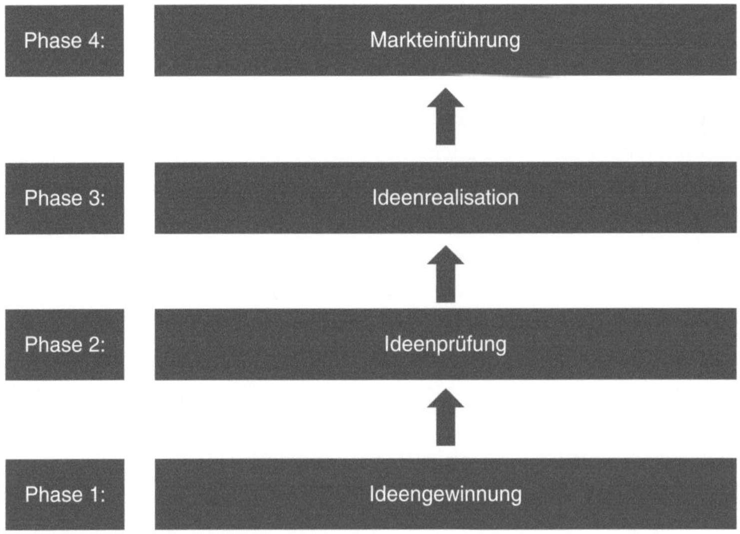

Abb. 3.6 Phasen der Produktinnovation

Phase aufgebaute und hergestellte Vernetzung kann auch innerhalb dieser Phase förderlich sein, insbesondere wenn online eine dezentrale Integration von Wissen und Wünschen erfolgt. Dabei wird das Wissen von Spezialisten mit den Kundenwünschen verbunden. Die dritte Phase beschreibt die **Ideenrealisierung**. Hier ist jedoch zu beachten, dass die Produkttestphase vorgelagert werden muss. Produkttests sowie deren Evaluierung können mithilfe des Internets zeitnah und einfach erfolgen. Digitale Produkte und Produktkonzepte können einer breiten Testgruppe zur Verfügung gestellt und damit schnell und effektiv getestet werden. Die letzte Phase stellt die **Markteinführung** dar. Hierbei fungiert das Internet als Kommunikations- und Distributionskanal und bietet damit das Potenzial, in kurzer Zeit eine hohe Marktbekanntheit zu erreichen. Abbildung 3.6 verdeutlicht noch einmal diesen Prozess. (vgl. Bogner 2006, S. 77 ff.)

3.2 Preis

Aufgabe der Preispolitik ist es, mittels der Festlegung von Preisen und preisähnlichen Elementen, das Erreichen bestimmter Ziele zu fördern. Der Preis wird dabei als Entgelt für die am Markt angebotenen Produkte angesehen. Die Preispolitik umfasst alle Entscheidungen eines Unternehmens, die die Preise beeinflussen und durchsetzen sollen. Dabei kann sich die Preispolitik auf das Gesamtangebot eines Unternehmens, die Teilbereiche des Gesamtangebots und die Einzelprodukte oder Einzelleistungen beziehen. Wesentliche Entscheidungen im Rahmen der Preispolitik sind:

- Festlegung der Preislage
- Preisbestimmung für neue Produkte des Leistungsprogramms
- Preisänderung von Produkten beziehungsweise Produktgruppen des aktuellen Leistungsprogramms
- Preisdifferenzierung bei Produkten
- Preisfestlegung für die verschiedenen Stufen des Distributionsnetzes
- Festlegung von Rabatten und Lieferungs- und Zahlungsbedingungen (vgl. Jacob 2012, S. 243)

Durch den Handel über das Internet stehen Unternehmen in der Preispolitik eine Vielzahl von Gestaltungsmöglichkeiten zur Verfügung, die im Offlinehandel überhaupt nicht oder nur mit sehr hohem Aufwand erreichbar sind. Kunden profitieren dagegen von einer sehr hohen Preistransparenz. Dadurch ist es für Unternehmen schwierig geworden, ihre Produkte zu einem höheren Preis abzusetzen als die Konkurrenz. (vgl. Jacob 2012, S. 261)

Durch die Nutzung des Internets ergeben sich für die Preispolitik Besonderheiten, die zunächst dargestellt werden. Im Anschluss daran werden die Möglichkeiten der Preisbildung vorgestellt, die gerade im Onlinehandel von Bedeutung sind. Diesbezüglich müssen Unternehmen unterschiedliche Preistaktiken (Preisabfolge, Preispositionierung, Preiswettbewerb) kennen, damit eine optimale und richtige Preisfindung erreicht und umgesetzt wird. Nach der Darstellung unterschiedlicher Preisdifferenzierungsmöglichkeiten erfolgt eine Auflistung von verschiedenen Rabattmöglichkeiten, die online und offline gewährt werden können und mit denen sich neue Chancen eröffnen, den eigenen Kundenkreis zu erweitern. Abgeschlossen wird der Themenabschnitt mit den besonderen Liefer- und Zahlungsbedingungen im Internet.

3.2.1 Besonderheiten der Preispolitik im Internet

Der Onlinehandel hat auch im Bereich der Preispolitik die Möglichkeiten von Unternehmen wesentlich erweitert. Da die Preispolitik im Internet einige Besonderheiten aufweist, sollen diese zunächst herausgearbeitet werden.

Bedeutung der Preispolitik und Einflussfaktoren auf die Preisgestaltung

Die Preisbildung für Produkte, Dienstleistungen und Informationen ist am heute vorherrschenden Käufermarkt von essenzieller Bedeutung. Viele Produkte eines Unternehmens haben keine Monopolstellung, sondern stehen in direktem Konkurrenzkampf zu vergleichbaren Produkten anderer Produzenten. Neben der Qualitätsangleichung der Konkurrenzunternehmen spielt auch die Zunahme der Globalisierung eine Schlüsselrolle. Insbesondere das Internet und die damit einhergehende Vernetzung der globalen Märkte bieten Käufer- und Interessensgruppen eine große Vergleichsplattform. Dieser Umstand verstärkt die Bedeutung und Ausgestaltung der Preispolitik sowie der diesbezüglichen Einflussfaktoren. Die Preisgestaltung sowohl für online als

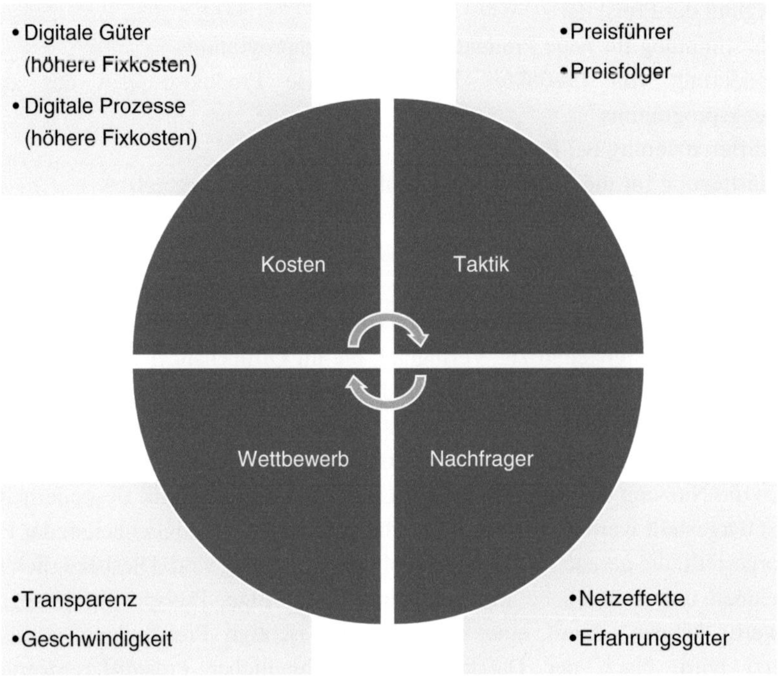

Abb. 3.7 Einflussfaktoren des Preises im Onlinegeschäft

auch offline gehandelte Produkte wird überwiegend, wie auch aus Abb. 3.7 ersichtlich, von folgenden allgemeinen internen und externen Einflussfaktoren bestimmt:

- Kosten
- Taktik
- Wettbewerb
- Nachfrager

Ergänzend fließen je nach Produkt spezielle Faktoren ein. (vgl. Simon 2008)

Sowohl für digitale als auch für nichtdigitale Güter besitzt der Onlinehandel wegen des größeren Anteils digitaler Prozesse einen **Kostenvorteil**. Aufgrund hoher Entwicklungskosten spielen bei den über das Internet gehandelten digitalen Gütern (zum Beispiel E-Books) die Fixkosten im Vergleich zu den variablen Kosten eine dominierende Rolle. Aber auch die nichtdigitalen Güter weisen einen höheren Fixkostenanteil auf, da zunächst über Investitionen die Voraussetzungen für die zukünftigen Kostenvorteile zu schaffen sind. Als Folge dieser Kostensituation verfolgen Unternehmen im Internet teilweise eine besondere **Taktik**. So werden häufig in der Einführungsphase Produkte unter den Selbstkosten vertrieben, um möglichst schnell Marktführer zu werden. Auch der **Wettbewerb** als Preisbestimmungsfaktor weist online aufgrund der größeren Transparenz und der schnelleren Reaktionsgeschwindigkeit Besonderheiten im Vergleich zum stationären Handel auf. Das gleiche gilt für die **Nachfrager**, die sich online teilweise anders als offline verhalten. Insbesondere führen sogenannte Netzeffekte dazu, dass für Konsumenten der Wert eines Netzes (zum Beispiel E-Mail) umso höher steigt, je mehr Teilnehmer daran teilnehmen.

Preistransparenz aus Händler-, Kunden- und Herstellersicht grundsätzlich höher

Preistransparenz besteht, wenn die Marktteilnehmer vollständige, richtige und aktuelle Informationen über Preise und deren Kontext besitzen. Sie stellt sich aus Händler-, Kunden- und Herstellersicht unterschiedlich dar.

- Durch die Entwicklung des Internets werden Nutzerdaten zunehmend durchlässiger und nachvollziehbarer. **Onlinehändler** profitieren zunächst in hohem Maß von der Transparenz der Internet-User und Wettbewerber. Die Beobachtung der Konkurrenz beeinflusst die Preispolitik besonders, da Preisvergleiche wesentlich erleichtert werden. Preisangebote im Internet lassen sich mithilfe von Preissuchmaschinen und Preisvergleichsportalen durch wenige Klicks schnell und übersichtlich vergleichen. Der Grad der Preistransparenz ist für Anbieter im Internet von elementarer Bedeutung, da sie zu Umsatzeinbußen führen kann. Setzt ein Anbieter den Preis zu hoch an, wird er seine Ware oder Dienstleistung nicht im gewünschten Maß verkaufen. Je transparenter ein Markt ist, desto wahrscheinlicher ist es, dass ein Kunde das Gesuchte bei dem Anbieter kauft, der den niedrigsten Preis verlangt. Somit wirkt sich die Preistransparenz enorm auf den Konkurrenzkampf der Direktanbieter im Internet aus, da sie ihre Preise für jeden User im Netz nachvollziehbar offenlegen müssen. Anbieter, die ihre Waren über einen Zwischenhändler verkaufen, können dagegen von der Veröffentlichung ihrer Preise im Internet absehen.
- Die Preistransparenz im Netz kommt auch den **Kunden** zugute. Diese ist bei klassischen Offlinegeschäften kaum gegeben. Der Konsument müsste die Preise einer Ware an verschiedenen Standorten überprüfen, indem er weltweit in unterschiedlichen Geschäften Vergleiche anstellt. Durch das Internet ist der Verbraucher heute deutlich einfacher und schneller in der Lage, Leistungen und entsprechende Preise genau vergleichen zu können.
- **Hersteller** sind in der Position, Händler mit der Vorgabe von Verkaufspreisen im Internet unter Druck zu setzen, indem sie veröffentlichen, zu welchem Preis sie ihre Ware an einen Händler verkaufen und so dessen Gewinnspanne transparent machen. Dies möchten Händler grundsätzlich vermeiden, um selbst den gewünschten Verkaufspreis festsetzen zu können. Ein Beispiel ist die Offenlegung von Preisen durch den Computerhersteller Apple auf der eigenen Website, als er feststellte, dass Preisreduzierungen für die Händler von diesen nicht an deren Kunden weitergegeben wurden. (vgl. Diller 2007, S. 406)

Preishöhe grundsätzlich niedriger

In der Literatur wird davon ausgegangen, dass die Preisbildung im Onlinehandel effizienter ist als im stationären Handel. Das liegt daran, dass die **Suchkosten** für Preisinformationen im Onlinehandel sowohl für den Käufer als auch für den Anbieter niedriger sind. Zudem entstehen durch den **größeren Wettbewerb** und die große Markttransparenz im Internet durchschnittlich betrachtet niedrigere Preisstrukturen als im stationären Handel. Kostenvorteile auf Anbieterseite entstehen auf elektronischen Märkten durch **niedrigere Betriebskosten.** Auch diese Ersparnisse können langfristig zu niedrigeren Preisen führen. In empirischen Studien wurden unterschiedliche Produkte mit mittlerer Preisstruktur in verschiedenen Ländern untersucht. Dabei wurden Zusatzannahmen über weitere Kosten wie Bearbeitungs- und Versand- oder Transportkosten getroffen. Die Erhebungen zeigen in Onlineshops stets ein niedrigeres Preisniveau als im Mehrkanalhandel und in stationären Geschäften. Da hybride Geschäfte von den niedrigen Internet-Preisen nicht profitieren, weil diese auf das Unternehmen eine kannibalisierende Wirkung haben würden, ist deren durchschnittlicher Preis tendenziell höher als in reinen Onlineshops. Sie verfolgen in der Regel die Gleichpreispolitik sowohl für online als auch offline gehandelte Produkte und sind etwas günstiger in ihrer Preisstruktur als rein stationäre Geschäfte. Weiterhin ist anzumerken, dass ein **höheres Preisniveau bei großen, bekannten Unternehmen** eher als bei kleinen Unternehmen akzeptiert wird. Hier ist für den Konsumenten das Vertrauen in einen sicheren Onlineshop wichtiger als die Höhe des Verkaufspreises. (vgl. Hafner 2006, S. 27 ff.)

Einschränkend zu den vorherigen Ausführungen ist anzumerken, dass Onlinepreise als Folge preistaktischer Überlegungen auch höher sein können, sodass ein Vergleich mit dem stationären Handel stets sinnvoll ist.

Preiselastizität grundsätzlich höher

Die Preiselastizität gibt das Verhältnis zwischen der prozentualen Änderung einer nachgefragten Menge eines bestimmten Produkts zu dessen prozentualer Preisänderung an. Dieses Maß für die Reaktion der Kunden auf Preisveränderungen kann als Hilfsmittel für die Entscheidung herangezogen werden, ob Preisänderungen ein geeignetes absatzpolitisches Instrument darstellen könnten. Je nach Produkt gibt es unterschiedlich starke Preiselastizitäten. Ist der errechnete Wert der Preiselastizität größer als 1, ist die Nachfrage **elastisch**. Die Änderung der nachgefragten Menge nach einem Produkt ist dann größer als die Preisänderung. Erhöht zum Beispiel ein Unternehmen den Verkaufspreis einer Jeans um 5 Prozent von 100 Euro auf 105 Euro und die Reaktion auf den höheren Preis ist ein Rückgang der Nachfrage von 10 auf 9 Hosen, hat die Preiselastizität den Wert 2. Es wurde der prozentuale Nachfragerückgang von 10 Prozent durch die prozentuale Preissteigerung von 5 Prozent dividiert. Eine große Preiselastizität ist typisch für Luxusgüter. Ist der errechnete Wert der Preiselastizität kleiner als 1, ist die Nachfrage **unelastisch**, die Änderung der Nachfrage ist also geringer als die Preisänderung. Diese schwache Reaktion der Verbraucher und somit eine geringe Preiselastizität der Nachfrage ist vor allem bei lebensnotwendigen Konsumgütern wie Brot und Kartoffeln zu beobachten. Ist der Wert der Preiselastizität gleich 0, wird trotz einer Preissteigerung stets die gleiche Menge an Gütern gekauft. Die Nachfrage reagiert gar nicht auf Preisänderungen und ist **vollkommen unelastisch**. Ein Beispiel hierfür ist der Kauf von Medikamenten. (vgl. Bundeszentrale für politische Bildung 2013)

Da die Konsumenten in **Onlineshops** aufgrund der hohen Preistransparenz meistens besser über die Preise eines Produkts informiert sind als die Käufer in stationären Geschäften, wird davon ausgegangen, dass die Nachfrage im Onlinehandel schon auf kleine Preisänderungen reagiert. Die Preiselastizität muss demnach im Onlinehandel mit höherer Sensibilität behandelt werden. Jedoch bietet sich gleichzeitig der Vorteil, dass die Reaktionen der Kunden schneller und präziser erfasst werden können. (vgl. Hafner 2006, S. 34)

Preisänderungen grundsätzlich flexibler

Die Möglichkeiten der Preisänderungen am elektronischen Markt sind grundsätzlich flexibler (Abschn. 3.2.2). Für eine Preisänderung wird schnell und unkompliziert ein Eintrag in einer Datenbank angepasst. Der korrigierte Preis wird innerhalb von Sekunden und zu minimalen Kosten auf den Seiten der Onlineshops eingestellt. Auch wenn ein Produkt auf mehreren Seiten im Web vertreten ist, reicht diese einzige Änderung des Eintrags aus, da in der Regel eine **dynamische Datenbank** hinterlegt ist. Da der Aufwand derart minimal ist, ergibt eine häufige Anpassung der Preise an die Nachfrage sogar bei kleinsten Änderungen einen Sinn. (vgl. Henkel 2001, S. 4)

Deshalb werden Preise in **elektronischen Märkten häufiger und auch um kleinere Beträge geändert**. In traditionellen Märkten wird angenommen, dass die Kosten den Nutzen der Preisänderungen schnell übersteigen und daher wird in der Regel von kleinen Preisänderungen abgesehen. Empirische Beobachtungen von Preisänderungen in Onlineshops zeigen Unterschiede im Vergleich verschiedener Produktgruppen. Während Preissenkungen in der Artikelgruppe Software signifikant sind, ändert sich der Preis für CDs und Bücher trotz häufiger Preisänderungen nicht signifikant. (vgl. Hafner 2006, S. 34 ff.)

Um der Konkurrenz aus dem Internet begegnen zu können, sollten sich **stationäre Geschäfte** überlegen, wie sie eine ähnliche Flexibilität bei der Preisgestaltung erreichen können. Denkbar wären zum Beispiel die digitale Auszeichnung von Preisen mithilfe von elektronischen Displays oder die Anzeige des Preises auf dem Mobilfunkgerät des Interessenten, wozu verschiedene Techniken bereits zur Verfügung stehen.

Mehr preispolitische Gestaltungsmöglichkeiten durch ergänzende Kundeninformationen

Im stationären Einzelhandel ist der Kunde (Abschn. 2.4), der den Laden betritt, mit sehr großer Wahrscheinlichkeit ein Unbekannter, dessen Kaufverhalten im Verborgenen bleibt. Im Internet erreichen Anbieter unterschiedlichste Kunden über ein einziges Onlineportal oder mehrere zielgruppenspezifische Portale. Es ist ihnen mittels unterschiedlicher Verfahren möglich, das **Kaufverhalten** ihrer Kunden statistisch aufzubereiten, einzusehen und daraus Rückschlüsse auf ihre Bedürfnisse zu ziehen. Um sich an den Kundenwünschen orientieren zu können, ist es wichtig, ihre Präferenzen, Einstellungen, Werte, Lebensstile und ihr Kaufverhalten zu identifizieren und entsprechend in Gruppen, sogenannte **Kundensegmente**, einzuteilen und zusammenzufassen. Umso mehr Informationen ein Unternehmen über seine Kunden hat, desto gezielter kann Online-Marketing eingesetzt werden. So können unterschiedlichen Gruppen unterschiedliche Produktpreise angeboten werden. Bei stationären Geschäften hingegen ist es eher schwierig, eine Preisdifferenzierung zwischen den verschiedenen Zielgruppen anzuwenden. (vgl. Kreuz et al. 2001)

Überblick zu Preisvergleichsmöglichkeiten im Internet

Die zuvor erörterte höhere Preistransparenz im Internet ist auch darauf zurückzuführen, dass sich Techniken entwickelt haben, mit denen Preisvergleiche einfacher durchzuführen sind. Preisvergleiche können insbesondere mithilfe folgender Möglichkeiten vorgenommen werden:

- Preissuchmaschinen
- Preisvergleichsportale
- Preisagenturen
- mobiler Preisvergleich in Geschäften
- Internet zur Vorbereitung von Offlinekäufen

Die anschließenden Erläuterungen gehen auf die genannten Themen näher ein.

Preissuchmaschinen und Preisvergleichsportale

Infolge der wachsenden Internetnutzung entstehen immer mehr Dienste, die den Verbrauchern helfen sollen, das für sie bestmögliche Angebot auf dem Online-Markt zu finden. **Preissuchmaschinen** sind mit Programmen unterlegt, die Preise über Internetplattformen vergleichen, auswerten, auflisten und den günstigsten Preis aufzeigen. Ein Beispiel ist „idealo.de“. Dort sind zahlreiche Händler mit ihren unterschiedlichsten Angeboten gelistet. Die Händler können ihre Preise ständig dem Wettbewerb anpassen. Der Verbraucher erhält so einen direkten Vergleich tagesaktueller Preise. Die Suche nach dem günstigsten Preis bringt allerdings nicht immer die Bestpreisgarantie mit sich. Zu unterschiedlich sind die Qualitäten der Suchdienste. Der Verbraucher sollte der Zuverlässigkeit der ausgewählten Preissuchmaschine kritisch gegenüberstehen. Nicht immer wird der tatsächlich günstigste Preis angezeigt, da nicht alle verfügbaren Händler gelistet sind. Auch werden nicht immer konsequent die aktuellsten Preise am Markt in den Systemen der Händler gepflegt und entsprechend hinterlegt. (vgl. n-tv 2014)

Im Unterschied zu Preissuchmaschinen beschäftigen sich **Preisvergleichsportale** in der Regel eher mit Produkten, die nicht greifbar sind. Die großen Vergleichsportale bieten den Verbrauchern eine Vielzahl von Anbietern aus unterschiedlichen Bereichen, bei denen es in der Regel um einen Vertragswechsel geht. Sie schaffen beispielsweise bei Strom- und Gaspreisen, Handytarifen, DSL-Verträgen, Versicherungen oder Krediten einen transparenten Marktüberblick. Ein Beispiel ist „check24, das Vergleichsportal". Alternativ gibt es Vergleichsseiten von speziellen Anbietern, die von Versandapotheken über Kinderspielzeug bis hin zu Elektroartikeln online nach Preisen suchen. Preisvergleiche von Mitbewerbern im Neu- und Gebrauchtwaren-Onlinehandel sind bei Internet-Auktionen wie „eBay" möglich. (vgl. Schlums 2013)

Preisagenturen bieten kostenpflichtige Leistungen

Das **Prinzip** der Preisagenturen ist ähnlich wie das der Preissuchmaschinen und -vergleichsportale. Das Ziel ist es, für den Verbraucher den günstigsten Preis zu finden, damit er beim Einkaufen Geld sparen kann. Allerdings ist der Service dieser Dienstleister im Gegensatz zu Preissuchmaschinen nicht kostenlos abrufbar. Wendet sich ein Verbraucher an eine Preisagentur, hat er bereits einen für ihn günstigsten Preis ermittelt und legt nun der Agentur eine entsprechende Anfrage vor. Die Höhe der **Bezahlung** der Preisagentur wird aus der Ersparnis des Verbrauchers ermittelt. Sollte die Agentur kein günstigeres Angebot finden, bleibt der Preisvergleich kostenlos. Lehnt der Verbraucher das Angebot ab, obwohl es günstiger ist, muss er oftmals eine Service-Pauschale bezahlen, denn die Agenturen fungieren meist als Vermittler und verdienen sich bei den entsprechenden Händlern eine Provision. (vgl. Wiso 2015)

Mobiler Preisvergleich und mobile Onlineberatung durch Freunde

In Offlinegeschäften Preise zu vergleichen, ist sehr aufwendig und kaum vollständig möglich. Applikationen auf mobilen Endgeräten wie Smartphones oder Tablet-Computern machen den **mobilen Preisvergleich im stationären Ladengeschäft** bedingt möglich. Diese Apps werden von verschiedenen Anbietern zur Installation zur Verfügung gestellt, u. a. auch von Online-Preissuchmaschinen. Zum Preisvergleich muss der Nutzer vorab einen **Barcode-Scanner** auf seinem Smartphone installieren. Im Geschäft wird dann der Barcode beziehungsweise der Quick Response (QR)-Code mit der integrierten Kamera fotografiert und umgehend erscheinen Informationen über die günstigsten Angebote aus anderen Ladengeschäften oder dem Onlinehandel. Ist das günstigste Angebot im Onlineshop erhältlich, kann direkt per Handy bestellt werden. Die Apps sind nicht für alle Bereiche verfügbar und gerade in kleineren Städten und Orten nur eingeschränkt abrufbar, da noch nicht sehr viele stationäre Geschäfte hinterlegt sind. Unkompliziert funktioniert der Service für Produkte aus dem Elektronik- und Medienhandel, für Bücher und Lebensmittel. (vgl. Féaux de Lacroix 2010)

Über den direkten Preisvergleich hinaus sind gemäß einer aktuellen Studie Mobiltelefone weltweit zu einem wichtigen Einkaufsbegleiter geworden. Es werden nicht nur Preise direkt verglichen, sondern auch Fotos vom gewünschten Produkt und dem entsprechenden Preis gemacht. Sind alle Daten auf dem Smartphone, können **Freunde und Bekannte online um Rat gefragt werden**. Ein Bild des Produkts ist innerhalb von wenigen Sekunden an jemanden geschickt, der bei der Kaufentscheidung und Preisabwägung unterstützen kann. Zu beobachten ist, dass vor allem die jüngere Generation ihr Smartphone als ständigen Wegbegleiter beim Einkauf nutzt. Auch greifen

Männer tendenziell öfter zum Mobiltelefon als Preis-Informations-Medium in stationären Geschäften als Frauen. (vgl. Gerhardt 2014)

Vorbereitung von Offlinekäufen durch Onlinerecherche

Wer das Internet auf seinem mobilen Endgerät wie Smartphone oder Tablet überall zur Verfügung hat, kann auch im stationären Geschäft Preisvergleiche in Preissuchmaschinen oder Preisvergleichsportalen durchführen. Allerdings **surft der Kunde zu Hause bequemer** im Internet als in einem Ladengeschäft. Daher bereiten sich immer mehr Konsumenten vor einem geplanten Offlinekauf mit einer intensiven Onlinerecherche vor, um sich über Produkte und dessen **Preise** zu informieren. Aus Verbrauchersicht entsteht so ein wesentlicher Zusatznutzen durch das Internet und folglich eine Optimierung der Kaufentscheidung. (vgl. Diller 2007, S. 406)

Preistaktik

Die erörterten Besonderheiten wirken sich auch auf die Preistaktik aus. Deren **Ziel** ist es, online ebenso wie im stationären Geschäft eine nachhaltige Gewinnmaximierung des Unternehmens zu erreichen. Welchen Einfluss die Preistaktik im Onlinehandel auf das Käuferverhalten hat und ob die innovativen Geschäftsmodelle im Internet zu signifikantem Umsatzwachstum führen, soll mit unterschiedlichen **Modellen** herausgefunden werden. Diese lassen sich insbesondere nach folgenden Kriterien ordnen:

- Preisdynami
- Preispositionierung
- Preiswettbewerb
- Preisabfolge
- Preisdifferenzierung

In den folgenden Unterabschnitten wird näher auf diese eingegangen. (vgl. Froschauer 2001, S. 18 ff.)

3.2.2 Preisdynamik

In Bezug auf die Preisdynamik lassen sich online und offline zunächst folgende drei Basisformen der Preisbildung unterscheiden:

- Setzung von Festpreisen
- Einseitig dynamische Preisbildung
- Zweiseitig dynamische Preisbildung

Bei der Setzung von Festpreisen und der einseitig dynamischen Preisbildung ist festzustellen, ob die jeweilige Initiative vom Anbieter oder Nachfrager ausgeht. Bei der zweiseitig dynamischen Preisbildung wechseln sich Anbieter und Nachfrager bezüglich der Initiative jeweils ab. Da nicht alle theoretisch denkbaren Formen im Onlinehandel von Bedeutung sind, werden im Folgenden nicht alle Varianten dargestellt.

Festpreispolitik von Anbietern

Bei der Festpreispolitik seitens des Anbieters setzt der Händler den Preis für ein Produkt oder eine Dienstleistung fest. Der Konsument kann entscheiden, ob er zu diesem Festpreis kaufen möchte oder nicht. In stationären Geschäften wird in der Regel diese Vorgehensweise angewandt. Von Vorteil sind die klaren Verhältnisse, die zudem mit geringen Kosten verbunden sind. Diese Form der Preisfindung ist auch die einfachste Art des Electronic-Pricing und deshalb besonders als Einstiegsmethode für einen Internethandel geeignet. Das Modell des **Online-Katalog-Pricing** mit seinen statischen Preisen bietet sich explizit für Unternehmen an, die sowohl ein stationäres Geschäft als auch einen Onlinehandel betreiben. Durch den Verzicht auf eine variable Preisgestaltung werden Kannibalisierungseffekte zwischen Online- und Offlinehandel weitgehend verhindert. Kritisch zu betrachten ist die **geringe Möglichkeit der Preisoptimierung**. Des Weiteren ist es meist schwierig, Ladenpreise im Internethandel durchzusetzen, da die Verbraucher durch die Transparenz der Märkte viele Möglichkeiten haben, auf einen Anbieter mit günstigeren Preisen auszuweichen. Umgekehrt ist es unrealistisch, Onlinepreise im stationären Handel anbieten zu wollen, da ein stationäres Geschäft grundsätzlich mehr Kosten verursacht. (vgl. Meffert und Bruhn 2012, S. 335)

Dynamische Anpassung von Preisen durch Anbieter

Als Alternative zu einem über eine längere Periode bestehenden Festpreis bietet sich die laufende Anpassung von Preisen an. Eine Preisdynamik entsteht durch transparente Märkte, die eine flexible Preisanpassung ermöglichen. Unternehmen können Online-Transaktionen mit echtzeitfähigen Algorithmen unterlegen und sind so in der Lage, aufgestellte Festpreise kontinuierlich anzupassen. Dafür werden Daten, wie zum Beispiel die Zahlungsbereitschaft der Internet-User und Umgebungsbedingungen, automatisch für die Preisoptimierung genutzt. Ein Beispiel sind Buchungen von **Flügen** im Internet. Fluggesellschaften setzen verschiedene Preise für einen Flug fest. Es werden vielfältige Einflussfaktoren geprüft, wie die verbleibende Zeit zwischen Buchung und Flugtermin, Auslastung des Fluges zum Buchungszeitpunkt und Ferientermine. Daraus errechnet sich der aktuell zu zahlende Flugpreis. (vgl. Prudsys 2011)

Auch **„Amazon"** versucht durch dynamische Preisanpassung, Gewinne zu optimieren. Hierbei ändern sich die Preise nicht immer zum Vorteil der Kunden. Innerhalb von 72 Stunden kam es beim gleichen Produkt zu Schwankungen von bis zu 240 Prozent. Zwar vertrauen die meisten Verbraucher dem Onlineriesen und sind bereit, für die Seriosität und den Service etwas mehr zu bezahlen, aber Preisunterschiede in solchen Dimensionen sind teilweise eine große Überraschung. In dieser Studie fanden innerhalb von 72 Stunden über eine Million Preisveränderungen in der Kategorie „Elektronik und Computer" statt. Wer sich den Preisschwankungen des „Dynamic Pricing" bewusst ist, kann sich die Kenntnis darüber zum Vorteil machen und seine Einkäufe gezielt darauf ausrichten. (vgl. Online Money 2015)

Einzelpreisoptimierung als Sonderfall

Ein Sonderfall des dynamischen Pricing ist die Einzelpreisoptimierung. Zu jedem Zeitpunkt werden optimale Preise kalkuliert und angeboten. Dafür sind Analysen des Kauf- und Klickverhaltens zu entsprechenden Produkten und Dienstleistungen durchzuführen. Das Verfahren basiert auf einem Algorithmus, der das **Kauf-Klick-Verhältnis** analysiert. Ändert sich das Verhältnis, optimiert die dynamische Preisgestaltung den Einzelpreis für das entsprechende Produkt. Neben dem Klick- Verhalten sind Informationen über **Produktinteressen** und die tatsächliche **Zahlungsbereitschaft** eines Käufers wichtige Komponenten zur genauen Kalkulation und für die Programmierung der Algorithmen. Wesentlich ist, dass eine Preisanpassung in Echtzeit auf stets aktuellen Daten basiert. (vgl. Kögel 2012)

Online-Request-Prinzip geht vom Nachfrager aus

Eine Spezialform des elektronischen Handels stellt das Online-Request-Prinzip dar, bei der die ursprüngliche Initiative für einen Kauf vom Nachfrager ausgeht, indem er sich an einen Vermittler wendet, der Produkte und Dienstleistungen Dritter vertreibt. Dazu prüft der Online-Marktplatzbetreiber die Angaben der Kaufinteressenten in anonymisierter Form, zum Beispiel durch eine Bonitätsprüfung, und leitet dann die Anfrage an geeignete Transaktionspartner weiter. Diese überprüfen, ob sie auf die Nachfrage des potenziellen Kunden ein Angebot abgeben möchten. Beispiele für das Online-Request-Prinzip sind Marktplätze wie **„askerus.de"** oder **„kwizzme.com"**. Über diese Reiseportale haben stationäre Reisebüros die Möglichkeit, Neukunden zu erreichen, die ihren Urlaub sonst über ein Online-Buchungsportal gebucht hätten. Die Kunden formulieren ihre Wünsche und Vorstellungen, „askerus.de" oder „kwizzme.com" versenden die Anfrage anonym an alle bei ihnen registrierten Reisebüros und letztendlich können die Reisebüros über die Reiseplattform den Nachfragern eine persönliche Offerte präsentieren. Im besten Fall erhält der Kunde ein passendes Angebot für seinen Wunschurlaub und kann über den Transaktionspartner Kontakt zum Anbieter aufnehmen. (vgl. Pressebox 2008)

Auktionen

Eine Auktion ist eine Versteigerung, bei der Interessenten auf angebotene Güter Gebote abgeben. Auktionen gehören grundsätzlich ebenfalls zu den Formen der **einseitig dynamischen Preisbildung**. Es wird in der Praxis zwischen traditionellen Auktionshäusern und Internet-Auktionen unterschieden. Allen Auktionen gemeinsam ist das Ziel des Anbieters, die zu versteigernde Ware zu einem höchstmöglichen Preis zu verkaufen und das Ziel des Käufers, den Zuschlag zu einem möglichst niedrigen Preis zu erhalten. Es gibt – wie in auch in der Abb. 3.8 dargestellt – verschiedene Auktionsmodelle:

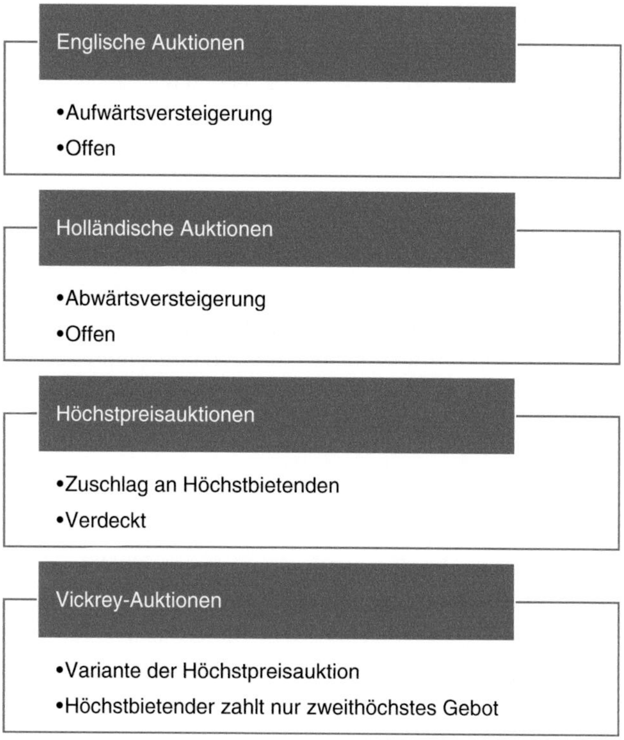

Abb. 3.8 Auktionsformen

- **Englische Auktionen**: Ein Produkt wird vom Verkäufer zu einem bestimmten Startpreis, dem Mindestgebot, bis zu einer vorgegebenen Frist angeboten. Dabei erhält derjenige den Zuschlag, der den höchsten Preis bietet. Das wohl bekannteste Beispiel ist „eBay". Das Konzept von eBay war ursprünglich den Kleinverkäufen von privat zu privat vorbehalten. Die Akzeptanz ist so groß, dass eine Grundgebühr und zusätzlich eine Provision an eBay gezahlt werden.
- **Holländische Auktionen**: Die holländische Auktion wird auch als Rückwärtsauktion bezeichnet. Hier gibt ein Verkäufer ein Angebot mit einem festgelegten Startpreis ab, aber der Preis fällt nun während der Laufzeit kontinuierlich. Derjenige, der zuerst bereit ist, den vorgeschlagenen Preis zu bezahlen, erhält das Produkt und wird zum Käufer. Dabei stehen die Kaufinteressenten enorm unter Zeitdruck, denn niemand weiß, wann ein Konkurrent bietet. Diese Methode wird oft bei verderblichen Gütern wie Obst, Fisch oder Blumen angewandt.
- **Höchstpreisauktionen:** Der Käufer bietet für ein Produkt oder eine Dienstleistung einen bestimmten Preis. Die Abgabe erfolgt verdeckt, so dass die Bieter nicht die Gebote der anderen Bieter kennen.

– **Vickrey-Auktionen:** Dies ist eine Variante der zuvor genannten Auktionsform mit dem Unterschied, dass der Höchstbietende nicht den von ihm gebotenen Preis, sondern lediglich das zweithöchste Gebot zahlen muss. Durch die Gewissheit des Käufers, nur den Preis des Bieters vor ihm zahlen zu müssen, steigt insgesamt das Preisniveau der Auktion. (vgl. TEIA 2015a)

Durch das Internet und die weltweite Vernetzung müssen die Bietenden für Auktionen nicht mehr persönlich vor Ort in einem Auktionshaus sein. Der Anwesenheitszwang entfällt durch multimediale, virtuelle Auktionen. Sie sind Offlineverfahren weit überlegen, da wesentlich **mehr Interessenten** zusammenfinden und so höhere Preise erzielt werden können. Abschließend ist festzuhalten, dass Auktionen im Internet einen nicht zu unterschätzenden ökonomischen Wert besitzen. Onlineauktionen könnten zur Ermittlung der tatsächlichen individuellen und maximalen Zahlungsbereitschaft von Verbrauchern dienen. (vgl. Zinnbauer und Bakay 2001, S. 16)

Börsenhandel

Der mittlerweile auch über das Internet stattfindende Börsenhandel ist ein Beispiel für die **zweiseitig dynamische Preissetzung**. Anbieter und Nachfrager können hier je nach Ausgestaltung permanent Gebote abgeben. Der Börsenhandel findet überwiegend bei Finanzprodukten statt, da diese sich aufgrund ihrer Standardisierung perfekt eignen.

3.2.3 Preistaktiken

Zu den Preistaktiken im engeren Sinne gehören Entscheidungen zur Preispositionierung, zum Preiswettbewerb und zur Preisabfolge, auf die im Folgenden näher eingegangen wird. Statt des Begriffs Taktik verwendet die Literatur in diesem Zusammenhang häufig die Bezeichnung Strategie. Da bei dieser Begriffsverwendung die Nachrangigkeit gegenüber den übergeordneten Strategien (Kap. 2) nicht deutlich hervortritt, wird an dieser Stelle die Bezeichnung „Politik" beziehungsweise „Taktik" bevorzugt.

Preispositionierung

Werden Entscheidungen über die Höhe des Preises getroffen, ist die Hochpreispolitik, die Mittelpreispolitik und die Niedrigpreispolitik zu unterscheiden.

– Bei der **Hochpreispolitik** werden Güter dauerhaft auf einem hohen Preisniveau festgesetzt. Primäres Ziel für die Anbieter ist die Erzielung höchstmöglicher Gewinnmargen. Voraussetzung ist Exklusivität. Dieses Vorgehen wird auch als **Premiumpreispolitik** bezeichnet. Diese werden vor allem im Luxusgüterbereich angewendet. In der Regel geht es dabei um Premiummarken, wie beispielsweise Rolex oder Ferrari. Für die Akzeptanz derartiger Preise müssen überdurchschnittlich hohe Kriterien erfüllt werden. Die Kunden sind nicht preissensibel. Für sie stehen Qualität, Leistung und Image anstelle des Preises im Vordergrund.

- Bei der **Mittelpreispolitik** positionieren sich Güter mit einem Standard-Qualitätsniveau. Die Mittelpreispolitik wird auch als **Konsumpreispolitik** bezeichnet. Sie steht zwischen dem Preisdruck der Billigpreisanbieter und dem Qualitätsdruck der Premiumpreisanbieter. Das Segment in der Mitte hat es daher schwer, im Wettbewerb die Balance zwischen Preis und Qualität zu finden. Diese Strategie kann jedoch Erfolg versprechend sein, wenn sie richtig umgesetzt wird. Ziel dabei ist es, nicht alle möglichen Kunden erreichen zu wollen, sondern diejenigen, die bereit sind, für eine bestimmte Qualität und Leistung einen angemessenen Preis zu bezahlen.
- Die **Niedrigpreispolitik** strebt für ein Produkt oder eine Dienstleistung den niedrigsten Preis am Markt an. Bei diesem Vorgehen ist der Preis der wichtigste Faktor. Primäres Ziel der langfristigen Einordnung im Niedrigpreis-Segment ist eine langfristige Kostenführerschaft. Diese Art der Preispolitik soll bei Neueinführungen von Gütern zur Wettbewerbsverdrängung oder Brechung des Kaufwiderstands der Kunden führen. Da die Gewinnmargen preisbedingt sehr niedrig sind, ist das Risiko von Verlusten durch Fehlkalkulationen sehr hoch. Daher nimmt eine gute Selbstkosten- und Deckungsbeitragskalkulation im Vorfeld einen großen Stellenwert ein. (vgl. Kuß und Kleinaltenkamp 2013, S. 276)

Entscheidend für den Erfolg am Markt ist jedoch letztlich nicht die tatsächliche Preispositionierung an sich, sondern die Preiswahrnehmung durch den Kunden. Hier haben **Onlinehändler** gegenüber stationären Geschäften aktuell einen **Vorteil**, da viele Kunden vermuten, dass Produkte im Internet günstiger sind. Allerdings kann hieraus nicht zwingend gefolgert werden, dass alle Onlinehändler eine Niedrigpreispolitik verfolgen. Auch im Internet lässt sich zum Beispiel durch die Produktdarstellung Exklusivität vermitteln, sodass im Onlinehandel eine **Hochpreispolitik** ebenso **wie eine Mittelpreis- und eine Niedrigpreispolitik möglich** ist. Beispiele für Onlinehändler mit einer Hochpreispolitik sind Net-a-Porter, Mytheresa und Stylebob.

Preiswettbewerbspolitik

In Bezug auf die Preiswettbewerbspolitik lassen sich drei Typen unterscheiden. Diese sind der Preisführer, die Preisfolger und der Preisanführer. Der **Preisführer** ist zumeist gleichzeitig das größte Unternehmen am Markt und kann aufgrund hoher Qualität und Innovationskraft höhere Preise verlangen. Wegen der Unterordnung der Konkurrenz besitzt der Preisführer eine starke Machtposition und kann den Preis steuern. Dabei besteht die Möglichkeit, den Preis innerhalb des gewinnbringenden Handlungsrahmens so weit zu senken, dass die Konkurrenzunternehmen in die Verlustzone geraten und langfristig keine Überlebenschancen haben. Die **Preisfolger** passen ihre Preise denen des Preisführers an, wobei ihre Höhe unterhalb des Preisniveaus des Preisführers liegt. Preisfolger sind meist kleinere Unternehmen, die durchaus eine hohe Qualität hinsichtlich der Güter aufweisen. Sie können wie der Preisführer eine Markenpolitik betreiben und Markenprodukte im Portfolio besitzen. Der **Preisanführer** oder auch Preiskämpfer weist in der Regel eine günstige Kostenstruktur auf und ist dadurch in der Lage, den günstigsten Preis anzubieten. Unternehmen, die dieser Strategie folgen, müssen stets die Selbstkosten beachten. Ziel der Preisanführer ist es, die Preisführerschaft zu erreichen. (vgl. Lehmann 2011, S. 6)

Auch im **Onlinehandel** lässt sich eine entsprechende Preiswettbewerbspolitik feststellen. Amazon gilt hier nach der vorangegangenen Definition als Preisführer mit leicht höheren Preisen als Konkurrenzunternehmen. Da die großen Onlinehändler ihre Marktmacht und ihre Kostenvorteile weiter ausbauen, wird es für kleinere Unternehmen immer schwieriger, deren Preise langfristig zu unterbieten. Es ist deshalb nicht empfehlenswert, sich auf einen Preiskampf einzulassen, sondern sich stattdessen auf andere Möglichkeiten der Preispolitik oder Möglichkeiten der Produktpolitik (Abschn. 3.1) zu konzentrieren.

Preisabfolgepolitik

Die Preisabfolgepolitik verfolgt im Gegensatz zu den bereits vorgestellten Vorgehensweisen eine planmäßige Preisänderung. Es wird, wie aus Abb. 3.9 zu erkennen, zwischen der Abschöpfungspolitik und der Marktdurchdringungspolitik unterschieden. Sie unterscheiden sich in der Entwicklungsrichtung und dem daraus resultierenden Startpreis. Mit der **Abschöpfungspolitik** wird der Preis zu Beginn hoch angesetzt und anschließend kontinuierlich abgesenkt. Mit dieser auch als **Skimmingpolitik** bezeichneten Strategie soll so lange wie möglich ein hoher Preis beibehalten werden. Dies dient beispielsweise zur schnellstmöglichen Deckung hoher Entwicklungskosten und wird oftmals im schnelllebigen Internetgeschäft umgesetzt. Dem entgegen steht die **Marktdurchdringungspolitik**, die als Ausgangspunkt einen niedrigen Preis hat. Die hierbei zur Anwendung kommende **Penetrationspolitik** sieht nach einem niedrigen

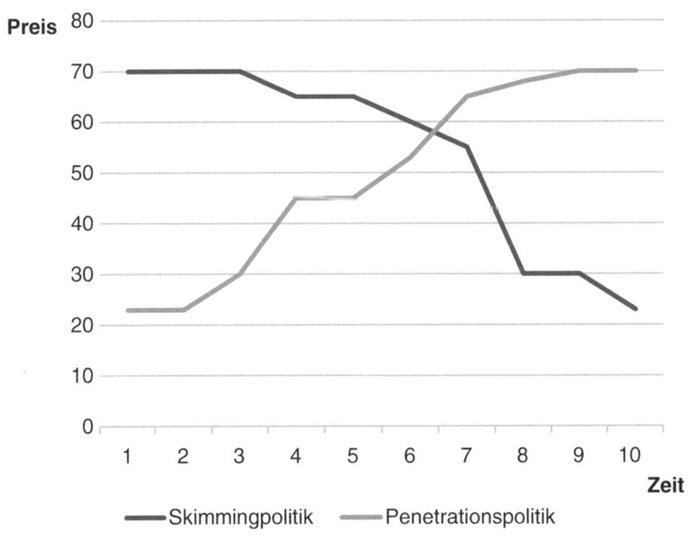

Abb. 3.9 Preisabfolgepolitik

Startpreis einen kontinuierlichen Preisanstieg vor. Der Grund für diese Strategie kann zum einen der Neueintritt in einen bestehenden Markt sein oder zum anderen die Abschreckung der Konkurrenz. (vgl. Ley und Wolber 2009, S. 4 ff.)

Die Preisabfolgepolitik lässt sich aufgrund der bereits dargestellten Spezifika (Abschn. 3.2.1) **online** einfacher und besser umsetzen. So ist es aufgrund des potenziell größeren Kundenkreises beispielsweise möglich, den Abschöpfungspreis online zunächst sehr viel höher anzusetzen, als dies offline möglich wäre. Der potenziell größere Kundenkreis begünstigt auch die Möglichkeiten der Penetrationspolitik. Wenn das Unternehmen ein entsprechend finanzielles Potenzial besitzt, kann es durch zunächst niedrige Preise, die gegebenenfalls unter den Selbstkosten liegen, zum Marktführer werden, Wettbewerber verdrängen und zukünftig die „entgangenen Gewinne" durch höhere Preise und mehr Kunden überkompensieren. Dies wird im nächsten Absatz an der Variante Follow-the-Free verdeutlicht.

Follow-the-Free als eine Extremform der Penetrationspolitik

Follow-the-Free ist eine Extremform der Penetrationspolitik. Im Wesentlichen geht es hierbei um die schnelle Verbreitung von Produkten im Internet. Mit dem Ziel, möglichst viele kritische Kunden zu erreichen, werden bei der „Strategie des Verschenkens" die Produkte kostenlos abgegeben. Positive Netzwerkeffekte, sogenannte „**Lock-in-Effekte**", sollen langfristig eine Kundenbindung schaffen. Allerdings müssen mittelfristig positive Deckungsbeiträge erreicht werden. Dafür folgen auf die Variante der kostenlosen Verteilung von Produkten kostenpflichtige Variationen. Umsatzerlöse werden folglich aus dem Verkauf neuer und verbesserter Produktvarianten, mehr Leistungen oder Komplementärprodukten generiert. (vgl. Keßler 2001)

Diese Art der Strategie lässt sich allerdings nicht auf jedes Produkt anwenden. Die Möglichkeit zur Generierung von Gewinnen muss gegeben sein. **Beispiele für kostenlose Produkte im Internet** sind Onlinezeitschriften, Fotos zum Downloaden, Software zum Schutz vor Viren im Netz oder Vorlagen zur Rechnungserstellung für kleinere Betriebe. Wünscht der Kunde jedoch umfassendere Leistungen oder andere Produkte, muss er dafür bezahlen. So kann sich beispielsweise ein Konsument für seine Firmenwebseite kostenlos Fotos von einem Anbieter herunterladen. Benötigt er jedoch weitere Motive, die nicht gratis im Internet zu finden sind, muss er diese kaufen. Ist der Kunde zufrieden, bleibt er bei dem Anbieter. Ein zahlender Kunde mit gewisser Bindung ist demnach das Ergebnis der Strategie. Ein Paradebeispiel, das den Erfolg der Follow-the-Free-Strategie bestätigt, ist zum Beispiel der Marktführer von Anti-Viren-Software Network Associates (ehemals McAfee). Die Software wurde grundsätzlich kostenlos zum Download im Internet angeboten. Lizenzgebühren wurden verlangt, sobald ein gewerblicher Nutzer die Anti-Viren-Software erfolgreich in sein Unternehmen eingebunden hat. (vgl. Fritz 2001)

Die **Gefahr** dieser Strategie liegt allerdings darin, dass zu viele Konsumenten den Service des geschenkten Produkts nutzen und nur so lange Kunde bleiben, wie etwas kostenlos angeboten wird. Diese sogenannte „Free-Rider"-Mentalität ist weit verbreitet und könnte Anbietern zukünftig erschweren, sich mit ihrer Strategie am Markt durchzusetzen. (vgl. Wagner 2010)

3.2.4 Preisdifferenzierung

Eine weitere Möglichkeit der Preispolitik bildet die Preisdifferenzierung. Es existieren verschiedene Formen der Preisdifferenzierung, die im Folgenden nach der Begriffserläuterung beschrieben werden.

Begriff und Zielsetzung

Ein Ziel der Preispolitik ist unter anderem, für ein Produkt genau den Preis festzusetzen, den Kunden auch zu zahlen bereit sind. **Unterschiedliche Zahlungsbereitschaften** sind deshalb **auszuschöpfen**. Offline kann dies ein Unternehmen zum Beispiel über verschiedene Vertriebskanäle oder eine Abgrenzung von Absatzgebieten erreichen. Das Internet erschwert jedoch durch seine globale Ausdehnung und größere Transparenz diese Möglichkeiten der Preisdifferenzierung (Preisdiskriminierung). Insbesondere die Kommunikation der Verbraucher untereinander trägt hierzu bei. Unternehmen müssen folglich mit entsprechenden Maßnahmen die Transparenz verringern beziehungsweise verhindern, dass der Preis der dominierende Faktor für Kaufentscheidungen ist. (vgl. Klaus 2015)

Die Preisdifferenzierung im Internet unterscheidet sich nicht maßgeblich von der am klassischen stationären Markt. Ein Anbieter verlangt für identische beziehungsweise nahezu identische Produkte und Dienstleistungen **unterschiedliche Preise in unterschiedlichen Marktsituationen**. Ziel ist es, das vorhandene Marktpotential auszuschöpfen. Die Grundlage dafür sind unterschiedliche Nutzenpräferenzen und Preisbereitschaften der Verbraucher. Die Preisdifferenzierung im Marketing-Mix hat **verschiedene Ausprägungen**, auf die im Folgenden näher eingegangen wird. (vgl. Meffert et al. 2012, S. 499)

Die Begriffsbildungen und Abgrenzungen in der Literatur sind **nicht ganz eindeutig**. Teilweise werden die zuvor beschriebenen Preissysteme als eine Form der Preisdifferenzierung aufgeführt. So kann die Preisindividualisierung durch Preisverhandlungen oder Versteigerungen als extreme Form der Preisdifferenzierung angesehen werden. Dabei wird versucht, bei jedem einzelnen Kunden den Preis der maximalen Zahlungsbereitschaft zu erzielen.

Leistungs- und mengenbezogene Preisdifferenzierung

Möglichkeiten der Preisdifferenzierung ergeben sich in Bezug auf die Ausgestaltung einer Leistung und die Menge der Leistungen.

- **Leistungsbezogene** Preisdifferenzierung: Der Kunde entscheidet beispielsweise, ob er nur das Produkt an sich kauft oder eine Dienstleistung hinzu bucht. So kann er entweder ein Möbelstück zur Anlieferung bestellen oder zusätzlich die Dienstleistung des Anbieters buchen, dieses Möbelstück auch zu montieren. Beide Varianten werden im Online- und im stationären Handel gleichermaßen angeboten. Denkbar ist auch, Online- und Offlineleistungen zu kombinieren. Eine Sonderform

der leistungsbezogenen Preisdifferenzierung stellt die Preisdifferenzierung nach Kundenbequemlichkeit dar. Für den E-Commerce ist diese Variante ein sehr wichtiger Aspekt. Dabei wird das gleiche Produkt auf verschiedenen Wegen angeboten. Üblicherweise haben Konsumenten mit wenig Zeit eine höhere Zahlungsbereitschaft. So kann ein Anbieter das identische Produkt „teuer und bequem" sowie „billig und umständlich" im Internet anbieten. Im letzteren Falle hat der Kunde insbesondere hohe Suchkosten.
- **Mengenmäßige** Preisdifferenzierung: Beim Kauf mehrerer identischer Artikel wird ein niedrigerer Preis als der ursprünglich geforderte Einzelpreis gezahlt. Diese Variante ist gerade im Onlinehandel üblich. Beispielsweise sinkt der Stückpreis, wenn fünf identische Artikel statt ein einziger gekauft werden. (vgl. Schröder 2012); (vgl. Henkel 2001, S. 7 f.)

Personenbezogene, räumliche und zeitliche Preisdifferenzierung

Alternativ werden die personenbezogene, die räumliche und die zeitliche Preisdifferenzierung voneinander unterschieden.

- **Personenbezogene** Preisdifferenzierung: Es werden unterschiedliche Preise für verschiedene Personengruppen angeboten. So müssen beispielsweise Personen abhängig von ihrem Lebensalter (Senioren, Jugendliche) verschiedene Preise zahlen. Auch spezielle Preise, die aus dem Besitz einer Kundenkarte oder eines Coupons resultieren, fallen hierunter. Online lässt sich zum Beispiel über die E-Mail-Adresse von Studierenden deren Hochschulzugehörigkeit einfach feststellen und eine entsprechende Preisdifferenzierung realisieren.
- **Räumliche beziehungsweise regionale** Preisdifferenzierung: Diese Art der Preisdifferenzierung bedeutet, dass Produkte oder Dienstleistungen an mindestens zwei verschiedenen Standorten zu unterschiedlichen Preisen angeboten werden. Diese beiden Standorte können auch ein stationäres Geschäft und ein Onlineshop sein. Die räumliche Preisdifferenzierung zeigt sich deutlich bei Exportgeschäften. Preise unterscheiden sich auf Auslandsmärkten in vielen Fällen von inländischen Verkaufspreisen. Das liegt zum einen an verschiedenartigen landestypischen Preisstrukturen und zum anderen an den Währungen des jeweiligen Landes. Ein Beispiel für eine regionale Preisdifferenzierung im Onlinehandel ist Amazon. Je nach Land werden unabhängig von der Währung teilweise unterschiedliche Preise festgesetzt.
- **Zeitliche** Preisdifferenzierung: Es werden zu bestimmten Zeiten jeweils festgelegte Preise gezahlt. Die Veränderungen der Preise im Zeitablauf können nach Tageszeiten, Wochentagen oder Saisonverläufen unterschieden werden. Ziel der zeitlichen Preisdifferenzierung ist, Schwankungen der Nachfrage durch verschiedene Preisstrukturen auszugleichen. So ist häufig festzustellen, dass in Onlineshops die Preise abends aufgrund der stärkeren Nachfrage höher sind. Die zuvor beschriebene Preisabfolgepolitik kann als Sonderfall der zeitlichen Preisdifferenzierung zugeordnet werden. (vgl. Handelswissen 2015)

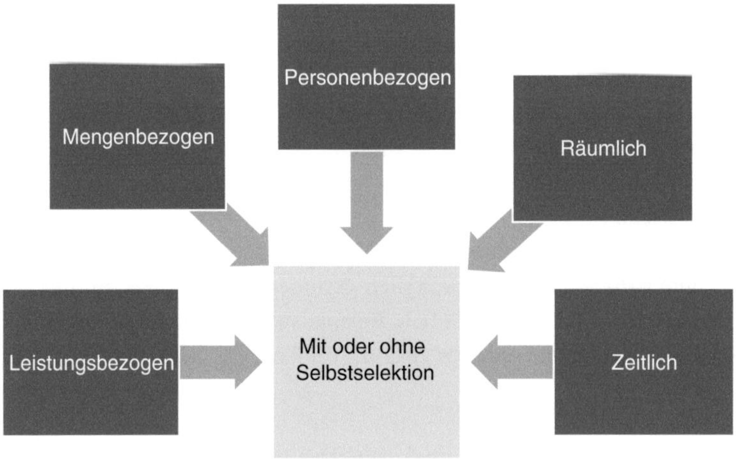

Abb. 3.10 Formen der Preisdifferenzierung

Insbesondere im **mobilen Marketing** als Sonderform des Online-Marketings werden zukünftig vermehrt diese Formen der Preisdifferenzierung Anwendung finden.

Preisdifferenzierung mit und ohne Selbstselektion

Weiterhin kann eine Preisdifferenzierung mit und ohne Selbstselektion erfolgen, die sich – wie aus der Abb. 3.10 ersichtlich – mit den bisher erörterten Formen der Preisdifferenzierung kombinieren lässt. Bei der Preisdifferenzierung **mit Selbstselektion** kann der Nachfrager aus unterschiedlichen Varianten auswählen. Hiermit verbunden ist die zuvor dargestellte leistungsbezogene, mengenbezogene oder zeitliche Preisdifferenzierung.

Die Preise werden leistungsbezogen beispielsweise so gestaltet, dass der Kunde bereit ist, eine teurere Version zu wählen, weil diese höherwertigere und damit kostenintensivere Eigenschaften besitzt. Ein Beispiel für das Internet sind Anbieter, die das Hosting von Unternehmenswebseiten für eine sehr geringe Gebühr anbieten, dafür jedoch im Gegenzug ihre eigene Werbung auf dieser Seite platzieren. Der Kunde kann nun entscheiden, ob er mit dieser Werbung einverstanden ist oder sie ablehnt und dafür lieber einen höheren Preis bezahlt. Ein weiteres Beispiel für Selbstselektion sind Fotos. Für ein digitalisiertes Bild mit reduzierter Qualität wird weniger Geld verlangt als für Fotos mit höherer Auflösung. Wenn die mindere Qualität für den Kunden nicht ausreichend ist, ist er bereit, mehr zu zahlen. (vgl. Henkel 2001, S. 6 f.)

Die Preisdifferenzierung **ohne Selbstselektion** wird vom Anbieter gesteuert. Dieser orientiert sich hierbei häufig an Kundengruppen (personenbezogene Preisdifferenzierung). Privatkunden zahlen dann zum Beispiel einen höheren Preis als Geschäftskunden. Im Onlinehandel kann diese Gruppenbildung aufgrund der sehr viel größeren Möglichkeiten (Abschn. 2.4.3) spezifischer vorgenommen werden. Im Extremfall ist denkbar, dass vorbehaltlich der rechtlichen Zulässigkeit für jeden Kunden aufgrund seiner jeweiligen Merkmale ein individueller Preis festgelegt wird. Wenn der Kunde räumlich beziehungsweise regional keine Wahl hat, ist die räumliche Preisdifferenzierung ebenfalls der Gruppierung „ohne Selbstselektion" zuzurechnen. Besteht dagegen eine Wahlmöglichkeit, wird die räumliche Preisdifferenzierung der Preisdifferenzierung mit Selbstselektion zugerechnet.

Vor- und Nachteile der Preisdifferenzierung für Kunden und Unternehmen

Sowohl für Kunden als auch für Unternehmen gibt es Vor- und Nachteile der Preisdifferenzierung. Für **Kunden** entstehen im Internethandel oft Preisvorteile aufgrund der bestehenden Preisdifferenzierung im Vergleich zu den klassischen Vertriebskanälen. (vgl. Meffert und Bruhn 2012, S. 336)

Für das **Unternehmen** entstehen jedoch nicht ausschließlich Vorteile durch eine Preisdifferenzierung im Internet. Es kann vor allem zu langfristigen Preis-Nachfrage-Störungen kommen. Werden Produkte oder Dienstleistungen über einen langen Zeitraum zu sehr niedrigen Preisen an den Verbraucher verkauft, wird der Anbieter kaum die Akzeptanz des Kunden erreichen, wenn eine Preissteigerung notwendig ist. Des Weiteren können Imageschäden als Folge von Preis-Qualitäts-Irritationen auftreten. Daher ist die richtige Methode der Preisdifferenzierung für das jeweilige Produkt eine elementare Entscheidung im Onlinehandel. (vgl. Klaus 2013)

Preisbündelungen und kooperatives Preismanagement als Sonderformen der Preisdifferenzierung

Preisbündelungen und kooperatives Preismanagement stellen **Sonderformen der Preisdifferenzierung** dar. Verschiedene Produkte werden als Produktbündel zu einem Gesamtpreis angeboten, der günstiger ist, als ein Einzelkauf der Produkte. Dabei ist zwischen der reinen Bündelung und der gemischten Bündelung zu unterscheiden. Bei der **reinen Bündelung** (pure bundling) werden Produkte ausschließlich im Paket angeboten, sie können nicht einzeln erworben werden. Bei elektronisch abgeschlossenen Geschäften ist reine Bündelung oft bei Informationsgütern zu finden. Möchte ein Kunde zum Beispiel nur einen Teilbereich eines Mediums nutzen, ist trotzdem der Gesamtpreis für die komplette Nutzung zu entrichten. Eine Selektion ist nicht möglich, da der Kunde auf alle Leistungen zugreifen kann, auch wenn er selbst dieses Angebot nicht in Anspruch nehmen möchte. Bei der **gemischten Preisbündelung** (mixed bundling) werden Produkte und Dienstleistungen hingegen nicht ausschließlich als Paket angeboten, sondern auch als Einzelprodukte. (vgl. Bruhn 2012, S. 174)

Im Onlinehandel sind gerade im Software- und im Mobilfunk-Bereich gemischte Preisbündelungen typisch. Anbieter versuchen, sich mit Gesamtpaketen (Hardware plus Software und Zubehör) von der Konkurrenz abzuheben. Ein bekanntes Beispiel für gemischte Bündelungen aus dem stationären Handel ist die Automobilbranche. Fast jeder Automobilhersteller bietet zur Grundausstattung seiner PKW viele Extras an. Diese sind im Paketpreis günstiger, als wenn sie einzeln gewählt werden. Entwickeln Unternehmen gemeinsame Paketangebote und bieten diese am

Markt an, ist die Rede von **kooperativem Preismanagement**. Beispielsweise werden Online-Banking, Internetzugang, Browser und Hardware als Komplettpaket angeboten. (vgl. TEIA 2015a)

3.2.5 Rabatte

Die bisherigen Ausführungen zur Preispolitik bezogen sich auf die Festlegung von regulären Preisen. Ein Rabatt ist ein Nachlass auf diesen regulären Preis, wobei die Abgrenzung nicht immer eindeutig ist. Es darf nicht Ziel sein, möglichst viele Rabatte anzubieten, sondern es müssen die **richtigen Rabattsysteme** für ein Unternehmen herausgefunden werden. Dabei sind die Schwellenwerte der Nachfrage und die Erwartungshaltung der Kunden gegenüber gewährten Rabatten eine wichtige Basis. Einem Kunden, der den vollen Preis gezahlt und keinen Rabatt erwartet hätte, einen solchen zu gewähren, ist ökonomisch sinnlos. Für den potenziellen Kunden und den Verbraucher muss ein **Mehrwert** erkennbar sein. Rabatte werden erst dann effizient, wenn sie dazu beitragen, einen Kunden zu gewinnen oder zu behalten. (vgl. Schröder 2012, S. 143)

Ziele und Arten von Rabatten

Zu den möglichen **Zielen** der Rabattpolitik gehören insbesondere Umsatz- und Absatzsteigerung, Verbesserung der Kundentreue, Rationalisierung der Auftragsabwicklung und Sicherung des Images hochpreisiger Produkte.

Grundsätzlich können Rabatte gegenüber Wiederverkäufern und Verbrauchern gewährt werden. Gemäß den Leistungen, die ein Abnehmer erbringt, unterscheidet die Literatur folgende **Arten**:

- Funktionsrabatte
- Mengenrabatte
- Zeitrabatte
- Treuerabatte

Die früheren gesetzlichen Beschränkungen zur Gewährung von Rabatten beziehungsweise Zulagen bestehen nicht mehr. Nach der Aufhebung dieser Regelungen sind der preispolitischen Kreativität kaum noch Grenzen gesetzt. Was in den USA seit Langem üblich ist, gewinnt in Deutschland zunehmend an Bedeutung: Vergünstigungen und Preisnachlässe im Internet. (vgl. Jacob 2012, S. 244 f.)

Begriff und Arten von Rabattcoupons

Ein Rabattcoupon berechtigt eine ausgewählte Personengruppe, einen bestimmten geldwerten Vorteil zu erhalten. **Couponing** verfolgt das Ziel, mit Vergünstigungen auf ein Produkt oder eine Dienstleistung eine positive Erinnerung an ein Unternehmen hervorzurufen. Diese Art des Kaufanreizes auf Rabatt-Basis blickt auf eine lange Geschichte zurück. Erstmals wurden 1895 von Coca-Cola Wertmarken in Umlauf gebracht. (vgl. Nguyen 2012, S. 75)

Es existieren viele Varianten von Coupons. **Klassische Coupons** sind Gutscheine und gewähren einen Preisnachlass auf den Basispreis eines Produkts. Sie sind in Zeitungen, auf Verpackungen, auf dem Kassenzettel im stationären Handel oder in Coupon-Heften zu finden oder kommen per Post ins Haus. In der Regel sind sie zeitlich beschränkt einlösbar. (vgl. Schröder 2012, S. 145)

Beim **Bundling-Coupon** beziehungsweise **Waren-Coupon** wird dem Kunden kein direkter Preisvorteil, sondern eine Zugabe nach dem Motto „Buy one, get one free" geboten. **Pre-Sales und After-Sales-Coupons** gewähren einen Preisvorteil bei der nächsten Transaktion und sollen die Kundenbindung maximieren. (vgl. Nguyen 2012, S. 77)

Digitale Coupons

Eine besondere Form von Rabattaktionen sind digitale Coupons beziehungsweise E-Coupons. Sie werden über das Internet vertrieben und können so zielgerichtet an die gewünschten Kundensegmente je nach Interessen und Kaufvorlieben vergeben werden. Voraussetzung dafür ist die Erfassung und Speicherung der Käufer-Daten. Die Verteilung der Coupons erfolgt zum Beispiel über E-Mails.

- Wie und zu welchem Zweck ein Unternehmen über das Internet einen E-Coupon einsetzt, veranschaulicht zunächst das Beispiel „**mytoys.de**". Ein Kunde kauft dort mehrfach Kinderspielzeug ein. Um ihn auch zum Kauf von Kinderkleidung zu animieren, erhält er einen Einkaufsgutschein, der nur beim Kauf von Kinder-Textilien einlösbar ist. Durch diese Aktion wird das Interesse des Käufers auf die Sortimente gelenkt, die er bisher noch nicht eingekauft hat, für die jedoch ein Bedarf vorliegen könnte. (vgl. TEIA 2015a)
- Es etablieren sich immer mehr Webseiten, die mit E-Coupons Waren und Dienstleistungen über das Internet vermarkten. Aufgrund ihrer globalen Ausrichtung sind jedoch nicht alle Seiten leicht zu überblicken. Ein deutscher Anbieter ist beispielsweise **„123coupons.de"**. Das Prinzip ist einfach: Durch einen Klick auf einen Coupon, der das Interesse geweckt hat, wird der Verbraucher automatisch auf den entsprechenden Internetshop weitergeleitet. Der Coupon wird während des gesamten Besuchs auf der Website des Anbieters automatisch mitgeführt und kann beim Bestellvorgang direkt eingelöst werden. (vgl. Förster und Kreuz 2013, S. 104)
- „**Dailydeal**" oder „**Groupon**" betreiben mehrere Websites, auf denen regelmäßig, manchmal mehrmals am Tag, auf Produkte oder Dienstleistungen in Zusammenarbeit mit unterschiedlichsten Anbietern ein Rabatt angeboten wird. Registriert sich beispielsweise ein Verbraucher bei „Groupon.de", bekommt er in sehr engen Zyklen per E-Mail Angebote von unterschiedlichen Webseiten, zum Beispiel von Groupon Reisen oder Groupon Shopping. Dem Nutzer werden ständig wechselnde Angebote mit unterschiedlichsten Rabatten unterbreitet. Dies können Preisrabatte auf Hotelübernachtungen sein,

geschenkte Tage für einen Wellness-Urlaub oder ein kostenloses Mehrgänge-Menü bei Buchung einer bestimmten Kurzreise. Der Websitebetreiber profitiert von einer Neukundengewinnung oder Kundenbindung und erhält eine Provision. Tendenziell sind jüngere Internetnutzer öfter als ältere bereit, bei derartigen Schnäppchen-Angeboten zuzuschlagen. Das Erfolgsrezept von guten Rabattaktionen ist die Begrenzung des Zeitraums. Ist die Rabattaktion attraktiv, wird sie aber nur kurz angeboten, beeilen sich potenzielle Kunden beim Kauf. Oftmals geht es um Rabattaktionen im lokalen Umfeld. Hierbei können Wertgutscheine für die nächstgelegene Autowaschanlage, das Lieblingsrestaurant um die Ecke und Ähnliches per E-Mail eingehen. (vgl. BitKom 2013, S. 12)

- Eine weitere Möglichkeit für die Gewährung von Rabatten ist das Punktesammeln, zum Beispiel mit „**Payback**", einem Bonusprogramm. Bei dieser Art von Rabatten werden bei einem Einkauf im Internet oder im stationären Handel Punkte mit einer persönlichen Payback-Karte gesammelt. Hat der Kunde auf seinem Smartphone die entsprechende App installiert, kann er ständig seine E-Coupons und seinen aktuellen Punktestand einsehen und mit sich führen. Sobald er eine bestimmte Anzahl an Punkten gesammelt hat, kann er wählen zwischen der Auszahlung von Bargeld, einem Einkaufsgutschein oder einer Sachprämie. (vgl. Payback 2015)

Fazit zu Rabatten

Ein Anbieter muss bei allen Rabatten bedenken, dass Kunden anspruchsvoller geworden sind. Sie wollen „ehrliche" Rabatte, die tatsächlich Ersparnisse einbringen. Gleichzeitig muss das Unternehmen sein Image wahren und darf nicht den Eindruck erwecken, ein Billiganbieter zu sein. Bei allen Rabattierungen sollte stets die Gewinnkalkulation mit einbezogen werden, da sich ein Unternehmen Rabattaktionen leisten können muss. Zudem ist eine gute Planung und Vorbereitung grundlegend. Schließlich muss der Anbieter für seine Aktionen kreative Ideen mitbringen, um sich in den Köpfen der Kunden zu verankern. (vgl. Schröder 2012, S. 145)

3.2.6 Lieferungs- und Zahlungsbedingungen

Als Lieferungs- und Zahlungsbedingungen bezeichnen Literatur und Praxis zum einen alle Modalitäten bezüglich der Übergabe sowie des Gefahren- und Eigentumsübergangs der Produkte vom Lieferanten zum Kunden, zum anderen die Art und Weise, wie der vereinbarte Kaufpreis vom Käufer geleistet wird. Die Lieferungsbedingungen regeln insbesondere den Erfüllungsort, die Erfüllungszeit und die Versandkosten. Letztere sind von besonderer Bedeutung, da in vielen Bereichen die Kosten der Logistik einen erheblichen Prozentsatz der Gesamtkosten ausmachen. Bei den Zahlungsbedingungen sind insbesondere die Zahlungsfälligkeit (im Voraus, bei Erhalt oder nach Erhalt der Produkte) und darauf bezogene Fristen von Belang. Auch die Inzahlungnahme von anderen Objekten kann Gegenstand der Vereinbarung sein. Für die Lieferungs- beziehungsweise Zahlungsbedingungen wird in der Praxis häufig der Begriff „Konditionen" verwendet. Zumeist werden diese in den allgemeinen Geschäftsbedingungen (AGBs) eines Unternehmens geregelt. Im E-Commerce haben sich spezielle Bezahlsysteme entwickelt, auf die im Folgenden eingegangen wird. (vgl. Jacob 2012, S. 245)

Lieferungsbedingungen beim Onlineshopping

Die Versandabwicklung und die daraus entstehenden Kosten sind maßgebliche Bestandteile, die als letzter Schritt des Onlinekaufs von besonderer Bedeutung sind. Aus **Händlersicht** entstehen beim Onlinehandel Kosten für Kommissionierung, Verpacken, Frankieren und Versenden der Waren. Rücksendungen, auch Retouren genannt, sind in ihrer Anzahl gering zu halten. Aus **Kundensicht** sollte der Versand im besten Fall kostenlos sein oder aber zumindest kostengünstig. Zudem soll die Ware sicher, schnell und stets zuverlässig geliefert werden. Bei Nichtgefallen muss eine Rücksendung unkompliziert und kostenlos erfolgen. Diese Elemente gehören heute für den Kunden zu den wichtigsten Bedingungen, die ein Onlineeinkauf erfüllen muss. (vgl. ecommerce-leitfaden 2009)

Zahlungsmöglichkeiten beim Onlineshopping

Die Zahlungsmöglichkeiten beim Onlineshopping wurden ständig ausgeweitet. Neben den **klassischen Möglichkeiten** (Kauf auf Rechnung, Lastschrifteinzug, Kreditkarte, Vorauskasse) gewinnen Online-Bezahldienstleister immer mehr an Bedeutung.

Führender Anbieter bei den Online-Bezahldienstleistern ist **PayPal**. Nachdem sich ein Verbraucher ein PayPal-Konto angelegt hat, bezahlt er über seine E-Mail-Adresse und die Passworteingabe. Alle anderen Daten hat der Kunde hinterlegt, sie werden bei jedem Zahlvorgang automatisch abgerufen. Mit wenigen Klicks wird so in vielen Onlineshops bezahlt. Der Geldtransfer nimmt nicht die übliche Banklaufzeit einer Überweisung in Anspruch, sondern es geht sofort eine Gutschrift beim Zahlungsempfänger ein. Ist die PayPal-App auf einem Smartphone installiert, ist eine Bezahlung auch von unterwegs oder in ausgewählten stationären Geschäften möglich. Ergänzend werden in zahlreichen Onlineshops Exklusiv-Rabatte für PayPal-Kunden angeboten, was der Verkaufsförderung dient. (vgl. PayPal 2015)

Auch **Amazon** bietet eine Bezahllösung an. Hier können sich Kunden auf Drittseiten mit ihren Amazon-Log-in-Daten anmelden und ihre Einkäufe über ihr Amazon-Konto abschließen. In der Praxis nutzen Onlinehändler durch Hinzufügen eines Amazon-Bezahl-Buttons auf ihrer Shopping-Seite die Infrastruktur von Amazon zur Zahlungsabwicklung von Onlineeinkäufen ihrer Kunden. Mit diesem Schritt tritt Amazon als Konkurrent zu PayPal auf. Allerdings ist dies nicht unproblematisch. Die Onlinehändler sehen Amazon in der Regel als Konkurrenten an, wohingegen PayPal eher als Dienstleister wahrgenommen wird. (vgl. Spiegel Online 2013)

Die Zahlungsmöglichkeiten werden sich **zukünftig** nicht nur für Käufe im Internet verändern. Insbesondere das Smartphone nimmt in Verbindung mit biometrischen Systemen (Fingerabdruck, Augenscan) vermutlich in wenigen Jahren eine dominierende

Rolle beim Bezahlen ein. Dagegen bleibt es abzuwarten, ob sich Kryptowährungen wie Bitcoin durchsetzen werden.

Finanzierung

Statt eine sofortige Zahlung zu verlangen, besteht auch die Möglichkeit, Kunden einen Zahlungsaufschub zu gewähren. Die Möglichkeiten in der Absatzfinanzierung gliedern sich beispielsweise danach, wer die Finanzierung durchführt. Bei der **Alleinfinanzierung** werden die Mittel ausschließlich vom absetzenden Unternehmen bereitgestellt, das sich entsprechend refinanzieren kann. Bei einer **Drittfinanzierung** übernehmen „Dritte" wie Banken oder Leasinggesellschaften die gesamte Finanzierung. In beiden Fällen spielt für die Gewährung der Finanzierung das Risiko beziehungsweise die Sicherheit der Rückzahlung eine besondere Rolle. (vgl. Jacob 2012, S. 245)

In den USA ist es bereits bei **Onlinekäufen** Normalität, Produkte auf Kredit zu kaufen. Unter dem Namen „bill me later" gewährt PayPal Kunden von eBay Kredit. Dieses Programm soll nach Angaben von PayPal international ausgeweitet werden. (vgl. Kroll 2014)

3.3 Vertrieb

Die Bezeichnung Vertrieb vereint unternehmerische Entscheidungen und Systeme, die dazu dienen, den Kunden die materiellen und immateriellen Leistungen eines Unternehmens zur Verfügung zu stellen. Als Teil des Marketing-Mix werden alle Entscheidungen, die den Vertrieb betreffen, unter dem Begriff Vertriebspolitik beziehungsweise Absatz- oder Distributionspolitik zusammengefasst. Daher werden die Bezeichnungen Vertrieb und Absatz in der Praxis als Synonyme verwendet. Das zentrale Aufgabengebiet der Vertriebspolitik umfasst dabei die Leistungserbringung (materielle und/oder immaterielle Güter) in der vereinbarten Qualität, in der benötigten Menge, zur richtigen Zeit und am richtigen Ort. Dazu bedarf es der Vertriebsplanung, -steuerung und -kontrolle.

Die Vertriebspolitik zielt durch die Formulierung eigener vertriebsspezifischer Ziele darauf ab, die übergeordneten unternehmerischen Ziele und insbesondere die Gewinnerzielungsabsicht des Unternehmens zu verwirklichen. Zu den vertriebsspezifischen Zielen gehört die Erreichung einer hohen Produktverfügbarkeit für die Kunden in Verbindung mit einer Minimierung der anfallenden Kosten wie Lagerhaltungs- und Transportkosten für das Unternehmen. Die Definition und Ableitung der Ziele zählt zum Aufgabengebiet der Vertriebsplanung. Ausgehend von der Festlegung der Ziele ergeben sich weitere Planungsaufgaben. Hierzu zählen die Wahl der Absatzwege und der dazugehörigen Absatzorgane und die logistische Ausgestaltung der Prozesse. Alle definierten Vertriebsmaßnahmen werden mit der Vertriebssteuerung koordiniert und durch die Vertriebskontrolle anhand definierter Kennzahlen kontrolliert.

Dieser Abschnitt zeigt Möglichkeiten auf, die Unternehmen nutzen können, um ihr Produkt oder ihre Dienstleistung an den Verbraucher heranzutragen. Bei der physischen

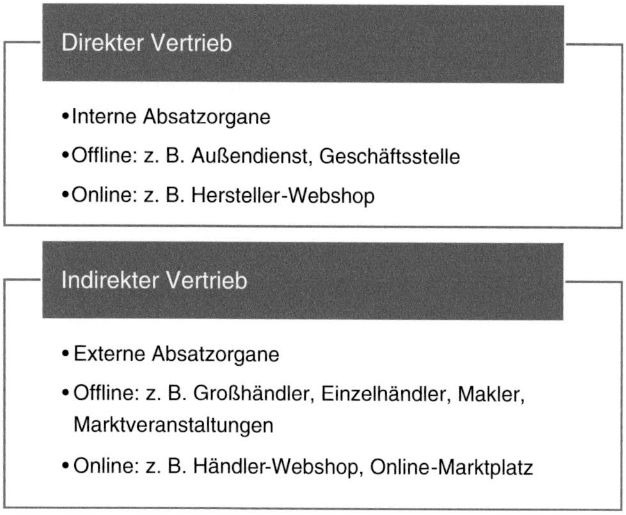

Direkter Vertrieb
• Interne Absatzorgane
• Offline: z. B. Außendienst, Geschäftsstelle
• Online: z. B. Hersteller-Webshop
Indirekter Vertrieb
• Externe Absatzorgane
• Offline: z. B. Großhändler, Einzelhändler, Makler, Marktveranstaltungen
• Online: z. B. Händler-Webshop, Online-Marktplatz

Abb. 3.11 Direkter und indirekter Vertrieb

und akquisitorischen Vermarktung helfen die Absatzwege, die zunächst erläutert werden. Im Anschluss werden die elektronischen Märkte typologisiert und daraus Unternehmensformen abgeleitet sowie die möglichen Vertriebsprozesse und die darauf bezogenen Informationssysteme aufgezeigt. Bevor der Abschnitt abgeschlossen wird, werden unterschiedliche Varianten des E-Commerce dargestellt und die aktuelle Entwicklung erörtert.

3.3.1 Absatzwege und Absatzkanäle

Im Sinne der Distributionslogistik wird der Absatzweg auch als Absatzkanal bezeichnet und beschreibt den Weg, den ein Gut vom Hersteller bis zum Endverbraucher nimmt. Hierbei ist, wie in Abb. 3.11 dargestellt, eine Unterscheidung zwischen zwei Vertriebssystemen beziehungsweise -wegen möglich. Zum einen kann der Absatz in Form des direkten Vertriebes erfolgen und zum anderen durch den indirekten Vertrieb.

Direkter Vertrieb

Der direkte Vertrieb als Absatzkanal bezeichnet die direkte Leistungsbereitstellung des Herstellers an den Endverbraucher. Der Absatz erfolgt dabei durch **unternehmenseigene Vertriebsorgane**. Kennzeichnend für den Direktvertrieb ist der unmittelbare, persönliche Kontakt zwischen Anbieter und Kunden, der einen beiderseitigen Informationsaustausch ermöglicht. Die Organisation eines direkten Vertriebs kann in Form von Außendienstorganisationen, Katalogverkäufen, Call Centern sowie dem Betrieb eines eigenen Onlineshops erfolgen. Der direkte Vertrieb bietet sowohl den Kunden als auch dem Unternehmen selbst **Vorteile**.

Vorteile für die Kunden sind insbesondere:

- fachkundige Beratung durch einen direkten Ansprechpartner
- Wege- und Zeitersparnis durch den Kauf über Vertreter, Katalog oder Internet
- Inanspruchnahme von oftmals günstigeren Preisen

Vorteile für die Unternehmen sind insbesondere:

- Wettbewerbsvorteile durch das Anbieten von günstigeren Preisen aufgrund des Wegfalls von Zwischenhändlern
- Schnelle Reaktionsmöglichkeit auf Kundenwünsche und -bedürfnisse
- Kontrolle und Steuerung der Vertriebs- und Marketingtätigkeit bleibt im direkten Einflussbereich des Unternehmens selbst

Den Vorteilen des Direktvertriebes stehen jedoch auch **Nachteile** gegenüber. Hierzu zählen die zusätzlichen Kosten für den Aufbau eines eigenen Vertriebsnetzes, der erhöhte zeitliche und personelle Bedarf im Hinblick auf ein Beschwerdemanagement und die individuelle Kundenbetreuung sowie der Schulungsbedarf von Vertriebs- und Call-Center-Mitarbeitern. Demnach sollte jedes Unternehmen abwägen und individuell entscheiden, ob es den Direktvertrieb oder den indirekten Vertrieb als Absatzweg nutzt. (vgl. Vertrieb-Strategie 2015)

Indirekter Vertrieb

Die andere Art Vertriebssystem, die ein Unternehmen zum Absatz seiner Produkte und Dienstleistungen wählen kann, ist der indirekte Vertrieb. Dieser liegt vor, wenn in den Absatzprozess sogenannte Absatzmittler eingebunden werden. In Abhängigkeit von der Anzahl der Zwischenhändler, die als Absatzmittler fungieren, kann der indirekte Vertrieb untergliedert werden in einen Einstufenkanal, einen Zweistufenkanal oder einen Mehrstufenkanal. Bei dem als **Einstufenkanal** bezeichneten Absatzweg erfolgt die Zwischenschaltung eines Absatzmittlers, der in der Regel ein Einzelhändler ist. Beim **Zweistufenkanal** werden als Absatzmittler der Großhandel und der Einzelhandel zwischengeschaltet. Sind mehr als zwei Zwischenhändler beteiligt, handelt es sich um einen **Mehrstufenkanal**. Mit dem Begriff Einzelhandel wird im Allgemeinen der Weiterverkauf von Waren an die Endverbraucher bezeichnet. Ein wichtiges Kriterium ist, dass die Ware keine weitere Be- und/oder Verarbeitung durch den Händler erfährt. Als Großhandel werden Unternehmen bezeichnet, die der Versorgung des Handels sowie industrieller Unternehmen durch den Wiederverkauf von Waren dienen. Eine weitere Möglichkeit zum Absatz von Produkten ist die Teilnahme an **Marktveranstaltungen**. Je nach Produkt haben sich über die Jahre bestimmte Formen der Marktveranstaltung herauskristallisiert, die für bestimmte Personengruppen organisiert werden. Hierzu gehören Messen, Ausstellungen, Börsen und Auktionen. Marktveranstaltungen können heute im Internet virtuell durchgeführt werden. Zu den **Vorteilen**, die ein Unternehmen durch den indirekten Absatzweg erfährt, zählen:

- Im Vergleich zum Direktvertrieb ist der Personalbedarf in Bezug auf den Absatz/Vertrieb geringer.
- Übertragung von absatzorganisatorischen Aufgaben erfolgt teilweise auf Absatzmittler.
- Es können größere Mengen/Stückzahlen auf einmal abgesetzt werden, ganz im Sinne der Massendistribution.

Nachteilig zu bewerten ist die geringere Kontrolle des Absatzgeschehens und eine partielle Abhängigkeit vom Mittler. Auch die nur bedingt mögliche Kommunikation mit den Verbrauchern und das damit einhergehende vergleichsweise kleinere Potenzial der Kundenbindung sind nachteilig. (vgl. Jacob 2012, S. 247)

Gleichzeitiges Betreiben beider Vertriebssysteme in der Praxis

In der Praxis finden sich immer mehr Unternehmen, die sich für das gleichzeitige Betreiben beider Vertriebssysteme entschieden haben. **Abhängig von der Segment- und der Kundenstruktur** kommt bei umsatzschwachen Produkten und solchen, die in größeren Losgrößen an Absatzmittler vertrieben werden können, der indirekte Absatz zum Tragen. Umsatzstarke sowie exklusive Produkte werden hingegen direkt an die Endverbraucher abgesetzt. In Bezug auf die Kundenstruktur unterscheiden Unternehmen zwischen Geschäftskunden und Endverbrauchern. Sind die Unternehmen in beiden Bereichen tätig, wird bei Geschäftskunden zum verstärkten Aufbau von Geschäftsbeziehungen der Direktvertrieb praktiziert. Die Endverbraucher hingegen können die Güter nur indirekt durch den Einzelhandel erstehen. Unterstützt wird diese Art der Kombination von direktem und indirektem Vertrieb unter anderem durch die **Potenziale des Onlinehandels**. Hersteller fördern hier zumindest den Vertrieb durch eine den Handel ergänzende Website. Teilweise findet durch Hersteller und Händler auch ein paralleler Verkauf in Webshops statt.

3.3.2 Typologisierung elektronischer Märkte

In Verbindung mit dem elektronischen Vertrieb von Produkten lassen sich ergänzend zu der Differenzierung in einen direkten und einen indirekten Vertrieb weitere grundsätzliche Möglichkeiten erörtern. Sind Unternehmen auf elektronischen Märkten tätig, ist eine Typologisierung dieser Märkte sinnvoll, da damit wichtige Merkmale innerhalb der identifizierten Typen beschrieben und analysiert werden können. Elektronische Märkte können aus unterschiedlichen Perspektiven betrachtet werden. Zum einen können die Beziehungen der Teilnehmer zueinander in den Fokus gerückt werden. In Bezug auf den Betriebsmodus ist zwischen dem reinen Onlinevertrieb

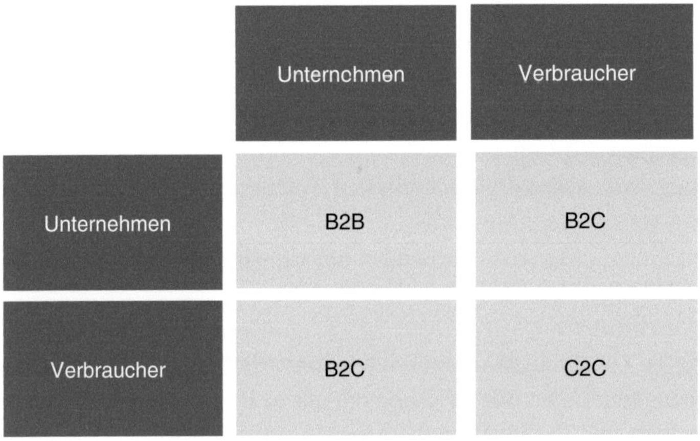

Abb. 3.12 Typologisierung nach den Beziehungen der Marktteilnehmer

sowie dem hybriden Vertrieb zu differenzieren. Beide Formen lassen sich anschließend hinsichtlich ihrer Vertriebskette weiter unterscheiden. Ergänzend sind weitere Systematisierungen nach Produkten oder Preisbildungsmöglichkeiten denkbar, auf die im Folgenden jedoch nicht näher eingegangen wird.

Typologisierung nach den Beziehungen der Marktteilnehmer

Die möglichen Beziehungen der Marktteilnehmer auf dem elektronischen Markt werden mit der englischen Übersetzung der Bezeichnung „Anbieter-zu-Nachfrager" definiert. Diesbezüglich lassen sich zwei unterschiedliche Teilnehmerkategorien herausstellen, zum einen die Unternehmen (Business) und zum anderen die Endverbraucher (Consumer). Aus deren Kombination ergeben sich folgende auch aus der Abb. 3.12 ersichtliche Möglichkeiten: Business-to Business, Business-to-Consumer, Consumer-to-Consumer.

- Schließt ein Unternehmen Geschäfte mit einem anderen Unternehmen ab, so wird dieser Sachverhalt standardisiert mit „Business-to-Business" (**B2B**) bezeichnet. Dabei pflegen die Partner zumeist langfristige Geschäftsbeziehungen, bei denen häufige Transaktionen verfolgt werden.
- Handelt es sich bei den Geschäftspartnern um ein Unternehmen und einen Endverbraucher, wird allgemein von „Business-to-Consumer" (**B2C**) gesprochen. Charakteristisch für diese Beziehung ist, dass ihr Ausgangspunkt häufig auf einer allgemeinen Anonymität basiert. Das Unternehmen kann mithilfe des E-Commerce eine möglichst breite und zielgruppengerechte Ansprache der Kunden erreichen.
- Die letzte Kombinationsmöglichkeit zeigt sich dann, wenn zwei Endverbraucher Geschäfte abschließen. Hierbei handelt es sich um sogenannte Consumer-to-Consumer-Geschäfte (**C2C**). (vgl. Hafner 2006, S. 14 ff.)

Ergänzend beziehen andere Systematiken Verwaltungsinstitutionen (Administration) als vierte Gruppierung mit ein.

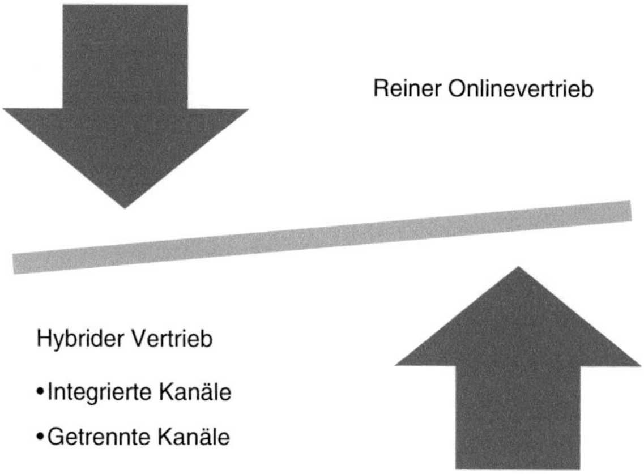

Abb. 3.13 Onlinevertrieb und hybrider Vertrieb

Abgrenzung reiner Onlinevertrieb und hybrider Vertrieb

Als die gängigsten Betriebsformen stellt die Literatur den reinen Onlinevertrieb (Online Pure Player) sowie den hybriden Vertrieb (Click-and-Mortar Business) heraus, wie auch aus Abb. 3.13 ersichtlich ist. Während Unternehmen der ersteren Betriebsform bereits zu Beginn der Unternehmensgründungsphase ausschließlich das Internet als Vertriebskanal nutzen, ergänzen die hybriden Unternehmen die bereits etablierten Vertriebskanäle durch das Internet. Für beide Betriebsformen lassen sich Wettbewerbsvorteile herausstellen.

- Zu der Gruppe der **reinen Onlinevertriebe** gehört neben sehr großen Unternehmen auch eine unüberschaubare Anzahl an Kleinstunternehmen. Die Unternehmen eBay und Amazon gehören zu jenen Online-Pure-Playern, die das reine Onlinegeschäft als Erstes für sich entdeckten und die Vorteile des „Erster-Seins" für sich nutzten. Aufgrund der First-Mover-Advantages konnten sich eBay und Amazon erfolgreich etablieren und zählen zu den Marktführern. Gegenüber dem stationären Handel haben reine Onlinehändler zu einem breiten, uneingeschränkten Markt Zugang und können Zwischenhändler umgehen. Sie sind unabhängig von herkömmlichen Ladenöffnungszeiten und haben die Möglichkeit, unbegrenzte Informationskapazitäten zu nutzen. Nicht zuletzt entstehen bei dieser Betriebsform weniger Lagerhaltungskosten und die Transaktionen werden aufgrund der Automatisierung insgesamt verbessert und optimiert.
- Die Vorteile der **hybriden Betriebsform** gegenüber den Online-Pure-Playern sind der bereits bestehende Markenname sowie der Kundenstamm. Darüber hinaus stehen sowohl die bisherigen Vertriebskräfte als auch die bislang aufgebauten Lieferantenbeziehungen für den neuen Vertriebskanal zur Verfügung. Die Kombination des Internets mit herkömmlichen Vertriebswegen kann auf zwei unterschiedliche Arten erfolgen. Dabei sind getrennte Vertriebskanäle von integrierten Vertriebskanälen abzugrenzen.

- Setzen Unternehmen das Internet strikt getrennt vom und parallel zum stationären Handel ein, so werden sie als **Multi-Channel-Unternehmen** bezeichnet. Aufgrund der Nutzung des Internets als weiteren Vertriebskanal können neue Zielgruppen erschlossen sowie innovative Serviceleistungen angeboten werden. Letztlich sind Übertragungseffekte (auch Spillover-Effekte genannt) zwischen den Kanälen als Vorteil festzuhalten.
- Anders verhält es sich bei **Cross-Channel-Unternehmen**. Sie charakterisieren die bewusste Verknüpfung von On- und Offlineaktivitäten, um so einen nahtlosen Wechsel zwischen stationären und virtuellen Kanälen zu gewährleisten. Diese Unternehmensform ist auch deshalb als komplex zu bezeichnen, da Integrations- und Abstimmungsprozesse zwischen den einzelnen Kanälen erfolgen müssen, damit letztlich ein reibungsloser Ablauf für den Kunden erreicht werden kann. (vgl. Stallmann und Wegner 2014, S. 13 f.)
- Um die Fortschritte bezüglich der Integration zu verdeutlichen, haben sich die Begriffe Omni-Channel-Unternehmen und No-Line-Unternehmen entwickelt. So erfolgt bei **Omni-Channel-Unternehmen** im Gegensatz zu Cross-Channel-Unternehmen die Datenhaltung in einem zentralen Informationssystem. Die aktuell höchste Evolutionsstufe bilden **No-Line-Unternehmen**. Bei dieser Form des Mehrkanalvertriebs sollten Käufer aufgrund einer vollständigen Integration zukünftig nicht mehr merken, wo der Kauf stattfindet.

Positionierung innerhalb der Vertriebskette

Der **Produzent** eines Produktes bedient sich einer Vertriebskette, die mehrere Akteure integriert, um letztlich das Produkt dem Endkunden anbieten zu können. Diese Akteure sind zumeist **Groß- und Einzelhändler**. Aufgrund des technologischen Fortschritts ergibt sich nun für den Hersteller die Möglichkeit, die bisherige Vertriebskette um die Glieder „Großhandel“ und „Einzelhandel“ zu verkürzen, da im E-Commerce ein direkter Kontakt mit dem Endkunden erreicht werden kann. Das Ergebnis ist aus Sicht des Produzenten, dass er die veranschlagten Margen umgehen und die Endkunden mit geringeren Preisen überzeugen kann. Für die übergangenen Groß- und Einzelhändler bedeutet es, dass sie ihre **Existenzberechtigung** zukünftig verteidigen müssen. Dieses Szenario ist jedoch theoretisch. Da ein stationärer Handel auch in Zukunft nicht gänzlich durch das Onlinegeschäft ersetzt werden kann, sind auch die Bindeglieder der klassischen Vertriebskette nicht gänzlich zu eliminieren. Jedoch können Produzenten schon aus Eigeninteresse nicht umhin, die Möglichkeiten zu nutzen, die das Internet bietet, was dem Groß- und Einzelhandel **veränderte Positionen** innerhalb der Vertriebskette zuweist. Die daraus entstandenen Optionen werden im Folgenden dargestellt. (vgl. Stallmann und Wegner 2014, S. 16 f.)

Positionierung von reinen Onlinevertrieben

Für Unternehmen, die ihre Produkte ausschließlich über das Internet vertreiben, sind drei Positionsmöglichkeiten innerhalb der Vertriebskette aufzuführen. Neben der

Herstellerposition können sie die Händlerposition einnehmen oder sich als Intermediär positionieren.

- Die **Herstellerposition** wird eingenommen, wenn der Pure-Player die Ware selbst herstellt und über einen eigenen E-Shop vertreibt. Beispielhaft sind hier u. a. Kleinstunternehmer mit handgemachten Produkten zu nennen, welche das eigene Hobby zu einer Nebentätigkeit entwickeln.
- Haben die Unternehmen dagegen die Funktion eines **Händlers**, so liegt ein klassisches E-Commerce-Geschäftsmodell vor. Charakteristisch hierfür ist, dass Produkte zum einen direkt vom Hersteller gekauft werden können und das Unternehmen somit sowohl den Groß- als auch den stationären Einzelhandel ersetzt. Zum anderen kann die Ware über einen Großhändler bezogen und über den eigenen E-Shop verkauft werden. In diesem Fall ersetzt das Pure-Player-Unternehmen lediglich den Einzelhandel.
- Die dritte und letzte Positionierungsmöglichkeit beschreibt den reinen Onlinevertrieb als **Intermediär** mit der Aufgabe, zwischen Anbieter- und Nachfragerseite so zu vermitteln, dass daraus ein Vertragsabschluss resultiert. Diese Form nimmt eine immer größere Bedeutung im Rahmen des B2C-Geschäfts ein. Die Intermediäre sind zwar keine Eigentümer der angebotenen Produkte, jedoch stellen sie die Plattform zur Leistungsvermittlung bereit. Darüber hinaus werden dem intermediären Unternehmen die Aufgaben der Produktbündelung und der Informationsbereitstellung zuteil. Des Weiteren ist es dafür zuständig, vergleichbare Produkte für den Nachfrager zu filtern und ihm anzuzeigen. Für seine Leistungen wird der Intermediär am Umsatz des Anbieters beteiligt. Damit ist eine neue Form des bisherigen Pure-Players identifiziert. (vgl. Stallmann und Wegner 2014, S. 17 ff.)

Positionierung von hybriden Unternehmen

Neben den aufgezeigten Positionierungsmöglichkeiten der reinen Online-Unternehmen sind auch die der hybriden Unternehmen zu betrachten. Die Literatur nennt vier unterschiedliche Ursprünge, aus denen heraus sich ein Unternehmen mit einem hybriden Vertrieb entwickelt: Hersteller, Groß- und Einzelhändler, Onlinehändler oder klassischer Distanzhändler. Entsprechend nimmt es unterschiedliche Positionen innerhalb der klassischen Vertriebskette ein.

- Hat das Unternehmen seinen **Ursprung als Hersteller**, so bietet es nun seine Produkte neben dem stationären Handel – bei dem üblicherweise Groß- und Einzelhändler involviert sind – zusätzlich im Internet an. Allerdings entstehen Channel-Konflikte, da sich das Unternehmen so selbst Konkurrenz macht und weil nicht alle Vertriebswege zusammengeführt werden können. Als Lösungsvorschlag ist denkbar, die Verfügbarkeit des Produkts im stationären Handel zu begrenzen, um somit den Onlinevertrieb zu stärken.
- War ein Unternehmen **ursprünglich ein Groß- oder Einzelhändler**, so hat die Angebotserweiterung durch das Internet zur optimalen Synergienutzung beigetragen.

Dies ist nicht zuletzt der Cross-Channel-Strategie geschuldet, welche die Verknüpfung von Off- und Onlineaktivitäten ermöglicht.
- Stammen Unternehmen **ursprünglich aus dem reinen Onlinehandel**, so ergeben sich für diese aufgrund der von Konsumenten empfundenen Einschränkungen Nachteile, die mit der Eröffnung eigener stationärer Filialen umgangen werden können.
- Ihren **Ursprung im klassischen Distanzhandel** haben vor allem Unternehmen aus den Bereichen Versandhandel und Teleshopping, die sowohl eigene Filialen eröffnen als auch die Erweiterung auf den Onlineverkauf anstreben und damit zu hybriden Unternehmen werden. (vgl. Stallmann und Wegner 2014, S. 19 ff.)

3.3.3 Vertriebsprozesse und -systeme

Die Wertschöpfung für den Kunden ergibt sich als Ergebnis des Vertriebsprozesses, der aus mehreren Phasen besteht. Diese sind im E-Commerce weitgehend automatisiert und durch entsprechende IT-Systeme unterstützt.

Phasen im Vertriebsprozess

Der elektronische Vertriebsprozess lässt sich ebenso wie der konventionelle Vertriebsprozess in drei Teilbereiche einteilen. Er gliedert sich in die Vorkaufphase, die Kaufphase und die Nachkaufphase. In der **Vorkaufphase** geht es darum, den Kunden mithilfe von Werbung oder Suchmaschinen zum E-Shop zu führen. Im Zentrum steht der sogenannte E-Search-Prozess, welcher den Kunden zum passenden Produkt leitet. Die **Kaufphase** beginnt mit der Platzierung von Produkten durch den Kunden im virtuellen Warenkorb, an die sich eine verbindliche Kaufbestätigung anschließt (Onlinekauf). Dieser E-Sales-Prozess besteht aus dem E-Payment-Prozess, der die Zahlungsmethode festlegt, dem E-Fulfillment-Prozess, der einen reibungslosen Ablauf der Kundenbestellung sicherstellt und dem E-Distribution-Prozess, der die Übermittlung der Ware vom Unternehmen zum Kunden gewährleistet. Mit der Warenübergabe beginnt die **Nachkaufphase**, auch After-Sales genannt. Hier spielt die Kundenzufriedenheit eine wichtige Rolle, denn zufriedene Kunden bleiben dem Unternehmen eher treu als unzufriedene Kunden. Der E-Controlling-Prozess analysiert alle relevanten Daten der gesamten Transaktionsabwicklung, um Schwachstellen im Gesamtprozess zu finden. (vgl. Jacob 2012, S. 258)

E-Commerce-Systeme unterstützen den Vertriebsprozess

Wichtige Bereiche des zuvor dargestellten Vertriebsprozesses werden von speziellen Informationssystemen unterstützt. Diese E-Commerce-Systeme sind in ihrer einfachsten Ausprägung ein Onlineshop, der im Allgemeinen zur Produktpräsentation und Administration der Transaktionen dient. Für den erfolgreichen und sicheren Betrieb eines E-Commerce-Systems sollte dieses die allgemeinen Qualitätsmerkmale internetbasierter Software aufweisen. Diese **Qualitätsmerkmale** sind Benutzerfreundlichkeit,

Barrierefreiheit, Erweiterbarkeit, Internationalisierbarkeit, Integrität und Sicherheit. Hervorzuheben sind die Einkaufssicherheit und allgemeine Datensicherheit während des Bestellvorganges. Diese werden durch die Erstellung eines Sicherheitskonzepts und geeigneter Verschlüsselungsmechanismen bei der Datenübermittlung gewährleistet. Im Hinblick auf die **Auswahl** eines geeigneten E-Commerce-Systems stehen den Betreibern kommerzielle oder Open-Source basierte Systemlösungen zur Verfügung. Die Entscheidung für ein bestimmtes System sollte unter Berücksichtigung des Integrationsgrads, der Administrationsfähigkeit, der Wirtschaftlichkeit sowie des Funktionsumfangs getroffen werden. Eine weitere Differenzierung von E-Commerce-Systemen erfolgt anhand des Betriebs. Hierbei kann zwischen drei Modellen unterschieden werden:

- **Das Betreiber-Modell:** Bei einem sogenannten Betreiber-Modell handelt es sich um ein eigens entwickeltes E-Commerce-System durch und/oder für den Anbieter. Es ist genau an die Bedürfnisse und Eigenschaften des Shop-Betreibers angepasst und damit sehr zeit- und kostenintensiv in den Bereichen Personal, Hard- und Software, Wartung und Unterhalt. Darüber hinaus ist ein hohes Maß an Fachkompetenz Voraussetzung für die Erstellung und Wartung.
- **Das Dienstleister-Modell:** Charakteristisch für ein Dienstleister-Modell im E-Commerce ist die Unterstützung durch beziehungsweise die Zusammenarbeit mit einem Drittanbieter. Die Leistungen des Drittanbieters können vom Bereitstellen einer Software bis hin zur Übernahme von zuvor definierten Bereichen des E-Commerce-Prozesses reichen. In der einfachsten Form wird dem Betreiber gegen die Zahlung einer Lizenzgebühr eine Art Baukastensystem zur Erstellung des Onlineshops zugänglich gemacht.
- **Das Partner-Modell:** Wird der gesamte E-Commerce-Prozess von der Produktpräsentation bis zur Bezahlung ausgelagert und durch einen Drittanbieter geleistet, handelt es sich um ein Partner-Modell. Die Aufgaben des Händlers/Herstellers betreffen nur die Bereitstellung von Produktinformationen und -bildern, die dieser selbstständig in das E-Commerce-System des Drittanbieters einpflegen muss. Für die Nutzung des Systems wird in der Regel eine Provisionsgebühr berechnet. Ein solches Modell ist auch der Marktplatz von amazon.de.

In der Praxis ist auch eine **Kombination** des Partner-Modells mit einem der beiden anderen Modelle gängig. (vgl. Jacob 2012, S. 257 f.)

Funktionsbereiche eines E-Commerce-Systems

Unabhängig vom gewählten Betriebsmodell sollte ein E-Commerce-System in Anlehnung an den Vertriebsprozess bestimmte Funktionsbereiche aufweisen, die nachfolgend aufgezählt sind:

- **Produktkatalog:** Der Produktkatalog dient insbesondere der Kategorisierung und Systematisierung von Produktgruppen mit dem Ziel der besseren Benutzerführung und dem schnelleren Auffinden von Produkten. Insbesondere bei einem breiten Angebotsspektrum fördert der Produktkatalog die Übersichtlichkeit.
- **Produktpräsentation:** Die Präsentation des Produktangebots (Abschn. 3.1.4) ist essenziell für den Vertrieb. Die Produktpräsentation umfasst die grafische Gestaltung des Katalogs, die inhaltliche (textuelle) Beschreibung der Produkte sowie die Qualität der Produktbilder und -videos.
- **Produktwarenkorb:** Als virtueller Einkaufskorb dient der Produktwarenkorb innerhalb eines E-Commerce-Systems als eine Art Zwischenspeicher derjenigen Produkte, die der Konsument zu kaufen beabsichtigt. Weitere wünschenswerte Funktionen des Produktwarenkorbs sind das Bearbeiten der ausgewählten Produkte zum Beispiel in Anzahl, Größe und Farbe, das Entfernen von ausgewählten Produkten aus dem Korb sowie das Anzeigen der aktuellen Rechnungssumme und der eventuell anfallenden Versandkosten.
- **Produktbestellung:** Die eigentliche Produktbestellung ist Grundvoraussetzung für ein E-Commerce-System. Der Bestellvorgang sollte einfach und intuitiv gestaltet sein. Dem Käufer sollten zudem unterschiedliche Arten der Bestellung geboten werden. Förderlich sind alternative Anmeldemöglichkeiten als Kunde (Bestandskunde/Neukunde) oder als Gastkäufer.
- **Produktbezahlung:** Die Produktbezahlung ist der Abschluss eines Onlinekaufs und sollte im E-Commerce-System integriert sein. Im Hinblick auf die Auswahl von Bezahlmethoden sind Kriterien der Sicherheit, Akzeptanz, Verbreitung, Verfügbarkeit und der Wirtschaftlichkeit zu beachten. Gängige Online-Bezahlmethoden sind beispielsweise Zahlung auf Rechnung, Bankeinzug, Kreditkartenzahlung und die Zahlung über ein Pay-Pal-Konto (Abschn. 3.2.6).
- **Produktlieferung:** Die Produktlieferung erfolgt in der Regel nach der Bestätigung des Kaufs durch beide Parteien und variiert in Abhängigkeit von der Beschaffenheit der Ware. Bei materiellen Gütern erfordert diese Funktion einen Kommissionier- und Versandvorgang. (vgl. Jacob 2012, S. 256 f.)

Logistische Distribution

Während die zuvor beschriebenen Funktionsbereiche primär die Sicht des Kunden abbilden, wird im Folgenden der Ablauf der logistischen Distribution aus **Unternehmenssicht** dargestellt. Das Hauptaugenmerk der logistischen Distribution, auch Marketinglogistik genannt, liegt in der Planung, Steuerung und Kontrolle aller Vorgänge, die nötig sind, um Produkte oder Dienstleistungen vom Anbieter bis zum Endabnehmer zu bewegen. Hierbei muss darauf geachtet werden, dass zu minimalen Kosten die richtigen Produkte in richtiger Menge und im richtigen Zustand zur richtigen Zeit am richtigen Ort ankommen. Wichtig ist die Ausrichtung aller logistischen Prozesse an den Kundenwünschen. Die Distributionslogistik ist neben der Beschaffungs-, Produktions- und Entsorgungslogistik ein Teilbereich der Logistik und umfasst die nachfolgend beschriebenen Aufgabenbereiche.

- **Auftragsabwicklung:** Unter Auftragsabwicklung versteht man die Übermittlung, Bearbeitung und Kontrolle eines Kundenauftrags beginnend vom Eingang des Angebots bis hin zur Rechnungsstellung und Versendung der gewünschten Produkte oder Dienstleistungen. Beim Onlinevertrieb ist insbesondere von Bedeutung, dass der Kunde über jeden für ihn wichtigen Zwischenschritt per E-Mail informiert wird.
- **Transport:** Im Rahmen des betrieblichen Leistungsprozesses wird der Transport als zielgerichtete Überwindung des Raumes gesehen, also als Prozess, um ein Gut von A nach B zu bringen. Dabei sind folgende Funktionen zu erfüllen: die Transportvorbereitung, die Beladung, die Durchführung des Transports, die Entladung und die Transportnachbereitung. Wichtige Entscheidungen beim Transport betreffen vor allem die Transportmittel, Transportwege und Transportmengen. Da eine kurze Transportzeit zum Kunden im Onlinevertrieb erhebliche Wettbewerbsvorteile garantiert, muss diesem Bereich eine erhöhte Aufmerksamkeit gewidmet werden.
- **Lagerhaltung:** Die Lagerhaltung beziehungsweise Lagerpolitik beschäftigt sich mit den Fragen nach der Anzahl der Lager, ihren Standorten, ihrer Größe, ihrer Betriebsform (Eigen- oder Fremdbetrieb), der Höhe der Lagerbestände und der Gestaltung der Lager. Aus Sicht des Onlinevertriebs ergeben sich in diesem Bereich ebenfalls wichtige Herausforderungen für die Zukunft. E-Shop-Betreiber, die gleichzeitig ein Ladengeschäft besitzen, können Wettbewerbsvorteile erzielen, wenn sie dem Kunden ermöglichen, die Ware im stationären Geschäft abzuholen.
- **Verpackung:** Als Verpackung bezeichnet man die Umhüllung von Produkten. Sie soll das Produkt vor äußeren Einflüssen schützen, damit es zu keinen Beschädigungen oder zum Verderb der Ware kommt. Zweck einer Verpackung ist somit, die angebotenen Artikel verkäuflich zu machen. Viele Unternehmen sehen in der Gestaltung der Verpackung zusätzlich eine Marketing-Möglichkeit, um sich gegenüber anderen Unternehmen einen Wettbewerbsvorteil zu verschaffen. Grundsätzlich werden Mehrwertverpackungen und Einwegverpackungen unterschieden. Für welche Art von Verpackung sich das Unternehmen entscheidet, hängt von den Einstands-, Rückhol- und Beseitigungskosten ab. Da die Verpackung auch Bestandteil der Produktpolitik ist, wird auf die entsprechenden Ausführungen in Abschn. 3.1.3 verwiesen. (vgl. Jacob 2012, S. 249 f.)

Drohneneinsatz zum Transport von Produkten

Wie bereits erwähnt, stellt die Transportzeit zum Kunden ein wesentliches Wettbewerbskriterium dar. Zur diesbezüglichen Optimierung gibt es aktuell Überlegungen zum Einsatz unbemannter Fluggeräte, sogenannter Drohnen. Mit deren Verwendung dürfte der Absatz von Onlineshops zukünftig steigen, da die Waren nach ersten Schätzungen innerhalb von 30 Minuten nach der Bestellung beim Kunden eintreffen. Nach Aussagen des Onlinehändlers **Amazon** sollen in den USA in ungefähr fünf Jahren erste Drohnen Waren zum Kunden bringen. Diese Fluggeräte können eine Last von ca. 2,5 Kilogramm transportieren und haben eine ungefähre Reichweite von 16 Kilometern. Zwar sind Fortschritte in der Drohnentechnik zu verzeichnen, es sind jedoch noch schwierige rechtliche und sicherheitstechnische Hürden zu überwinden. So gibt es bisher weder in Deutschland noch in den USA eine Zulassung für derartige Luftfahrgeräte. Ebenso wäre es notwendig, aufgrund der noch geringen Reichweite der Drohnen ein Netz von entsprechenden Versandzentren zu schaffen. Neben Amazon forscht auch die **Deutsche Post** an einer Paketzustellung der Zukunft und hat dazu ein eigenes Forschungsprojekt aufgesetzt. Eine Drohne soll jedoch eher für die eilige Medikamentenversorgung und für die Zustellung an auf dem Boden schwer erreichbare Orte eingesetzt werden. Für die Nutzung zur täglichen Paketzustellung bestehen noch keine konkreten Pläne. Auch der deutsche Hersteller Microdrones plant, eine Drohne auf den Markt zu bringen, die rund drei Kilogramm transportiert. (vgl. Füst et al. 2013)

Messung und Bewertung des Erfolgs im E-Commerce

Zur Messung und Bewertung des Erfolgs im E-Commerce stehen Unternehmen eine große Anzahl an Kennzahlen zur Verfügung. Die Bestimmung sowie Messung geeigneter Kennzahlen richtet sich nach der primären Zielsetzung des Unternehmens und nach der Unterscheidung in langfristige und kurzfristige Erfolgskontrolle. Die Entwicklung eines geeigneten Kennzahlensystems beginnt bei der Evaluierung gegebener Daten, die durch den Betrieb eines Onlineshops sowie das angebundene Warenwirtschaftssystem und die laufende Finanzbuchhaltung automatisch ermittelt werden.

- **Shop-Statistik:** Die Datenerhebung innerhalb des Shopsystems erfolgt mithilfe von Statistiken. Deren Auswertung bietet eine Übersicht der allgemeinen Bestellzahlen in Form von Verlaufskurven sowie als absolute Werte. Für eine umfangreiche Auswertung wird der Einsatz eines speziellen integrierbaren Trackingsystems benötigt.
- **Warenwirtschaft:** Der Einsatz eines Warenwirtschaftssystems vereinfacht die Zuordnung der Erfolge je Produkt und Warengruppe und ermöglicht somit eine Optimierung des Produktangebots, was wiederum zum Erfolg des Unternehmens beiträgt.
- **Buchhaltung**: Die erfassten Daten innerhalb der Finanz- und Betriebsbuchhaltung geben Aufschluss über die Erträge und Aufwendungen beziehungsweise Erlöse und Kosten. Dabei ist zu beachten, dass nicht jede Bestellung zu einem Erlös führt, weil die Ware eventuell zurückgeschickt wird, jedoch immer Kosten verursacht. (vgl. Shopanbieter 2014, S. 7)

Relevante Kennzahlen

Eine relevante Kennzahl für die Bewertung eines **Onlineshops** ist der Umsatz, der erwirtschaftet wurde. Werden die entstandenen Kosten vom Umsatz subtrahiert, gibt die errechnete Differenz den Gewinn an. Eine weitere Kennzahl ist die Anzahl an Verkäufen. Zur Beurteilung sollte jedoch diese Kennzahl durch die zusätzliche Einbeziehung der Anzahl an Reklamationen in der jeweiligen Betrachtungsperiode relativiert werden. Weitere Kennzahlen sind beispielsweise:

- Konversionsrate
- Warenkorbhöhe
- Verweildauer
- Absprungrate

Erfolgt der Onlinevertrieb zusätzlich oder ausschließlich über **Marktplätze**, sollten die bereits genannten Kennzahlen für jeden Marktplatz einzeln erfasst und evaluiert werden. (vgl. Shopanbieter 2014, S. 22 ff.)

3.3.4 Varianten des E-Commerce

Als Variante des E-Commerce wird im Folgenden insbesondere der Mobile Commerce dargestellt. Ergänzend existieren weitere Varianten, auf die ebenfalls kurz eingegangen wird.

Mobile Commerce als spezielle Form des E-Commerce

Mobile Commerce (M-Commerce) ist eine spezielle Form des E-Commerce. Die elektronisch gestützte Abwicklung von Geschäftstransaktionen auf Basis der Nutzung mobiler Endgeräte kann zum einen mithilfe einer klassischen beziehungsweise speziellen mobilen Website und zum anderen über sogenannte Apps (Applikationen) erfolgen. Bei einer klassischen oder **mobilen Website (Web App)** erfolgt der Kaufprozess in Anlehnung an das Onlineshopping am stationären Computer, wobei die Darstellung an die kleinere Displaygröße angepasst wurde. Demgegenüber steht die Verwendung von **(nativen) Apps,** die sich durch ein spezielles (häufig vereinfachtes) Funktionsspektrum von einer klassischen Website unterscheiden. Diese Vereinfachungen sind zum einen durch die begrenzte Speicherkapazität der mobilen Endgeräte und zum anderen durch die nicht dauerhaft konstante Mobilfunknetzverbindung und -geschwindigkeit bedingt. (vgl. ITWissen 2014)

M-Commerce verankert im Kodex für Telekommunikation und Medien

Die Bestandteile des M-Commerce sind insbesondere Location-based Services, Mobile Payment, Mobile Shopping und die Personalisierung von Smartphones oder Tablet-Computern. Diesbezüglich hat der **Deutsche Verband für Telekommunikation und Medien** (DVTM), der viele Unternehmen vertritt, die an einer Wertschöpfungskette im Bereich Telekommunikation und Medien beteiligt sind, im April 2013 erstmals **Regelungen zu Mobile Commerce** definiert. Ziel war dabei insbesondere, Vorgaben im Wachstumsmarkt des M-Commerce zu entwickeln und diese in den Kodex für Telekommunikation und Medien aufzunehmen. Dieser Kodex dient als Regelwerk und legt Standards fest, die den Datenschutz, die Transparenz und die Informationspflicht betreffen. Daneben wird die Werbung und das Direktmarketing unter dem Punkt

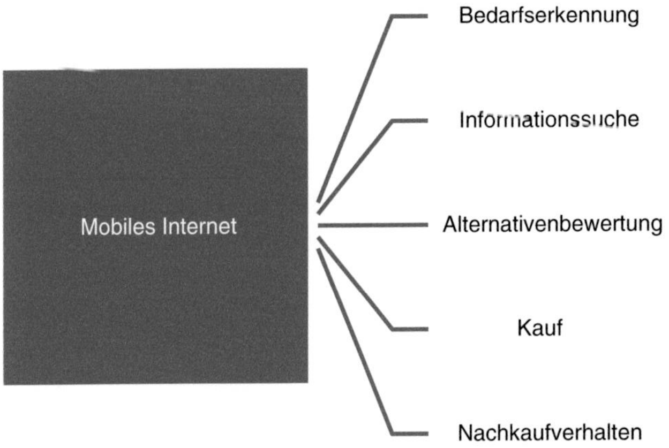

Abb. 3.14 Eingliederung des M-Commerce in den allgemeinen Kaufprozess

Kommunikationsgrundsätze und Informationspflichten aufgeführt. Darüber hinaus beinhaltet der Kodex Regelungen zu Diensten wie Abonnement-, Beratungs-, Chat- und Daten-Diensten sowie Glücksspielen und Spendendiensten. Die Bezahlsysteme und der Jugend- und Datenschutz werden ebenfalls behandelt. (vgl. Deutscher Verband für Telekommunikation und Medien 2013)

Eingliederung des M-Commerce in den allgemeinen Kaufprozess

Das mobile Endgerät muss jedoch **nicht ausschließlich für den gesamten Kaufprozess** genutzt werden. Der allgemeine Kaufprozess beginnt mit der Bedarfserkennung des Kunden. Im Anschluss folgen die Informationssuche und die Bewertung der Alternativen, bevor schließlich der Kauf eingeleitet wird. Als letzter Schritt wird das Nachkaufverhalten bewertet. Die **Informationssuche mithilfe von mobilen Endgeräten** hat sich als Wegbereiter des Kaufs etabliert, auch wenn nicht alle Käufe mobil abgeschlossen werden. Der stationäre Handel hat durch diese Art der Informationsgewinnung Veränderungen erfahren, wie auch aus der Abb. 3.14 ersichtlich ist.

Trends im M-Commerce

Die 5 wichtigsten Trends im M-Commerce sind folgende:

- **Mobile Search**: Ausgehend von der Annahme, dass die Internetrecherche durch mobile Geräte weiterhin ansteigt, ist es wichtig, Webauftritte und Seiten jeglicher Art für die mobile Nutzung zu optimieren, insbesondere vor dem Hintergrund, dass 80 Prozent aller Webseiten wieder verlassen werden, wenn diese Optimierung unterlassen wurde. Auch zählen zu den häufigsten Gründen für einen Kaufabbruch Unübersichtlichkeit sowie eine schlecht zu handhabende Navigation (Usability).

- **Ortungsdienste:** Da viele Smartphones und Tablets GPS-Tracker besitzen, mit denen Nutzer metergenau geortet werden können, bestehen insbesondere regionale Marketingpotenziale. Durch diese Technik werden dem Kunden bei Suchanfragen zuerst die lokalen Geschäfte angezeigt. Ein weiterer wichtiger Punkt sind die Ortungsdienste sozialer Netzwerke, um Freizeitmöglichkeiten wie beispielsweise Restaurants leichter zu finden. Händler können gezielt Kunden ansprechen und diese durch mögliche Rabattaktionen zum Kauf animieren.
- **Mobile Shopping:** Die Zahl der Onlineeinkäufe über mobile Endgeräte steigt stetig. Bereits 60 Prozent der Kunden nutzen diese Technik. Händler haben diverse Möglichkeiten, bestehende Kunden an sich zu binden, beispielsweise durch QR-Codes, mobile Coupons und spezielle Aktionen, die nur den mobilen Shop betreffen. Darüber hinaus tragen native Applikationen für mobile Endgeräte zur Steigerung der Markenbindung bei, da bei diesen das „Geschäft" immer auf dem Gerät präsent und vorhanden ist.
- **Echtzeit-Auktionen:** Durch Push-Nachrichten kann der Kunde auf schnellstem und direktem Weg über Angebote informiert werden. Hierbei setzen Händler auf gezielte und zeitlich begrenzte Angebote, die die Kunden insbesondere auch unterwegs erreichen und daran partizipieren lassen.
- **Mobile Payment:** Unter Mobile Payment ist im Allgemeinen ein Zahlungsvorgang zu verstehen, der mithilfe von mobilen Endgeräten durchgeführt wird. Es handelt sich hierbei nicht nur um Zahlungen von Onlinegeschäften, sondern auch an herkömmlichen Kassen oder Automaten. M-Payment kann als eine spezifische Variante von M-Banking angesehen werden, wobei es sich bei letzterem ausschließlich um Bankgeschäfte handelt (Onlinefiliale). Hierbei werden Kontoinformationen abgerufen, Überweisungen getätigt oder Wertpapiere über elektronische Endgeräte gekauft. (vgl. Tawakol 2013)

Weitere Varianten des E-Commerce

Neben Mobile Commerce (M-Commerce) gibt es weitere Varianten des E-Commerce, die ihren Namen in Abhängigkeit vom digitalen Endgerät erhalten. So wird beispielsweise die Bezeichnung Tele-Commerce (**T-Commerce**) für Teleshopping genutzt. Hierbei dient der internetfähige Fernseher als Interaktionsmedium. Zukünftig werden **Smartwatches** in den Verkaufsprozess im weiteren Sinne mit einbezogen.

Auch sind bestimmte Formen der Zusammenarbeit prägend für den Buchstaben vor dem Begriff „Commerce". **S-Commerce**, auch Social-Commerce genannt, beinhaltet beispielsweise als Kernfunktion die aktive Einbeziehung von Kunden (Abschn. 2.4.1) in ein bestehendes Shop-System. Kunden können die gekauften Produkte bewerten, empfehlen oder ihre Erfahrungsberichte veröffentlichen, insbesondere um anderen potenziellen Kunden die Auswahl leichter zu gestalten. (vgl. Onlinemarketing-Praxis 2015)

3.3.5 Aktuelle Situation

Im Kapitel Vertrieb werden abschließend im Folgenden einige Statistiken zum Themenbereich E-Commerce dargestellt.

Umsätze und Anzahl der Käufer im E-Commerce

Seit dem Aufkommen des E-Commerce als Vertriebskanal sind die **Umsätze kontinuierlich gestiegen**. Im Jahre 2013 betrug der Umsatz im B2C-Bereich in Deutschland über 33 Milliarden Euro und erfuhr für das Jahr 2014 einen Anstieg von beinahe 6 Milliarden Euro. Ursächlich hierfür ist insbesondere die hohe Akzeptanz durch die Kunden. (vgl. Statista 2014)

Eine Untersuchung der BitKom hat ergeben, dass 85 Prozent der Befragten bereits **im Internet eingekauft** haben. Dabei bevorzugen Frauen mit 87 Prozent das Onlineshopping mehr als Männer mit 83 Prozent. Des Weiteren hat die Studie offengelegt, dass hinsichtlich des Alters der Anteil an Internetkäufern zwischen 30 und 49 Jahren mit 91 Prozent am größten ist. (vgl. BitKom 2011, S. 14)

Hinderungsgründe von Onlinekaufabschlüssen

Aus einer weiteren Studie zum Onlineshopping geht hervor, dass 8 Prozent der Internetnutzer den Onlinekauf ablehnen. Die am häufigsten genannten Gründe dafür waren mit 71 Prozent die fehlende Haptik und fehlende Inaugenscheinnahme sowie mit 61 Prozent die fehlende persönliche Beratung. Weitere Gründe waren die Datensicherheit und der mögliche Datenmissbrauch (59 Prozent) sowie Zweifel in Bezug auf Garantie- und Serviceleistungen (41 Prozent). (vgl. BitKom 2007, S. 8 f.)

Zu einem ähnlichen Ergebnis kam eine eigene Onlineumfrage im Juni 2015. Wie aus Abb. 3.15 ersichtlich, ist der am häufigsten genannte Grund gegen Onlinekäufe mit über 51 Prozent eine fehlende oder nicht ausführliche Produktbeschreibung.

Relevante Vorteile beim Onlinekauf aus Kundensicht

Demgegenüber stehen die in Abb. 3.16 dargestellten Vorteile, die Nutzer beim Onlinekauf für relevant erachten. An erster Stelle wird genannt, dass der Einkauf bequem von Zuhause aus erfolgen kann und die Käufer nicht an Öffnungszeiten gebunden sind. Diese Vorteile werden von beiden Geschlechtern geschätzt, wobei für die weiblichen Kunden die Markttransparenz als Vorteil weniger bedeutend ist als für die männlichen Onlinekäufer.

Entwicklung des M-Commerce

Die Käufe über mobile Geräte sind in den letzten Jahren sehr stark gestiegen. An der Spitze der Käufe stehen **Applikationen** mit einem Anteil von rund 50 Prozent am Kaufumsatz. Ebenso nennenswert sind Medien, Software, Musik, Filme und E-Books. Im Hinblick auf materielle Güter ist auffällig, dass mit dem **Tablet** mehr Käufe getätigt werden als mit einem Smartphone. M-Commerce ist eine der momentan am schnellsten wachsenden Varianten des E-Commerce. Die mobile Nutzung von Smartphones oder

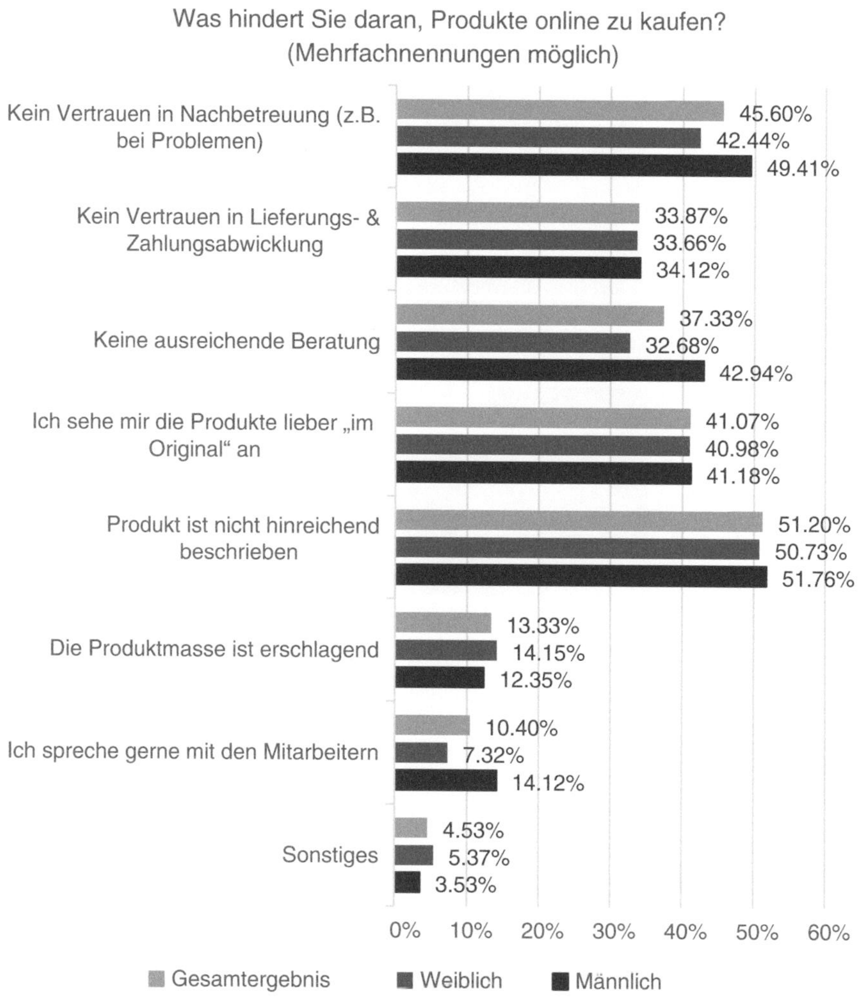

Abb. 3.15 Hinderungsgründe von Onlinekaufabschlüssen (eigene Umfrage, Juni 2015)

Tablets wächst weltweit stetig an. Hierbei eröffnet sich ein neuer Markt für mobiles Marketing. (vgl. Eckstein und Halbach 2012, S. 26)

3.4 Kommunikation

Die Kommunikationspolitik ist der vierte wesentliche Bestandteil des Marketing-Mix. Dabei nimmt dieser Baustein primär jene Kommunikation in Betracht, die zwischen einem Unternehmen und dessen Kunden und anderen Stakeholdern (zum Beispiel Lieferanten) erfolgt. Um erfolgreich kommunizieren zu können, müssen drei

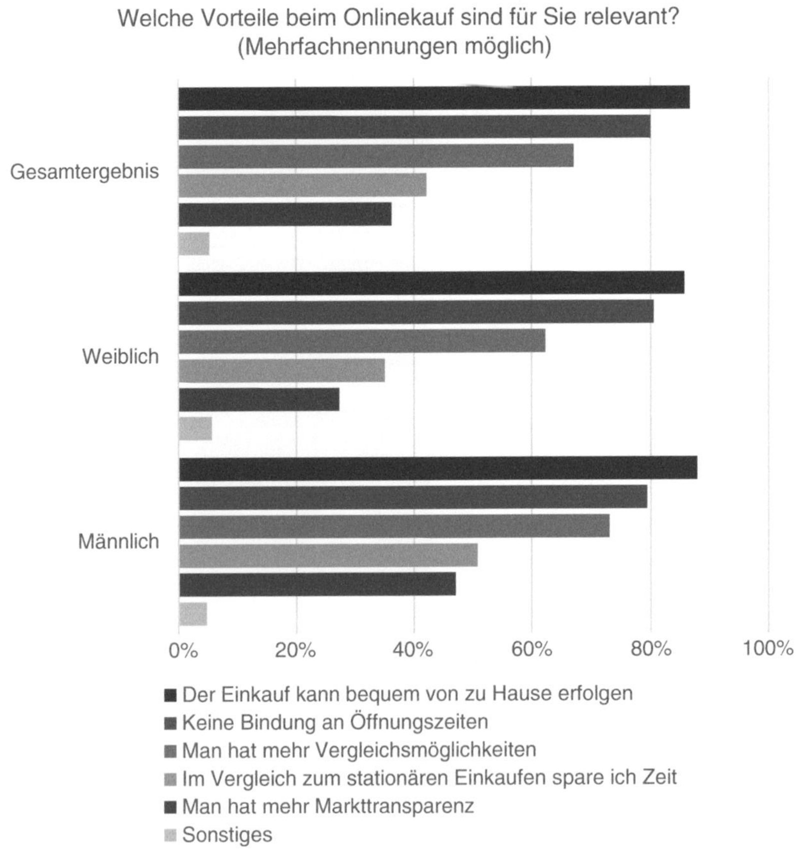

Abb. 3.16 Vorteile beim Onlinekauf aus Kundensicht (eigene Umfrage, Juni 2015)

Fragestellungen besonders beachtet werden. Zum einen sollte das Management die Frage beantworten, mit wem das Unternehmen kommunizieren möchte und damit die relevanten Kommunikations-Subjekte festlegen. Des Weiteren ist zu klären, was kommuniziert werden soll, womit das Kommunikations-Objekt bezeichnet wird. Die Beantwortung dieser Frage orientiert sich maßgeblich an den Kommunikationsempfängern. Deshalb ist es neben der Identifikation der Kommunikations-Subjekte wichtig, ein Verständnis bezüglich ihres Informationsbedarfs zu entwickeln und die Kommunikationsinhalte daran anzupassen. Zuletzt ist zu entscheiden, wie die Inhalte bestmöglich vermittelt werden können. Hier erfolgt sowohl die Auswahl der einzusetzenden Kommunikations-Instrumente als auch das Skizzieren des generellen Kommunikationsprozesses.

Die folgenden Inhalte fokussieren zunächst die technischen Möglichkeiten, die Unternehmen bei der Kommunikation mit wichtigen Anspruchsgruppen nutzen können. Diese werden maßgeblich von den Eigenschaften der Virtualität, Multimedialität, Interaktivität und Individualität geprägt. Ebenso stehen neue kommunikationspolitische Möglichkeiten zur Verfügung, um eine zielgerechte Ansprache umsetzen zu können. Neben der Öffentlichkeitsarbeit, der Werbung, dem Product Placement und der Verkaufsförderung wird abschließend der persönliche Verkauf angesprochen. Dabei werden besonders die veränderten Gegebenheiten aufgrund des Internets in den Vordergrund der Betrachtungen gestellt.

3.4.1 Technische Besonderheiten des Internets

Der Fortschritt vor allem im Bereich der Informationstechnologie hat dazu geführt, dass sich auch die Art der Kommunikation verändert hat. Dieser Strukturwandel hin zur Informationsgesellschaft betrifft in besonderem Maße das Online-Marketing. Die veränderten Gewohnheiten der Informationsbeschaffung der Adressaten des Marketings müssen beachtet werden, zudem bieten die technischen Möglichkeiten des Internets neue Wege und Formen, diese zu erreichen. Es sind insbesondere vier Eigenschaften zu nennen, die die Kommunikation im Internet maßgeblich beeinflussen: die Multimedialität, die Virtualität, die Interaktivität und die Individualität. (vgl. Kollmann 2007, S. 32 f.)

Multimedialität

Die Multimedialität beschreibt die Einbeziehung von verschiedenen Medienformen auf einer Kommunikationsebene. Es gilt, die multimedialen Möglichkeiten des Internets für die Akquirierung von Neukunden und zur Kundenbindung auszuschöpfen. So erwarten die Kunden im E-Commerce beispielsweise, dass der Onlineshop über eine ausgereifte Suchfunktion verfügt oder dass Zusatzinformationen in Form von Videos oder Audiodateien angeboten werden. Eine reine Abbildung eines offline verfügbaren Produktkatalogs würde dazu führen, dass das Anwendungspotenzial der Multimedialität ungenutzt bliebe und zudem den Kunden enttäuschen. (vgl. Müller 2000, S. 8)

Eine gleichzeitige Verwendung von unterschiedlichen Medienbausteinen, wie zum Beispiel Texte, Bilder, Filme oder Musik, führen beim Empfänger zu einer besseren **Wahrnehmung** und Verarbeitung von Informationen. Der Einsatz von Multimedia im Online-Marketing erfordert, dass sowohl Sender als auch Empfänger bestimmte technische Anforderungen erfüllen müssen, um auf das Multimediaangebot zugreifen zu können. Ein weiterer wichtiger Aspekt der Multimedialität ist die **Akzeptanz** oder die Abneigung der Nutzer gegenüber bestimmten Medien. Hierbei handelt es sich zwar um eine subjektive Wahrnehmung der Anwender. Im Onlinebereich ist jedoch der sogenannte Netzeffekt zu beobachten, der dazu führt, dass die Akzeptanz eines Mediums positiv mit dessen wachsender Nutzeranzahl korreliert. (vgl. Kollmann 2007, S. 37 f.)

Virtualität

Das Besondere an der Kommunikation im Internet ist ihre Virtualität. Dies bedeutet, dass sich der Informationsaustausch auf nichtrealen, **physisch nicht greifbaren Plattformen** abspielt. Im E-Business und damit auch im Online-Marketing entsteht somit eine virtuelle Handelsebene auf der Basis von digitalen Daten und Kommunikationskanälen. Maßgeblich dafür ist die Vernetzung dieser Informationen und Kommunikationswege, sodass eine elektronische Wertschöpfungskette entsteht. Hierbei ist es unerheblich, ob es sich bei den beworbenen oder zu verkaufenden Produkten um materielle oder immaterielle Güter handelt. Auch die reine Bereitstellung von Informationen oder Plattformen zum Austausch stellen ein wichtiges Element der digitalen Kommunikation dar. Die Virtualität bietet zudem die Möglichkeit, den Datenaustausch räumlich und zeitlich von der realen Handelsebene zu trennen. So kann beispielsweise eine Bestellung in einem Onlineshop grundsätzlich zu jeder Zeit und von jedem Ort aus getätigt werden. Ein **negativer Effekt** der Digitalisierung der Kommunikation ist die steigende Anonymität der Beteiligten. Dies erschwert zum einen die klassische Individualisierung der Angebote durch den Verkäufer. Zum anderen besteht die Gefahr eines Betrugs, da die wahre Identität des Kommunikationspartners nicht bekannt ist. Insgesamt weist die Virtualität jedoch ein großes Potenzial für Unternehmen auf, da Daten jederzeit abrufbar sind und Waren und Dienstleistungen unabhängig von Zeit und Ort angeboten und verkauft werden können. (vgl. Kollmann 2007, S. 33 ff.)

Interaktivität

Im Online-Marketing spielt die Interaktivität eine große Rolle, da sie dem Nutzer ermöglicht, direkt in den Informationsfluss einzugreifen und ihn zu steuern. Im Vergleich zu Offlinemedien, wie zum Beispiel dem Fernsehen, kann der Nutzer hier **selbst entscheiden**, wie lange eine Information auf dem Bildschirm angezeigt wird. Zu beachten ist, dass der interaktive Kommunikationsfluss nicht nur zwischen Anbieter und Kunden stattfindet, sondern **auch zwischen den Kunden** selbst. So können sich beispielsweise die Nutzer untereinander leicht über soziale Medien austauschen. Diese aktive, wechselseitige Kommunikation erlaubt es dem Empfänger, selbst zum Sender zu werden und eigene Beiträge zu erstellen. (vgl. Müller 2000, S. 8), (vgl. Kollmann 2007, S. 39 ff.)

Individualität

Da im Internet in der Regel alle Teilnehmer anhand ihrer IP-Adresse zu identifizieren sind, ist es möglich, den Nutzer individuell und personalisiert anzusprechen. Im Gegensatz zu den Offlinemedien ist man dabei nicht auf die zeitliche und räumliche Nähe zum Adressaten angewiesen. Die **personalisierte Ansprache** der Kunden erlaubt es den Unternehmen, ihre Informationen und Angebote speziell an die Bedürfnisse der einzelnen Kunden anzupassen. Die **Personalisierung der Inhalte** kann entweder explizit oder implizit erfolgen. Explizit bedeutet, dass der Anwender das angezeigte Onlineangebot mithilfe von Suchparametern, zum Beispiel den Filterfunktionen in Onlineshops, selbst erstellt. Die implizite Personalisierung erfolgt über die gesammelten Daten im Kundenprofil, die mit den Daten anderer Kunden abgeglichen werden. In einem Empfehlungssystem werden dem Käufer somit weitere Artikel angezeigt, die andere

Kunden zusammen mit dem ausgewählten Artikel kauften. Durch den individuellen Austausch und das Sammeln von Daten entsteht ein Lerneffekt, der die Kommunikation insgesamt und die Personalisierung der Ansprache und des Angebots stetig weiter verbessert. (vgl. Kollmann 2007, S. 42 ff.)

3.4.2 Kommunikationspolitische Besonderheiten

Neben den technischen Besonderheiten weist das Internet einige kommunikationspolitische Besonderheiten auf, die im Folgenden näher erläutert werden.

Targeting

Das Targeting beschreibt den zielgerichteten Einsatz von Werbemitteln mit dem Zweck, den Streuverlust so gering wie möglich zu halten, indem das Online-Marketing nur an Personen adressiert wird, die schon ein grundsätzliches Interesse an einem Produkt oder Thema haben. Unterschieden werden das technische und das soziodemografische Targeting (Abb. 3.17). Beide beruhen auf Daten, die während des Surfens und meistens ohne explizites Wissen des Anwenders gesammelt werden. Diese Daten werden von einem sogenannten Adserver ausgewertet, und die gezeigte Werbung wird entsprechend angepasst. Beim **technischen Targeting** zählen zu den erhobenen Daten u. a. der Standort des Einwahlservers, das Betriebssystem, der verwendete Browser und die Geschwindigkeit des Internetzugangs. So erhält der Nutzer konkrete Werbung, die seine Region betrifft. Außerdem werden nur Werbemittel eingesetzt, die seinen Systemanforderungen gerecht werden. Beim **soziodemografischen Targeting**, auch Behavioural Targeting,

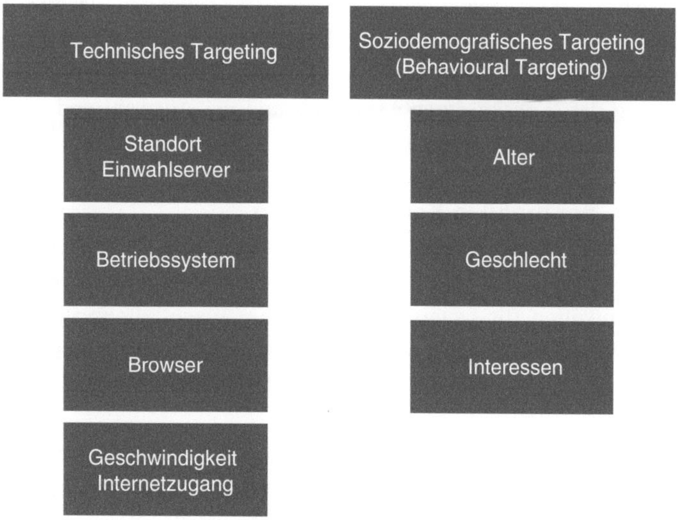

Abb. 3.17 Technisches und soziodemografisches Targeting

versucht der Adserver, anhand des Surfverhaltens und der häufig angewählten Seiten Rückschlüsse auf persönliche Eigenschaften des Anwenders zu ziehen, zum Beispiel Alter, Geschlecht oder Interessen. Probleme können entstehen, wenn ein PC von mehreren Nutzern bedient wird. Dadurch werden die vom Adserver gesammelten Ergebnisse ungenau, der Streuverlust erhöht sich wieder. Zudem muss darauf geachtet werden, dass die Ansprache der potenziellen Kunden nicht zu persönlich ausfällt, sonst entsteht beim Empfänger der Verdacht, dass persönliche Daten ausspioniert werden, und er nimmt eine Abwehrhaltung gegenüber der Werbung oder dem Unternehmen ein. (vgl. Persiel 2008, S. 11 ff.)

Kommunikation mit Menschen und Maschinen

Bei der Kommunikation im Internet stehen die Teilnehmer **nicht in direktem Kontakt mit anderen Menschen**, sondern kommunizieren mittels einer Maschine. Dies stellt besondere Anforderungen an technische Geräte und Programme, die dem Nutzer eine einfache und intuitive Bedienung gewährleisten sollten. Damit der User sich leicht zurechtfindet, muss bei der Ausgestaltung der eigenen Kommunikationsmittel auf eine klare Struktur und ein übersichtliches Layout geachtet werden. Auch sollte ein Augenmerk gelegt werden auf den Einsatz von Systemen, die die Kommunikation zwischen Menschen und zwischen Mensch und Maschine vereinfachen beziehungsweise herbeiführen können, wie zum Beispiel die Suchmaschinen.

So sind für den Betrieb einer Website ihre Eintragung in und Optimierung für **Suchmaschinen** sehr wichtig, da es dadurch den potenziellen Kunden erleichtert wird, auf ein spezielles Angebot oder einen Internetauftritt aufmerksam zu werden. Die Eintragung in Suchmaschinen ist relativ einfach und kann über deren Website, spezielle Software oder Dienstleister erfolgen. Die Suchmaschinenoptimierung, Search Engine Optimization (SEO), ist hingegen schon schwieriger und sollte von Experten durchgeführt werden. Hier kommt es auf die Gestaltung der Website und die Kombination mehrerer Faktoren an. Wichtige Kriterien sind hier die Domain, der Inhalt und dessen Verlinkung, die Beschreibung der Website durch Metadaten und die Auswahl und Platzierung von Keywords sowie deren Dichte. (vgl. Jacob 2012, S. 275)

Besonderheiten der mobilen Kommunikation

Durch die steigende Nutzung von mobilen Endgeräten, vor allem Smartphones, steigt auch die Nutzung des mobilen Internets. Dies führt zu einer **wachsenden Bedeutung** der mobilen Kommunikation für Unternehmen und die Ausgestaltung ihrer Marketinginstrumente. Abbildung 3.18 zeigt den Anstieg der Nutzer des mobilen Internets in Deutschland von 2010 bis 2014. Der hohe Stellenwert und das enorme Potenzial werden deutlich, wenn man sich die Nutzerzahlen näher betrachtet.

Durch die mobilen Endgeräte sind die Zielpersonen zu jeder Zeit und an jedem Ort erreichbar. Dies wird im **Mobile Marketing** durch das Versenden von standortbezogenen Informationen ausgenutzt. Solche Botschaften, die ein großes Werbepotenzial besitzen, können beispielsweise durch die Nutzung von SMS und MMS übertragen werden.

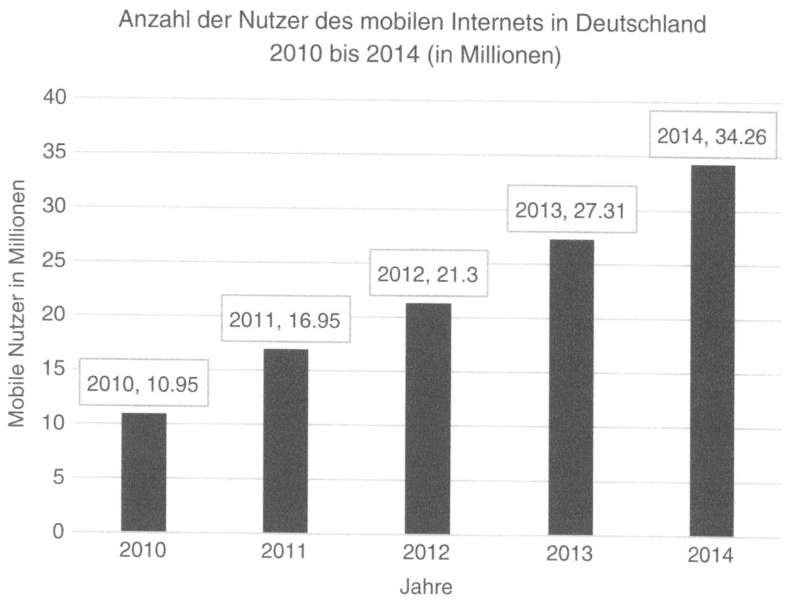

Abb. 3.18 Nutzer des mobilen Internets in Deutschland (vgl. Arbeitsgemeinschaft Online Forschung 2015)

Ergänzt werden diese Kanäle durch E-Mail, soziale Netzwerke oder Apps. Durch die Erhebung von Daten wird das Konsumentenverhalten gemessen und ausgewertet, sodass die Kommunikation und die Angebote stetig weiter verbessert werden können. Zu beachten ist, dass bei der mobilen Kommunikation die Inhalte an die technischen Voraussetzungen der Endgeräte angepasst werden müssen, da beispielsweise Smartphones eine geringere Bildschirmauflösung als Computerbildschirme haben. (vgl. Holzapfel 2006, S. 87 ff.)

Kommunikation zwischen Kunden

Die Kommunikation zwischen den Kunden ist keineswegs zu vernachlässigen und kann als eine effektive Art der Kundengewinnung genutzt werden. Vor allem das **virale Marketing**, bei dem die Werbebotschaft zwischen Freunden, Bekannten und anderen Kunden verbreitet wird, spielt hier eine große Rolle. Die so gewonnenen Kunden sind in der Regel loyaler als andere, da ihr Vertrauen in das Produkt auf der Empfehlung von Personen außerhalb des Unternehmens beruht. Voraussetzung für die virale Verbreitung der Marketingbotschaft ist die Erstellung eines interessanten Inhalts, über den es sich zu sprechen lohnt. Um die Verbreitung zu unterstützen, sollte es von technischer Seite aus für den Kunden einfach sein, das Produkt weiterzuempfehlen, zum Beispiel durch ein Eingabefeld in unmittelbarer Produktnähe mit der Option: „Dieses Produkt weiterempfehlen.“ Alternativ kann der Kunde dazu animiert werden, einen Kommentar, eine Meinung oder einen Link auf einer anderen Plattform zu veröffentlichen. Hier spielen vor allem die **sozialen Netzwerke** eine große Rolle. So kann beispielsweise auf Facebook der „Teilen-Button“ oder der „Gefällt mir-Button“ mit direktem Bezug zum Produkt angeklickt werden. (vgl. Jacob 2012, S. 273)

Multi-Channel-Kommunikation

Ein weiteres wichtiges Instrument der Kommunikationspolitik ist das Multi-Channel-Marketing beziehungsweise Cross-Media-Marketing. Hier werden klassische Kommunikationswege wie zum Beispiel Radio, TV oder Zeitschriften mit dem Internet kombiniert und es entsteht eine Art **integrierte Kommunikation**. So kann auf Verpackungen oder in Anzeigen in Magazinen auf eine Webadresse oder einen Onlineshop verwiesen werden. Der Konsument findet so auf verschiedene Arten den Weg zur Webpräsenz eines Unternehmens. Zu beachten ist, dass der Unternehmensauftritt in den verschiedenen Medien das gleiche Layout hat und zum Unternehmensimage passt. (vgl. Jacob 2012, S. 273)

Durch den Einsatz der Offline-Kommunikation soll zunächst eine **große Reichweite** aufgebaut werden, wohingegen die interaktiven Onlineinstrumente den **Kontakt intensivieren** sollen. So können die Stärken der verschiedenen Kommunikationsinstrumente ausgenutzt werden, wodurch Synergieeffekte entstehen, die die Werbewirkung verbessern. Durch die Kombination von Offline- und Onlinemedien werden Streuverluste verringert, die Markenbekanntheit nimmt zu und der Wiedererkennungswert wird gesteigert. Die Konsumenten setzen sich intensiver mit der Werbebotschaft auseinander und es wird eine höhere Aufmerksamkeit erreicht. (vgl. Schneider 2015, S. 88 f.)

3.4.3 Öffentlichkeitsarbeit

Öffentlichkeitsarbeit oder Public Relations (PR) hat die Aufgabe, ein positives Verhältnis zwischen dem Unternehmen und den Stakeholdern auf der einen und der Öffentlichkeit auf der anderen Seite herzustellen. Die wichtigsten Werte für PR sind die Glaubwürdigkeit und das Vertrauen in das Unternehmen, aber auch die Übernahme von Verantwortung gegenüber der Gesellschaft und der Umwelt. Genau wie bei klassischer PR geht es bei Online-PR darum, die wichtigsten Meinungsmacher oder Multiplikatoren zu animieren, an der Öffentlichkeitsarbeit teilzunehmen und die Botschaft zu verbreiten. (vgl. Kreutzer et al. 2014, S. 139)

Funktionen und Maßnahmen

Die drei Hauptfunktionen der Öffentlichkeitsarbeit sind die Informationsfunktion, die Kontaktfunktion und die Imagefunktion. Die **Informationsfunktion** dient der Vermittlung von Informationen nach innen und außen, die **Kontaktfunktion** beschreibt den Kontaktaufbau zu den relevanten Zielgruppen und die **Imagefunktion** widmet sich dem Aufbau, der Änderung und der Pflege des Unternehmensbildes. (vgl. Jacob 2012, S. 253 f.)

Online-PR besteht aus der Gesamtheit der **Maßnahmen**, die über das Internet durchgeführt werden, um die Unternehmensbotschaft zu verbreiten. Das Internet bietet hierzu eine Vielzahl an neuen Kommunikationswegen. Die Empfänger der Botschaft sind teilweise dieselben wie bei klassischer PR, zum Beispiel Journalisten, Zeitungen oder Non-Governmental Organisations (NGOs), jedoch kommen durch die Möglichkeit der neuen Kommunikationsmittel auch neue Adressaten hinzu, zum Beispiel Blogger oder Twitterer. (vgl. Lammenett 2014, S. 275)

Markt- und Wettbewerberbeobachtung

Die Basis für eine erfolgversprechende PR-Arbeit ist eine genaue Markt- und Wettbewerberbeobachtung. Interessant ist zu erfahren, welche Pressemitteilungen die Konkurrenz herausgibt oder welche Events von ihr durchgeführt werden. So lassen sich beispielsweise über **Google News** neue Informationen über die Konkurrenz und den Markt beschaffen. Auch **Google Alerts** informiert automatisch über die neusten Entwicklungen zu bestimmten Themen. Eine weitere Möglichkeit, um auf dem neuesten Stand zu sein, stellen **Clippings** dar. Diese werden von speziellen Dienstleistern erstellt und enthalten Berichte über Veröffentlichungen und Nachrichten bezüglich zuvor festgelegter Themen. Anhand dieser Markt- und Konkurrenzbeobachtung und des Webmonitorings allgemein können Trends innerhalb der Branche und interessante Themen erkannt und entsprechende eigene Maßnahmen eingeleitet werden. (vgl. Kreutzer 2014, S. 238 ff.)

Informationen von Bezugsgruppen

Um online mit einer Bezugsgruppe Kontakt aufzunehmen, gibt es zwei grundsätzliche Möglichkeiten. Zum einen kann dies in Form der reinen Bereitstellung von Informationen erfolgen, also als eine Art **Monolog**, in dem das Unternehmen als Sender auftritt und der Adressat als Empfänger der Botschaft. Zum anderen kann die Kontaktaufnahme auch interaktiv sein und in einem **Dialog** erfolgen. Wie bereits erwähnt, ermöglicht das Medium Internet einen einfachen und schnellen Austausch von Informationen, wodurch der Sender zum Empfänger einer Nachricht wird und umgekehrt.

Versand von Pressemitteilungen an Onlineportale oder Online-Tageszeitungen

Die Veröffentlichung auf Presseportalen bietet Unternehmen einige Vorteile. So verfügen die Portale bereits über einen eigenen Adressatenstamm und erreichen eine breitere Zielgruppe. Außerdem wird im Gegensatz zur Offline-PR die Pressemitteilung immer publiziert. Zu beachten ist, dass nicht nur die Multiplikatoren erreicht werden, sondern auch die breite Öffentlichkeit. Um die Interessenten stetig mit aktuellen Informationen zu versorgen, bieten die Presseportale in der Regel **Newsletter-Abonnements** und **RSS-Feeds** an. Bei der **Auswahl geeigneter Presseportale** ist auf einige Faktoren zu achten: Eine hohe Besucherzahl, die Anzahl an Newsletter-Abonnenten und die Vernetzung mit anderen Portalen erhöht die Wahrscheinlichkeit, dass eine Pressemitteilung auch tatsächlich gelesen wird. Die Größe des Portals ist ebenfalls von Bedeutung, da große Presseportale mit vielen Veröffentlichungen von den Suchmaschinen als relevanter eingestuft werden und somit einen besseren Seitenrang erreichen. Die Meldungen auf diesen Portalen sind dadurch für Internetnutzer leichter auffindbar. Auch wenn diese Pressemitteilungen nicht von einer Vielzahl an Personen wahrgenommen werden, ist es dennoch empfehlenswert, sie zu veröffentlichen, da sie auch zur Suchmaschinenoptimierung beitragen. Insgesamt führen sie dazu, dass die Unternehmenswebsite aufgrund der nun verstärkten Keyword-Dichte und der Anzahl an Verlinkungen in der Pressemitteilung selbst eine höhere Relevanz erreicht, sodass sie auf einer besseren Position in den Suchmaschinenergebnisseiten angezeigt wird. Die Website erhält dadurch einen erhöhten Traffic, es wird mehr Kontakt zwischen Unternehmen und Bezugsgruppen hergestellt, sodass sich schließlich auch die Informationen leichter verbreiten lassen. Aus diesem Grund gibt es **zwei Arten von Pressemitteilungen**. Zum einen werden solche verfasst, die qualitativ sehr gut sind und gewissermaßen gedruckt werden sollen. Die Empfänger dieser Pressemitteilugen sind **Multiplikatoren**, wie zum Beispiel Journalisten. Zum anderen werden Pressemitteilungen erstellt, die primär dem Ziel dienen, das **Suchmaschinenmarketing** zu verbessern. (vgl. Lammenett 2014, S. 276 ff.)

Fachbeiträge

Fachbeiträge ähneln teilweise den Pressemitteilungen, sind aber in der Regel in einer technischen, an Experten gerichteten Sprache verfasst. Sie wenden sich primär an ein bestimmtes Fachpublikum, entsprechend sind meistens auch Fachmagazine die Empfänger. Die **Veröffentlichung** von Fachbeiträgen gestaltet sich schwieriger als die von Pressemitteilungen, da es stark von der Branche und dem Qualitätsanspruch des ausgewählten Magazins abhängt, ob die Publikation realisiert wird. Sollten die Fachbeiträge nicht wie beabsichtigt veröffentlicht werden, lassen sich diese selbst verwenden, indem sie mit der Absicht der **Suchmaschinenoptimierung** umgeschrieben und auf der eigenen Website sowie auf Presseportalen veröffentlicht werden. (vgl. Lammenett 2014, S. 280)

Inhaltliche Gestaltung der News-Rubrik der Corporate Website

Um die Unternehmenshomepage hinsichtlich der PR-Arbeit zu optimieren, ist es sinnvoll, eine News-Rubrik oder einen eigenen Pressebereich einzurichten. Diese sind entweder für die **Allgemeinheit** zugänglich oder **exklusiv** ausgestaltet, zum Beispiel mit einem Log-in nur für bestimmte Nutzer einsehbar. Möglich sind auch Beschränkungen der Inhalte, sodass beispielsweise spezielle Bereiche nur für ausgewählte Medienvertreter zur Verfügung stehen. In diesem Pressebereich können alle relevanten Nachrichten und Informationen gebündelt angeboten werden und erleichtern damit den Multiplikatoren und der Öffentlichkeit den Zugang zu den gewünschten Daten. Durch die schnellere und einfachere **Auffindbarkeit** einer Information wird vermieden, dass der Interessent die Lust verliert und eine erfolglose Suche gegebenenfalls vorzeitig abbricht, was sich negativ auf die Online-PR-Arbeit auswirken würde. In dem separat eingerichteten Pressebereich kann eine Vielzahl an Informationsmaterialien bereitgestellt werden. Hierzu zählen Pressemitteilungen, Informationen über Produkte, Mitarbeiter und Entwicklungen, Veröffentlichungen über das Unternehmen, Bilder, Videos usw. Falls es gewünscht ist, oder speziell bei Unternehmen mit Publizitätspflicht, können auch Daten über die finanzielle Situation des Unternehmens veröffentlicht werden, zum Beispiel Finanzberichte oder Bilanzen. (vgl. Kreutzer 2014, S. 240 f.)

Dialog mit Bezugsgruppen

Das Internet ermöglicht durch Blogs, E-Mails und vor allem durch soziale Netzwerke einen direkten Austausch mit der Zielgruppe. Im Vergleich zur Offline-PR entstehen hier ganz neue Möglichkeiten, mit der Bezugsgruppe in Kontakt zu treten, jedoch entwickeln sich gleichzeitig neue Herausforderungen für Unternehmen. Es können beispielsweise virale Effekte ausgenutzt werden, da die Empfänger auch untereinander kommunizieren und Nachrichten schnell über das Web verbreiten. Außerdem kann sich das Unternehmen die sogenannte Schwarmintelligenz zu Nutze machen und entsprechend Informationsvorteile erlangen. So können zum Beispiel **Weak Signals**, die erste Anzeichen für eine Krise darstellen, frühzeitig erkannt und entsprechende Gegenmaßnahmen eingeleitet werden. Durch den direkten Austausch mit der Zielgruppe haben Unternehmen die Möglichkeit, bestimmte Themen anzustoßen und durch geschicktes **Seeding** oder **Agenda Setting** in die gewünschte Richtung zu lenken. Herausfordernd für Unternehmen ist, dass sich der Zeitpunkt dieser Kommunikation nicht mehr steuern lässt, sondern von den Bezugsgruppen vorgegeben wird. Auf den genannten Kanälen wird vom Unternehmen eine schnelle Reaktion erwartet. Wichtig ist, dass ein offener und reger Dialog geführt wird. Findet dieser entweder nicht statt, oder wird sogar zusätzlich versucht, Unangenehmes zu verschleiern, kann dies schnell zu einem sogenannten **Shitstorm** in den sozialen Netzwerken führen. Identisches ist zu erwarten, wenn das Unternehmen unangemessen auf negative Beiträge reagiert. Ist das Image dadurch erst einmal beschädigt, war die ganze PR-Arbeit umsonst und das Unternehmen erholt sich nur langsam davon. (vgl. Kreutzer 2014, S. 242 ff.)

Sponsoring

Sponsoring lässt sich der Öffentlichkeitsarbeit im weiteren Sinne zuordnen. Im Allgemeinen beschreibt es die Zuwendung von finanziellen Mitteln, Sach- oder Dienstleistungen an Personen, Organisationen oder Veranstaltungen mit der Absicht, die Marketing- und Kommunikationsziele eines Unternehmens besser zu erreichen. Es ist grundsätzlich langfristig angelegt und soll die eigene Marke und das Unternehmensbild durch den Imagetransfer über den Sponsoringnehmer stärken. (vgl. Jacob 2012, S. 254)

Aus Konsumentensicht ist im **Internet** das Sponsoring beliebter als Werbung. Irrtümlicherweise wird jedoch häufig das Online-Sponsoring als Werbung wahrgenommen. Problematisch ist auch, dass es hinsichtlich der Definition des Sponsorings nicht immer eine klare Abgrenzung zwischen reiner Werbung und Online-Sponsoring gibt. So kann beispielsweise eine langfristige Bannerwerbung auch als Online-Sponsoring angesehen werden. (vgl. Bruhn 2009, S. 428 f.)

Online-Sponsoring lässt sich unterschiedlich ausgestalten. Das **Exklusiv-Sponsoring**, auch Brand-Flooding, ist gekennzeichnet durch den vielfach angezeigten Markennamen oder das Unternehmenslogo auf der gesamten, gesponserten Website. Beim **Content-Sponsoring** werden nur ausgewählte Teilbereiche dem Sponsor direkt zugeordnet und beim **Content-Providing** geschieht dies nur passiv durch Verweise auf den Sponsor. Das **Application-Providing** beschreibt die Bereitstellung von Funktionen oder Programmen unter der Verwendung des Markennamens. **Interaktive Elemente**, die gesponsert werden können, sind zum Beispiel Expertenchats oder Diskussionsforen. Vorteilhaft ist hier, dass die Zielgruppe direkt angesprochen wird. (vgl. Jacob 2012, S. 273)

3.4.4 Werbung und Produktplatzierung

Grundsätzlich ist es Aufgabe der Werbung, anhand von Informationsmitteln oder Werbeträgern die erbrachten Leistungen den Marktpartnern zu präsentieren, um den Absatz zu steigern. In den vergangenen Jahren hat die elektronische Werbung im Vergleich zu der in den traditionellen Printmedien deutlich an Relevanz gewonnen. Ein wesentlicher Grund dafür ist, dass mehrere Sinne gleichzeitig angesprochen werden können. Lange war das Fernsehen das wichtigste elektronische Werbemedium, jedoch wird mittlerweile die Onlinewerbung immer stärker genutzt. Hier lassen sich die verschiedenen Zielgruppen in der Regel schneller, einfacher und kostengünstiger erreichen als bei anderen Medien. Momentan hat die Onlinewerbung noch einen ergänzenden Charakter, jedoch geht ein starker Trend in ihre Richtung, da die Nutzerzahlen stetig steigen und die technischen Möglichkeiten im Internet immer besser werden. (vgl. Jacob 2012, S. 251 f.)

AIDA-Prinzip

Sowohl online als auch offline sollten die Werbemaßnahmen stets dem in Abb. 3.19 dargestellten AIDA-Prinzip folgen. Der erste Schritt ist die Erlangung der Aufmerksamkeit der Empfänger durch die Werbung. Sie muss attraktiv gestaltet sein, um im Gedächtnis der potenziellen Kunden zu bleiben und so im zweiten Schritt Interesse zu wecken. Dieses Interesse soll ein Bedürfnis beim Kunden erzeugen, das ihn letztlich zu einer eigenen Aktion führt und er das beworbene Produkt kauft. (vgl. Gründerszene 2015a)

Newsletter

Ein wesentliches Instrument der Onlinewerbung ist der Newsletter. Er wird regelmäßig an die Empfänger versendet, um über aktuelle Entwicklungen und Nachrichten zu informieren. In der Praxis wird der Newsletter oft mit dem E-Mailing gleichgesetzt. Letzteres beschreibt aber einen unregelmäßigen Versand von Mails, die eine spezielle Aktion oder ein besonderes Angebot bewerben. Auf die unterschiedlichen Formen und Ausgestaltungsmöglichkeiten wird in Abschn. 4.2 noch näher eingegangen. Wichtig ist, dass

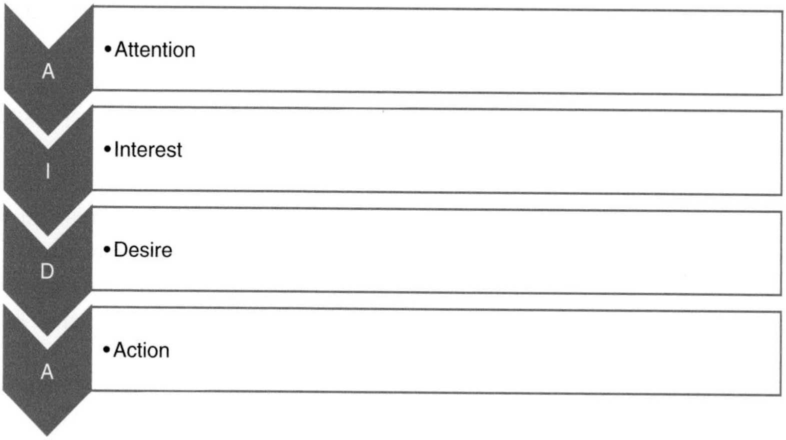

Abb. 3.19 AIDA-Prinzip

E-Mails und Newsletter nur an Adressaten gesendet werden dürfen, die dem auch zugestimmt haben. (vgl. Gründerszene 2015b)

Der Newsletter stellt das am häufigsten genutzte Kommunikationsinstrument der Onlinewerbung dar. Aufgrund der technischen Besonderheiten des Internets bietet der Newsletter viele **Vorteile** gegenüber traditionellen Werbemitteln, wie zum Beispiel Postwurfsendungen. Die Kosten betragen nur einen Bruchteil und die Aktualität ist durch kürzere Vorlaufzeiten garantiert. Zudem sind die Inhalte einfach und schnell zu personalisieren und erreichen so eine höhere Aufmerksamkeit beim Empfänger. Auch das Controlling der Werbemaßnahmen gestaltet sich problemlos, da der Großteil der Arbeit maschinell durchgeführt wird. Response-Raten oder Antwortraten können durch entsprechende Programme genauer gemessen und ausgewertet werden als bei der Offlinewerbung. Ebenso vorteilhaft ist die Möglichkeit der interaktiven Gestaltung, durch die man sich effektiv von anderen Werbeformen absetzen kann. Da heutzutage die meisten Adressaten eine Vielzahl an Newsletter-Werbung erhalten, ist es sehr wichtig, dass der Empfänger einen **Mehrwert** erhält und er durch interessante und unterhaltende Inhalte animiert wird, den Newsletter zu lesen. (vgl. Höschl und Straub 2012, S. 101 ff.)

Was den Newsletter aber insgesamt so erfolgreich macht ist, dass er ein Bestandteil des Permission-Marketings ist. **Permission-Marketing** bedeutet übersetzt Erlaubnismarketing und basiert darauf, dass der Empfänger seine Einwilligung zum Erhalt der Werbebotschaft gibt. Dies hat Einfluss auf die Wirkung der Werbemaßnahme. Die meisten anderen Werbearten, zum Beispiel Fernsehspots oder Bannerwerbung, sind dem **Interruption-Marketing**, zuzuordnen, da sie den Empfänger in seiner aktuellen Tätigkeit unterbrechen. Dies wird in der Regel als störend empfunden und führt oft zu einer Abwehrhaltung gegenüber der Werbung. Der Vorteil des Permission-Marketings liegt darin, dass durch die Erlaubnis zur Kontaktaufnahme die Werbung erwartet wird. Zudem ist sie individualisiert und von Interesse für den Rezipienten, da er sich das Thema selbst ausgesucht hat. Dies reduziert den Streuverlust erheblich und die Responseraten des Newsletters sind höher als bei vergleichbaren Werbemaßnahmen. (vgl. Godin 2007, S. 21)

Werbebanner

Im Internet bieten sich viele Möglichkeiten, um potenzielle Kunden auf die eigene Online-Plattform zu führen. Eine der bekanntesten und zugleich ältesten ist die Bannerwerbung. Banner sind Werbeschaltungen, die durch klicken zum beworbenen Produkt oder der Website des Anbieters führen. Sie unterstützen den Onlineauftritt des Unternehmens und helfen, den Bekanntheitsgrad des Unternehmens und seiner Produkte zu steigern. (vgl. Jacob 2012, S. 271)

Auch hier ermöglichen die Besonderheiten des Internets, die Werbeaktivitäten gezielt und einfach zu steuern. So erlaubt das in Abschn. 4.3 beschriebene Targeting beispielsweise die Anpassung der Banner an die regionalen Gegebenheiten des Adressaten oder an die Tageszeit. Der erste grundlegende Schritt für eine erfolgreiche Bannerwerbung ist die Überlegung, wo geworben werden soll (**Platzierung**). Das Internet bietet eine nahezu unendliche Anzahl an Webseiten, auf denen geworben werden kann. Es ist jedoch sehr wichtig, den Streuverlust so gering wie möglich zu halten. Je nach Produkt und Branche sind geeignete Zielseiten auszuwählen, auf denen der größtmögliche Anteil an Personen, die der eigenen Zielgruppe entsprechen, vermutet wird. Eine mögliche Vorgehensweise ist die Schaltung von kleinen Testkampagnen auf verschiedenen Webseiten, um die Resonanz zu testen. Bei der **Gestaltung des Werbebanners** bietet sich eine Vielzahl an Möglichkeiten hinsichtlich des technischen Formats und der Größe der Anzeige. Hier sind der Fantasie keine Grenzen gesetzt. Bei der technischen Umsetzung der Banner ist darauf zu achten, dass der Adserver und das System des Empfängers dieses Format unterstützen, damit der Inhalt auch angezeigt und wahrgenommen werden kann. Bis heute ging die Aufmerksamkeit, die durch Bannerwerbung erzielt wird, so weit zurück, dass die durchschnittliche Klick-Rate auf die Banner nur noch bei 0,01 Prozent liegt. Eine Möglichkeit, um Bannerwerbung interessanter zu gestalten, bieten die sogenannten Rich-Media-Formate. Mit ihrer Hilfe können die Banner anhand von Videos, Audiodateien, Animationen usw. interaktiver gestaltet werden und gewinnen so an Attraktivität. Probleme beim Einsatz von Bannerwerbung entstehen, weil sehr viele Anwender der Werbeflut entgehen wollen und daher **Werbeblocker** installieren. Je nach Typ verhindern diese Browsererweiterungen die Anzeige von verschiedenen Banner- oder Werbearten. Um dies zu unterbinden, können intelligente Adserver verwendet werden, die, sobald die Werbung geblockt wird, auf einen anderen Werbetyp umschalten. (vgl. Lammenett 2012, S. 215 ff.)

Produktplatzierung (Product Placement)

Bei der Produktplatzierung werden gezielt Produkte oder Markenzeichen gegen Bezahlung als inhaltlicher Bestandteil in Videos oder Filmen eingesetzt. Dies erfolgt entweder visuell, indem die Produkte gezeigt werden oder verbal durch ein Gespräch über den entsprechenden Artikel. Häufig anzutreffen ist auch eine Mischform, das heißt, es wird ein Produkt gezeigt und gleichzeitig darüber gesprochen. In den letzten Jahren hat sich das Product Placement kontinuierlich weiterentwickelt und vor allem im Bereich der Musikvideos und Videospiele an Bedeutung gewonnen. Zwei grundsätzliche Erscheinungsformen sind das Generic Placement und das Image Placement. Beim **Generic Placement** geht es nur um die Präsentation eines bestimmten Warentyps, zum Beispiel Getränke, beim **Image Placement** hingegen geht es konkret um eine bestimmte Marke, zum Beispiel Coca-Cola. Ebenso wie bei der klassischen TV-Werbung besteht eine Kennzeichnungspflicht, das heißt, die Werbung muss gemäß dem Rundfunkstaatsvertrag und dem Telemediengesetz als solche erkennbar sein. Durch diese Kenntlichmachung grenzt sie sich zudem von der stark kritisierten Schleichwerbung ab. (vgl. Jacob 2012, S. 254)

Wie schon bei den anderen Werbeformen bietet das Medium Internet viele technische Möglichkeiten, um das Product Placement umzusetzen. Die wohl einfachste Form ist die Positionierung von Markenartikeln in **Videos**, die über Online-Plattformen abrufbar sind. Am wichtigsten sind hier YouTube-Videos. Ein anderer Trend geht in die Richtung der Platzierung von Produkten und Marken in **Videospielen**. Im Internet, vor allem in den sozialen Medien, erfreuen sich die Online- beziehungsweise Browsergames immer größerer Beliebtheit. So hat sich zum Beispiel Mercedes-Benz in das Onlinespiel SimCity Social integriert. Die Spieler können hier in ihrem Spiel u. a. eine Mercedes-Benz-Autofabrik oder Mercedes-Benz-Werbeplakate errichten. Durch die Integration in Videospiele lässt sich die eigene Zielgruppe direkt ansprechen und das Image und die allgemeine Bekanntheit steigern. Es ist lediglich darauf zu achten, dass die Zielgruppe des Unternehmens zur Zielgruppe des Spiels passt. Eine weitere Form des Online-Product Placements ist der **Branded Content**, bei dem die eigene Website auf anderen Plattformen, zum Beispiel Facebook, geschaltet wird. Hier ist jedoch der Übergang zum Content-Sponsoring fließend und es fehlt eine eindeutige Abgrenzung der Begriffe. (vgl. Sigler 2010, S. 179); (vgl. Kornelsen 2012)

3.4.5 Verkaufsförderung und persönlicher Verkauf

Als letzter Teilbereich der Kommunikationspolitik werden im Folgenden zunächst die Verkaufsförderung und anschließend der persönliche Verkauf behandelt.

Inhalt und Möglichkeiten der Verkaufsförderung

Die Verkaufsförderung wird primär der Kommunikationspolitik zugerechnet, obwohl teilweise auch Aufgaben anderer Bereiche des Marketing-Mix wahrgenommen werden, zum Beispiel der Preispolitik (Abschn. 3.2). Grundsätzlich stehen jedoch die Aufgaben und Ziele der Kommunikationspolitik im Fokus. Die Verkaufsförderung oder Sales Promotion beschreibt in der Regel **zeitlich befristete Maßnahmen mit Aktionscharakter**, die helfen sollen, die gewünschten Kommunikations- und Absatzziele zu erreichen. (vgl. Bruhn 2014, S. 227)

Ein Hauptunterscheidungsmerkmal dieser Maßnahmen betrifft den **Empfänger** der Nachricht. Es wird unterschieden, ob sich die Maßnahme an Verkäufer und Händler richtet oder direkt an den Endverbraucher. Ein anderes wichtiges Unterscheidungsmerkmal ist der **Bezug zum Preis**, also ob Preisnachlässe gewährt oder andere Maßnahmen ergriffen werden sollen. Die Unterstützung von Verkäufern und Händlern kann zum Beispiel über Schulungsmaßnahmen, Informationsveranstaltungen, Kataloge, Rabatte oder Prospekte erfolgen. Für Verbraucher eignen sich beispielsweise Proben, Produktzugaben, Rabatte oder Gewinnspiele. Im **Onlinebereich** können viele Maßnahmen der Verkaufsförderung einfach und schnell umgesetzt werden. Es entstehen neue Formen der Verkaufsförderung, die durch die Multimedialität des Internets erst ermöglicht werden. (vgl. Jacob 2012, S. 252)

Treueprogramme

Eine **Sonderform** der verkaufsfördernden Maßnahmen stellen Treue- beziehungsweise Bonusprogramme dar. Sie sind grundsätzlich langfristig ausgerichtet und treten häufig als Kooperationen mit anderen Unternehmen auf, wie zum Beispiel beim Payback-System. Durch die **Kooperation** mit anderen Unternehmen profitieren die Kunden, da sie bei mehreren Unternehmen Bonuspunkte sammeln können und dadurch tendenziell größere Boni erhalten und beim Einlösen der Punkte eine breitere Auswahl haben. Aber auch die Unternehmen haben einen Nutzen aufgrund der höheren Teilnahmebereitschaft der Kunden und des Austauschs mit den Kooperationspartnern. Jedes Unternehmen sollte jedoch zunächst prüfen, ob eine Kooperation sinnvoll ist. Ansonsten ist die Entwicklung eines eigenen Treueprogramms die bessere Wahl. **Ziel** von Bonusprogrammen soll es sein, dass die Kunden motiviert werden, langfristig treu zu bleiben, weitere Artikel zu kaufen oder persönliche Informationen bereitzustellen, die zur Analyse und Verbesserung des Angebots genutzt werden können. Für ihre Treue beziehungsweise die Herausgabe ihrer Informationen erhalten die Kunden dann Rabatte, Prämien oder Bonuspunkte, die dann für weitere Produkte oder Dienstleistungen eingelöst werden können. Treueprogramme sollten die umsatzstärksten und somit wertvollsten Kunden in den Mittelpunkt rücken, damit sie das Gefühl haben, besonders gut behandelt zu werden. (vgl. Jacob 2012, S. 278)

Coupons

Das Couponing ist ein vergleichsweise altes Instrument der Verkaufsförderung und basiert auf der Grundidee der Rabattmarken, die schon seit Jahrzehnten verwendet werden. Seit dem Wegfall des Rabattgesetzes und der Zugabeverordnung im Jahr 2001 erfreut sich das Couponing in Deutschland steigender Beliebtheit bei Unternehmen und Konsumenten. Bis dahin war es nicht erlaubt, einen Rabatt größer als 3 Prozent zu gewähren oder ein zusätzliches Produkt als Dreingabe anzubieten. Nach der Gesetzesänderung eröffneten sich den Unternehmen ganz neue Möglichkeiten. Bei der Erstellung des Coupons werden die Unternehmen immer kreativer, es gibt jedoch drei **grundsätzliche Formen**: Rabattgutscheine, Warengutscheine oder Treuegutscheine. Rabattgutscheine bieten dem Kunden einen Preisnachlass auf den aktuellen oder zukünftigen Einkauf, so soll der Kunde animiert werden, mehr und öfter einzukaufen. Warengutscheine, sogenannte Free Offers, bieten eine kostenlose Dienstleistung oder ein Produkt an. So kann der Kunde beispielsweise ein neues Produkt testen, um sich davon überzeugen zu lassen. Bei den Treuegutscheinen erhalten die Kunden wie bereits dargestellt beispielsweise Rabatte, Prämien oder Bonuspunkte. Gerade das Medium Internet bietet dem Couponing viele Anwendungsmöglichkeiten. So ist ein physisches Sammeln von Coupons hier nicht mehr notwendig, sondern erfolgt auf elektronischem Wege. Durch die heutige IT-Infrastruktur und die **technischen Möglichkeiten** ist es leicht, Kunden- und Transaktionsdaten zu erfassen. Die Erstellung von Coupons ist flexibel, benötigt kaum Vorlaufzeit und ist einfach zu personalisieren. Auch die Erfolgskontrolle der Maßnahmen erfolgt automatisiert. Bei der Verteilung der Coupons sind dem Unternehmen kaum Grenzen gesetzt, hier kommt es nur auf die eigene Kreativität an. Klassische Verteiler sind zum Beispiel Banner, E-Mails oder soziale Medien. (vgl. Schusser 2003, S. 306 f.)

Auch die mobile Kommunikation sollte beachtet werden. Das Smartphone ist heutzutage in den Alltag integriert und bietet daher auch gute Einsatzmöglichkeiten für Werbezwecke. So besteht die Möglichkeit, sich Apps herunterzuladen, durch die man Zugang zu **mobilen Coupons** erhält. Dies kann mit oder ohne Gegenleistung erfolgen. Als Gegenleistung werden hier meist persönliche Daten verwendet, anhand derer dann Käuferprofile erstellt werden, die zu weiteren Marketingzwecken ausgewertet werden. Zudem ist es möglich, dem potenziellen Kunden beim Vorbeigehen oder Betreten des realen Geschäfts eine Nachricht zukommen zu lassen, die über aktuelle Angebote informiert, aber auch einen Coupon enthalten kann.

Gewinnspiele

Online-Gewinnspiele und Onlinespiele ohne Gewinnmöglichkeit sind gute Maßnahmen, um potenzielle Kunden auf die eigene Website zu locken. Durch das Spiel wird ein Mehrwert geboten, der User wird damit motiviert, die Website zu besuchen und sich länger dort aufzuhalten. **Online-Gewinnspiele** erzeugen beim Nutzer tendenziell eine positive Stimmung, da er auf einen Gewinn hofft. Erfolgreiche Gewinnspiele enthalten in der Regel attraktive Preise, die in Zusammenhang mit dem Werbeprodukt stehen, sodass hauptsächlich diejenigen User angezogen werden, die ein Interesse für die Produktgruppe haben. Außerdem sollten die Gewinnspiele regelmäßig aktualisiert werden. So hält man das Interesse der Besucher wach und motiviert sie, erneut auf die Website zu kommen. Eine weitere Eigenschaft eines gut konzipierten Gewinnspiels ist, dem Teilnehmer das Gefühl zu geben, dass er das Ergebnis durch eine bestimmte Leistung positiv beeinflussen kann. Wichtig ist zudem, ausreichend Dialogmöglichkeiten zu bieten, um das Werbeprodukt besser kommunizieren zu können. **Onlinespiele ohne Gewinnoption** verzichten auf den Anreiz eines möglichen Preises und müssen den User daher allein durch den Unterhaltungswert davon überzeugen, länger und häufiger auf die Website zu kommen. Um dieses Verhalten zu unterstützen, besteht die Möglichkeit Highscore-Listen zu erstellen, mit denen die Spieler sich messen können und so den Wiederspielwert zu erhöhen. Anstatt ein eigenes Spiel zu programmieren, besteht auch die Möglichkeit, einen Spieleanbieter zu unterstützen und dort als Sponsor aufzutreten. Zu beachten ist aber, dass ein eigenes Spiel besser auf das gewünschte Produkt und die Werbebotschaft zugeschnitten werden kann. Um es für den Interessenten leicht spielbar zu machen, sollte auf einen Download verzichtet werden und das Spiel im Webbrowser verfügbar sein. Auch sollte es so gestaltet sein, dass auf eine Anleitung verzichtet werden kann. Verzögerungen aufgrund eines Downloads oder das Lesen einer Anleitung können zu einer Abwehrhaltung gegenüber dem Spiel führen. (vgl. Jacob 2012, S. 274)

E-Sampling (Produktproben)

Das Verteilen von Produktproben ist eine beliebte Art, um potenzielle Kunden auf die eigenen Produkte hinzuweisen oder auf neue Produkte aufmerksam zu machen. Vor allem im **Offlinebereich** sind Produktproben weit verbreitet. So werden zum Beispiel Proben von Parfüms oder Duschgels als Beilage in Zeitschriften verteilt oder im Supermarkt wird eine neue Käsesorte verkostet. Im **Onlinebereich** erlaubt die Technik eine ganz andere Form von Warenproben. Zunächst ist aber der Begriff des E-Sampling zu erklären, da es noch keine allgemeingültige Definition gibt. Zum einen beschreibt das E-Sampling die Möglichkeit, online auf einer Website **physische Warenproben zu bestellen**, zum anderen, und dies ist die gängigere Begriffsbestimmung, beschreibt es die **Bereitstellung von Produktproben im Internet** selbst. So ist es beispielsweise schon seit Langem möglich, eine Demoversion von Software oder Spielen herunterzuladen, um diese vor dem Kauf auszuprobieren. Vor dem Erwerb von Musikstücken oder Hörbüchern kann eine kurze Hörprobe abgerufen werden, bevor man sich für den Kauf entscheidet. Ebenso kann vor dem Einkauf einer DVD oder dem Downloadkauf eines Films zunächst ein kostenloser Trailer angesehen werden. Das Internet und die dahinter stehende Technik erlauben hier verschiedene Formen, um den potenziellen Kunden mit Produktproben zu versorgen. Auch in Zukunft werden hier immer wieder neue Möglichkeiten entstehen. So wird es wohl auch bald durch die Verbreitung von 3-D-Druckern möglich sein, sich ein Produkt oder ein Modell selbst auszudrucken und zu testen.

Communitys, Messen und Ausstellungen

Online-Communitys oder -Gemeinschaften haben mittlerweile einen hohen Stellenwert im Marketing erreicht und sind ein unerlässliches Instrument zur Kommunikation mit den Kunden und anderen Interessensgruppen. Entstanden ist der Begriff **Community Marketing**. Er beschreibt alle Marketingmaßnahmen, die in den Communitys eingesetzt werden, um die Marketing- und Kommunikationsziele zu erreichen. Durch den interaktiven Austausch mit und zwischen den Kunden entsteht ein wertvolles Kommunikationsinstrument, das vor allem durch den sogenannten User Generated Content, also den durch die Nutzer selbst erstellten Inhalt, ein hohes Vertrauen bei den Adressaten genießt. Durch das Community-Marketing sollen das Image des Unternehmens und der Marke verbessert und Neukunden akquiriert werden. Die von den Usern bereitgestellten Informationen werden verarbeitet und zur Verbesserung der eigenen Inhalte und Produkte verwendet. Zudem ist es ein ideales Instrument, um offen und direkt über eventuelle Krisen zu kommunizieren. (vgl. Meier und Stormer 2012, S. 121 f.)

Messen und Ausstellungen sind klassische Instrumente im Offline-Marketing, um direkt mit Kunden und Interessenten in Kontakt zu treten und über ein Unternehmen und seine Produkte zu informieren. Auch hier bietet das Internet neue Anwendungsmöglichkeiten. Durch **virtuelle Messen** ist es möglich, sich unabhängig von Zeit und Raum an die Zielgruppe zu richten. Zudem ist eine Onlinemesse deutlich günstiger als eine klassische Ausstellung, da zusätzliche Miet- und Personalkosten entfallen. Von Nachteil ist jedoch, dass viele Interessenten gerade wegen des persönlichen Kontakts und der möglichen Produkttests auf die Messen kommen. Oft lassen sich diese persönliche Beratung und die Produktpräsentation nicht ganz im Sinne des Kunden durch die Onlinekommunikation ersetzen. Dennoch bleiben virtuelle Messen ein geeignetes Mittel, um eine klassische, reale Messe kommunikativ zu unterstützen. (vgl. Bogner 2006, S. 122 ff.)

Persönlicher Verkauf

Der persönliche Verkauf oder **Personal Selling** ist ein Teil der Kommunikationspolitik, kann aber auch als absatzpolitisches Instrument der Distributionspolitik angesehen werden. Entscheidend ist in jedem Fall aber der direkte Kontakt zwischen dem Verkäufer und dem Käufer. Die Aufgaben des Personal Selling sind insbesondere, Informationen über den Kunden zu gewinnen und Kaufverträge abzuschließen. Der Verkäufer versucht, durch geschickte Kommunikation dem möglichen Käufer ein Produkt interessant zu präsentieren, um ihn schließlich vom Kauf zu überzeugen. Bisher ließen sich der direkte Verkauf (Face-to-Face-Selling) und der Telefonverkauf unterscheiden. Das **Internet** bietet jedoch **zusätzliche Möglichkeiten,** um mit einem potenziellen Kunden persönlich in Kontakt zu treten. Verkaufsberater können sich mittels Chat in einen Informations- oder Auswahlprozess eines Kunden einklinken, sofern der Kunde zustimmt, und ihm aktiv zur Seite stehen. Der Berater kann hier in Form eines Portraits oder eines Avatars für den Kunden sichtbar sein, um so einen persönlicheren Bezug aufzubauen und eine Abwehrhaltung zu verhindern. Möglich ist auch ein Videochat zwischen Verkäufer und Käufer, sodass sich beide Parteien über die Webcam des Computers sehen können oder ein Produkt live vorgeführt wird. (vgl. Jacob 2012, S. 253)

Literatur

Arbeitsgemeinschaft Online Forschung (2015) Studienarchiv. http://www.agof.de/studien/mobile-facts/studienarchiv-mobil/. Zugegriffen: 01. August 2015.

Bauer M, Pittelkow D (2008) Online-Produktkonfiguratoren im B2C-Bereich. http://www.cereal-club.de/uploads/press_release/pdf/3838b6bc07cb3775e7e5a16035de3482.pdf. Zugegriffen: 25. Januar 2015.

Baumgarth C (2013) Markenpolitik; Markenwirkungen – Markenführung – Markencontrolling. Gabler, Wiesbaden.

BitKom (2007) Trends im E-Commerce. http://www.bitkom.org/files/documents/BITKOM_E-Commerce_Studienbericht.pdf.

BitKom (2011) Netzgesellschaft. https://www.bitkom.org/Publikationen/2011/Studie/Studie-Netzgesellschaft/BITKOM_Publikation_Netzgesellschaft.pdf. Zugegriffen: 26. April 2015.

BitKom (2013) Trends im E-Commerce; Konsumverhalten beim Onlineshopping. http://www.bitkom.org/files/documents/BITKOM_E-Commerce_Studienbericht.pdf. Zugegriffen: 26. April 2015.

Bogner T (2006) Strategisches Online-Marketing. Deutscher Universitäts-Verlag, Wiesbaden.

Bruhn M (2009) Sponsoring; Systematische Planung und integrativer Einsatz. Gabler, Wiesbaden.

Bruhn M (2012) Marketing; Grundlagen für Studium und Praxis. Gabler, Wiesbaden.

Bruhn M (2014) Marketing; Grundlagen für Studium und Praxis. Gabler, Wiesbaden.

Bundeszentrale für politische Bildung (2013) Preiselastizität. http://www.bpb.de/wissen/D5EG0I. Zugegriffen: 26. April 2015.

Buschmann S (2014) Kundenservice im E-Commerce; Was Online-Händler ihren Kunden bieten sollten. http://www.ebusiness-lotse-koeln.de/Themen/Allgemeines/Kundenservice-im-E-Commerce-Was-Online-Haendler-ihren-Kunden-bieten-sollten-. Zugegriffen: 28. Juli 2015.

Business Netz (2015) Online-Handel: Die Bedeutung der richtigen Verpackung. http://www.business-netz.com/Einkauf-und-Vertrieb/Online-Handel-Die-Bedeutung-der-richtigen-Verpackung. Zugegriffen: 25. Januar 2015.

Clement R, Schreiber D (2013) Internet-Ökonomie; Grundlagen und Fallbeispiele der vernetzten Wirtschaft. Gabler, Wiesbaden.

Cucu A (2015) Perfekte Produktbeschreibungen im Webshop. http://business24.ch/2013/08/19/perfekte-produktbeschreibungen-im-webshop/. Zugegriffen: 24. Januar 2015.

Deutscher Verband für Telekommunikation und Medien (2013) DVTM nimmt erstmals Regelungen zu Mobile Commerce in seinen Kodex auf. http://www.dvtm.net/uploads/media/2013-04-03_Kodex_Deutschland_-_Fortschreibung_M-Commerce_final.pdf. Zugegriffen: 28. Juli 2015.

Diller H (2007) Preispolitik. Kohlhammer, Stuttgart.

Eckstein A, Halbach J (2012) Mobile Commerce in Deutschland; Die Rolle des Smartphones im Kaufprozess. Universität Köln Institut für Handelsforschung, Köln.

ecommerce-leitfaden (2009) Versand – vom Shop zum Kunden. http://www.ecommerce-leitfaden.de/versand-vom-shop-kunden.html. Zugegriffen: 28. Juli 2015.

Fachakademie Saar für Hochschulfortbildung (2015) Einfluss des Internets auf Produktpolitik. http://www.marketingwirt.com/antwort.php?id=1944. Zugegriffen: 26. Januar 2015.

Féaux de Lacroix J (2010) Handy jagt Schnäppchen. http://www.hna.de/netzwelt/handy-jagt-schnaeppchen-693540.html. Zugegriffen: 25. April 2015.

Förster A, Kreuz P (2013) Offensives Marketing im E-Business, Loyale Kunden gewinnen – CRM-Potenziale nutzen. Springer, Berlin, Heidelberg.

Fritz W (2001) Das Verschenken von Produkten – eine rationale oder ruinöse Preisstrategie im E-Commerce? TU Braunschweig. http://www.wiwi.tu-bs.de/marketing/service/download/art/verschenken.pdf. Zugegriffen: 28. Juli 2015.

Froschauer M (2001) Preisgestaltungsmöglichkeiten für über das Internet zu beziehende Musikfiles. Diplomica, Hamburg.

Füst B, Gassmann M, Gerhard Hegmann, Birger Nicolai (2013) Deutsche Post plant Drohneneinsatz wie Amazon. http://www.welt.de/wirtschaft/article122487981/Deutsche-Post-plant-Drohneneinsatz-wie-Amazon.html. Zugegriffen: 23. Januar 2015.

Gerhardt S (2014) Handys sind wichtige Einkaufsbegleiter; GfK-Studie zur Nutzung von Mobiltelefonen im Geschäft. http://www.gfk.com/de/Documents/Pressemitteilungen/2015/20150223_PM_Mobiles-Verhalten-in-Geschaeften_dfin.pdf. Zugegriffen: 28. Juli 2015.

Godin S (2007) Permission Marketing. Pocket, London.
Gründerszene (2015a) AIDA-Prinzip. http://www.gruenderszene.de/lexikon/begriffe/aida-prinzip. Zugegriffen: 28. Juli 2015.
Gründerszene (2015b) E-Mail-Marketing. http://www.gruenderszene.de/lexikon/begriffe/e-mail-marketing. Zugegriffen: 28. Juli 2015.
Hafner S (2006) Effizienz elektronischer Märkte; Preisvergleich zwischen Online-Shops und traditionellen Geschäften am Beispiel des Spielwarenhandels. Wirtschaftsuniversität Wien. http://michael.hahsler.net/stud/done/hafner/Diplomarbeit_Hafner.pdf. Zugegriffen: 03. Februar 2015.
Handelswissen (2015) Preisdifferenzierung. http://www.handelswissen.de/data/themen/Marktpositionierung/Preis/Preiskonzepte/Preisdifferenzierung. Zugegriffen: 25. April 2015.
Henkel J (2001) Preissetzung im E-Commerce. http://www.inno-tec.bwl.uni-muenchen.de/forschung/forschungsprojekte/abgeschlossen/preisstrategien/henkel.pdf. Zugegriffen: 26. April 2015.
Hoberg P (2010) Gedanken zur Produkteignung im E-Commerce. http://www.ecommerce-rules.de/e-commerce/gedanken-zur-produkteignung-im-e-commerce/. Zugegriffen: 28. Juli 2015.
Holzapfel F (2006) Guerilla Marketing; Online, Mobile und Crossmedia. http://www. guerillamarketingbuch.com/ebook/ebook-guerilla-marketing-online-mobile-crossmedia.pdf. Zugegriffen: 27. März 2014.
Höschl P, Straub N (2012) Das ABC des E-Commerce; Online-Handel planvoll gestalten – neue Chancen nutzen. BBE, Neuwied.
IFH Retail Consultants (2015) E-Commerce. http://www.handelswissen.de/data/themen/Marktpositionierung/Betriebsform/Distanzhandel/E-Commerce. Zugegriffen: 23. Januar 2015.
ITWissen (2014) E-Commerce. http://www.itwissen.info/definition/lexikon/E-Commerce-eCommerce-electronic-commerce.html. Zugegriffen: 23. Dezember 2014.
Jacob M (2012) Informationsorientiertes Management; Ein Überblick für Studierende und Praktiker. Gabler, Wiesbaden.
Keßler P (2001) Möglichkeiten der Preissetzung im Internet. http://www.absatzwirtschaft.de/moeglichkeiten-der-preissetzung-im-internet-283/. Zugegriffen: 30. Januar 2015.
Klaus A (2013) Preisdifferenzierung im Internet. http://www.shesign.de/blog/seo-sea-smo/1103-konigsdisziplin-preisdifferenzierung-im-internet/. Zugegriffen: 26. April 2015.
Klaus A (2015) Preisdifferenzierung im Internet. http://www.shesign.de/blog/seo-sea-smo/1103-konigsdisziplin-preisdifferenzierung-im-internet/. Zugegriffen: 28. Juli 2015.
Kögel S (2012) Dynamische Preisoptimierung. Selbstverlag, Zaragoza.
Kollmann T (2007) Online-Marketing; Grundlagen der Absatzpolitik in der Net Economy. Kohlhammer, Stuttgart.
Kornelsen A (2012) Mercedes Product Placement in Online Spiel. http://brandedentertainmentonline.de/product-placement/games/833-mercedes-product-placement-in-online-spiel. Zugegriffen: 24. März 2015.
Kreutzer RT (2014) Praxisorientiertes Online-Marketing; Konzepte – Instrumente – Checklisten. Gabler, Wiesbaden.
Kreutzer RT, Rumler A, Wille-Baumkauff B (2014) B2B-Online-Marketing und Social Media; Ein Praxisleitfaden. Gabler, Wiesbaden.
Kreuz P, Förster A, Schlegelmilch BB (2001) Customer-Relationship-Management im Internet; Grundlagen und Werkzeuge für Manager. Books on Demand, Norderstedt.
Kroll S (2014) Paypal bringt Kreditprogramm nach Deutschland. http://www.internetworld.de/e-commerce/paypal/paypal-bringt-kreditprogramm-deutschland-491424.html. Zugegriffen: 26. April 2015.
Kuß A, Kleinaltenkamp M (2013) Marketing-Einführung; Grundlagen - Überblick - Beispiele. Gabler, Wiesbaden.

Lammenett E (2012) Praxiswissen Online-Marketing. Gabler, Wiesbaden.
Lammenett E (2014) Praxiswissen Online-Marketing; Affiliate- und E-Mail-Marketing, Suchmaschinenmarketing, Online-Werbung, Social Media, Online-PR. Gabler, Wiesbaden.
Lehmann S (2011) Preispolitik bei Investitionsgüterherstellern. Grin, München.
Ley T, Wolber J (2009) Follow the Free; Das Verschenken von Gütern als Geschäftsmodell. Grin, München.
Meffert H, Burmann C, Kirchgeorg M (2012) Marketing; Grundlagen marktorientierter Unternehmensführung: Konzepte – Instrumente – Praxisbeispiele. Gabler, Wiesbaden.
Meffert, Heribert, Manfred (2012) Dienstleistungsmarketing. Gabler, Wiesbaden.
Meier A, Stormer H (2012) eBusiness & eCommerce; Management der digitalen Wertschöpfungskette. Springer, Berlin, Heidelberg.
Müller M (2000) Eine Klassifizierung von Geschäftsmodellen im Internet. Diplomica, Hamburg.
Nguyen PL (2012) Schnäppchen-Portale im Internet; Amazon, eBay, Geizhals und Groupon & Co. Diplomica, Hamburg.
n-tv (2014) Preissuchmaschinen im Test; Nur drei Portale „gut". http://www.n-tv.de/ratgeber/tests/Preissuchmaschinen-im-Test-article13695156.html. Zugegriffen: 23. April 2015.
Olderog T (2003) Faktoren des Markterfolges Im Online-Handel. Deutscher Universitäts-Verlag, Wiesbaden.
Online Money (2015) Hunderte Euro Unterschied: Darum können Sie Amazon-Preisen nicht trauen. http://www.focus.de/finanzen/news/studie-zeigt-preisschwankungen-bei-amazon-um-bis-zu-240-prozent_id_4503019.html. Zugegriffen: 28. Juli 2015.
Onlinemarketing-Praxis (2015) Definition Social Commerce. http://www.onlinemarketing-praxis.de/glossar/social-commerce. Zugegriffen: 28. Juli 2015.
Payback (2015) Gutscheine, Coupons & Aktionen im PAYBACK Bonusprogramm. http://www.payback.de/. Zugegriffen: 26. April 2015.
PayPal (2015) Mobil bezahlen auf Millionen von Webseiten & in Apps. https://www.paypal.com/de/webapps/mpp/pay-with-app. Zugegriffen: 26. April 2015.
Persiel S (2008) Äpfel und Birnen?; Onlinewerbung im Intermediavergleich mit klassischen Werbeträgern: Internet vs. TV, Plakat, Zeitungen, Zeitschriften, Direktmarketing. Books on Demand, Norderstedt.
Peters R (2010) Internet-Ökonomie. Springer, Berlin, Heidelberg.
Pressebox (2008) Askerus-Travel konnte Reisenachfragen im Wert von 3,5 Mio. Euro einsammeln. http://www.pressebox.de/pressemitteilung/askerus-gmbh/Askerus-Travel-konnte-Reisenachfragen-im-Wert-von-3-5-Mio-Euro-einsammeln/boxid/148511. Zugegriffen: 26. April 2015.
Prudsys (2011) Dynamische Preisoptimierung im Handel; Leitfaden zur Anwendung von automatisierten Preisfindungsverfahren. http://www.prudsys.de/nc/downloads.html?tx_drblob_pi1 Prozent5BdownloadUid Prozent5D – 431. Zugegriffen: 25. April 2015.
Purle T (2014) Produktsortiment und Sortimentsgestaltung im Onlineshop-Betrieb. http://www.onlineshop-basics.de/produktsortiment-und-sortimentsgestaltung-im-onlineshop-betrieb-67.html. Zugegriffen: 24. Januar 2015.
Reimann M (2006) Einsatzmöglichkeiten des Internet als Marketing-Instrument; Am Beispiel eines mittelständischen Dienstleistungsunternehmens. Diplomica, Hamburg.
Schlums A (2013) Preisvergleichsportale im Überblick und die wichtigsten Unterschiede. http://www.vergleichsportal-finden.de/aktuell/preisvergleichsportale-im-ueberblick-und-die-wichtigsten-unterschiede. Zugegriffen: 23. April 2015.
Schmidt S (2007) Das Online-Erfolgsmodell digitaler Produkte; Strategische Wirkungspotenziale und operative Handlungsoptionen. Deutscher Universitäts-Verlag, Wiesbaden.
Schneider SH (2015) Mobile Marketing; Die moderne Marketingkommunikation: Die Integration von Mobile Marketing in den Marketing-Mix. Diplomica, Hamburg.

Schröder H (2012) Handelsmarketing; Strategien und Instrumente für den stationären Einzelhandel und für Online-Shops mit Praxisbeispielen. Gabler, Wiesbaden.

Schusser SW (2003) Couponing als Baustein eines systematischen Customer Relationship Management. In: Hartmann W, Kreutzer RT, Kuhfuß H (Hrsg) Handbuch Couponing. Gabler, Wiesbaden, S 303-315.

Shopanbieter (2014) Controlling für den Erfolg. http://www.shopanbieter.de/knowhow/pdf/controlling-ecommerce-low.php. Zugegriffen: 23. Dezember 2014.

Sigler C (2010) Online-Medienmanagement; Grundlagen – Konzepte – Herausforderungen. Gabler, Wiesbaden.

Simon H (2008) Preismanagement; Analyse – Strategie – Umsetzung. Gabler, Wiesbaden.

Spiegel Online (2013) Online-Einkauf; Amazon macht PayPal mit Bezahlfunktion Konkurrenz. http://www.spiegel.de/netzwelt/web/amazon-macht-paypal-mit-bezahlfunktion-konkurrenz-a-926875.html. Zugegriffen: 26. April 2015.

Stallmann F, Wegner U (2014) Internationalisierung von E-Commerce-Geschäften: Bausteine, Strategien, Umsetzung. Gabler, Wiesbaden.

Statista (2014) B2C-E-Commerce-Umsatz in Deutschland 1999 bis 2014 und Prognose für 2015. http://de.statista.com/statistik/daten/studie/3979/umfrage/e-commerce-umsatz-in-deutschland-seit-1999/. Zugegriffen: 23. Dezember 2014.

Tawakol S (2013) The World Goes Mobile; 5 Mobile-Commerce Trends für 2013. http://www.ecommerce-lounge.de/mobile-trends-2013/. Zugegriffen: 23. Dezember 2014.

TEIA (2015a) Besonderheiten der Preispolitik im E-Commerce. http://www.teialehrbuch.de/Kostenlose-Kurse/Marketing/15293-Besonderheiten-der-Preispolitik-im-E-Commerce.html. Zugegriffen: 29. Januar 2015.

TEIA (2015b) Produktpolitik und Markenführung im Internet. http://www.teialehrbuch.de/Kostenlose-Kurse/Marketing/15273-Produktpolitik-und-Markenfuehrung-im-Internet.html. Zugegriffen: 24. Januar 2015.

Trusted Shops (2015) Käuferschutz. http://www.trustedshops.de/guetesiegel/kaeuferschutz.html. Zugegriffen: 25. Januar 2015.

Universität Erlangen (2015) Marktprozesse; Produktpolitik. http://www.economics.phil.uni-erlangen.de/lehre/bwl-archiv/lehrbuch/kap2/prodzy/prodzy.pdf. Zugegriffen: 19. Januar 2015.

Vertrieb-Strategie (2015) Direkter Vertrieb. http://www.vertrieb-strategie.de/vertriebsnetze/direkter-vertrieb/. Zugegriffen: 28. Juli 2015.

Wagner L (2010) „Follow the Free"-Prinzip. http://www.vorlesungen.info/node/1116. Zugegriffen: 28. Juli 2015.

Walgenbach G (2008) Die Vorteilssituation von Innovatoren auf elektronischen Märkten; Strategische Relevanz des frühen Markteintritts am Beispiel des Online-Buchhandels. Deutscher Universitäts-Verlag, Wiesbaden.

Wiesner K (2005) Internationales Management. De Gruyter, Berlin.

Wiso (2015) Preisagenturen. http://www.wiso-software.de/lexikon/index.php?option=com_content&view=article&id=189:preisagenturen&catid=58:p&Itemid=69. Zugegriffen: 28. Juli 2015.

Zahnen T (2014) Überblick eCl@ss. http://www.eclass.de/eclasscontent/standard/overview.html.de. Zugegriffen: 24. Januar 2015.

Zinnbauer M, Bakay Z (2001) Preisdiskriminierung mittels Auktionen im Internet; Schriften zur empirischen Forschung und Quantitativen Unternehmensplanung. http://www.imm.bwl.uni-muenchen.de/forschung/schriftenefo/ap_efoplan_04.pdf. Zugegriffen: 28. Juli 2015.

Implementierung

4

Zusammenfassung

In dem Kapitel Implementierung findet die Website eines Unternehmens als erstes Instrument Erwähnung, da sie den Ausgangspunkt aller Online-Marketing-Aktivitäten darstellt. Im Anschluss daran erfolgt die Beschreibung des E-Mail-Marketings, in dem bezüglich der zielgruppengerechten Ansprache bereits heute schon langjährige Erfahrungen bestehen. Als weitere Maßnahme wird das Display-Marketing mit seinen Möglichkeiten der grafischen Gestaltung von Kommunikationsinhalten erörtert. Eng hiermit verbunden ist das Affiliate-Marketing, das Werbepartner auf der Grundlage eines Provisionssystems einbindet. Abgeschlossen wird das Kapitel mit zwei weiteren Instrumenten. Sowohl die sozialen Medien als auch die Suchmaschinen werden dahingehend betrachtet, welche Nutzungsmöglichkeiten sie innerhalb des Online-Marketings bieten, um die Kommunikation mit bestimmten Zielgruppen entweder zu führen, auszubauen oder gar neu aufzubauen.

4.1 Website

Unternehmen erstellen im Word Wide Web sogenannte Webpräsenzen. Eine Webpräsenz (Internetpräsenz, Website, Webauftritt) umfasst alle Webseiten eines Anbieters, die unter einer bestimmten Domain (Internetadresse) zusammengefasst sind. Je nach Zielsetzung des Anbieters lassen sich unterschiedliche Formen von Webauftritten unterscheiden. Diese reichen beispielweise von einer kurzen Unternehmenspräsentation über Blogs bis zu Webshops. Von Bedeutung ist insbesondere die Multimedialität, also die gleichzeitige Verwendung von Text, Bild, Grafik sowie Audio und Video. Die Erstellung von Webpräsenzen erfordert gleichzeitig Kreativität und ein analytisches Vorgehen. Wichtig ist zunächst, die Ziele und die Zielgruppen zu definieren. Die Zielfindung gestaltet sich insbesondere in größeren Unternehmen schwierig, da häufig mehrere Anspruchsgruppen

© Springer Fachmedien Wiesbaden 2015

M. Jacob, *Integriertes Online-Marketing*, DOI 10.1007/978-3-658-10754-3_4

mit nicht identischen Zielen existieren. Die Zielsetzung ist jedoch unerlässlich, da ansonsten eine spätere Evaluierung des Webauftritts nicht stattfinden kann. Im Anschluss an die Zielformulierung erfolgt die Konzeption und Umsetzung des Webauftritts. Hierbei arbeiten heute in der Regel mehrere Experten unter einer zentralen Projektleitung zusammen. Nach einer entsprechenden Analyse, die auch die Webauftritte von Mitbewerbern einschließt, werden Inhalte, Benutzerführung und Design erstellt und technisch umgesetzt. Insgesamt muss hierbei die sogenannte Usability (Benutzerfreundlichkeit) beachtet werden. Während der einzelnen Phasen der Erstellung der Webpräsenz und in bestimmten darauf folgenden Zeitabschnitten erfolgt eine Evaluierung. (Jacob 2014, S. 51 f.)

4.1.1 Definitionen und Überblick

Der Begriff Website setzt sich zusammen aus den Bestandteilen „Web“ im Sinne des World Wide Webs und „Site“ (Standort, Schauplatz). Diese Bezeichnung ist nicht mit dem deutschen Begriff Webseite gleichzusetzen, da die Website den gesamten Internetauftritt einer Organisation bezeichnet und entsprechend aus mehreren Webseiten besteht. Die Webseite ist folglich eine einzelne Seite (innerhalb der Website), wie beispielsweise die Startseite (Homepage) oder eine Unterseite. Jede Webseite kann über einen Internetbrowser, zum Beispiel den Internet Explorer, und die ihr eindeutig zugeordnete Adresse aufgerufen werden. (vgl. Onlinemarketing-Praxis 2015)

Komponenten einer URL

Eine Internetadresse besteht aus mehreren Komponenten und dient dem Nutzer zur Erreichung einer Internetpräsenz im World Wide Web. Formal korrekt ist der Begriff Uniform Resource Locator (URL). Die URL stellt einen Pfad auf ein Verzeichnis oder eine Datei innerhalb einer Website dar und ist wie in Abb. 4.1 aufgebaut. Zu ihren Bestandteilen gehören das verwendete **Protokoll**, der **Dienst**, der **Domainname,** auch als **Subdomain** oder **Second-Level-Domain** bezeichnet, die **Top-Level-Domain** und das **Verzeichnis** (hierarchische Ordnerstruktur). Der Teil index.html bezeichnet die jeweilige Datei. Das Protokoll dient der Interpretation durch den Browser, der insbesondere zwischen den Protokollen Hypertext Transfer Protocol (HTTP), HTTPS (http-Variante zur sicheren

Abb. 4.1 Aufbau und Bestandteile einer URL

Übertragung) und Filetransfer Protocol (FTP) unterscheidet. Weitere gängige Protokolle sind SMTP für E-Mail-Dienste und NNTP für Newsgruppen. (vgl. Sistrix 2015)

Voraussetzungen für den Betrieb einer Website

Um eine Website betreiben zu können, müssen zunächst bestimmte technische und rechtliche Voraussetzungen erfüllt sein. Aus technischer Sicht ist für den Zugang zu einer Website die **Domainadresse** als Bestandteil der zuvor erläuterten Internetadresse eine Grundvoraussetzung. Unter Marketingaspekten ist bei mehreren registrierten Domains zu entscheiden, welche von diesen die primäre darstellen soll. Auf diese werden die Besucher weitergeleitet. Die Weiterleitung erfolgt in der Regel, ohne dass der Nutzer etwas davon bemerkt, und bietet sich insbesondere für die Top-Level-Domain .com und . de an. Weiterhin ist für den Betrieb einer Website ein **Server** notwendig, auf dem die Datenbank und die einzelnen Seiten gehostet werden. Es ist rechtlich erforderlich, den Betreiber einer Website in einem **Impressum** inklusive seiner Kontaktdaten zu nennen. Dabei ist auch auf die Rechtskonformität des Impressums zu achten.

Websites als Marketinginstrument

Websites sind ein zentrales Element des Online-Marketings und repräsentieren das Unternehmen im World Wide Web. Insbesondere vor dem Hintergrund, dass sich viele Interessenten und damit potenzielle Kunden zunächst online über Produkte oder Dienstleistungen informieren, hat der Internetauftritt einen hohen Stellenwert. Er ist häufig der erste Eindruck eines Unternehmens auf einen Nutzer und entscheidet in vielen Fällen darüber, ob aus den Interessenten Kunden werden. Die Website dient somit als Werbemedium, Vertriebs-, Kommunikations- und Informationskanal. Die **Zielsetzung** des Websitemarketings ist die kundenorientierte beziehungsweise zielgruppenspezifische Darstellung des Unternehmens und seiner Leistungen zur Erreichung des übergeordneten strategischen Unternehmenszieles. Eine Website wird also insbesondere betrieben, um den Bekanntheitsgrad zu steigern, zur Kundengewinnung und der damit verbundenen Umsatzsteigerung. Websitemarketing beabsichtigt, Besucher zu einer bestimmten Handlung (Conversion) zu bewegen, wie beispielsweise einen Kauf zu tätigen. Der Einsatz eines jeden Marketinginstruments erfordert eine vorhergehende **Planung** und **Umsetzung** und eine begleitende **Kontrolle.** Die Planung bildet die Grundlage für die Programmierarbeiten, die den Hauptbestandteil der Umsetzung darstellen. Ausgehend von einer erfolgreichen Umsetzung kann die Kontrolle durch Web-Controlling-Maßnahmen erfolgen.

4.1.2 Arten von Websites

Neben der Begriffsabgrenzung werden Websites in unterschiedliche Kategorien eingeteilt. Eine Differenzierung kann nach dem Technologieeinsatz sowie anhand der angestrebten Ziele der Unternehmen erfolgen. Der Technologieeinsatz erlaubt in einem ersten Schritt eine Unterscheidung in statische und dynamische Websites. Im zweiten

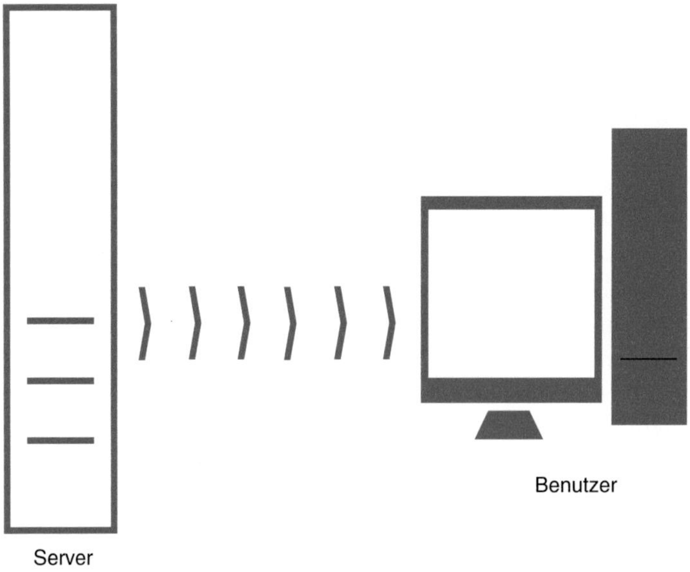

Abb. 4.2 Funktion einer statischen Website

Schritt erfolgt eine Differenzierung im Hinblick auf die Zielsetzung beziehungsweise den Zweck der Webpräsenz. Hierbei wird unterschieden zwischen Websites, die ausschließlich als Visitenkarte dienen, Websites mit dem primären Ziel der Kundenakquise, E-Commerce-Websites oder ganzheitlichen Web 2.0-Websites. (vgl. Core Consulting 2014, S. 1 f.)

Statische Websites

Wird seitens des Unternehmens Wert auf eine individuelle Beschaffenheit der Corporate Website gelegt, an denen jedoch **keine regelmäßigen inhaltlichen Erweiterungen und Änderungen** von Website-Inhalten während des Betriebes vorgenommen werden, eignet sich die statische Form. Es handelt es sich in der Regel um Webauftritte mit einem recht übersichtlichen Gesamtumfang. Es ist allerdings eine sehr aufwendige und zeitbeanspruchende Form der Gestaltung. Die Gesamtheit aller Seiten des Webauftritts müssen einzeln erstellt und in separaten Dateien auf dem unternehmenseigenen Webserver abgespeichert werden. Wird beispielsweise aus Unternehmenssicht eine Änderung des Layouts erwünscht, muss jede einzelne Datei geändert und angepasst werden. Abbildung 4.2 veranschaulicht die Funktion einer statischen Website. Dabei erfolgt die Übertragung der Webseiten bei jedem Websitebesuch direkt, ohne dass auf eine Datenbank zugegriffen wird. Zur Pflege und Verwaltung einer statisch generierten Präsenz sind **fundierte HTML-Kenntnisse** erforderlich. In der Regel sind deshalb für die Wartung und Pflege einer solchen Website Spezialisten notwendig. (vgl. Hammer und Bensmann 2011, S. 44)

Vor- und Nachteile statischer Websites

Ein Vorteil einer statisch generierten Website ist eine tendenziell niedrigere Ladezeit nach ihrem Aufrufen auf dem Gerät des Benutzers, da die Seiten in fertiger Form auf dem Webserver bereitstehen. Des Weiteren werden statische Websites in der Regel von Suchmaschinen besser erfasst und gefunden. Nachteilig beim Betrieb beziehungsweise der Erstellung von statischen Websites ist der hohe Pflegeaufwand, weshalb oftmals die Aktualisierung der Inhalte unregelmäßig durchgeführt wird.

Dynamische Websites

Unter dynamischen Websites werden Internetpräsenzen verstanden, die aufgrund oft wechselnder Inhalte **bei jedem Besuch neu generiert** werden. Im Gegensatz zu statisch aufgebauten Websites, deren Inhalte genau festgelegt sind, werden dynamische Websites durch den Abruf von Datenbankinhalten erzeugt. Dabei werden **Inhalte** sowie Gestaltungs- und Navigationselemente in der **Datenbank getrennt** voneinander hinterlegt. Dies macht deren separate und unabhängige Bearbeitung möglich. Um dynamische Seiten zu pflegen und zu verwalten, sind in der Regel keine Kenntnisse zur Programmierung erforderlich. Sogenannte **Content-Management-Systeme** (CMS) dienen hier als technische Grundlage und ermöglichen den Websitebetreibern, die Pflege und Verwaltung ihrer Webpräsenz selbst durchzuführen. Voraussetzung für dynamische Websites sind entsprechend leistungsstarke Webserver, da jeder Zugriff auf die Website eine Neugenerierung des HTML-Codes zur Folge hat. Die Funktionsweise einer dynamischen Website wird in Abb. 4.3 veranschaulicht. (vgl. Hammer und Bensmann 2011, S. 45 f.)

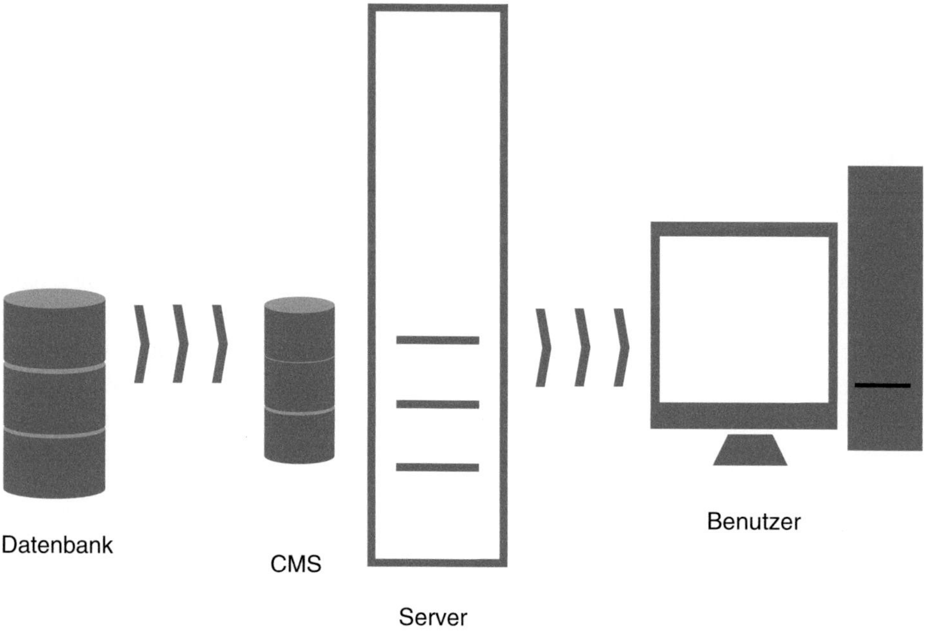

Abb. 4.3 Funktion einer dynamischen Website

Vor- und Nachteile dynamischer Websites

Zu den Vorteilen dynamischer Websites gehört, dass deren Pflege und die Aktualisierung ihrer Inhalte im Vergleich zu statischen Websites wesentlich einfacher sind und keine Programmierkenntnisse erfordern. Zudem können aktualisierte Inhalte mehr Website-Besucher generieren. Allerdings haben gerade aufgrund der regelmäßigen Änderungen der Inhalte Suchmaschinen beim Auffinden der Website eventuell Schwierigkeiten, weshalb Nachteile auftreten können. Darüber hinaus können umfangreiche Websites und überdimensionierte Bilder lange Ladezeiten auf dem Gerät des Besuchers verursachen. Ob statische oder dynamische Websites zu bevorzugen sind, hängt vom konkreten Einzelfall ab. (vgl. SEO-Küche 2014)

Differenzierung von Websites nach der Zielsetzung des Unternehmens

Neben der zuvor erläuterten technischen Differenzierung lassen sich Websites auch nach der durch das Unternehmen verfolgten Zielsetzung klassifizieren. Hierauf wird im Folgenden näher eingegangen.

Website als Visitenkarte

Der unternehmerische Webauftritt mittels einer „Visitenkarten-Website" vermittelt lediglich **Basisinformationen**. Suchmaschinenoptimierungsmaßnahmen finden bei dieser Art des Webauftritts keine große Beachtung. Die Mehrzahl der Besucher greift direkt auf die Website zu, indem sie die genaue Webadresse in den Browser eingibt. Das die Website betreibende Unternehmen hat lediglich die Absicht, das auf der Website vorzufindende Informationsportfolio bereitzustellen. Der Aufbau sowie die mit der Website angestrebten Ziele lassen nahezu **keine Interaktionsmöglichkeiten** für den Besucher oder potenziellen Kunden des Unternehmens zu. Diese Art von Websites ist in der Regel statischer Natur. (vgl. Bischopinck und Ceyp 2009, S. 105 f.)

Website zur Kundenakquise

Eine Website zur Kundenakquise kann als eine Weiterentwicklung der Visitenkarten-Website angesehen werden. Sie hat neben der Informationsbereitstellung auch die Gewinnung neuer Kunden und Interessenten zum **Ziel**. In der Regel gehören zu diesen Websites alle Webauftritte, die den potenziellen Kunden ansprechen und die jeweiligen Produkte und Dienstleistungen eines Unternehmens anbieten. Vor dem Hintergrund des Produktangebots stellt die **Suchmaschinenoptimierung** einer Site an dieser Stelle einen wichtigen Aspekt dar. Potenzielle Besucher sollen auch ohne genaue Kenntnis der Webadresse mittels einer Suchmaschinenanfrage auf die Website gelangen können. Aufgrund des oftmals umfangreichen Informationsgehalts und des Pflege- sowie Aktualisierungsaufwands handelt es sich bei diesen Webpräsenzen in der Regel um dynamische Websites. (vgl. Klopp 2012)

Website als E-Commerce-Plattform

Eine Website als E-Commerce-Plattform dient häufig als **Erweiterung** einer bereits bestehenden Website. In den überwiegenden Fällen beschreibt der E-Commerce-Begriff eine Transaktion zwischen Anbieter und Nachfrager über digitale Medien. E-Commerce stellt den elektronischen Vertrieb von Produkten und Dienstleistungen dar, beginnend mit der Anregungsphase über die Evaluation bis hin zum Kauf und der Zahlungsabwicklung. Im Allgemeinen wird ein **Onlineshop** als E-Commerce-Element in eine vorhandene oder neu konzipierte Website eingebunden. Dieses Shop-System bietet die Möglichkeit, die einzelnen Phasen des E-Commerce zu durchlaufen. (vgl. Core Consulting 2014, S. 2)

Web 2.0-Website

Eine Web 2.0-Website bezeichnet einen Webauftritt, der die Gesamtheit der unternehmerischen Aktivitäten im Web 2.0 in Echtzeit ermöglicht. Dem Web 2.0 zuzuordnende Elemente sind beispielsweise **Blogs, soziale Netzwerke und Social Bookmarking**. Ein Corporate Blog beispielsweise kann als Social Media-Element alle unternehmerischen Web 2.0-Aktivitäten zusammenführen. Dem Websitebesucher soll dadurch ein Überblick über das Unternehmen, dessen Marken und Produkte sowie Interaktionsmöglichkeiten geboten werden. Ein wesentliches **Ziel** der Web 2.0-Website ist es, mehr Websitebesucher, die per Suchmaschine von dem Unternehmen Kenntnis erlangen, zu erreichen. (vgl. Jodeleit 2010, S. 159 ff.)

4.1.3 Grundlegende Fragestellungen

Die Erstellung einer Website geschieht wie bereits angeführt in der Praxis in mehreren Phasen und Unterphasen. Nach einer ersten Planung erfolgt im Regelfall eine Konzeption (Grobkonzept, Feinkonzept, Designkonzept). Die anschließende Umsetzung führt zum Betrieb der Website. Jede Phase umfasst gewisse Schwerpunkte, die jedoch nicht immer eindeutig einer Phase zuzuordnen sind, da sie in anderen Phasen vorgedacht, konkretisiert oder modifiziert werden. Die folgende Darstellung der wichtigsten zu beachtenden Elemente bei der Erstellung einer Website nimmt deshalb nicht explizit eine Zuordnung zu den einzelnen Phasen vor.

Überblick

Insbesondere zu Beginn der Konzeption einer Website sind zunächst grundlegende Fragen zu stellen, die sich aus Abb. 4.4 ergeben. Die Klärung der genannten Fragestellungen erfolgt neben der Abstimmung mit den Initiatoren auch durch Unternehmens-, Branchen- und Konkurrenzanalysen. Je genauer die Ziele und Anforderungen des Unternehmens definiert werden, desto zielgerichteter kann das Projekt eines eigenen Internetauftritts umgesetzt werden.

Fragestellungen	
Allgemein	Zielsetzung Zielgruppe Funktion Marketing- und Werbemittel Alleinstellungsmerkmale Zeitplan
Inhalte und Medien	Vorhandene Inhalte Gewünschte Inhalte Vorhandene Bilder, Filme Gestaltungsrichtlinien Nachhaltige Pflege und Verwaltung
Technisch	Domain Server (vorhanden) Implementierung Content-Management-System

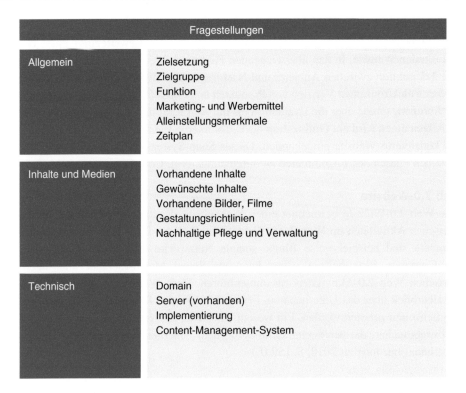

Abb. 4.4 Grundlegende Fragestellungen zu einer Website (vgl. Jacobsen 2009, S. 10)

Unternehmens-, Branchen- und Konkurrenzanalyse

Diese grundlegenden Fragestellungen können häufig durch eine Unternehmens-, Branchen- und Konkurrenzanalyse konkretisiert werden. Nähere Informationen zum **Unternehmen** lassen sich insbesondere durch Gespräche mit unterschiedlichen Mitarbeitergruppen gewinnen. Auch die Analyse vorhandener Strategiekonzepte sowie Studien zu Image und Corporate Design liefern wichtige Erkenntnisse. Ergänzen lassen sich diese Unternehmensinformationen durch eine **Branchenanalyse**. Hierbei sind insbesondere die Zukunftsaussichten der Branche von Bedeutung. Diese Informationen lassen sich durch Recherchen im Internet und durch die Analyse vorhandener Unterlagen beim Unternehmen gewinnen. Die **Konkurrenzanalyse** spielt eine wichtige Rolle für den Webauftritt oder einen Web-Relaunch. Es werden Informationen über tatsächliche und potenzielle Mitbewerber beziehungsweise Konkurrenten gesammelt und deren Webpräsenzen nach Stärken und Schwächen analysiert und kategorisiert. Konkrete Analysebereiche sind beispielsweise Inhalt und Inhaltspräsentation, grafische Gestaltung, Funktionsumfang und Features, Aktualität, technische Realisierung, Suchmaschinenplatzierung und benutzte Suchwörter (Keywords), Verlinkung und besondere Alleinstellungsmerkmale. Die Erhebung dieser Merkmale umfasst insbesondere folgende Schritte:

- Festlegung der Konkurrenten: Die Konkurrenten, mit denen die eigene Website im Wettbewerb steht, sind zunächst im Hinblick auf die gleiche Branche und/oder das Produktangebot zu bestimmen.
- Festlegung der Informationen: Die Kriterien müssen klar festgelegt werden. Ziel ist, die Informationsmasse gering zu halten und nur relevante Informationen herauszufiltern und zu archivieren.
- Erfassung und Auswertung der Daten: Relevante Daten können zum einen durch die Fragestellung erfasst werden, ob eine Site ein bestimmtes Kriterium erfüllt oder nicht, zum anderen durch die Beschreibung und Bewertung ihrer Inhalte.
- Berichterstellung: Die Ergebnisse müssen zusammengefasst und interpretiert werden, insbesondere um Ideen für die eigene Website zu sammeln.

Zielgruppen definieren

Neben der Unternehmens-, Branchen- und Konkurrenzanalyse ist die Bestimmung der Zielgruppen ein wichtiger Aspekt. Die Festlegung einer oder mehrerer **Zielgruppen** ermöglicht, die Website oder das Webportal optimal zu strukturieren und somit die Effizienz und Effektivität des Angebots zu gewährleisten. Zur Bestimmung beziehungsweise Eingrenzung der Zielgruppe werden Studien über das Kauf-, Informations- und Nutzerverhalten der Bevölkerung herangezogen, die bei verschiedenen Marktforschungsinstituten bezogen werden können. Nach der Auswertung dieser Studien werden **Benutzerprofile** erstellt. Diese enthalten insbesondere soziodemografische Merkmale des Kunden und sind in Form eines kurzen Lebenslaufs aufgebaut. Darüber hinaus liefern sie Informationen über die Erwartungen und den Mehrwert, den sich die potenziellen Kunden vom Besuch der Website erhoffen. Neben den Benutzerprofilen können **Nutzungsszenarien** entwickelt werden. Diese stellen die Bedürfnisse und Erwartungen der potenziellen Kunden dar und dienen somit als Leitfaden für die Navigations- und Informationsstruktur des Portals. (vgl. Jacobsen 2009, S. 44 ff.)

Festlegung von Standardfunktionen, Zusatzfunktionen und Medien

Weitere Aspekte eines Konzepts sind die Bestimmung der Funktionen der Website und die Festlegung der Medien, die verwendet werden sollen. Die Funktionen können in Standard- und Zusatzfunktionen unterteilt werden. **Standardfunktionen** werden für alle Websites und Portale im World Wide Web benötigt; dazu zählen die Startseite, Inhaltsseiten, das Impressum und die Kontaktadresse. **Zusatzfunktionen** bieten dem Nutzer einen Mehrwert und vereinfachen die Bedienung der Site. Hierbei handelt es sich um die Suchfunktion, FAQs, eine Sitemap (Navigationsübersicht), verfügbare Downloads, einen Blog oder ein Forum. Die Anzahl der Zusatzfunktionen ist hoch und kann dem Betreiber einer Website durch die Anbindung an das soziale Web einen großen Mehrwert bieten, zum Beispiel die Steigerung des Bekanntheitsgrads und damit einhergehend Kundengewinnung und Kundenbindung. Mit der Anbindung an das soziale Web sollte zudem die Verwendung von Medien bestimmt und diskutiert werden, da auch **Medien** dem Nutzer einen Mehrwert bieten, der wiederum zur Akzeptanz und Steigerung der Besucherfrequentierung einer Site beziehungsweise eines Portals beitragen kann. (vgl. Jacobsen 2009, S. 49)

Die 5 Leitfragen der Usability

Bereits während der Konzeption einer Website ist ebenso wie bei der späteren Umsetzung auf deren Usability (Benutzerfreundlichkeit) zu achten. Zusammenfassend lässt sich dies mit folgenden Leitfragen beschreiben:

- Wie **einfach** ist für einen Anwender die Bedienung der Website, wenn er diese zum ersten Mal besucht? Wie schnell kann die Seite erlernt werden?
- Wie **schnell** kommt der Besucher zu seinem Ergebnis oder wie lange braucht er für das Durchsuchen der Site? Wie hoch ist deren Effektivität?
- Wie **einprägsam** ist die Site? Wie ist die Erinnerung an die Bedienung bei erneuten Besuchen auf der Site, nachdem der Nutzer sie eine längere Zeit nicht mehr aufgerufen hat?
- Wie viele **Fehler** macht der Besucher und wie werden sie ihm angezeigt beziehungsweise wie kann er diese korrigieren?
- Wie **erfreulich** sind das Design und dessen Nutzung? (Nielsen Norman Group 2015)

4.1.4 Design und Benutzerführung

Das Design einer Website ist im Gegensatz zu einem Druckerzeugnis direkt mit der Benutzerführung (Navigation) verbunden. Häufig dienen grafische Elemente auch direkt zur Benutzerführung. Im Folgenden wird zunächst das Design im engeren Sinne vorgestellt. Aufgrund der vielfältigen Möglichkeiten kann dies nur beispielhaft geschehen. Die Benutzerführung einer Website erfolgt insbesondere durch das Navigationsmenü und die Verwendung von Links, auf die am Ende des Unterabschnitts eingegangen wird.

Designkonzept und Umsetzung

Entscheidend für den ersten Eindruck ist das Design des Onlineauftritts. Auch dieses sollte zielgruppenspezifisch gestaltet werden. In Anlehnung an die Corporate Identity und zum Zweck der Wiedererkennung sollte ein **durchgängiges Corporate Design** gewählt werden, das sich auf allen nach außen gerichteten Elementen (Dokumente, Flyer, Social Media-Auftritte) wiederfindet. Die Planung und Ausgestaltung des Designs erfolgt im Zuge eines Designkonzepts, welches Parameter wie Farbgestaltung, Anordnung und Positionierung der Menüleiste(n) sowie die Verwendung und Einbindung von Bild- und Videoelementen vorgibt. Vor Beginn der Programmierarbeiten ist es sinnvoll, einen Designvorschlag mittels **spezieller Grafikprogramme** (Ilustrator, Photoshop) oder **MockUp-Tools** (zum Beispiel Wireframe.cc, Axure, Balsamique) zu erstellen. Bereits an dieser Stelle können erste **Tests** mit potenziellen Benutzern hinsichtlich der empfundenen Wirkung der einzelnen grafisch gestalteten Webseiten durchgeführt

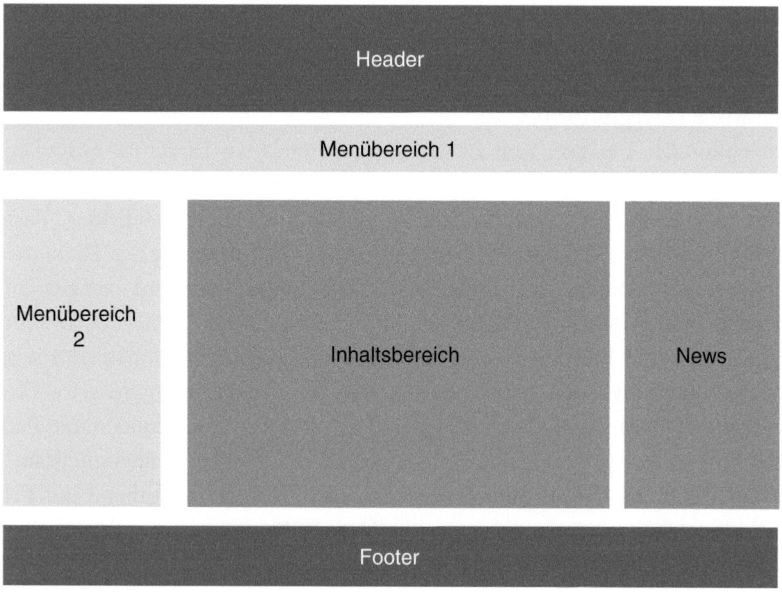

Abb. 4.5 Standardisierter Aufbau einer Website

werden. Solche Tests beziehen sich allein auf das visuelle Empfinden und geben nur bedingt Auskunft über die Usability und die Hochwertigkeit des Contents einer Website. Die Durchführung kann offline in Form von Ausdrucken oder am Bildschirm erfolgen und wird anhand eines Bewertungs- beziehungsweise Evaluationsbogens ausgewertet. Ergänzend kann die Betrachtung des Designentwurfes am Bildschirm durch das **Eye-Tracking-Verfahren** geprüft werden, beispielsweise in Bezug auf ablenkende Bilder, Leseverlauf und Leseverweildauer. Während der Umsetzung des Konzepts sollten weitere Optimierungen erfolgen.

Aufbau einer Website

Der Grundaufbau einer Website, der in Abb. 4.5 veranschaulicht wird, umfasst den Kopfbereich (Header), einen Menübereich, der der Navigation dient, den Inhaltsbereich und den Fußbereich (Footer). Der **Kopfbereich (Header)** erstreckt sich in den meisten Fällen über die gesamte Breite der Website und enthält grafische Elemente sowie das Logo des Betreibers und – bei mehrsprachigen Sites – die Möglichkeit, eine Sprache auszuwählen. Unterhalb des Headers und/oder in der linken Spalte wird in den meisten Fällen die **Menüleiste** angesiedelt. Diese enthält die **Navigation** und ermöglicht dem Besucher den Einstieg zu den bereitgestellten Inhalten. Bei inhaltsreichen Seiten werden beide Bereiche als Menübereich genutzt. Die mittlere Spalte dient der Präsentation der **Inhalte.** Optional genutzt ist die rechte Spalte, die oftmals als **Newsbereich** oder als Platzhalter für Werbeeinblendungen fungiert. Als letzte Komponente ist der **Fußbereich (Footer)** zu nennen. Hier erfolgt in den meisten Fällen eine Verlinkung zum Impressum, zu Kontaktformularen beziehungsweise Kontaktinformationen sowie Vernetzungen zu sozialen Medien.

Ausgewählte Designelemente

Die Konzeption des Designs zählt zu den Aufgaben des Art Directors. Grundlegend für die Erstellung des Designs einer Website ist die Beachtung der menschlichen Wahrnehmung. So reagiert das menschliche Gehirn verstärkt auf bewegte Bilder, Farben und Formen. Aufgabe ist es, die Farben, Formen und die Positionierung der Texte und Bilder aufeinander abzustimmen. Im Folgenden wird beispielhaft auf ausgewählte Designelemente eingegangen. **Farben** lösen im menschlichen Gehirn bestimmte Reize und Signale aus. Die Farbe Rot wird als Warnsignal wahrgenommen und signalisiert gleichzeitig Wärme und Nähe, wobei sie zugleich aktiv bis hin zu aggressiv wirken kann. Gelb wird als sehr warm und als ein Zeichen der Attraktivität empfunden, die Farbe wird mit Nähe verbunden. Das Gegenteil signalisieren die Farben Grün und Blau, die ein Zeichen für Entfernung sind. Sie wirken kühl und beruhigend. Anhand der Erstellung einer Farbklimatabelle legt der Designer die Verwendung der Farben innerhalb der Site für bestimmte Elemente fest. Neben den Farben sind auch die folgenden Merkmale grundlegend für das Design: Damit die Site strukturiert und nicht zu überlastet wirkt, werden **Verschachtelungen** verwendet. Dabei werden die jeweiligen Elemente gruppiert und zu übergeordneten Kategorien zusammengefasst. Beispielsweise werden Bilder und ein kurzer Text gruppiert und als Themenblock kastenförmig dargestellt. Die **Schriftgrößen und -arten** sowie die Anzahl der **Bilder** sollten zum präsentierten Thema treffend und verhältnismäßig gewählt werden. In den meisten Fällen wird zusätzlich ein **Gestaltungsraster** festgelegt, das vermittelt, welche Elemente an welchem Ort auf dem Bildschirm platziert werden sollen. Dadurch wird ein einheitliches Aussehen in Bezug auf deren Größe und Positionierung festgelegt. (vgl. Jacobsen 2009, S. 179, 201 ff.)

Navigation als Beitrag zur Usability

Zu den Komponenten einer jeden Website zählt insbesondere auch die Navigation. Die Gestaltung und Festlegung erfolgt bereits in der Konzeptionsphase. Zu beachten ist dabei, dass die **Navigation** strukturiert und intuitiv aufgebaut ist. Ein solcher Aufbau zielt darauf ab, dass Besucher sich schnell zurechtfinden und nicht erfolglos oder frühzeitig die Site verlassen. In der Praxis hat sich der Wert von maximal drei Klicks zum Auffinden von Informationen etabliert. Das bedeutet, dass die Besucher über die Navigationsstruktur, die sich aus der Menüführung der Site ergibt, mit maximal drei Klicks zu den Informationen beziehungsweise dem jeweiligen Angebot gelangen sollten. Um dies zu erreichen, ist es förderlich, die **Menüpunkte** genau und angemessen zu benennen, eine abstrakte Begriffswahl ist hier wenig sinnvoll. Zudem sollten auch die Inhalte der Hauptnavigationspunkte (Menüpunkte) auf der Startseite (Homepage) der Website repräsentativ eingebunden werden und den Anforderungen und Wünschen der Zielgruppen entsprechen. Besonders vorteilhaft sind Informationen über die zentralen Themengebiete, Dienstleistungen und Produkte des Sitebetreibers sowie der gezielte Hinweis auf einen

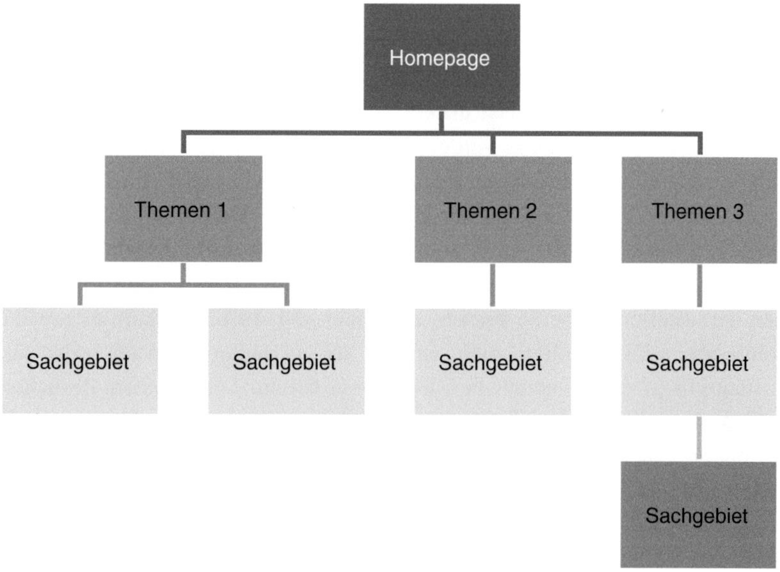

Abb. 4.6 Beispielhafte Sitemap einer Website

kostenlos zugänglichen Newsletter. Beim gestalterischen Aufbau einer Site hat sich die Einbindung der Menü- beziehungsweise Navigationsleiste zentriert unterhalb des Kopfbereiches, am linken Seitenrand oder, bei sehr umfangreichen Sites, als Kombination beider Varianten etabliert. Bedingt durch den Umfang einer ganzheitlichen Webpräsenz ist das Auffinden von Informationen mit den erwähnten drei Klicks oftmals nur schwer umsetzbar und erfordert eine **Suchfunktion.** In der Regel sollte jede Website über eine Suchfunktion verfügen. Situationsabhängig stehen die semantische Suche oder eine keywordbasierte Suche zur Wahl. Hauptunterscheidungsmerkmal ist, dass innerhalb der Textarchive mithilfe der semantischen Suche nicht nur nach den eingegebenen Suchbegriffen (Keywords) gesucht wird, sondern nach deren inhaltlicher Bedeutung. Die Platzierung der Suchfunktion ist bedingt durch das Design der Site, sollte aber präsent und gut erkennbar sein. Ein weiterer Aspekt einer durchdachten und intuitiven Navigationsstruktur ist die **Verlinkung des Logos** zur Startseite. Die Besucher haben damit die Möglichkeit, jederzeit und schnell zum Ausgangspunkt zu gelangen. Auch die Anzeige, an welcher Stelle der **Sitemap** (Sitestruktur) sich die Nutzer momentan befinden, gehört zu einem durchdachten und nutzerfreundlichen Websitekonzept. Diese exemplarisch in Abb. 4.6 dargestellte Anzeige befindet sich meistens oberhalb der dargestellten Inhalte der aktuellen Seite und bildet die jeweiligen Ebenen der Site ab. Bei inhaltsreichen Seiten ist darüber hinaus auch der Einsatz von Buttons sinnvoll, die den Leser wieder zum Anfang der Seite bringen. Dies dient der Vermeidung eines längeren und in den meisten Fällen ungewollten Scroll-Vorgangs. Die Berücksichtigung dieser Aspekte ist ein wichtiges Kriterium der **Usability** (Benutzerfreundlichkeit) einer Site.

Verwendung von Links

Links auf einer Seite sollen immer klar als solche zu erkennen sein. Ein versehentliches Betätigen eines nicht erkennbaren Links würde beim Anwender viel Verwirrung stiften, deshalb sollten Verlinkungen **meist unterstrichen** dargestellt werden. Auch die Darstellung als zu betätigende Buttons verdeutlicht die gewollte Linkfunktion. Bei Grafiken empfiehlt es sich, auf einen Link gezielt hinzuweisen, da er sonst zu oft übersehen wird. Ein eingeblendeter Text beim Mouse-Over, also dem Berühren des Links mit dem Maussymbol, verdeutlicht den Link zum einen und gibt zum anderen die Information, wohin verwiesen wird. Werden viele Links aufgeführt, so empfiehlt es sich, diese in **Gruppen** darzustellen, um eine bessere Übersicht und Auffindbarkeit zu gewährleisten. Weiterführende Links sollten sich immer im aktuellen Fenster oder über die Browserfunktion in einem neuen Fenster öffnen lassen. Die meisten Besucher fühlen sich durch unfreiwillig öffnende Pop-ups gestört. Dies lässt die **Akzeptanz für eine Website** sinken. Auch das unvorhergesehene Öffnen des E-Mail-Programms kann einen Anwender verärgern. Die Option, dass sich die Möglichkeit zur Kontaktaufnahme per E-Mail ergibt, kann sinnvoller auf E-Mail-Adressen gelegt werden oder auf einen entsprechenden Text und sollte klar ersichtlich sein. Beim Klicken auf den Namen der Kontaktperson will ein Besucher dagegen mehr Informationen über diese Person erfahren, daher sollte erst im nächsten Schritt die E-Mail-Adresse oder eine Kontaktmöglichkeit aufgeführt werden. (vgl. Rothe 2003)

4.1.5 Inhaltliche und technische Umsetzung

Ein wesentlicher Beitrag für den Erfolg einer Website ergibt sich aus der inhaltlichen und technischen Umsetzung. Hier geht es beispielsweise um die Lesbarkeit von Texten, den Einsatz von Programmiersprachen oder um die Entscheidung, ob ein Content-Management-System verwendet wird.

Arten von Inhalten

Der Erfolgsfaktor Inhalt (Content) steht ebenso wie die bereits genannten Faktoren in einem starken Zusammenhang zu den definierten Zielgruppen der Website. Es ist darauf zu achten, den Besuchern und Nutzern hochwertigen Inhalt bereitzustellen. Inhalte bezeichnen in diesem Kontext nicht nur Texte, sondern auch Bilder und eingebundene Videoelemente. Wichtig ist, dass alle zusammengestellten Inhalte einen Nutzen und Mehrwert stiften. So ist der Einsatz von übermäßig vielen **Bildern** kontraproduktiv, insbesondere wenn diese wenig aussagekräftig und dem Verständnis von textuellen Inhalten nur bedingt dienlich sind. Dies gilt auch für die Einstufung der Website im Bewertungsranking der Suchmaschinen. **Videos und Tonelemente** sollten nur dann Verwendung finden, wenn sie zum Beispiel als Entscheidungshilfe mit Beratungscharakter dienen. Bezogen auf **Texte** hat sich im World Wide Web die Regel etabliert, dass Printinformationen ca. zur Hälfte gekürzt werden sollten. Ein an das Web angepasster Schreibstil und der komprimierte Textumfang wirken möglichen Ermüdungswahrscheinlichkeiten der Leser entgegen. Detaillierte Informationen wie beispielsweise Allgemeine Geschäftsbedingungen oder Produktinformationen eines Finanzprodukts sollten lediglich als **Download** bereitgestellt werden.

Inhaltliche Qualität umfasst harte und weiche Faktoren

Wird neben der guten Qualität einer Website für ihren Nutzer als weiteres Ziel eine Suchmaschinenoptimierung angestrebt, muss in Bezug auf den Inhalt der Website eine Differenzierung in weiche und harte Erfolgsfaktoren erfolgen. Weiche Faktoren haben für Suchmaschinen faktisch keine Bedeutung, da sie kaum messbar sind, können jedoch für einen Besucher der Website wichtig sein. Im Umkehrschluss besitzen harte Faktoren nur wenig Relevanz für menschliche Leser, sind jedoch wichtig für die Bewertung durch Suchmaschinen. Zu den harten Faktoren zählt, dass die Inhalte möglichst einzigartig und nicht kopiert sein sollten. Bezeichnet wird dies mit dem Begriff des **Unique Content**. Weiterhin sollten **Keywords,** die mit der Thematik im Zusammenhang stehen, in die Texte eingebunden werden und an geeigneter Stelle weiterführend verlinkt werden. Weiche Faktoren werden primär von den Besuchern der Website wahrgenommen. Sie betreffen die Orientierung der Inhalte an den Interessen der Zielgruppen und befassen sich mit Themen, die die Leser erwarten. Wird die **Erwartungshaltung** der Leser erfüllt, weil der Text beispielsweise informativ ist, stiftet dies zugleich einen Nutzen. Einen Mehrwert bieten Inhalte dann, wenn die Nutzer mehr Informationen oder auch Unterhaltung erhalten als angenommen. Entscheidend ist speziell die **Glaubwürdigkeit und Richtigkeit** der dargebotenen Inhalte. Sind Inhalte nicht korrekt, fehlerhaft oder irreführend, stellt dies insbesondere in Verbindung mit sozialen Medien und dem Mitteilungs- sowie Bewertungsbedürfnis der Internetnutzer und der schnellen Verbreitung von Informationen ein großes Risiko dar, Interessenten und Kunden zu verlieren. Die **Aktualität** von Inhalten stellt sowohl einen harten als auch einen weichen Faktor dar. Veraltete Inhalte bieten weder einen Mehrwert, noch werden sie von Suchmaschinen als positiv eingestuft. Qualitativ hochwertige Texte, die orthografisch und grammatikalisch korrekt sind, eine Struktur mit Hervorhebungen und Absätzen besitzen, wirken sich auf die Bewertung der Website von Nutzern und von Suchmaschinen positiv aus. Alle Erfolgskriterien bilden einen wesentlichen Teil der Planung sowie der Umsetzung eines Internetauftritts.

Lesbarkeit von Texten

Von besonderer Bedeutung ist die gute Lesbarkeit von Texten. Hierbei ist zu bedenken, dass die meisten User Texte nicht komplett lesen, sondern einfach „überfliegen", um schnell wichtige Informationen zu erhalten. Deshalb ist es wichtig, **kurze Seiten** zu erstellen, bei denen nicht lange gescrollt werden muss, um den gesamten Text zu überblicken. Wenn ein Text eine Bildschirmlänge überschreitet, sollte zumindest eine gut lesbare Druckversion vorhanden sein. User, die tatsächlich den ganzen Text lesen wollen, drucken ihn in der Regel aus, da das Lesen auf Papier schneller und angenehmer ist. Beim **Schreibstil** ist darauf zu achten, kurze Wörter und Sätze zu verwenden. Wichtige Informationen sollten an den Seitenanfang gestellt werden, damit Besucher die gesuchten Antworten schneller finden. Fachbegriffe sind zu vermeiden. Ist dies nicht möglich, wäre zum Beispiel ein Glossar hilfreich. Von abstrakten Umschreibungen und „Zungenbrechern" (schwer auszusprechende Wörter oder Sätze) ist ebenfalls abzusehen. Die Lesbarkeit wird auch durch die **Struktur eines Textes** gefördert. Hier ist darauf zu achten, dass Überschriften verwendet werden und diese prägnant und leicht verständlich sind. Absätze sollten kurz sein und wichtige Wörter hervorgehoben werden. Horizontale Linien oder Balken sind zu vermeiden, da diese bei längeren Texten als Seitenende missverstanden werden können. User scrollen in diesen Fällen nicht weiter und übersehen somit Teile des Textes. Weiter ist wichtig, die **Texte objektiv** zu halten und Grammatik- oder Rechtschreibfehler zu vermeiden. (vgl. Nielsen 2000, S. 101 ff.)

Technische Umsetzung: Programmierung beziehungsweise Einsatz eines Web-Content-Management-Systems

Die technische Umsetzung einer Website basiert auf deren **Programmierung**, indem ein Programmcode erstellt wird. Als Vorlage für die Programmierung dient das Designkonzept, in dem alle Anforderungen genau beschrieben sind. In Abhängigkeit von der Art und dem Umfang der Webpräsenz kommen verschiedene Möglichkeiten der technischen Umsetzung in Betracht. Hierbei wird primär unterschieden zwischen der Erstellung von rein statischen HTML-Websites und solchen, die mithilfe von Content-Management-Systemen erstellt werden (Abschn. 4.1.2). Im Allgemeinen werden **Web-Content-Management-Systeme** zur Vereinfachung der Darstellung und der Einbindung von Medien genutzt. Web-Content-Management-Systeme verwalten Gestaltungsvorlagen, sogenannte Templates, als leere Layoutraster, die vom Redakteur beziehungsweise Texter beliebig mit Inhalt gefüllt werden können. (vgl. Cybox 2013)

HTML

Zur technischen Umsetzung beziehungsweise Programmierung einer Website wird eine Hypertext Markup Language (HTML)-Datei benötigt, wobei diese Programmiersprache selbst das Grundgerüst einer jeden Webpräsenz bildet. Eine HTML-Datei wird über einen einfachen Texteditor oder Webeditor erstellt. In der Praxis kommen heute die sogenannten WYSIWYG-Editoren („What You See Is What You Get"-Editoren) zum Einsatz. Zu den Bestandteilen einer HTML-Datei zählen eine Dokumententyp-Angabe, der Kopf (Head) und der Textkörper (Body). Die **Dokumententyp-Anzeige** enthält Informationen bezüglich der HTML-Version, auf welche sich der Code bezieht und ermöglicht eine Kommunikation mit dem Server und die Interaktion und Interpretation der Inhalte durch einen Internetbrowser. Die eigentliche Programmierung beginnt mit dem **Kopfbereich** des HTML-Dokuments und basiert auf den sogenannten HTML-Tags und Elementen. Durch die Tags wie < head > und < body > werden die jeweiligen Bereiche entsprechend der

HTML-Klammerstruktur definiert und umschlossen. Die im Kopf hinterlegten Informationen umfassen neben dem Titel weitere das Dokument umschreibende Inhalte, die später in der Browseransicht nicht sichtbar sind. Hierzu gehören für das Suchmaschinenmarketing relevante Meta-Angaben wie „Keywords“ und „Description“ und Angaben zur Sprache sowie Stichwörter der HTML-Datei. An die Programmierung des Kopfes, die mit dem schließenden Tag </head> beendet wird, folgt der Programmiercode des **Inhalts**. In der Regel werden die im Body-Teil definierten und formatierten Inhalte auf dem Bildschirm angezeigt. Der Formatierung und designtechnischen Gestaltung von Textinhalten innerhalb der HTML-Datei sind bedingt durch die Begrenzung der verfügbaren Tags Grenzen gesetzt. Darüber hinaus ist deren Formatierung und Änderung für fast jedes Element einzeln vorzunehmen, was aufwendig ist und bei großen, umfangreichen Projekten unübersichtlich werden kann. Deshalb wurden Cascading Style Sheets (CSS) als eine Erweiterung von HTML zur Erleichterung der Formatierung von Inhalten und der Ausgestaltung von Websites eingeführt. (vgl. Online-Lotse 2015)

Grafikdateien

Da in einer HTML-Datei die Speicherung unterschiedlicher Elemente einer Webseite wie beispielsweise der Text, die Formatierung, Adressen sowie Grafiken erfolgt, stellt sie eine zentrale Sammelstelle einer Internetseite dar. Grafikdateien werden immer getrennt von der HTML-Seite gespeichert. Damit eine korrekte Verlinkung mit der HTML-Seite erfolgen kann, müssen sie sich im gleichen Ordner befinden und dürfen nicht umbenannt werden. Grundsätzlich werden alle Grafiken für eine Website entweder als Graphic Interchange File Format (**GIF**) oder **JPEG**, entwickelt von der Joint Photographic Expert Group, gespeichert. Das erstgenannte Format wird zur Darstellung von hartkantigen Grafiken (zum Beispiel Logos) verwendet und kann im Gegensatz zu JPEG transparente Pixel darstellen. JPEG dagegen wird bei der Erzeugung oder Speicherung digitaler Fotos eingesetzt. Damit lassen sich Fotos in verschiedener Qualität abspeichern. (vgl. Hintermaier 2015)

Cascading Style Sheet

Cascading Style Sheets (CSS) bieten die Möglichkeit, die **Text- und Layout-Gestaltung** von Websites und Webdokumenten zentral zu gestalten. CSS ist wie HTML eine offen dokumentierte und vom W3-Konsortium standardisierte Sprache, die frei und ohne Lizenzbestimmungen verwendet werden kann. Als Erweiterung der HTML-Programmierung können mithilfe von CSS einzelne Elemente aber auch seitenweite Layouts definiert und formatiert werden. Die Formatierung und Layout-Definition erfolgt in der Regel in einer ausgelagerten, zentralen CSS-Format-Datei, auf welche als Steuerdatei innerhalb des HTML-Programmcodes verwiesen wird. Im Allgemeinen werden die über eine HTML-Datei strukturierten Inhalte mittels CSS formatiert. Die extern gelagerte **Style-Datei** kann in beliebig vielen HTML-Dokumenten eingebunden werden. Die Verwendung von CSS bedarf keiner bestimmten Software, es genügt ein Texteditor. Das Stylesheet stellt eine Textdatei mit der Endung „css“ dar. Zur Einbindung der Stylesheet-Datei in eine HTML-Datei wird eine Verlinkung im Kopfbereich des HTML-Codes platziert. Derartige

Verweise stellen Layout-Vorgaben für die Darstellung von HTML-Dokumenten an den Browser dar. Da dadurch verschiedene HTML-Dokumente auf das gleiche Stylesheet verweisen können, bedarf es bei Anpassungen und Korrekturen lediglich einer Änderung in der externen CSS-Datei. Neben der beschriebenen Verlinkung der CSS-Datei kann die Integration in die HTML-Datei auch als Einbindung über den HTML-Tag < style > oder als Attribut „style = " erfolgen. (vgl. HTML 2015)

JavaScript

Eine weitere Ergänzung der HTML-Programmierung stellt die Scriptsprache JavaScript dar. Diese Programmiersprache zählt zu der Kategorie der **objektorientierten Sprachen** und wird für Animations- und Interaktionszwecke verwandt. Die Grundlage von JavaScript bilden kleine programmierte Scripte, die direkte Aktionen im Browser ohne erneuten Serverabruf ermöglichen. Zu derartigen Aktionen zählen sämtliche Animationen, Laufschriften und Pop-up-Fenster. Die Funktionsweise basiert auf der Integration der Scripte in den HTML-Code. Die Interpretation der Daten und Funktionen erfolgt über den Browser, wobei Interpreter für JavaScript in allen modernen Web-Browsern integriert sind und keiner zusätzlichen Software bedürfen. Im Allgemeinen ist JavaScript zweistufig aufgebaut. Die erste Stufe stellt die **Initiierung** dar und die zweite Stufe die eigentliche **Aktion**. Initiiert wird eine Aktion über ein Event (Laden der Seite, Mausklick, Absenden eines Formulars), welches die Aktion, die als Funktion im HTML-Code definiert wird, auslöst. Technisch umgesetzt werden die Events über JavaScript-Objekte, die eine Eigenschaft haben, welche wiederum mit vordefinierten Methoden (Funktionen) verändert werden kann. Hierbei zählen zu den Objekten Attribute wie „window" für Browserfenster, „form" für Formulare oder „array" für Datenfelder. Die definierten Objekte bieten die Möglichkeit, auf Ereignisse (Events) wie beispielsweise Benutzereingaben zu reagieren, die Funktionalität des Browsers zu steuern oder auf Daten des HTML-Dokuments zuzugreifen. (vgl. Online-Lotse 2015)

PHP

Die Open Source Skriptsprache PHP (Hypertext Preprocessor, ursprünglich Private Home Page) ist eine vielseitig verwendbare und sehr populäre Programmiersprache. Im Gegensatz zu JavaScript wird PHP vom **Server** einer Internetseite und **nicht vom Browser eines Anwenders** ausgeführt. Inhalte können dynamisch generiert werden. Auch ist es mit PHP möglich zu ermitteln, von wo ein Besucher den Aufruf der Website startet, sodass lokalisierte Angebote ermöglicht werden. Des Weiteren werden Datenbankanbindungen oder differenzierte Benutzerverwaltungen mit PHP realisiert. Eine Vielzahl bekannter Internetauftritte (zum Beispiel Wikipedia) ist in PHP programmiert. (vgl. Müller 2015)

Content-Management-Systeme

Als Verbund können mittels HTML, CSS, JavaScript und PHP dynamische Webprojekte einfach und strukturiert entstehen. Eine weitere Möglichkeit der Erstellung und Umsetzung von umfangreichen und komplexen Webprojekten bieten die zunehmend eingesetzten

Design
Planung, Umsetzung der Website

Authoring
Erstellung und Editieren der Website

Conversion
Gestaltung der Website und deren Inhalte

Storage
Speicherung von Inhalten

Publishing
Publikation von Inhalten

Deployment and Staging
Installation und Transport von Inhalten

Maintenance and Update
Verwaltung und Aktualisierung der Inhalte

Archival
Archivierung älterer Inhalte

Reporting
Tests und Analyse der Inhalte

Abb. 4.7 Aufgaben eines Content-Management-Systems (vgl. Kreissl 2010, S. 8 f)

Web-Content-Management-Systeme (WCMS). Content-Management-Systeme (CMS) sind Systeme, die dazu dienen, Inhalte zu verwalten. WCMS-Systeme sind Systeme, die speziell auf die Administration und Verwaltung von Webseiten ausgerichtet sind. Als Web Content wird die Gesamtheit der Inhalte einer Website verstanden. Dabei kann es sich um Texte, Grafiken, Skripte und Datenbanken handeln sowie auch um logische Informationen, die eine dynamische Seite ermöglichen. Die wesentlichen Aufgaben eines WCMS ergeben sich aus Abb. 4.7. (vgl. Kreissl 2010, S. 8 f.)

Gängige WCMS werden von den Herstellern in der Regel sowohl als kostenfreie Open Source-Lösung als auch als kostenpflichtige Version angeboten. Abhängig von dem Ziel und dem Zweck der Website eignen sich manche WCMS besser und manche weniger gut. Soll in erster Linie ein Blog erstellt werden, so ist Wordpress die erste Wahl. Steht die Mehrsprachigkeit der Website im Vordergrund, so ist dies am einfachsten mit Typo3 umzusetzen. Was die Leistungsfähigkeit, den Funktionsumfang und die Verbreitung angeht, stellen Joomla! oder Typo3 die bessere Option dar.

Joomla!

Joomla! setzt sich aus verschiedenen Bausteinen zusammen beziehungsweise kann um verschiedene Bausteine erweitert werden. Ein unmittelbar installiertes Joomla! wird dabei als „Core" bezeichnet. Damit lassen sich bereits Beiträge mithilfe eines Texteditors erstellen. **Beiträge** sind die Inhalte, die den wesentlichen Teil einer Website ausmachen beziehungsweise den eigentlichen Content darstellen. Die Beiträge können zur besseren Übersicht Kategorien zugeteilt werden, welche sich verschachteln lassen, sodass eine klare Hierarchie entsteht. Für die Navigation werden **Menüs** genutzt, welche die Verlinkung zu den einzelnen Beiträgen herstellen. Für jedes Menü muss ein Modul erzeugt werden. **Module** werden in der Nähe von Beiträgen platziert und können verschiedene Funktionen übernehmen wie beispielsweise Menüfunktionen, Bildwechsler oder Log-in-Bereiche. In erster Linie zeigen sie jedoch Inhalte aus der Datenbank an. Neben den Modulen gibt es noch **Komponenten**. Der technische Unterschied zwischen Modul und Komponente liegt darin, dass Module bereits mit vorhandenen Daten arbeiten und Komponenten erst Daten erzeugen. Das angewandte Template gibt in der Regel bereits die Positionen vor, an welche Module und Komponenten platziert werden können beziehungsweise sollen. Ein Beitrag ist beispielsweise Bestandteil der sog. Beitragskomponente, welche in erster Linie für die Darstellung des Hauptinhaltes verantwortlich ist. Bei Komponenten kann es sich aber auch um Bildergalerien oder Formulare handeln. Der Core lässt sich zudem um Plug-ins erweitern. **Plug-ins** sind im Hintergrund laufende Skripte von in der Regel geringer Größe, welche auf Ereignisse (Events) reagieren. Ein Event ist beispielsweise das vollständige Laden einer Seite, ein Klick oder eine bestimmte Mausbewegung. Ein Plug-in ist also zusammengefasst eine Erweiterung, die immer im Hintergrund abläuft und auf bestimmte Ereignisse reagiert. Für die Verwaltung und Administration stellt Joomla! verschiedene Werkzeuge bereit wie beispielsweise **Bild- oder Texteditoren**. Der Texteditor ist dabei an bekannte Microsoft-Produkte angelehnt, generiert im Hintergrund jedoch HTML-Code. Neben verschiedenen Editoren verfügt Joomla! über ein **Rechtesystem**, welches einen benutzerabhängigen differenzierten Zugriff auf die Funktionen des WCMS ermöglicht. Zudem existieren Mechanismen, die den gleichzeitigen Zugriff und die Bearbeitung der gleichen Daten vermeiden, sodass eine gleichzeitige Nutzung des Systems von mehreren Benutzern keine Probleme mit sich bringt. In Bezug auf die Gestaltung und auf das Design der Website bietet Joomla! eine Vielzahl von Templates (Schablonen/Vorlagen), die weitestgehend mit CSS formatiert sind. Sehr viele Templates werden kostenlos zur Verfügung gestellt, andere wiederum kommerziell vertrieben. (vgl. Tüting 2011, S. 18 ff.)

Typo 3

Dieses CMS basiert auf PHP und JavaScript und unterstützt die Datenbanken MySQL, PostgreSQL und Oracle. Wichtig bei Typo3 ist die Tatsache, dass die Entwickler zum Aufbau der Website die spezifische Konfigurationssprache TypoScript beherrschen müssen. Die Bearbeitung von Typo3 erfolgt in einem Browser, wobei die **Benutzeroberfläche** in drei Spalten geteilt ist. Die linke Spalte bildet das Menü, die mittlere den Seiten- oder den Dateibaum und die rechte Spalte beinhaltet das Bearbeitungsfenster. Die Inhalte werden in der Regel abschnittsweise verwaltet. Es stehen viele **Standardelemente** zur Verfügung, wie zum Beispiel Texte, Bilder, Tabellen, Formulare usw., die die Verwaltung der Inhaltsblöcke ermöglichen. Das CMS kann als **zentrale Plattform für mehrere Webpräsenzen** eines Unternehmens dienen, was erstens die gleichzeitige Pflege von mehreren Domänen und Webauftritten und zweitens den Datenaustausch zwischen den einzelnen Präsenzen ermöglicht. Dabei lassen sich die **Benutzerrechte** so verwalten, dass die unterschiedlichen Webpräsenzen aus der Sicht des Redakteurs vollständig voneinander getrennt sind. Außerdem bietet Typo3 viele Funktionen, die **für große Unternehmen** nützlich sind. Dazu gehören unter anderem die Unterstützung der globalen Websites durch Mehrsprachigkeit und Lokalisierung, die Möglichkeit der Anbindung an viele Softwaresysteme wie zum Beispiel SAP, Oracle oder IBM oder das umfangreiche Rechtesystem. Die Benutzerverwaltung von Typo3 ermöglicht eine sehr genaue Zuweisung der Rechte. Beispielsweise lässt sich einstellen, von wem und mit welchen Mitteln die Inhalte bearbeitet werden dürfen. (vgl. Contentmanager 2012, S. 5 ff.)

Wordpress

Das **ursprünglich als Weblog-Software** entwickelte Programm bietet heute als WCMS über 18.000 Erweiterungen und mehr als 14.000 kostenlose Designvorlagen. Das System kann auf dem wordpress.com-Server benutzt werden. Dafür werden nur ein Internetzugang und eine kostenlose Registrierung benötigt. Die Installation auf einem eigenem Server erfordert die Installation von zusätzlicher Software, wie einem Webbrowser, einem FTP-Client und einem Entpackungsprogramm für Zip-Files. Zur **Erstellung oder Bearbeitung der Inhalte** kann in WordPress ein HTML- oder WYSIWYG-Editor benutzt werden. Dazu reichen Grundkenntnisse aus einem Textverarbeitungsprogramm. Es sind also keine Programmierkenntnisse erforderlich. Grundkenntnisse in PHP, CSS und JavaScript sind jedoch von Vorteil. Die Berechtigung für die Verwaltung der Inhalte wird über Benutzerrollen gesteuert. WordPress erlaubt es, folgende **Benutzerrollen** zu definieren: Administrator, Redakteur, Autor, Mitarbeiter und Abonnent. Hinsichtlich der **Verwendung** ist dieses CMS wie bereits angemerkt am besten für die Erstellung von Weblogs geeignet, wobei ebenso kleine und mittelgroße Webprojekte vergleichsweise schnell und einfach umgesetzt werden können. (vgl. Belik 2010, S. 23)

4.1.6 Controlling

Evaluierungen sind in der heutigen Zeit ein wichtiges Instrument der kundenorientierten Unternehmensführung. Unter einer Evaluierung versteht die Literatur allgemein eine Beurteilung beziehungsweise Bewertung. Wird der Begriff weitgefasst, lassen sich darunter beispielsweise auch die Schlagwörter Controlling, Rating und Ranking subsumieren. Gegenstand von Evaluierungen können fast alle existierenden Objekte und Subjekte sein (zum Beispiel Reisen, Kühlschränke, Ärzte). Deren Bewertung erfolgt immer häufiger im Internet. Eine Internetpräsenz stellt auch gleichzeitig einen möglichen Bewertungsgegenstand dar, auf den anschließend näher eingegangen wird. (vgl. Jacob 2014, S. 51)

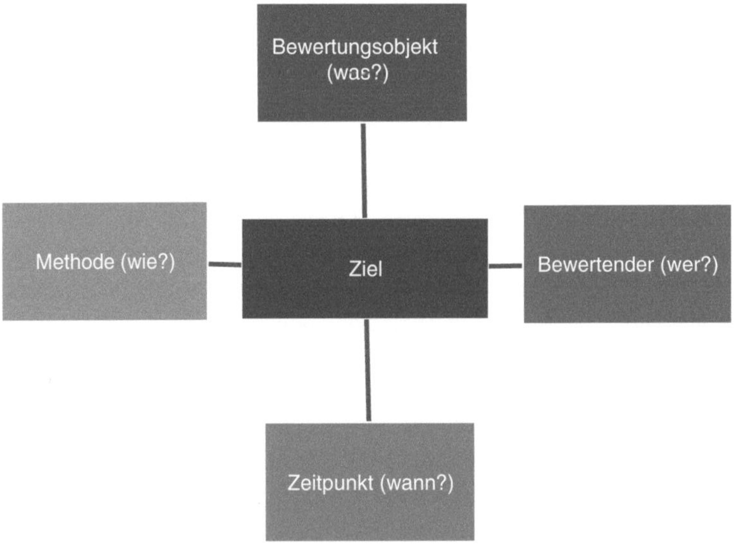

Abb. 4.8 Entscheidungsbereiche bei der Evaluierung von Webauftritten (Jacob 2014, S. 52)

Web-Controlling

Der konkretere Begriff „Web-Controlling" findet überwiegend in Deutschland Anwendung, wohingegen im internationalen Sprachgebrauch der Ausdruck „**Web Analytics**" geläufiger ist. Weitere Synonyme sind „Web-Analyse", „Datenverkehrsanalyse", „Web Measurement", sowie „Webtracking" und „Webmonitoring". **Web-Controlling-Tools** bieten dem Websitebetreiber die Möglichkeit, eine Vielzahl von Statistiken zu erstellen. Diese dienen zur Ableitung von Stärken und Schwächen des Webauftritts. Durch Logfiles, Zählpixel und Cookies wird eine exakte Auswertung der Onlineaktivitäten ermöglicht. Während Cookies in erster Linie der Wiedererkennung von Websitebesuchern dienen, analysieren Logfiles beziehungsweise Zählpixel das Besucherverhalten. (vgl. Stahl 2012, S. 2)

Möglichkeiten der Evaluierung von Webpräsenzen

Aus der Vogelperspektive betrachtet, orientiert sich eine Evaluierung von Webpräsenzen an den in Abb. 4.8 genannten Kriterien. Zunächst stellt sich die Frage nach dem **Bewertungsobjekt** (Bewertungsgegenstand). Dieses kann isoliert betrachtet der Websitebesucher, die Webpräsenz des Unternehmens sowie die Interaktion des Besuchers mit der Website sein. Konkretisierungen ergeben sich durch die Bildung von Teilbereichen. Die Differenzierung der Teilbereiche kann zum Beispiel nach Unterseiten oder anderen Kriterien (Inhalte, Bilder, Navigation, Technik) erfolgen. Zur genauen Abgrenzung des Bewertungsgegenstands zählt auch das Endgerät (Tablet, Notebook, Smartphone) und damit die konkrete Bildschirmgröße, auf der die Webpräsenz evaluiert wird, da hieraus unterschiedliche Bewertungsergebnisse resultieren können. Im nächsten Schritt entscheidet das Unternehmen, wer die Evaluierung seiner Webpräsenz durchführt (**Bewertender**). Diesbezüglich bieten sich sowohl interne als auch externe Experten, Laien oder technische Systeme an. Bei der Auswahl von Zielpersonen beziehungsweise Zielgruppen stellt sich die Frage, ob diese – wenn möglich – nach bestimmten soziodemografischen Merkmalen erfolgt. Dazu gehören beispielsweise Alter, Geschlecht, Einkommen, Vermögen, Bildungsniveau und Nationalität. In diesem Zusammenhang müssen sich Entscheider auch fragen, ob in der heutigen Zeit noch eine klare Zuordnung dieser Merkmale zu den Wünschen der Nutzer an Webauftritte besteht. Gegebenenfalls sind passendere Kriterien zu erheben. Auch für den **Zeitpunkt** der Evaluierung bieten sich unterschiedliche Möglichkeiten an. Sie sollte bereits während der Konzeption einer Website beginnen und sich bis zu deren technischer Umsetzung erstrecken. Danach sind Überprüfungen und Anpassungen in regelmäßigen Abständen oder beim Eintreten bestimmter Ereignisse notwendig. Externe Bewertungen in Form von Ratings beziehungsweise Rankings können erst erfolgen, nachdem das Unternehmen seine Webpräsenz freigeschaltet hat. Sehr vielfältig und komplex sind die **Methoden** zur Evaluierung von Webpräsenzen. Neben einer Onlinebefragung bieten sich eine persönliche Befragung, Gruppendiskussionen oder unterschiedliche Formen der Beobachtung an. Konkret kann beispielsweise eine Befragung während beziehungsweise nach dem Besuch einer Website mithilfe eines Pop-up-Fensters oder durch einen Link in einer E-Mail erfolgen. Da die Möglichkeiten zur Evaluierung sich im Detail als sehr vielfältig darstellen, werden im Folgenden nur ausgewählte Beispiele näher erörtert. (vgl. Jacob 2014, S. 52 f.)

Mögliche Bewertungskriterien

Die Frage nach möglichen Bewertungskriterien stellt sich häufig am Anfang von Evaluierungen. Literatur und Praxis verwenden dazu beispielsweise folgende Gliederung:

- Inhalt
- Design (Gestaltung)
- Navigation
- Performance
- Zugänglichkeit
- Quelltext
- Interaktion

Der **Inhalt** einer Webpräsenz stellt den wichtigsten Baustein dar. Er kann sich aus Text, Bild, Grafik, Audio oder Video zusammensetzen. Immer häufiger stellen Besucher einer Webpräsenz Inhalte selbst zur Verfügung (zum Beispiel Kommentierungen, eigene Bilder). Wichtige Elemente für das **Design** sind die Typografie (zum Beispiel Schriftart, Schriftgröße, Zeilenabstand, Textgliederung, Bildplatzierung) und die Farben, die zum Zweck der Webpräsenz und zur Zielgruppe passen sollten. Mithilfe der **Navigation** finden sich die Nutzer einer Website auf dieser zurecht, wobei dies idealerweise intuitiv geschieht. Da der Einstieg des einzelnen Besuchers entweder über die Startseite erfolgt oder über Unterseiten, zu denen ein direkter Link existiert (Landingpages), muss eine gute Navigation immer anzeigen, wo sich der Besucher gerade befindet. Additiv zur vorgegebenen Navigationsstruktur sollte eine leistungsfähige Suchfunktion existieren. Weitere Qualitätskriterien für eine Website sind deren **Performance** und die Zugänglichkeit. Der erste Begriff bezieht sich auf die Ladezeiten, die zur Darstellung der einzelnen Elemente notwendig sind. Die **Zugänglichkeit** muss verschiedene technische Umgebungen, Benutzer mit Behinderungen und die Lesbarkeit durch Suchmaschinen berücksichtigen. Letztlich müssen noch der Quelltext und die Interaktionsmöglichkeiten analysiert werden. Beim **Quelltext** ist beispielsweise die Trennung von Inhalt und Layout von Bedeutung. Wichtige **Interaktionsmöglichkeiten** sind entsprechende Links zu Facebook, Twitter und anderen sozialen Medien. (Jacob 2014, S. 53)

Detaillierte Checklisten

Detaillierter als die dargestellten Kategoriensysteme sind Checklisten. Diese enthalten **konkrete Fragen**. Als **Beispiel** sei der Oberbegriff „Überschaubarkeit" genannt, zu dem folgende Fragen gehören:

- „Besitzen die einzelnen Seiten der Website eine Größe beziehungsweise Länge, die, vor dem Hintergrund gängiger Bildschirmauflösungen, den Inhalten und der Platzierung innerhalb der Webseitenstruktur angemessen ist?"
- „Sind die verschiedenen Elemente wie Navigationsleisten, Bilder, Texte usw. auf den einzelnen Seiten sinnvoll angeordnet?"
- „Werden die Beziehungen zwischen den verschiedenen Elementen der einzelnen Seiten durch die grafische Gestaltung (Linien, Rahmen, Hintergrund usw.) unterstützt?"
- „Werden die Beziehungen zwischen den verschiedenen Elementen der einzelnen Seiten durch die Gestaltung der Schrift (Schriftart, Schriftgröße, Schriftfarbe) unterstützt?"

Als Wertungen sollen in diesem Beispiel die Symbole ++, +, 0, –, –- benutzt werden, deren Bedeutung sich direkt erschließt. (vgl. Dieter 2007)

Evaluierung mit technischen Systemen

Eine besondere Form der Evaluierung ist die Analyse des Website-Verkehrs mit technischen Systemen. Mithilfe von sogenannten **Controlling-Tools** lassen sich vielfältige Kennzahlen zu einer Website ermitteln. Beispielhaft genannt seien die Absprungrate, die Verweildauer, die Aufrufe von Unterseiten oder Downloads. Web-Controlling lässt sich sowohl zum regelmäßigen Monitoring von Webpräsenzen als auch für strategische Optimierungen nutzen. Insgesamt kann das komplette Nutzerverhalten analysiert werden, was unter datenschutzrechtlichen Aspekten kritisch zu betrachten ist. Technisch werden hierzu die **Logdateien** von Webservern ausgewertet, die zum Beispiel den Zeitpunkt der Anfrage und die IP-Adresse des anfragenden Rechners beinhalten. Ergänzend kann mithilfe **clientbasierter Methoden (Page Tagging)** das Nutzerverhalten gemessen werden. Alle Methoden zur Analyse des Website-Verkehrs führen jedoch teilweise zu Verzerrungen und daraus folgenden Fehlinterpretationen. Ebenfalls lassen sich Verfahren der **Blickregistrierung** (Eye-Tracking) zur Bewertung einer Website heranziehen. Diese messen insbesondere die Wahrnehmung einzelner Elemente (Bilder, Links) durch den Nutzer. Dazu gehören auch die Reihenfolge und die Intensität der Betrachtung. Auf gleiche Weise lässt sich auch das **Mouse-Tracking** einsetzen. Weitere Evaluierungsmöglichkeiten bieten spezielle **Anbieter im Internet**, die nach Eingabe der zu evaluierenden Internetadresse automatisch erstellte Berichte mit Verbesserungsmöglichkeiten ausgeben. (Jacob 2014, S. 54)

Wichtige Kennzahlen im Web Controlling

Wie zuvor erwähnt sind Kennzahlen bei der Evaluierung einer Webpräsenz von großer Bedeutung. Nachfolgend werden die wichtigsten Kennzahlengruppen im Web Controlling aufgeführt, die in allen relevanten Web Controlling-Lösungen (zum Beispiel Google Analytics, Piwik oder etracker) angezeigt werden.

- **Zugriffsquellen (Referer)**: Diese Kennzahlen geben an, wie ein Besucher den Weg zur Website eines Unternehmens gefunden hat. Sie werden häufig in die drei Gruppen – Suchmaschinen, Website-Besucher (die über Links von anderen Webseiten kommen) und direkte Zugriffe (Besucher, die die Webseitenadresse direkt eingegeben haben) – unterteilt. Optimal ist ein ausgeglichenes Verhältnis der Kennzahlen aller drei Gruppen, um das Internetgeschäft von eventuellen Schwankungen der Zugriffsraten innerhalb einer Gruppe so unabhängig wie möglich zu machen. Die Besucherzahl über Suchmaschinen kann gesteigert werden, indem bestehende Seiten für das Auffinden durch Suchmaschinen verbessert (OnPage-SEO) und zusätzliche Seiten generiert werden. Über Webseiten gelangen mehr Besucher auf eine Internetpräsenz, wenn der Backlinkaufbau intensiviert wird, also beispielsweise durch externe Blog-Kommentare oder Foren-Einträge Verlinkungen generiert werden. Zur Steigerung der Bekanntheit bietet es sich an, über Banner- oder Printkampagnen die direkten Zugriffe zu steigern.
- **Suchbegriffe (Keywords)**: Diese Kennzahlen erheben die Begriffe, über die ein Besucher von einer Suchmaschine zur Website geleitet wurde. Die Zugriffszahlen über verschiedene Keywords sollten ebenfalls ausgeglichen sein, um die Ranking- und damit einhergehenden Traffic-Schwankungen der Suchmaschinen zu minimieren. Mit OnPage-SEO kann das Ranking der Suchbegriffe beeinflusst und schwache Keywords gestärkt werden. Insbesondere Backlinks von themenrelevanten renommierten Seiten oder der Kauf von schwachen Schlüsselwörtern (zum Beispiel via Google Adwords) sind hierfür eine wirkungsvolle Maßnahme.
- **Besuchereinstellungen**: Damit erhält der Betreiber einer Website Kenntnis über die Einstellungen auf den Geräten der Nutzer, zum Beispiel den Browser, die

Bildschirmauflösung oder die genutzten Plug-ins. Um möglichst viele Besucher zu erreichen, sollte die technische Webseitenbetreuung den Webauftritt hinsichtlich der meistgenutzten Einstellungen optimieren oder Alternativen anbieten.

- **Eindeutige Besucher (Unique Visitors)**: Hiermit werden die einzelnen Besucher eines Webauftritts gezählt, oftmals in Relation zu einem bestimmten Zeitrahmen, zum Beispiel pro Stunde, pro Tag oder pro Monat. Da neue Besucher das Umsatzpotenzial steigern, sollte das Ziel die stetige Steigerung der eindeutigen Besucher sein. Neue Besucher werden überwiegend durch neue oder differenzierte Inhalte erreicht. Mittels einer Suchmaschinenoptimierung bereits bestehender Inhalte und mit zusätzlich gekauften Keywords ist es möglich, den kurzfristigen Besucherbedarf zu decken.
- **Verweildauer**: Die Verweildauer eines Besuchers auf einer Seite gilt als Messgröße für die inhaltliche Qualität einer Website.
- **Seitenaufrufe pro Besucher (Page Impressions)**: Mit dieser Kennzahl werden die Aufrufe verschiedener Seiten innerhalb einer Webpräsenz vermerkt. Der Nutzen und die Qualität, die eine Website für einen Besucher hat, kann abgeleitet werden von der Anzahl der besuchten Seiten innerhalb eines Webauftritts.
- **Absprungrate**: Diese Kennzahl gibt an, wie groß der Anteil an Besuchern ist, der nach nur einer Seitenansicht einen Webauftritt wieder verlässt. Dieser Wert sollte stetig gesenkt beziehungsweise gering gehalten werden. Dazu sollten die Inhalte der Seiten mit den höchsten Absprungraten überarbeitet werden, da die Besucher hier nicht gefunden haben, was sie erwarteten. Ein Abgleich der Keywords mit dem Content hilft, die Erwartungen der Besucher zu erkennen.
- **Conversion-Rate**: Mit dieser Kennzahl wird das Verhältnis angegeben zwischen der Anzahl der Besucher einer Webpräsenz insgesamt und der Menge der Nutzer, die eine gewünschte (Trans-) Aktion ausführten, zum Beispiel ein Formular ausfüllen, einen Newsletter abonnieren oder ein Produkt bestellen.
- **Besuchszeit**: Diese Kennzahl zeigt in einem 24-Stunden-Diagramm an, wann Besucher eine Website aufsuchen. Um den Umsatz zu steigern, sollten neue Inhalte möglichst dann veröffentlicht werden, wenn der Webauftritt die größte Aufmerksamkeit genießt. Diese Information kann ebenfalls für den optimierten Versand eines Newsletters genutzt werden.
- **Wiederkehrende Besucher versus neue Besucher**: Aus dem Verhältnis dieser beiden Besuchergruppen zueinander kann abgelesen werden, welche Nutzergruppen mit besonderen Onlinestrategien verstärkt Aufmerksamkeit erhalten sollten. (Ehrendorfer 2013) und (Gremm 2009)

4.1.7 Aktuelle Situation

Im folgenden abschließenden Teil zu dem Thema Website werden aktuelle Statistiken aus Unternehmens- und Konsumentensicht dargestellt.

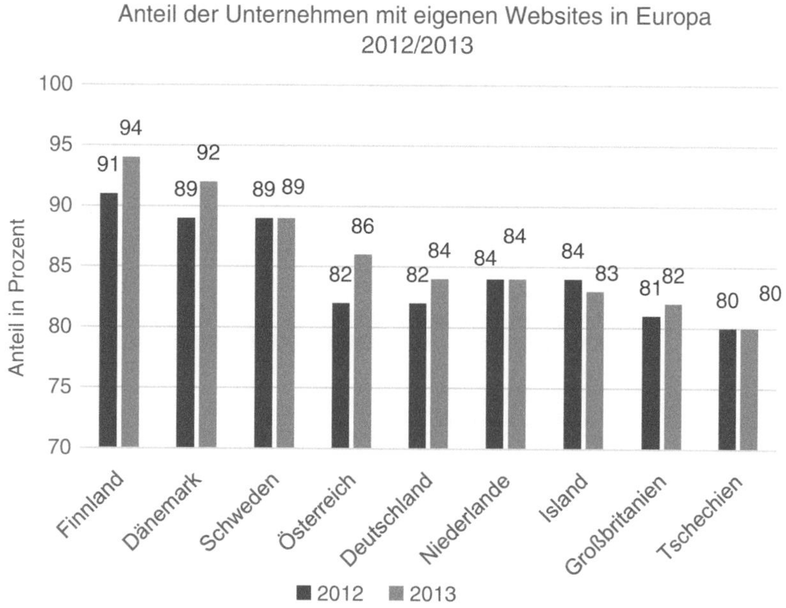

Abb. 4.9 Unternehmen mit eigenen Websites in Europa (Daten: Eurostat 2015)

Anzahl von Unternehmen mit einer Website

Laut einer Studie von BitKom verfügten im Jahre 2012 rund 82 Prozent der deutschen Unternehmen mit mindestens 10 Beschäftigten über einen eigenen Internetauftritt. Fast alle befragten Unternehmen mit mehr als 250 Beschäftigten betrieben eine Website (96 Prozent). Demgegenüber unterhalten nur 45 Prozent der kleinen Unternehmen (<10 Beschäftigte) eine Webpräsenz, also verfügt nicht einmal jeder zweite kleine Betrieb über einen Internetauftritt. Dieselbe in Abb. 4.9 dargestellte Betrachtung zeigt für 2012 und 2013 im Vergleich, dass durch einen Anstieg der Anzahl der betriebenen Websites um zwei Prozentpunkte die deutschen Unternehmen im europäischen Vergleich an die fünfte Stelle vorgerückt sind. Beachtlich ist das Ergebnis, dass 97 Prozent der Hotels und Pensionen über entsprechende Onlineauftritte verfügen, jedes zehnte Handelsunternehmen jedoch darauf verzichtet. (vgl. BitKom 2014)

Mediennutzung zur Informationsbeschaffung nach Alter und Geschlecht

Die Notwendigkeit zur Erstellung einer Website sowie deren weiterer Ausbau hängen entscheidend von der Mediennutzung der vom Unternehmen anzusprechenden Zielgruppen ab. In mehreren Untersuchungen wird deutlich, dass die Bedeutung des Internets zur Beschaffung von Informationen stetig zunimmt. So ergab beispielsweise die Studie von BitKom, dass das Internet bei Nutzern zwischen 14 bis 49 Jahren einen hohen Stellenwert neben den klassischen Informationsquellen wie Fernseher, Radio und

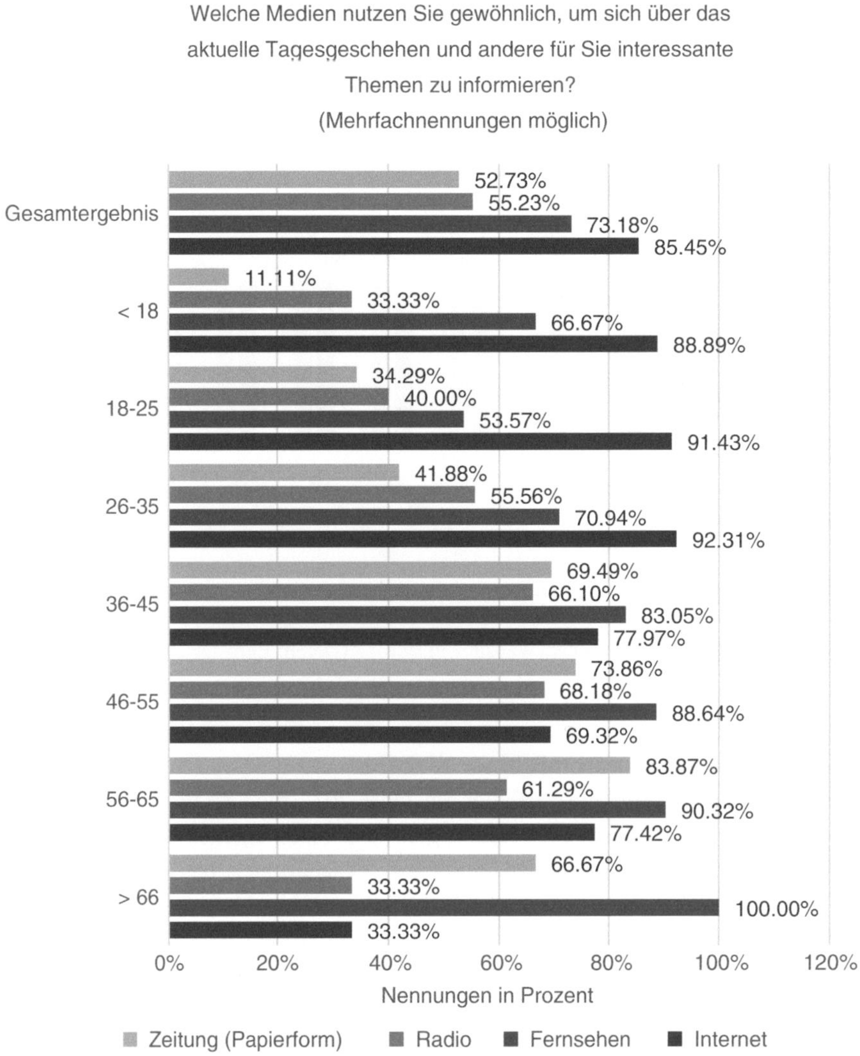

Abb. 4.10 Mediennutzung zur Informationsbeschaffung nach Alter (eigene Umfrage, Juni 2015)

Printmedien besitzt. Im Hinblick auf das Geschlecht nutzen ausgehend von einer Gesamtheit von 1003 Befragten 60 Prozent der männlichen und 51 Prozent der weiblichen Befragten das Internet zu Informationszwecken. (vgl. BitKom 2011)

Ein ähnliches Ergebnis zeigt die in Abb. 4.10 und 4.11 dargestellte Auswertung einer eigenen Umfrage (Juni 2015). Von insgesamt 440 Teilnehmern gaben rund 376 Personen an, das Internet als Informationsmedium zu benutzen. Bezogen auf das Alter kommt das Informationsmedium verstärkt bei den Altersgruppen 18 bis 25 mit 91 Prozent und 26 bis 35 mit 92 Prozent zum Einsatz. Hinsichtlich des Geschlechts ist ersichtlich, dass männliche Teilnehmer das Internet tendenziell stärker nutzen als weibliche.

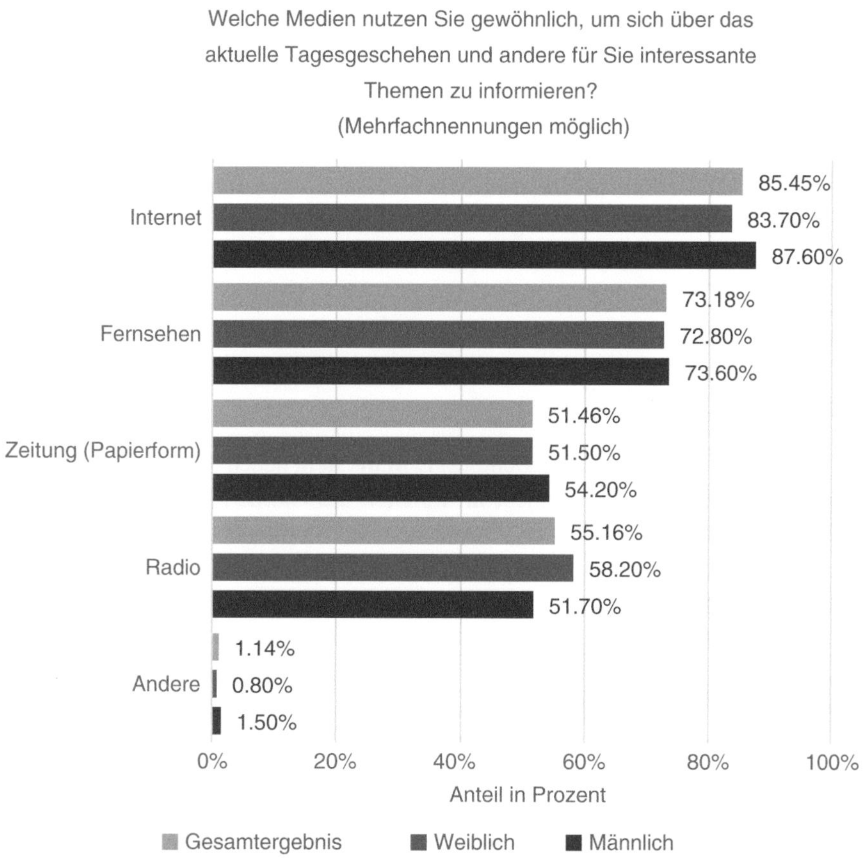

Abb. 4.11 Mediennutzung zur Informationsbeschaffung nach Geschlecht (eigene Umfrage, Juni 2015)

Verlinkung zu Social Media-Seiten

Die Internetpräsenz hat auch im Zeitalter der sozialen Netzwerke nicht an Bedeutung verloren. Im Gegenteil: Die Präsenz von Unternehmen, Institutionen und sonstigen Gemeinschaften in Form eines eigenen Onlineauftrittes ist zum Standard geworden. Trotz vereinzelter Meinungen, dass eine Fanpage in sozialen Netzwerken das Potenzial besitze, eine traditionelle Corporate Website beziehungsweise sonstige Website abzulösen, ist langfristig nicht damit zu rechnen. Dies ist insbesondere auf die begrenzten Möglichkeiten der Informationsbereitstellung und -sicherung sowie eine dann bestehende Abhängigkeit von dem jeweiligen Anbieter zurückzuführen. Die Zukunftsfähigkeit beider Auftritte wird, wie bereits von einer Großzahl der Websitebetreiber umgesetzt, durch die **Verknüpfung** gefördert. Dabei werden Social Media-Elemente mittels Plug-ins oder Verlinkungen in bestehende Websites eingebunden und umgekehrt erfolgt eine

Verlinkung oder eine einfache Angabe der URL auf den Seiten der Social Media-Auftritte der jeweiligen Unternehmen. Diese Entwicklung gibt auch die Untersuchung einer von Royal Pingdom initiierten Studie wieder, wobei Facebook als Social Media-Plattform mit dem größten Potenzial angesehen wird. Untersuchungsgegenstand waren die Top 10.000 Webseiten weltweit, die über eine Verlinkung zu Social Media-Seiten verfügen. Das Resultat der Studie brachte hervor, dass 24,3 Prozent der Top 10.000 Sites eine offizielle Facebook-Integration (Plug-in/Widget) haben. Links zu **Facebook** (inkl. Plug-ins und Widgets) finden sich auf 49,3 Prozent der untersuchten Webseiten, gefolgt von **Twitter** mit 41,7 Prozent Verlinkungen.

4.2 E-Mail

Die Versendung von zielgruppengerichteten E-Mails stellt neben der Website ein weiteres wichtiges Kommunikationsinstrument im Rahmen des Online-Marketings dar. Konkret kann diese Maßnahme zur direkten Ansprache eines Verbrauchers genutzt werden. Da heute eine Vielzahl von Konsumenten ein eigenes E-Mail-Postfach besitzt, zeigt sich der Einsatz von E-Mails als besonders vorteilhaft und zudem kostengünstig.

In diesem Abschnitt soll zunächst im ersten Unterabschnitt eine technische Basis geschaffen werden. Danach erfolgt aus Sicht des Marketings eine Darstellung der Vor- und Nachteile, wobei auch die Herausforderungen und Erfolgskomponenten Erwähnung finden. Anschließend werden die verschiedenen Möglichkeiten der Ausgestaltung dargestellt. Die Durchführung von E-Mail-Kampagnen ist ein weiteres Thema. Dabei wird ein Fokus auf die rechtmäßige Beschaffung von E-Mail-Adressen gelegt. Auch die Gestaltung der E-Mails nach dem Zweck der Kampagne wird besprochen. Nicht zuletzt werden unterschiedliche Instrumente für das regelmäßige Monitoring aufgeführt, mit denen die Wirkung des E-Mail-Versands beurteilt wird. Aktuelle Analyseergebnisse und die erwarteten Entwicklungen des E-Mail-Marketings schließen diesen Abschnitt ab.

4.2.1 Technische Basis

Im Vergleich zu einer Website ist die technische Basis einer E-Mail relativ einfach. Wichtige Elemente sind insbesondere Transferprotokolle und die Standards zum Aufbau der E-Mail-Adresse.

Historische Entwicklung und Funktionsweise

Der im allgemeinen Sprachgebrauch verwendete Begriff „E-Mail“ steht für electronic mailing und kann übersetzt werden mit „elektronischer Brief“. Der Begriff „elektronische Post“ ist dagegen weitgehender und umfasst beispielsweise auch Twitter-Meldungen oder Freundschaftsanfragen in sozialen Netzwerken. Es handelt sich bei einer E-Mail um

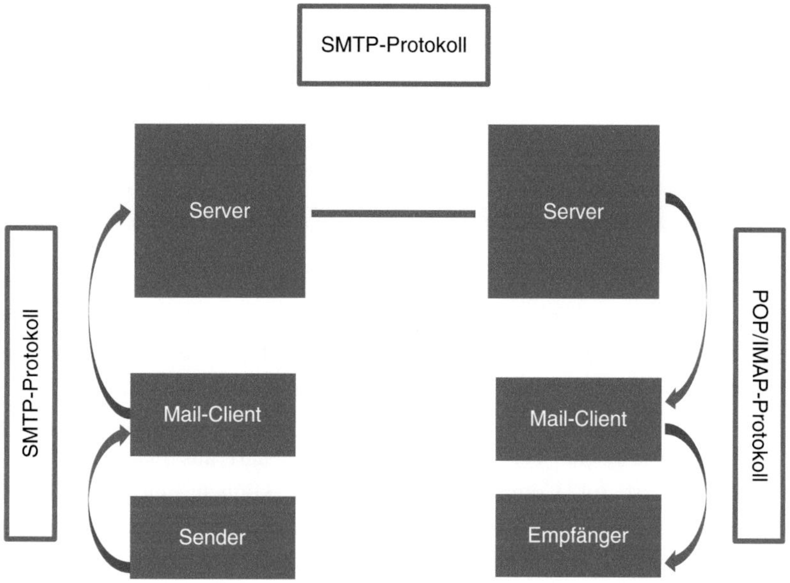

Abb. 4.12 Übermittlungsprozess einer E-Mail

ein Kommunikationssystem, das die Erstellung und den Versand personenbezogener elektronischer Mitteilungen über Rechnernetzwerke ermöglicht. Die **Anfänge** der E-Mail, die als populärster Dienst im Internet bezeichnet wird, liegen in den 1960er-Jahren. In dieser Zeit wurden bereits einfache Textnachrichten von den Entwicklern des ARPANETs übermittelt. Besonderen Anteil an der Entwicklung der E-Mail hatte der Ingenieur Ray Tomlinson, der sich mit Programmen und Transferprotokollen für die Übermittlung von Mitteilungen zwischen Benutzern eines Großrechners und Rechnern in einem Netzwerk beschäftigte. Die Nutzung des E-Mail-Dienstes erfolgt über Anwendungen, deren Bestandteile ein Mail Client für die Erstellung, den Empfang und den Versand sowie einen Mailserver für die Übermittlung und Archivierung der Mitteilungen sind. Die **Übermittlung** der elektronischen Briefe basiert auf **Transferprotokollen**, welche für Versand und Empfang der elektronischen Nachrichten notwendig sind. Zum Versenden der E-Mail kommt das Simple Mail Transfer Protocol (SMTP) und zum Empfangen das Post Office Protocol (POP) und das Internet Message Protocol (IMAP) zum Tragen. Der Übermittlungsprozess einer E-Mail ist beispielhaft in Abb. 4.12 dargestellt. (vgl. ITWissen 2015)

Aufbau E-Mailadresse

Damit der Transport von E-Mails via SMTP gewährleistet werden kann, gibt es für den Aufbau der E-Mail-Adresse standardisierte Richtlinien. Wie in Abb. 4.13 dargestellt, besteht eine E-Mailadresse aus zwei Teilen, dem lokalen (local-part) und dem globalen (domain-part) Teil. Voneinander getrennt werden diese Bestandteile durch das @-Zeichen, das auch als Separator bezeichnet wird. Der lokale Teil kann individuell

Abb. 4.13 Aufbau und Bestandteile einer E-Mail-Adresse

festgelegt werden und bezieht sich auf den Benutzer. Der globale Teil beschreibt die Internetdomäne des Rechners und somit den maschinenbezogenen Teil.

- Der **benutzerspezifische** Teil der E-Mail-Adresse darf aus maximal 255 Zeichen bestehen (Request for Comments 5322). Diese können eine Kombination aus Buchstaben und Zahlen sowie einigen Sonderzeichen sein. Zu beachten ist hierbei, dass das erste und das letzte Zeichen des local-parts kein Punkt sein darf. Hinzuzufügen ist, dass der lokale Teil in Abhängigkeit von der Domain des Empfängers interpretiert wird und somit eine theoretische Unterscheidung in Groß- und Kleinschreibung domainspezifisch vorherrschen kann. Praktisch gibt es jedoch kaum Provider, die diese Unterscheidung vornehmen.
- Der **maschinenspezifische** Teil (domain-part) besteht in der einfachsten Form aus drei Bestandteilen. Der erste Teil spiegelt den Hostnamen wieder, der durch einen Punkt als zweitem Bestandteil vom dritten Teil, der Top Level Domain (TLD), getrennt wird. (vgl. ITWissen 2015)

4.2.2 E-Mails als Marketinginstrument

Direktmarketing bezeichnet ein ganzheitliches und kundenindividuelles Marketingkonzept, das alle vier Dimensionen des Marketing Mix (Kap. 3) zur aktiven Personalisierung der Marketingmaßnahme verwendet. Entscheidend ist, dass es eine direkte Antwort beziehungsweise Reaktion des Empfängers erlaubt. Direktmarketinginstrumente besitzen mehrere Vorteile. Zum einen weisen sie eine hohe Zielgenauigkeit und Flexibilität auf, da sie im Vergleich zur klassischen TV- oder Radio-Werbung durch die Personalisierung die Interessen des potenziellen Kunden zielgerichtet ansprechen können. Zum anderen lässt sich der Erfolg von Direktmarketingmaßnahmen mittels verschiedener Kennzahlen sehr präzise messen. Demgegenüber stehen der Zeitaufwand und die Kosten, die im Vergleich zu klassischen Werbemaßnahmen grundsätzlich höher sind. Dies liegt an der Selektion der Zielgruppen, der Vor- und Aufbereitung der personalisierten Ansprache sowie an potenziellen Supportleistungen, die durch die Responsemöglichkeit der Empfänger hervorgerufen werden. Das Instrumentarium des Direktmarketings umfasst

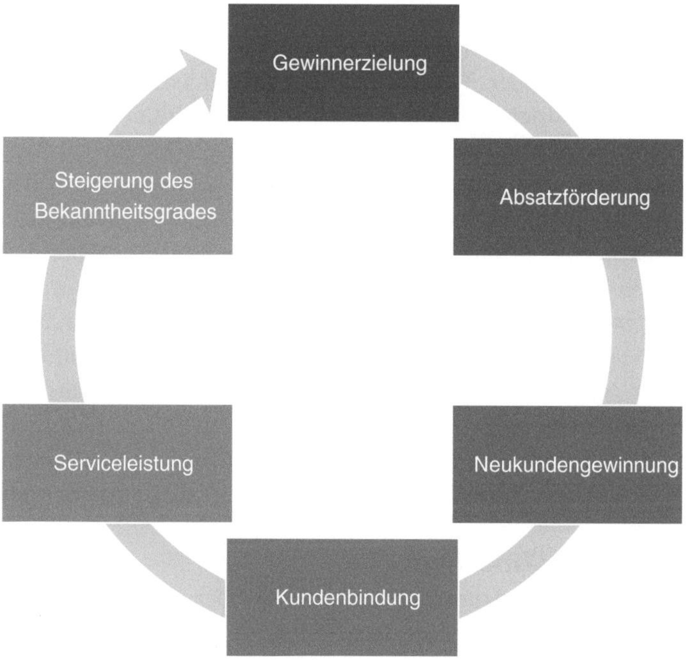

Abb. 4.14 Zielsetzung von E-Mail-Marketing

neben klassischem Telefonmarketing und adressierten Postwurfsendungen auch das E-Mail-Marketing, bei dem elektronische personalisierte Werbebotschaften an potenzielle Kunden via E-Mail versendet werden. Da der zeitliche Aufwand und die Kosten im Vergleich zur klassischen adressierten Postwurfsendung langfristig geringer sind, ist das E-Mail-Marketing eine der am häufigsten verwendeten Formen des Direktmarketings und zählt zur Kategorie des Permission-Marketings. (vgl. Hampel 2011, S. 1 ff.)

Zielsetzung des E-Mail-Marketings

Aus der übergeordneten Gewinnerzielungsabsicht eines Unternehmens lassen sich die in Abb. 4.14 dargestellten Ziele des E-Mail-Marketings ableiten. Um Gewinne zu erzielen, muss das Unternehmen Umsätze beziehungsweise **Verkäufe** generieren. Um dies zu erreichen, werden **Kunden** benötigt, die im ersten Schritt akquiriert und im nächsten Schritt langfristig an das Unternehmen gebunden werden. Die Kundenbindung wird auch durch Serviceleistungen des Unternehmens erreicht, die ebenfalls in Form von E-Mail-Marketingmaßnahmen umgesetzt werden können. Dieses schrittweise Vorgehen fördert langfristig die **Steigerung des Bekanntheitsgrades**. Alle Ziele des E-Mail-Marketings stehen in einer Wechselwirkung zueinander. Denn eine hohe Bekanntheit, guter Service, starke Kundenbindung und eine gelungene Akquise fördern den Absatz. (vgl. Pieper 2013)

Vorteile des E-Mail-Marketings

Zu den Vorteilen des E-Mail-Marketings zählt besonders im Vergleich zu adressierten Postwurfsendungen, dass der Versand relativ **kostengünstig** ist, da Druck-, Kuvertierungs- und Versandkosten entfallen. Des Weiteren kann mithilfe der E-Mail-Werbung eine große Anzahl an Kunden und Interessenten in kurzer Zeit erreicht werden, und der Versender kann den Zeitpunkt der Zustellung beeinflussen. Eine derartige **Einflussnahme** auf den Zustellungszeitraum und der zeitnahe Versand aufgrund der kurzen Übermittlungsdauer einer E-Mail können die Lese- und Öffnungsrate positiv beeinflussen und bieten den Vorteil, **aktuelle** Informationen und Angebote bereitzustellen. Die in der Datenbank erfassten Empfängerinformationen ermöglichen eine **personalisierte und zielgerichtete Ansprache** der Kunden. Dies erhöht die Akzeptanz und ist insbesondere zum Zweck der Neukundenakquise förderlich. Entscheidend sind auch die schnellen **Reaktionsmöglichkeiten** seitens der Empfänger. In Form von **Service-E-Mails** können auf einfache Art Mehrwerte geschaffen werden, die nicht nur der Kundenbindung dienen, sondern auch dem Unternehmen neue Informationen über Kunden bereitstellen.

Nachteile des E-Mail-Marketings

Die oftmals **inflationäre Nutzung** der E-Mail zu Werbezwecken führt dazu, dass viele Nutzer die Flut an Werbung in ihren Postfächern als störend empfinden und dadurch potenziell für sie interessante Angebote nicht wahrnehmen. Ein weiterer Nachteil besteht darin, dass eine E-Mail **nicht physisch greifbar** ist und ihr somit die gewisse Haptik fehlt. Ebenso ist anzumerken, dass auf Seiten der Nutzer der **Aufbewahrungsgehalt** von E-Mails relativ gering, hingegen auf Seiten der Unternehmen das Verlustpotenzial von E-Mail-Adressen durch das Double-Opt-In-Verfahren hoch ist, da die erforderliche Zustimmung mittels der Bestätigungs-E-Mail nicht erteilt wird.

Herausforderungen im E-Mail-Marketing

Ein Problem im E-Mail-Marketing stellen Spam-Mails dar. Spam-Mails sind unerwünschte, nicht angeforderte E-Mails, die in großer Zahl im Sinne der One-to-Mass-Kommunikation an eine breite Masse verschickt werden, ungeachtet dessen, ob diese der Zielgruppe entspricht oder nicht. Der Name **Spam** leitet sich ab vom Begriff „Spiced Pork and Meat", einem Dosenfleisch, das im Zweiten Weltkrieg in den USA trotz Rationierung zwar überall erhältlich, dessen Geschmack und Herkunft jedoch sehr fragwürdig war. Die britische Komiker-Gruppe Monty Python machte einen lustigen Sketch über dieses Fleisch. Der Sketch und die Probleme mit den Massen-E-Mails, deren Herkunft mitunter auch fragwürdig scheinen kann, wurden miteinander verknüpft und der Name „Spam" wurde umgangssprachlich übernommen. An die ursprüngliche Bezeichnung „Unsolicised Commercial E-Mail" für unerwünschte Werbemails erinnert sich heute kaum noch jemand. Damit seriöse Werbung nicht als Spam eingeordnet wird, können werbende Unternehmen spezielle Testprogramme einsetzen. Die Auswertung ermöglicht eine abgestimmte Anpassung auf die verschiedenen Spamfilter und wirkt einer Einstufung als Spam auf dem Rechner des Empfängers entgegen. Auch können seriöse Werbetreibende durch die Eintragungen in sogenannte White- oder Greylists Spamfilter umgehen. Die zweite Herausforderung betrifft die **Gewinnung von Adressen**. Die selbstständige Generierung von Nutzeradressen ist für E-Mail-Marketing von zentraler Bedeutung, da von Beginn an ersichtlich und nachvollziehbar ist, wie die Erlaubnis erlangt wurde. Die Option der Anmietung von E-Mail-Adressen bei hierauf spezialisierten Anbietern ist eine Alternative, jedoch haben diese den Nachteil, dass auch sie keine flächendeckenden Datenbankbestände aufweisen können. Die letzte und wohl größte Herausforderung des E-Mail-Marketings ist die Tatsache, dass sich immer mehr Jugendliche von E-Mails ab- und **Social Media-**Anwendungen zuwenden. Nahezu drei Viertel aller Jugendlichen nutzen täglich Social Media-Anwendungen wie zum Beispiel Messenger-Dienste, aber nur die Hälfte von ihnen schaut in ihr E-Mail-Postfach. Dieser Trend setzt sich in dieser Altersgruppe weiter fort. Dies ist mit ein Grund dafür, dass Unternehmen daran interessiert sind, ein breites Spektrum an Online-Marketing-Maßnahmen zu betreiben. (vgl. Kreutzer und Blind 2014, S. 280 ff.)

Erfolgskomponenten im E-Mail-Marketing

Der Erfolg von E-Mail-Kampagnen stellt einen fundamentalen Bestandteil des E-Mail-Marketings dar. Um den Erfolg einer Werbekampagne evaluieren zu können, werden Kriterien benötigt, die diesen beeinflussen. Neben der **Adressqualität** ist auch das Verhalten der Empfänger von wesentlicher Bedeutung. Dieses wird positiv beeinflusst durch die Aspekte Personalisierung, Individualisierung, Frequenz und Timing. Sie zählen zu den wichtigsten Komponenten des Erfolges einer E-Mail-Kampagne. **Personalisierung** stellt dabei ein Muss-Kriterium dar und wird durch den Einsatz von Programmen erleichtert. Insbesondere mittels der One-to-One-Kommunikation, der immer mehr Bedeutung zukommt, sollte Personalisierung gewissenhaft und kontinuierlich betrieben werden. Zu beachten ist dabei, dass die Anrede korrekt und vollständig ist. Ein weiteres Muss-Kriterium ist die **Individualisierung**, denn nicht jeder Kunde ist an den gleichen Produkten oder Leistungen interessiert. So sollten geschlechter-, alters- und interessensspezifische Zielgruppen definiert und nur diese kontaktiert werden. Im Hinblick auf den zeitlichen Aspekt sind **Frequenz und Timing** von Bedeutung. Beispielsweise ist der Nutzen beziehungsweise die Akzeptanz einer am Montagmorgen an ein Unternehmen zugestellten E-Mail äußerst gering, da in den meisten Fällen die Posteingänge zu dieser Zeit vom Wochenende mit unternehmensspezifischen E-Mails gefüllt sind. Die Gefahr des Untergangs und der Nichtbeachtung der Werbemails ist deshalb hoch. Der Versand von E-Mails sollte in regelmäßigen, jedoch nicht zu kurzen Abständen erfolgen. Besondere Bedeutung für den Erfolg besitzen auch **Services** wie Bestelleingangsbestätigungen und Informationen bezüglich des aktuellen Stands, die in Form von kurzen automatisierten Antwort-E-Mails zur Kundenbindung beitragen. (vgl. Kreutzer und Blind 2014, S. 278 ff.)

Erfolgsmessung von E-Mail-Marketing und Mehrwertfunktionen

Die Einbindung von Verlinkungen und Zählpixeln ermöglichen eine gezielte Erfolgsmessung und damit auch Evaluierung der E-Mail-Kampagne. Der Versender kann mithilfe der eingesetzten Software einfach und schnell Erfolgsgrößen wie Zustell-, Öffnungs- und Response-Raten erheben und auswerten. Der **Erfolg** einer E-Mail-Kampagne lässt sich insbesondere mithilfe sogenannter Zählpixel ermitteln. Dies sind ein Pixel große Bilder, die weiß oder transparent gestaltet und somit unbemerkbar auf jedem Medium einsetzbar sind. Das Öffnen einer E-Mail bewirkt das Laden der Pixel, dies wird von dem Server vermerkt und kann daraufhin ausgelesen werden. Ziel der Verwendung ist die Analyse der Aktion und Reaktion von Kunden auf die E-Mail. Weitere Funktionen wie Verlinkungen, kleine Videos oder Banner können in solche E-Mails eingebettet werden. Die dadurch geschaffenen **Mehrwertfunktionen** sind weitere Anreize für die Kunden, sich mit dem Unternehmen und dessen Leistungen näher zu beschäftigen. (vgl. Lammenett 2012, S. 30 f.)

Bestandteile einer E-Mail zu Marketingzwecken

In der Regel besteht jede E-Mail unabhängig von ihrem Zweck (Marketing, private oder berufliche Kommunikation) aus den folgenden Bestandteilen. Diese müssen jedoch für Marketingzwecke entsprechend gestaltet werden, wie die folgenden Erläuterungen zeigen:

- **Absender**: Erfolgt der Versand einer E-Mail zum Zweck der reinen Kommunikation, ist aus der Absenderzeile der hinterlegte Name des Senders ersichtlich. Anders verhält es sich bei sogenannten Werbemails. Mit dem primären Ziel der Werbetätigkeit und/oder der Kundenbindung und -gewinnung versandte E-Mails enthalten als Absenderinformation zumeist die Bezeichnung des werbetreibenden Unternehmens.
- **Empfänger:** Beachtenswert ist, dass bei Werbemails stets nur ein Empfänger pro E-Mail angesprochen wird, insbesondere auch aufgrund der notwendigen Personalisierung jeder zu Werbezwecken verschickten Mail.
- **Betreffzeile:** In Form einer Kernaussage stellt die Betreffzeile eine prägnante und kurze Zusammenfassung des Inhalts der E-Mail dar. Während der Betreff einer herkömmlichen E-Mail (betriebliche/private Kommunikation) in der Regel verstärkt informativ genutzt wird, dient dieser in Bezug auf Werbemails zur Anregung und fördert zusammen mit der Information bezüglich des Absenders die Akzeptanz wie auch die Öffnungsrate der Empfänger.
- **Inhalt:** Der Inhalt einer E-Mail, die als Marketinginstrument eingesetzt wird, ist variabel und steht in Abhängigkeit zur Art der Werbemail sowie der angesprochenen Zielgruppe. Hinsichtlich des Medieneinsatzes, der von der Verwendung reiner Werbetexte, der Einbindung von einfachen Bildern bis hin zu Animationen und Videos variieren kann, ist darüber hinaus zwischen einfacher E-Mail-Werbung, E-Mail-Werbung in Form einer Website mit Linkführung und elektronischen Katalogen zu differenzieren. Verwendete Texte, Bilder und Animationen sind zielgruppenspezifisch und zweckmäßig einzubinden.

– **Schluss/Footer:** Entscheidend für die Akzeptanz, und damit auch den Erfolg einer E-Mail-Werbekampagne, ist neben der ansprechenden Aufbereitung und Darstellung der Inhalte, der Betreffzeile und der Absenderinformation auch der Schluss der E-Mail. Dieser wird in Bezug auf den Aufbau auch als Footer (Fußbereich) bezeichnet. Bestandteile des Footers sind ein verkürztes Impressum mit Kontaktinformationen zum werbenden Unternehmen sowie eine Information zur Verwendung der Kunden- beziehungsweise Empfängerdaten. Aufgrund der Rechtskonformität bedarf es an dieser Stelle zusätzlich einer Erklärung zur Adressengenerierung sowie Informationen, die den Empfänger über sein Recht, die Möglichkeit und Durchführung der Abmeldung belehren.

4.2.3 Formen und Ausgestaltung

E-Mails können für Zwecke des Marketings nach verschiedenen Kriterien unterschieden werden. In Abhängigkeit von diesen Differenzierungskriterien existieren verschiedene Formen von E-Mails, auf die im Folgenden näher eingegangen wird. Deren Definition ist in Literatur und Praxis bisher nicht eindeutig geregelt.

Abgrenzung nach Stufen der Individualisierung

Marketing-E-Mails sollten **möglichst individuell** gestaltet sein, um eine entsprechende Wirkung entfalten zu können. **Voraussetzung** hierfür ist das Vorhandensein entsprechender Nutzer- oder Kundendaten, deren Beschaffung mit teilweise hohen Kosten verbunden ist, sodass ein entsprechender Abwägungsprozess notwendig wird. Die Entwicklung der E-Mail-Kampagnen von One-to-Many zu One-to-One in Kombination mit den technischen Entwicklungen haben dazu beigetragen, dass Kunden individualisierte und personalisierte, an ihre Bedürfnisse beziehungsweise Interessen angepasste Werbemails erhalten können, wenn die entsprechenden Voraussetzungen vorhanden sind. In Bezug auf die Individualisierung lassen sich deshalb folgende **Formen** unterscheiden:

- Nicht individualisiert -> One-to-Many
- Teilweise individualisiert (Gruppe)
- Individualisiert -> One-to-One

Differenzierung in Anlehnung an den Kundenlebenszyklus

Eine Sonderform der gruppenbezogenen Individualisierung stellt die Differenzierung der Kunden in Anlehnung an den Kundenlebenszyklus dar. Danach lassen sich folgende **Gruppen** unterscheiden:

- Interessent
- Neukunde
- Bestandskunde
- Inaktiver Kunde

In der Praxis findet diese Differenzierung häufig wie folgt **Anwendung**: Im ersten Schritt wird eine breite Masse an Kunden angeschrieben. Die Adressen werden hierbei meist durch „Anmietung“ generiert. Das primäre Ziel ist die Neukundengewinnung. Eine erfolgreiche Umsetzung der Kampagne ermöglicht die Wandlung von Interessenten zu Kunden. Die nächste Stufe des Lebenszyklus ist die der Bestandskunden, die zum Beispiel über Newsletter kontaktiert und informiert werden. Teilweise werden auch inaktive Kunden zum Zwecke der Reaktivierung kontaktiert, um sie für das Unternehmen wiederzugewinnen. Dazu erhalten diese zum Beispiel eine E-Mail zum Geburtstag mit einem Geschenkgutschein.

Basisgruppierung von Marketing-E-Mails

In der **Praxis** haben sich insbesondere folgende drei Gruppen von Marketing-E-Mails herausgebildet, die im Anschluss näher zu erläutern sind:

- StandAlone-E-Mails
- Newsletter
- Trigger-E-Mails und Transaktions-E-Mails

Die entsprechenden Begriffe sind in der Literatur und in der Praxis jedoch **nicht eindeutig definiert**, sodass abweichend von der hier erfolgenden Darstellung auch andere Beschreibungen existieren.

StandAlone-E-Mail

Bei einer StandAlone-E-Mail, auch „E-Mailing“ genannt, erfolgt ein einmaliger beziehungsweise mehrmaliger, aber **unregelmäßiger Versand** von E-Mails. „StandAlone“ steht je nach Begriffsverständnis für eine entweder von anderen Werbenden oder für eine von anderen Kampagnen unabhängige E-Mail. Eine StandAlone-E-Mail beinhaltet **primär Werbung**. Diese Art von Marketing dient der Ansprache einer breiten Masse an Kunden, die allerdings bestimmte gemeinsame Profilmerkmale besitzen. Diese E-Mail wird häufig, jedoch nicht zwingend, an von spezialisierten Anbietern zur Verfügung gestellte Adressen (Fremdadressen) mit dem **Ziel der Kundengewinnung** versandt. Die Inhalte von StandAlone-Kampagnen umfassen beispielsweise Produktbewerbungen sowie Dienstleistungsangebote und Unternehmensvorstellungen der werbenden Unternehmen.

Begriff und Merkmale des Newsletters

Newsletter (Infobriefe) stellen die wichtigste und wahrscheinlich populärste Variante des E-Mail-Marketings dar. Gerichtet an Mitarbeiter, Kunden und Mitglieder dienen sie der Information über Änderungen, der Vorstellung neuer Produkte, bevorstehender Ereignisse sowie Entwicklungen. Ihr Inhalt sollte im Vergleich zu StandAlone-E-Mails primär **redaktionell** und weniger werbend sein. Durch die Platzierung gezielter Hyperlinks innerhalb der Nachricht wird den Empfängern zusätzlich der Zugang zu weiteren relevanten Informationen ermöglicht. In Abhängigkeit von der Zielsetzung können durch den Versand eines Newsletters zwei verschiedene Ausprägungen unterschieden werden. Die eine ist der sogenannte **Traffic Builder,** der primär zur Steigerung der Besucherzahlen auf der Unternehmenswebsite zum Einsatz kommt, bei der anderen handelt es sich um einen **Newsletter im engeren Sinn**, der darauf abzielt, die Kundenbindung zu steigern. Voraussetzung dafür ist die regelmäßige Kommunikation. Die in **regelmäßigen** Abständen beziehungsweise Zeitintervallen an Kunden des jeweiligen Unternehmens versandten Newsletter unterscheiden sich von StandAlone-E-Mails in der Rhythmisierung des Versandes. Newsletter werden grundsätzlich zyklisch verschickt. Abhängig vom Inhalt kann die Zustellung monatlich, wöchentlich oder sogar mehrmals die Woche erfolgen. Wichtig an dieser Stelle ist auch, dass die Adressaten dem Empfang von Newslettern zugestimmt haben und die Adressdaten somit rechtskonform generiert wurden. Eine weitere Unterscheidung zur StandAlone-E-Mail kann die Gruppe der beworbenen Adressaten bilden. Während die Empfänger von StandAlone-E-Mails nach spezifischen personenbezogenen Merkmalen selektiert werden, erfolgt beim Newsletterversand häufig nur eine grobe Selektion. Die primäre **Zielsetzung der Kundenbindung** wird durch die Bereitstellung regelmäßiger Informationen über neue Produkte, Rabatte sowie sonstige Neuigkeiten verfolgt. Newsletter können ergänzend zum redaktionellen Inhalt auch Werbung oder Öffentlichkeitsarbeit von Partnerunternehmen enthalten (**Newsletter-Sponsorship**). Auch die **gemeinsame Herausgabe** eines Newsletters von mehreren Unternehmen ist u. a. zur Optimierung von Kosten eine Option.

Aufbau eines Newsletters

Ein Newsletter weist dieselben Bestandteile auf wie eine rein zu Kommunikationszwecken verschickte E-Mail. Zu diesen Bestandteilen gehören der Absender, der Empfänger, eine Betreffzeile, die Anrede, der Inhalt sowie der Schluss. Abbildung 4.15 zeigt einen typischen Aufbau eines Newsletters. In der Praxis hat sich herausgestellt, dass der **Absendername** zu den wichtigsten Elementen eines Newsletters zählt. Daher empfehlen Experten als Absender, den jeweiligen Unternehmensnamen anzugeben. Dies soll dazu beitragen, dass die Akzeptanz gesteigert wird, und minimiert gleichzeitig das Risiko, dass die E-Mail als sogenannte Spam-E-Mail klassifiziert wird. Eine weitere Komponente, die zur Akzeptanz und somit zum Lesen des Newsletters beiträgt, ist die **Betreffzeile**. An dieser Stelle soll der Empfänger kurz und prägnant darüber informiert werden, welche Inhalte beziehungsweise Informationen der Newsletter bereitstellt. Der nächste wichtige Schritt ist die Ausgestaltung des **Inhalts**. Hierbei sind von wesentlicher Bedeutung die Kopfzeile, das Editorial, auch als Anschreiben bezeichnet, ein Inhaltsverzeichnis sowie die eigentlichen Meldungen. Für die Anordnung der jeweiligen Elemente besteht keine allgemeingültige Festlegung. Eine Möglichkeit der Gestaltung bietet die folgende Darstellung: Dabei wird die Kopfzeile, die in diesem Kontext auch mit dem Synonym **Kopfbereich** oder Header bezeichnet wird, zu Beginn der E-Mail aufgeführt. Elemente des Kopfbereiches sind das Firmenlogo und die Abbildung möglicher Kooperationspartner. Wichtig an dieser Stelle ist, dass dieser Bereich nicht überfüllt beziehungsweise

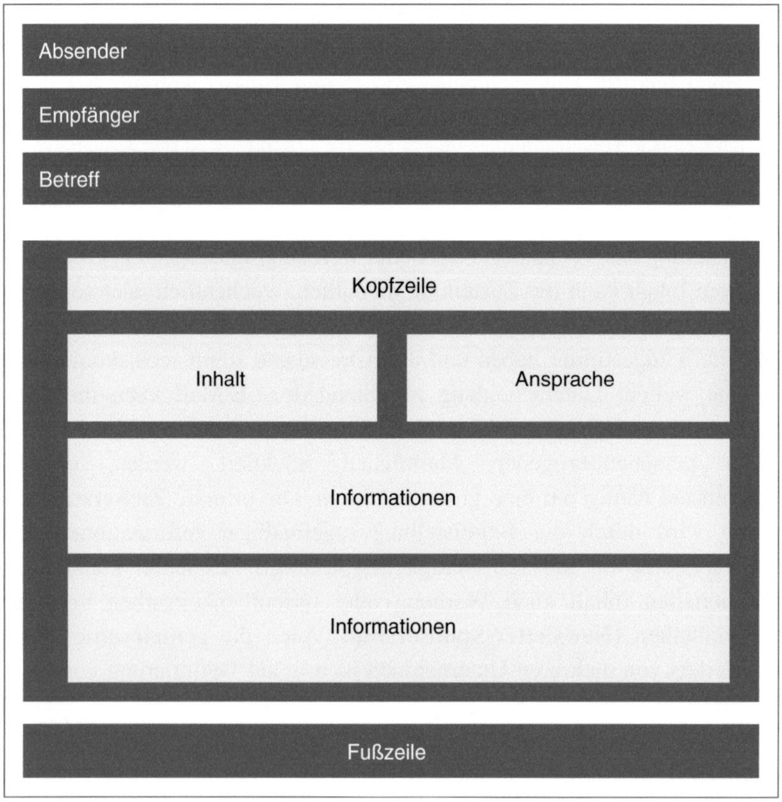

Abb. 4.15 Standardisierter Aufbau eines Newsletters

überdimensional dargestellt wird. Im Anschluss sollte das Editorial mit einer persönlichen Ansprache des Empfängers und einem kurzen Anschreiben folgen. Darüber hinaus empfiehlt es sich, hierbei kurz auf das werbende Unternehmen einzugehen. Parallel zum Editorial oder alternativ unmittelbar danach bietet es sich an, eine Übersicht mit den groben Inhalten des Newsletters einzubinden. An dieser Stelle ist es sinnvoll, die einzelnen Gliederungspunkte mit Verlinkungen zu den Produkten beziehungsweise Meldungen zu versehen. Als letzte Elemente des Inhalts folgen die eigentlichen Informationen und Produktangebote, die sowohl grafisch als auch textuell oder durch Einbindung von kurzen Videoelementen präsentiert werden. Als Schluss eines Newsletters sollte immer ein Footer **(Fußbereich)** beziehungsweise eine Fußzeile vorhanden sein. Hier stehen formale Elemente, die aus rechtlicher Sicht vorhanden sein müssen. Dazu zählen ein verkürztes Impressum, welches die Kontaktdaten (Postanschrift, Telefonnummer, E-Mail-Adresse, URL der Unternehmenswebsite) und rechtliche Informationen des Versenders ausweisen sollte, sowie eine Information in Bezug auf die Generierung der Adressdaten und eine Möglichkeit der Abmeldung. Um den Usability-Kriterien gerecht zu werden, sollte der Abmeldeprozess, auch als

Abbestellmöglichkeit des Newsletters bezeichnet, durch wenige Schritte und unkompliziert möglich sein. Als Zusatz können Weiterempfehlungsmöglichkeiten über soziale Netzwerke eingebunden und angeboten werden. (vgl. Schwarz 2007)

E-Katalog als Sonderform des Newsletters

Eine Sonderform des klassischen Newsletters stellt der E-Katalog dar, der mit dem primären Ziel der **Umsatzsteigerung** des Unternehmens zum Einsatz kommt. Die Inhalte eines solchen E-Kataloges sind vorwiegend Produktangebote, die ähnlich einem Printkatalog präsentiert werden. Der Versand von E-Katalogen erfolgt in den meisten Fällen, um Aktionen des werbenden Unternehmens an die Bestandskunden zu kommunizieren. Dabei ist auch bei dieser Form die Personalisierung zur Steigerung der Akzeptanz und Förderung der Kaufbereitschaft ein wesentlicher Bestandteil. Weiterhin besteht die Möglichkeit, Produktangebote nicht nur personalisiert, sondern zusätzlich abgestimmt auf das Interesse beziehungsweise das Kaufverhalten der Kunden aufzubereiten. Diese Art der **Aufbereitung** stellt im Vergleich zu standardisierten E-Katalogen, die an alle Kunden gleichermaßen versandt werden, einen höheren Aufwand dar. Jedoch bietet sie auch ein höheres Potenzial, einen Verkaufsabschluss herbeizuführen. Eine Ergänzung ist durch die Einbindung eines **One-Click-Shopping-Systems** gegeben. Es ermöglicht den Empfängern der E-Mail, den Bestellvorgang zu verkürzen. Voraussetzung ist die zu einem früheren Zeitpunkt erfolgte Registrierung des Kunden im Onlineshop des Unternehmens. Die bei der Registrierung hinterlegten Adressdaten und mögliche Zahlungsinformationen werden in einer zentralen Datenbank des Produktanbieters gespeichert. Vorteile dieses Systems sind zum einen die Zeitersparnis aus Sicht des Kunden, da dieser die bereits hinterlegten Adressdaten nicht erneut angeben muss, zum anderen die Vereinfachung des gesamten Bestellvorganges. Bezogen auf das Unternehmen erhöht ein solches System die Kundenbindung, da davon auszugehen ist, dass mögliche Wechselkosten (Zeit einer erneuten Registrierung) den Kunden von einem Wechsel zu einem anderen Anbieter abhalten können. Jedoch besteht hier auch das Risiko eines Missbrauchs durch Dritte, die durch illegale Verwendung fremder Anmeldedaten Bestellungen auf Kosten des rechtmäßigen Nutzers auslösen können.

Trigger-E-Mail

Trigger-E-Mails stellen neben StandAlone-E-Mails und Newslettern eine dritte Basisgruppe im E-Mail-Marketing dar. Unter sogenannten Trigger-Mails werden **anlassbezogene** E-Mails verstanden, die das Ziel haben, die Kundenbindung und -loyalität zu stärken, indem sie den Kunden einen Zusatznutzen bieten. Die Gestaltung sowie der Versand dieser E-Mails erfolgt individuell und personenbezogen, daher benötigt diese Form des E-Mail-Marketings eine korrekte und möglichst vollständige Kundendatenbasis. Zu den häufigsten **Formen** der Trigger-Mail zählen die Geburtstags-E-Mail, die Bewertungs-E-Mail sowie eine Danksagungs-E-Mail. In Kombination mit einem Geschenk beziehungsweise einer Rabattaktion erhöhen Trigger-E-Mails die Akzeptanz von Marketingaktionen. Als Service-E-Mails, die im Anschluss an eine Nutzung des

Kundensupports zu dessen Evaluierung versandt werden, können Trigger-E-Mails zu potenziellen Verbesserungsmaßnahmen führen. Abzugrenzen ist diese Form des E-Mail-Marketings von den ebenfalls anlassbezogenen StandAlone-E-Mail-Kampagnen im Hinblick auf den Empfängerverteiler. In der Regel ist die Anzahl der Empfänger einer Trigger-E-Mail insbesondere bezüglich eines Anlasses wie einem Geburtstag kleiner und der Inhalt individueller. Die Anlässe weisen zudem immer einen Bezug zum Kunden auf.

Transaktions-Mail

Transaktions-Mails können als **Sonderform von Trigger-E-Mails** eingeordnet werden. Hier erfolgt der Versand einer E-Mail als Reaktion auf eine zuvor erfolgte Transaktion eines Interessenten oder Kunden. Diese Art der E-Mail scheint zunächst nicht den Charakter einer Werbemail aufzuweisen, bietet jedoch ein enormes Potenzial, Werbeinformationen weiterzutragen. Insbesondere weil es sich in der Regel um **automatisch** generierte und versandte Systememails handelt, die aufgrund einer vorher stattgefundenen Handlung des Empfängers ausgelöst wurden und somit mit einer hohen Wahrscheinlichkeit gelesen werden. Zu den bekanntesten Formen von Transaktions-E-Mails zählen die Bestätigungs-, Erinnerungs- sowie Hinweis-E-Mails. Potenzielle Werbeinhalte stellen hier beispielsweise der Bestellung ähnliche oder ergänzende Produktangebote sowie Rabattierungen auf folgende Bestellungen dar. Wesentliche Vorteile dieser Form sind eine höhere Erreichbarkeit sowie höhere Öffnungs- und Klickraten. Der Versand erfolgt zwar automatisiert, jedoch auch personalisiert und individualisiert.

4.2.4 Durchführung von E-Mail-Kampagnen

Die Durchführung von E-Mail-Kampagnen erfolgt in mehreren Schritten. Zu Beginn steht im Regelfall die Beschaffung beziehungsweise die Aufbereitung von Adressen. In diesem Zusammenhang sind insbesondere die rechtlichen Verfahren zur Einholung der Erlaubnis, Marketing-E-Mails zu versenden, zu beachten. Einen weiteren Aspekt stellen die Auswahl von Dienstleistern und Software sowie die eigentliche Gestaltung der E-Mails dar. Die den Prozess abschließenden Controlling-Maßnahmen werden in dem darauf folgenden Teil gesondert dargestellt.

Beschaffung von Adressen

Erfolgreiches E-Mail-Marketing besteht aus einer Reihe von Faktoren, wie beispielsweise der Gestaltung und Umsetzung einer Kampagne und der Analyse der gewonnenen Erkenntnisse mithilfe von Kennzahlen. Jedoch zählt der Adressdatenbestand im Hinblick auf seine Größe und Qualität zu den wichtigsten Erfolgsfaktoren. Zur Gewinnung von Adressen stehen Unternehmen zwei Möglichkeiten zur Verfügung: einerseits die **eigenständige Beschaffung** von Adressen und andererseits die Nutzung fremder

Adressen („Anmietung“). Erfahrungsgemäß sind selbst gewonnene Daten qualitativ hochwertiger, da sich die Personen bewusst entschieden haben, sich genau diesem „Verteiler“ anzuschließen. Darüber hinaus generieren Empfänger, die sich beispielsweise für einen Newsletter registriert haben, höhere Klickraten als solche, die nur einer Bewerbung durch Dritte zugestimmt haben. Die eigenständige Beschaffung von Adressdaten kann auf verschiedene Arten erfolgen. So besteht zum Beispiel in Verbindung mit Gewinnspielen die Möglichkeit der sogenannten Co-Registrierung. Interessant sind aber auch crossmediale Vernetzungen. Hierbei wird die Aufmerksamkeit des potenziellen Kunden offline geweckt, beispielsweise durch Plakatwerbungen oder auch Video- und Radiowerbespots. Dieses offline geweckte Interesse wird nun dazu genutzt, die Internetpräsenz des Unternehmens aufzurufen und sich für den Empfang von dessen Werbemails zu registrieren. Die **Nutzung fremder Adressen** ist notwendig, wenn noch keine eigenen Adressdaten vorliegen. Dafür muss das Unternehmen einen Preis zahlen, der sich an der Qualität der Adressen orientiert.

Opt-In-Verfahren zur Einholung der Erlaubnis, Marketing-E-Mails zu versenden

Die Nutzung sowohl eigener als auch fremder Adressen setzt voraus, dass der Empfänger der Verwendung seiner Daten zuvor zugestimmt hat (Permission-Marketing). Zur Einholung dieser Erlaubnis existieren verschiedene Verfahren. Dies sind das Single-Opt-In-, das Confirmed-Opt-In- und das Double-Opt-In-Verfahren. Beim **Single-Opt-In**-Verfahren erteilt der Nutzer nach der Eingabe seiner Daten durch das Setzen eines Häkchens oder der Bestätigung durch Klicken seine Zustimmung zum Erhalt von Marketing-E-Mails oder Newslettern. Die Nutzerdaten werden dann direkt in die Permission-Datenbank des jeweiligen werbenden Unternehmens eingetragen. Die Funktionsweise des **Confirmed-Opt-In-**Verfahrens erfolgt ähnlich, zusätzlich verschickt das Unternehmen jedoch vor dem ersten Werbeversand eine Bestätigungs-E-Mail mit der Möglichkeit des sofortigen Widerrufs. Eine erneute Zustimmung wird nicht benötigt, der Eintrag in die Kundendatenbank erfolgt, sofern die Möglichkeit der Ablehnung nicht in Anspruch genommen wurde. Das **Double-Opt-In**-Verfahren fragt bei der Eingabe der Nutzerdaten ebenfalls nach einer Bestätigung des Einverständnisses. Ist diese erfolgt, wird eine E-Mail zugeschickt, in der der Empfänger nochmals ausdrücklich aufgefordert wird, seine Einwilligung zu bestätigen. Erst dann werden seine Daten in der dafür bereitgestellten Datenbank hinterlegt. Diese Form der Zustimmung ist die in Deutschland einzige rechtlich gültige Form. Ergeben sich Streitigkeiten zwischen dem Kunden und dem Unternehmen im Hinblick auf die Erlaubniserteilung, steht das Unternehmen in der Beweispflicht, diese rechtsgültig eingeholt zu haben. Abbildung 4.16 stellt die beschriebenen Formen der Erlaubnis nochmals dar. (vgl. Lammenett 2012, S. 73 ff.)

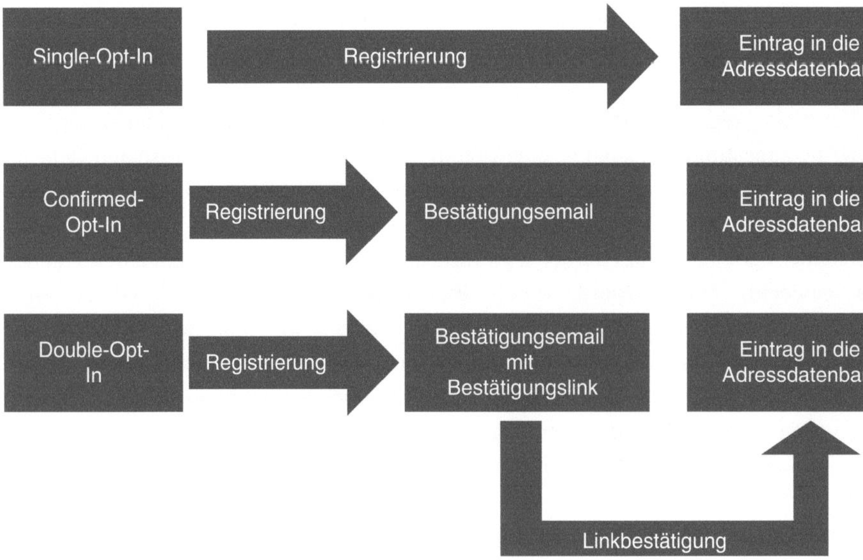

Abb. 4.16 Mögliche Bestätigungsverfahren

Eigene Durchführung oder Nutzung von Dienstleistern

In Abhängigkeit von der Größe eines Unternehmens und den verfügbaren Kapazitäten können unterschiedliche Möglichkeiten für die Durchführung der eigentlichen E-Mail-Kampagnen genutzt werden. Hierbei ist, wie im Folgenden dargestellt, insbesondere zu entscheiden, welche Leistungen durch das Unternehmen selbst und welche Leistungen durch spezialisierte Dienstleister erbracht werden.

Installation von Software auf unternehmenseigenen Rechnern

Eine klassische Lösung ist der Erwerb einer **entgeltlichen Software-Lizenz** und die Installation auf unternehmenseigenen Rechnern. Alternativ gibt es **kostenlose Software**, welche jedoch häufig weniger oder begrenzte Funktionen aufweist (Begrenzung der Anzahl von Empfängern, Einschränkungen von Test- und Reporting-Möglichkeiten). Ist das Unternehmen daran interessiert, langfristig E-Mail-Marketing zu betreiben, sollte es eher den Erwerb einer kostenpflichtigen Variante in Betracht ziehen. Bei einer Kaufsoftware hat grundsätzlich nur das werbende Unternehmen Zugriff auf die Kundendaten, da diese weiterhin auf den unternehmenseigenen Rechnern gespeichert werden. Nachteilig ist jedoch, dass das Unternehmen die Installation, Wartung und Verwaltung eigenständig durchführen muss. Außerdem wird ein sicherer und zertifizierter Server benötigt, der eine Klassifizierung von E-Mails als Spam vermeidet.

Nutzung von Software bei einem Dienstleister

Alternativ zur Installation der Software auf unternehmenseigenen Rechnern bietet sich die Auslagerung auf Dienstleister an. Die Nutzung eines durch einen Dienstleister betriebenen Servers inklusive der zur Verfügung gestellten Software umfasst den Betrieb und die Umsetzung von E-Mail-Kampagnen (beispielsweise eines Newsletter) auf dem Server des jeweiligen Anbieters durch Anmietungen des Dienstes. Da alle Funktionen über einen bereitgestellten Server erfolgen, bedarf es lediglich einer Anmeldung mit entsprechenden Zugangsdaten, um die gemieteten Leistungen zu nutzen. Das bedeutet, dass der **Zugriff auf den Dienst von jedem Rechner** erfolgen kann, der über einen Internetzugang verfügt. Die Vorteile dieses Services stellen sich wie folgt dar: geringe Anschaffungsgebühren, die sich meist aus der monatlichen Gebühr und einer Einrichtungsgebühr zusammensetzen, vergleichsweise hohe Funktionsvielfalt insbesondere beim Testing, Tracking und Reporting sowie Nutzung von sicheren und zertifizierten Servern. Darüber hinaus sind keine besonderen technischen Fertigkeiten im Hinblick auf Installationen, Wartungen, Datensicherheit und Updates erforderlich, da die Dienstleister diese Funktionen übernehmen. Neben den anfallenden Gebühren ist zu bedenken, dass die Verwaltung der Kundendaten auf einem **fremden Server** erfolgt, jedoch ist die Gefahr einer unsachgemäßen Nutzung dieser Daten bei seriösen Dienstleistern nicht gegeben.

Full Service-Dienstleister

Statt nur die Software bei einem Dienstleister zu nutzen, können Unternehmen auch weitere **Leistungen** auslagern. Ein sogenannter „Full Service" umfasst insbesondere die Konzeption und die grafische Gestaltung von E-Mail-Marketingkampagnen, die Gewinnung von Abonnenten, den Versand sowie das Berichtswesen und Beratungsmaßnahmen. In den meisten Fällen bieten Dienstleister auch die Möglichkeit, nur bestimmte Leistungen auszuwählen. Da die Serviceanbieter in der Regel als Marketingagenturen fungieren, sind die größten **Vorteile** das bereitgestellte Know-how und der geringe eigene Aufwand für das Unternehmen. Die Nutzung lohnt sich für diejenigen Unternehmen, die über keine freien Kapazitäten (Personal, zeitliche Ressourcen) und keine Marketingabteilung verfügen, jedoch monetäre Ressourcen bereitstellen können. Für kleine und mittelständige Unternehmen besteht meist die Barriere im Hinblick auf die aufzubringenden **Kosten**.

Überblick über den notwendigen Funktionsumfang von E-Mail-Software

Unabhängig von der Nutzung einer der zuvor dargestellten Möglichkeiten sollte die Software folgende Funktionen bereitstellen:

- Der Versand sollte **whitelistzertifiziert** sein: Damit E-Mails nicht als Spam eingestuft werden, bietet das Projekt Certified Senders Alliance (CSA) für qualifizierte Dienstleister die Möglichkeit, E-Mails, die über diesen Dienst verschickt werden, nicht als Spam zu klassifizieren. Die Anmeldung eines Unternehmens bei CSA-zertifizierten

Anbietern erfordert zur Nutzung dieses Dienstes eine unterschriebene Anti-Spam-Vereinbarung. Wird dieser nicht Folge geleistet, führt dies zu einer Vertragsstrafe.
- Die Systeme sollten ausführliche **Tracking- und Reportingmöglichkeiten** bereitstellen.
- Die mögliche **Anzahl der Verteilerlisten sowie der Empfänger** sollten hoch bis unbegrenzt sein.
- Als wichtigste Kriterien sind die Möglichkeit der **Personalisierung**, eine **rechtskonforme Adressengenerierung** sowie eine einfache **An- und Abmeldemöglichkeit** zu nennen.

Gestaltungstechnisch sollte die Software nicht nur die Möglichkeit bieten, rein textbasierte E-Mails und Newsletter umzusetzen, sondern diese auch mittels HTML farblich sowie bildunterstützt und im Allgemeinen visuell ansprechend aufzubereiten. Als Zusatz stellen Anbieter Template-Vorlagen zur Verfügung, die an eigene Bedürfnisse angepasst werden können. (vgl. Beilharz 2015)

Gestaltung der E-Mails

Bei der Gestaltung von E-Mails ist hinsichtlich des **Medieneinsatzes** zunächst eine der folgende Formen auszuwählen:

- Reine Texte
- Einbindung von einfachen Bildern, Animationen und Videos
- E-Mails in Form einer Website mit Linkführung

Verwendete Texte, Bilder und Animationen sind zielgruppenspezifisch und zweckmäßig einzubinden. Zu beachten ist, dass der Übergang von einer standardisierten, vorwiegend mit textuellen Inhalten erstellten Mail bis zu einer mit Grafiken, Verlinkungen und Videoelementen versehenen E-Mail fließend ist. Des Weiteren richtet sich die Gestaltung von Werbeemails auch nach der **Zielgruppe**. So ist zu beachten, dass ältere Personen typografische Elemente anders wahrnehmen und andere Anforderungen an sie stellen als die junge Generation. Zudem sind **technische Elemente** von wesentlicher Bedeutung. Dabei gilt es, zwischen verschiedenen E-Mail-Clients und deren Interpretation der Inhalte zu unterscheiden und zu bestimmen, welche Clients, aber auch Internetbrowser, unterstützt werden sollen. Besondere Beachtung muss hier auch die Gestaltung, Unterstützung und Darstellung von Werbemails auf verschiedenen mobilen Endgeräten erfahren. Einen Ansatzpunkt für dieses Problem bietet die Gestaltung mithilfe des auf Cascading Style Sheet (CSS) basierenden Responsive Designs, welches dabei hilft, die Darstellung an das jeweilige E-Mail-Programm anzupassen.

$$Bouncerate = \frac{Anzahl\ Bounces}{Versandmenge} \ x\ 100$$

$$Zustellrate = \frac{Versandmenge - Anzahl\ Bounces}{Versandmenge} \ x\ 100$$

$$Zustellrate = \frac{Anzahl\ Zustellungen}{Versandmenge} \ x\ 100$$

$$Öffnungsrate = \frac{Anzahl\ Öffnungen}{Anzahl\ Zustellungen} \ x\ 100$$

$$Öffnungsrate = \frac{Anzahl\ Öffnungen}{Versandmenge - Anzahl\ Bounces} \ x\ 100$$

$$Klickrate = \frac{Anzahl\ Klicks}{Anzahl\ Zustellungen} \ x\ 100$$

$$Klickrate = \frac{Anzahl\ Klicks}{Versandmenge - Anzahl\ Bounces} \ x\ 100$$

$$Klickrate_{eff} = \frac{Anzahl\ Klicks}{Anzahl\ Öffnungen} \ x\ 100$$

Abb. 4.17 Kennzahlen im E-Mail-Marketing, Teil 1

4.2.5 Controlling

E-Mail-Marketingmaßnahmen sollten nur umgesetzt und weiterverfolgt werden, wenn sie einen Nutzen stiften und somit zum Erfolg des Unternehmens im Hinblick auf dessen Zielsetzung beitragen. Zur Messung und Evaluierung des Erfolges einer E-Mail-Kampagne ist ein umfassendes Berichtswesen (Reporting) unabdingbar. Zu den Bestandteilen des Reportings zählen die Erfassung relevanter Kennzahlen und deren Auswertung sowie eine Ableitung von Handlungsempfehlungen und Verbesserungspotenzialen für künftige Kampagnen. Im Folgenden werden einige der wichtigsten Kennzahlen, die auch aus der Abb. 4.17 und der Abb. 4.18 ersichtlich sind, vorgestellt. (vgl. Schiffelholz 2014)

Bouncerate

Die Erfolgsmessung im E-Mail-Marketing beginnt nicht mit der Erfassung der Empfängerreaktionen, beispielsweise durch die Berechnung der Öffnungs- und Click-Rate, sondern zunächst mit der Aufnahme von potenziellen Fehlern bei der Zustellung der

$$Conversion\ Rate = \frac{Conversions}{Anzahl\ Klicks}\ x\ 100$$

$$Return\ on\ Investment = \frac{Gewinn\ einer\ Kampagne}{Kosten\ einer\ Kampagne}\ x\ 100$$

$$Abmelderate = \frac{Anzahl\ Abmeldungen}{Versandmenge - Anzahl\ Bounces}\ x\ 100$$

$$Abmelderate = \frac{Anzahl\ Abmeldungen}{Anzahl\ Zustellungen}\ x\ 100$$

$$Mobile\ Öffnungsrate = \frac{Anzahl\ mobile\ Öffnungen}{Anzahl\ Öffnungen}\ x\ 100$$

$$Social\ Sharing\ Rate = \frac{Anzahl\ Social\ Sharings}{Anzahl\ Öffnungen}\ x\ 100$$

Abb. 4.18 Kennzahlen im E-Mail-Marketing, Teil 2

E-Mails, genauer den Bounces. Diese stellen im Allgemeinen fehlgeschlagene Zustellversuche von E-Mails dar. Bei der Ursache für die nicht erfolgte Zustellung kann zwischen Hard- und Softbounces unterschieden werden. Ist eine fehlerhafte Adressierung und damit ein falscher Datenbestand ursächlich, so handelt es sich um einen **Hardbounce.** Demgegenüber stehen **Softbounces,** die temporär bestehen und beispielsweise auf ein überfülltes Postfach zurückzuführen sind. Die Differenzierung nach der Ursache wird für die Berechnung der Bouncerate nicht herangezogen, jedoch sollte deren Analyse langfristig Beachtung finden und zur Verbesserung der Verteilerliste und somit zur Senkung der Bouncerate eingesetzt werden. Im Allgemeinen gibt die Bouncerate als Qualitätskennzahl bezogen auf den Adressverteiler den prozentualen Anteil der nicht erreichten Empfänger wieder. Ein Richtwert, der anzustreben ist, liegt bei unter 5 Prozent. Eine Option zur Senkung dieser Rate stellt zum Beispiel die Entfernung der fehlerhaften Adressdaten aus der Datenbank dar.

Zustellrate

Das **Pendant der Bouncerate** bildet die Zustellrate. Diese stellt die positive Sicht dar und gibt Auskunft darüber, welcher prozentuale Anteil der versandten E-Mails tatsächlich zugestellt wurde. Gilt zur Beurteilung einer angemessen Bouncerate der Richtwert von kleiner 5 Prozent, so bedeutet dies für die Zustellrate, dass diese mindestens 95 Prozent betragen sollte. Zur Berechnung wird die Anzahl der Bounces im ersten Schritt von der Versandmenge abgezogen und diese Differenz ins Verhältnis zu der Versandmenge gesetzt. Zu beachten ist hier, dass die Entwicklung der Zustellrate und im Umkehrschluss der Bouncerate mit der **Reputation des Absenders** zusammenhängt. Wird diese von den Internet-Service-Providern als negativ eingestuft, beispielsweise durch einen Eintrag in einer sogenannten **Blacklist**, führt dies zu einer Abweisung und somit einer fehlgeschlagenen Zustellung.

Öffnungsrate

Nach erfolgreicher Zustellung der E-Mail ist für die Erfolgsmessung die Ermittlung der Öffnungsrate als Kennzahl erforderlich. Die Öffnungsrate gibt den prozentualen Anteil der Empfänger wieder, die die E-Mail geöffnet haben. Rechnerisch wird die Anzahl der Öffnungen ins Verhältnis zur Anzahl der Zustellungen gesetzt. Die Anzahl der Zustellungen ist die Differenz aus der gesamten Versandmenge und der Anzahl an Bounces. Technisch wird eine Öffnung durch sogenannte **Zählpixel** ermittelt. Hierzu gehören insbesondere verlinkte Bilder, die durch das Nachladen erfasst werden. Wichtig bei der Ermittlung der Öffnungsrate ist, dass **mehrfache Öffnungen** durch einen Empfänger nur einmal gewertet werden. Eine hohe Öffnungsrate wird erzielt durch eine ansprechende Beschreibung der Inhalte in der Betreffzeile, eine hohe Akzeptanz des Absenders (Reputation) sowie positive Erfahrungswerte der Empfänger in Bezug auf zuvor erhaltene Marketing-E-Mails und deren Inhalte.

Klickrate

Die Berechnung der Klickrate erfordert die Erfassung von **Linkbetätigungen** durch den Empfänger. Auch hier gilt, dass das Mehrfachanklicken eines Links nur einmal in die Auswertung einbezogen wird. Bezeichnungen wie **Einfachklickrate** und **Click-Through-Rate** sind gängige Synonyme. Ausgedrückt wird diese Kennzahl als prozentuales Verhältnis der Anzahl an Klicks zu der Anzahl an Zustellungen. Zur Steigerung sind die Gestaltung und Präsentation der Inhalte (strukturiert, übersichtlich, informativ) sowie die Darstellung und Einbindung von Call-to-Action-Elementen (weiterleitende Buttons, Banner, Produktbilder beziehungsweise -angebote, Animationen) ausschlaggebend.

Effektive Klickrate oder Click-to-Open-Rate

Hinsichtlich der Evaluierung des Erfolgs einer Werbemaßnahme per E-Mail ist neben der Auswertung der Öffnungs- sowie Klickrate auch das **Verhältnis** dieser beiden zueinander von Bedeutung. Damit kommt zum Ausdruck, welcher Anteil der Empfänger, die eine Werbemail öffnen, zusätzlich auch Elemente (Verlinkungen) anklicken. In der **Praxis** liegt die durchschnittliche Click-to-Open-Rate bei ca. 40 Prozent. Wie bereits bei der einfachen Klickrate tragen Gestaltung und Präsentation der Inhalte sowie die Darstellung und Einbindung von Call-to-Action-Elementen in hohem Maße dazu bei, ein angemessenes Ergebnis (größer 40 Prozent) zu erreichen.

Conversion-Rate

Eine Steigerungsform der effektiven Klickrate stellt die Conversion-Rate dar. Sie gibt an, welcher prozentuale Anteil der Empfänger, die einen Link anwählen, die zuvor definierte **Zielhandlung** aus Sicht des werbenden Unternehmens durchführt. Derartige Zielhandlungen sind unter anderem der Kauf eines Produktes, die Kontaktaufnahme beziehungsweise Anmeldung zur Inanspruchnahme einer Dienstleistung sowie jedes andere Ziel, das das Unternehmen durch die Kampagne verfolgt. Die zuvor definierten Ziele stellen die sogenannten Conversions dar. Zielt das Unternehmen auf den Produktverkauf (Handel) ab, so entsteht die Conversion aufgrund eines getätigten Kaufs des E-Mail-Empfängers. Zur **Messung** der Conversion Rate ist eine Webanalyse-Software wie beispielsweise Google Analytics notwendig.

Return on Investment

Als allgemein bekannte Kennzahl der **Wirtschaftlichkeit** kann der Return on Investment (ROI) auch zur wirtschaftlichen Erfolgskontrolle im E-Mail-Marketing herangezogen werden. Die Analyse bezieht sich dabei auf die Effizienz der E-Mail-Marketingaktivitäten. Hierbei wird das Verhältnis der entstandenen Kosten zu dem generierten Nutzen zur langfristigen Erfolgskontrolle herangezogen. Bezogen auf eine Marketingkampagne erfolgt die Berechnung dieser Kennzahl durch die Erfassung des Gewinns dieser Kampagne, der in Relation zu den durch die Marketingaktivität entstandenen Kosten gesetzt wird. Dabei ist jedoch zu beachten, dass der Gewinn nicht einzig auf die Kampagne zurückzuführen ist, ebenso können Kosten **nicht eindeutig** zugewiesen werden. Als langfristige und ganzheitlich ausgerichtete Kennzahl kann der ROI dazu beitragen, E-Mail-Marketingmaßnahmen effizient und zielgerichtet zu verbessern.

Abmelderate

Eine Kennzahl, die nur **indirekt** zur **Erfolgsmessung** beiträgt und dennoch für das Controlling von großer Bedeutung ist, ist die Abmelderate. Berechnet wird sie durch Division der Anzahl an Abmeldungen durch die Anzahl an Zustellungen. Das Ergebnis sollte möglichst gering sein. In der **Praxis** hat sich ein Wert von kleiner 5 Prozent bewährt. Vor dem Hintergrund der rechtskonformen Adressengenerierung ist in den meisten Fällen einer Abmeldung davon auszugehen, dass zum einen die Frequenz des Versandes zu hoch ist und zum anderen die Inhalte nicht (mehr) den Interessen der Empfänger entsprechen.

Mobile Öffnungsrate

Die aktuell weiterhin steigende Bedeutung der sozialen Netzwerke sowie mobiler Anwendungen hat ebenfalls Auswirkungen auf das Controlling, das diesbezüglich ergänzende Kennzahlen berücksichtigen muss. Als eine **neue Kennzahl** ermöglicht die Mobile Öffnungsrate die Ermittlung des prozentualen Anteils an Öffnungen über mobile Endgeräte. Ist das Verhältnis der mobilen Öffnungen zu der Anzahl an den gesamten Öffnungen hoch, können für das Unternehmen entsprechende **Handlungsempfehlungen** abgeleitet werden, wie beispielsweise eine Gestaltungsoptimierung der Kampagne in Bezug auf gängige mobile Endgeräte.

Social-Sharing-Rate

Eine weitere neue Kennzahl ist die Social-Sharing-Rate. Diese bezieht sich auf das Teilen von E-Mails über soziale Netzwerke in Relation zur Anzahl ihrer Öffnungen. Die **Teilen-Funktion** wird mithilfe von sogenannten „Share with your Network"-Verlinkungen umgesetzt, die in die E-Mail integriert sind. Da das Teilen eine Empfehlung darstellt, können dadurch **virale Marketingeffekte** entstehen.

4.2.6 Aktuelle Situation

Aus den folgenden Analysen und Prognosen wird insbesondere deutlich, dass E-Mail-Marketing nach wie vor eine große Rolle spielt.

Zukünftige Entwicklung im E-Mail-Marketing

Trotz der steigenden Präsenz und Bedeutung von Social Media für das Marketing und der dadurch aufkommenden Annahme, dass klassische Online-Marketinginstrumente keinen großen Stellenwert mehr für Unternehmen und deren Marketingerfolge haben, belegen Studien das Gegenteil. Der E-Mail als Marketinginstrument kommt weiterhin eine große Bedeutung zu. Dies ist nicht nur den Einschätzungen der Unternehmen zu entnehmen, sondern äußert sich auch durch die ansteigende Datenmenge, die durch das Betreiben von E-Mail-Marketing hervorgerufen wird. Bezogen auf eine Studie von artegic, welche die Entwicklung der digitalen Kommunikation prognostiziert, wird das E-Mail-Marketing zukünftig zur zentralen Dialogmaßnahme. Dabei dient es als eine Art Zentrale, an die sich die Gesamtheit der digitalen Marketingmaßnahmen anlehnt. Bereits im Jahre 2013 nutzten 97 Prozent der Internetnutzer E-Mails, dabei rufen laut dem **Bundesverband Digitale Wirtschaft** 75 Prozent der Nutzer mindestens einmal täglich ihre E-Mails ab. Darüber hinaus nimmt die Prognose der **Radicati Group** bis zum Jahr 2017 eine Steigerung des E-Mail-Versands weltweit von 12 Prozent gegenüber dem Jahre 2013 an. Dadurch wird E-Mail-Marketing zu einem der reichweitestärksten Zielgruppenzugänge. Diese Annahme wird zusätzlich durch die **Potenziale der mobilen Nutzung** unterstützt, denn bereits heute rufen rund 70 Prozent der deutschen Smartphone-Nutzer E-Mails mittels ihrer mobilen Endgeräte ab. Um die gebotenen Potenziale zu nutzen und auszubauen, ist es zukünftig unumgänglich, effizientes und effektives E-Mail-Marketing zu betreiben. Erreicht werden kann dies durch die Sicherung, Aufbereitung und Auswertung der weiterhin steigenden Datenmengen, jedoch immer vor dem Hintergrund des Datenschutzes. Die in diesem Kontext durch Online-Transaktionen gewonnenen Daten können zur Individualisierung und gezielteren Personalisierung beitragen. **Big Data** bietet enorme Potenziale, den Nutzern für sie relevante Inhalte zeitlich passend in der richtigen Form (endgeräteabhängig) bereitzustellen. Individuell und persönlich bedeuten somit nicht nur die Verwendung der persönlichen Ansprache und eine grobe Segmentierung der Kundengruppen, sondern dem Nutzer entlang des Customer-Life-Cycle an seine Bedürfnisse angepasste Informationen und Produkte zukommen zu lassen. (vgl. Lieven von 2014, S. 10 ff.)

Unternehmerische Handlungsfelder im E-Mail-Marketing

Aufgrund dieser positiven Prognosen sollten Unternehmen dem Thema E-Mail-Marketing vermehrt Aufmerksamkeit widmen. Wie die folgenden Ausführungen belegen, sind viele Unternehmen in bestimmten Handlungsfeldern schon weit vorangeschritten, in anderen Handlungsfeldern besteht dagegen Nachholbedarf. So setzt sich die Mehrzahl der Unternehmen bereits mit den Themen rechtssichere **Adressengenerierung** und **Spamfilter** auseinander. Ebenso werden regelmäßig **Tests der Kampagnen** durchgeführt (zum Beispiel unterschiedliche Betreffzeilen, Inhalte, Versandzeiten). Weniger als die Hälfte der befragten Unternehmen beschäftigen sich jedoch damit, die Adressgewinnung zu systematisieren, deren Qualität zu verbessern sowie den bestehenden Adressverteiler zu vergrößern. Wird die **geplante Investitionstätigkeit** betrachtet, lässt sich erahnen, dass die meisten Unternehmen die Potenziale des Mobile Marketings, aber auch die Problematik des verstärkten Datenaufkommens erkannt haben. Beinahe 60 Prozent der Unternehmen beabsichtigen, Mobile-Optimierungen durch dynamisch anpassungsfähige Layouts (Responsive Design) vorzunehmen und knapp 41 Prozent beabsichtigen eine Datenverknüpfung durch die CRM-Anbindung an das Web-Controlling. Weitere Potenziale, die zurzeit nur von wenigen Unternehmen genutzt werden, bieten insbesondere Multichannel-Kampagnen, die eine Verbindung zur Offlinewelt herstellen. Andere Handlungsfelder stellen die Conversion-Optimierung, die Prozess- und Individualisierungsautomatisierung sowie Content Marketing-Maßnahmen und der Ausbau an Social Media-Verknüpfungen dar. (vgl. Unternehmer 2013)

4.3 Display-Marketing

Display-Marketing bezeichnet alle digitalen Marketingmaßnahmen, bei denen grafische Elemente und Texte auf einem Bildschirm (zum Beispiel Monitor, Smartphone) verwendet werden. Verglichen mit klassischen Printanzeigen ermöglichen „Displays" auch den Einsatz von animierten Grafiken. Neben Animationen zählen auch einfache Bildelemente und Videodateien zum Display-Marketing. Da Menschen grafische Inhalte einer Kommunikationsbotschaft nicht nur bewusst, sondern auch unterbewusst wahrnehmen, wird dem Display-Marketing eine große Bedeutung im Rahmen der Onlinekommunikation beigemessen. Ergänzend zur Kundengewinnung und langfristigen Kundenbindung sollen Display Ads messbare Reaktionen (Conversions) wie auch Transaktionen erzeugen. Vor diesem Hintergrund wird dieses Instrument wie auch das E-Mail-Marketing in die Kategorie des Performance-Marketings eingeordnet.

Dieser Abschnitt erläutert zunächst den Display-Begriff und Möglichkeiten der Systematisierung, um an die Thematik heranzuführen. Im Anschluss daran werden die unterschiedlichen Arten der Display-Anzeigen dargestellt. Wenn eine Entscheidung für eine bestimmte Art getroffen wurde, stehen Aspekte bezüglich der Ausgestaltung der Display-Anzeigen im Mittelpunkt. Dies betrifft beispielsweise die Werbedauer. Den Abschluss bilden wie bei den Instrumenten „Website“ und „E-Mail“ das Controlling und die aktuelle Situation im Bereich des Display-Marketings.

4.3.1 Begriffe und Systematisierung

Die Formen des Display-Marketings beziehungsweise der Banner als deren Hauptgruppe lassen sich nach verschiedenen Kriterien systematisieren. Diese werden nach einer Begriffserläuterung beschrieben, bevor sich der folgende Unterabschnitt einem Standardisierungsansatz widmet.

Display und Display-Marketing

Der Begriff Display bedeutet **Anzeige**. Außerhalb des Online-Marketings werden sogenannte Displays zur Präsentation der Ware verwandt und sind in diesem Sinne Vitrinen, Plakatwände und sonstige für Werbezwecke genutzte verkaufsfördernde Ausstellungselemente. Ausgehend von Printanzeigen, die bereits vor dem Aufkommen des Internets zu Marketingzwecken zum Einsatz kamen, wurden diese in Form von eingebundenen Texten und Bildern in Websites auf das Medium Internet übertragen. Aufgrund ihres frühzeitigen Aufkommens zählt das heutige Display-Marketing zu den **klassischen Online-Marketinginstrumenten**. Hierbei bezeichnen Displays die eigentlichen Oberflächen oder Ausschnitte, auf denen die grafischen Elemente abgebildet werden. Dazu zählen die Bildschirme von Desktop-PCs, Tablet-PCs, Smartphones und Fernsehern. Unabhängig von der Art des jeweiligen Bildschirms gibt es zahlreiche Möglichkeiten, Display-Marketing zu betreiben. Zu der bekanntesten Form zählt die Bannerwerbung.

Zweck des Einsatzes

Hinsichtlich der Einsatzmöglichkeiten kann ausgehend von der Zielsetzung insbesondere zwischen Werbe- und Sponsoring-Zwecken unterschieden werden. Bei der **Werbung** werden die Potenziale des Display Advertisings primär zur Produktbewerbung und damit zur Erreichung von performanceorientierten Zielen eingesetzt. Hierzu zählen die Steigerung von Absatzzahlen und die Generierung von Leads. In der Regel kommen dabei alle Varianten der Werbeeinblendungen zum Einsatz. Grob können diese bezüglich des Onlineeinsatzes in In-Page und Video Ads eingeteilt werden. Anders verhält sich dies bei Display-Anzeigen, die zu **Sponsoring-Zwecken** eingesetzt werden und damit primär auf die Steigerung der Bekanntheit und den Imageaufbau beziehungsweise die -pflege abzielen. Im Vordergrund steht hier das Unternehmen, welches als Partner (Sponsor) auf Partnerwebsites und sonstigen Onlinemedien der Gesponserten präsentiert wird.

Darstellungsmedium

Eine weitere Systematisierung von Display-Anzeigen kann hinsichtlich dem Darstellungsmedium erfolgen. Dieses wird in diesem Kontext in Websites, Videos, Applikationen und Spiele untergliedert.

- **Websites:** Anzeigen, die auf Websites platziert werden, zählen zu der ältesten Form des Display Advertisings. Hierbei kommen insbesondere Textanzeigen (Werbeinhalte, die im Text eingebunden werden) und diverse Arten von Bannern zum Einsatz.
- **Videos:** Neben Anzeigen, die in eine Website eingebunden werden, kommen in den letzten Jahren vermehrt Video-Anzeigen zum Einsatz, die an die klassischen Fernsehwerbespots angelehnt sind.
- **(Mobile) Applikationen**: Mit dem steigenden Aufkommen von mobilen Endgeräten und der zunehmenden Nutzung des mobilen Internets sowie mobiler Anwendungen erfahren auch digitale Anzeigen im mobilen Bereich eine steigende Akzeptanz. Hierzu zählen sowohl statische und animierte Bannereinblendungen wie auch Video-Anzeigen, welche in Applikationen zwischengeschaltet werden können.
- **Spiele**: Nicht zuletzt bieten Onlinespiele eine gute Möglichkeit, Display-Werbung oder Display-Sponsoring zu platzieren.

4.3.2 Standardisierung von Display Ads

Eine weitere Möglichkeit der Systematisierung, die sich an der vorangegangenen Differenzierung nach dem Darstellungsmedium orientiert, ergibt sich aus der Standardisierung von Display-Anzeigen, welche national durch das Gremium „Unit Ad Technology Standards" im Online-Vermarkterkreis (OVK) angestrebt wird. Zu den Hauptaufgaben zählt die Entwicklung von Werbemittel-Standards, die von allen Mitgliedern des OVK getragen werden und als Orientierung für die gesamte Online-Werbebranche dienen. Das Ziel der Standardisierung ist, durch die Definition von Formaten und die technische Integration die Produktion und die Auslieferung der Werbemittel und ihrer Inhalte zu erleichtern. Eine stetige Erweiterung und Anpassung an die Marktbedürfnisse soll dazu beitragen, eine optimale Lösung für den deutschen Werbemarkt auszuarbeiten. Die Abstimmung mit internationalen Gremien und Verbänden ist dabei zielfördernd und dient der Schaffung von Synergieeffekten. Internationale Standardisierungsmaßnahmen werden durch Gremien wie das Interactive Advertising Bureau (IAB) des jeweiligen

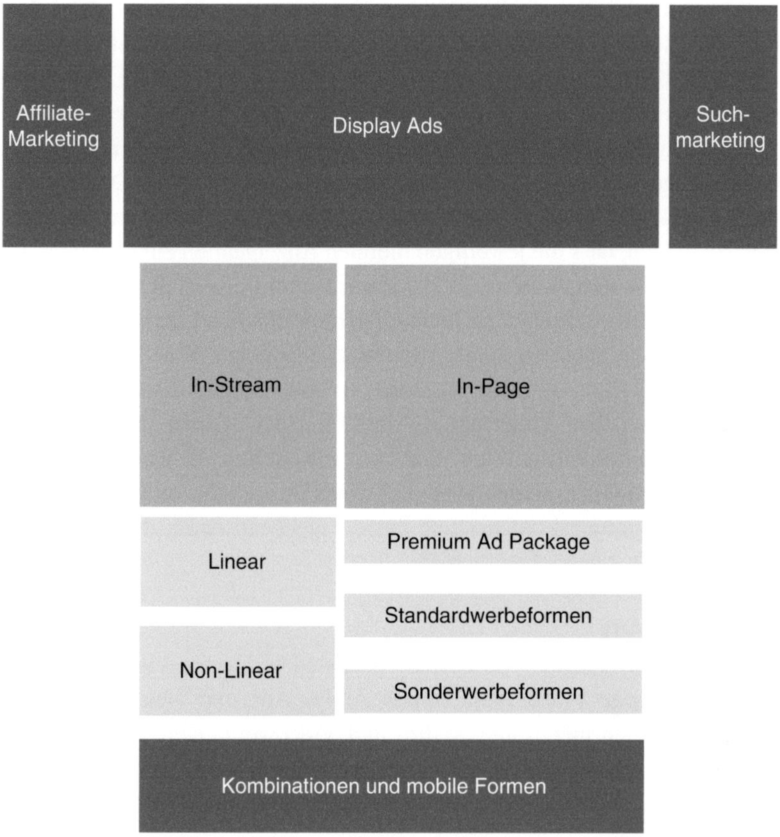

Abb. 4.19 Werbeformen des Online-Vermarkterkreises (vgl. Bundesverband Digitale Wirtschaft 2015)

Landes beziehungsweise der jeweiligen Gemeinschaft (IAB Europe) durchgeführt. Neben der Standardisierung von Werbeformen hat sich das Gremium zur Aufgabe gemacht, das Aufkommen von neuen Werbeformen zu prüfen und zu analysieren. Für zukunftsfähige Werbeformen werden mit dem Ziel der späteren Standardisierung Richtlinien ausgearbeitet. Bedingt durch die Standardisierungsverfahren haben sich bestimmte Arten von Display-Anzeigen im deutschen Raum etabliert, die im folgenden Abschnitt erläutert werden. (vgl. Bundesverband Digitale Wirtschaft 2015)

Kategorisierung

Die in Abb. 4.19 dargestellten Formen des Display Advertisings lassen sich aufgrund ihrer Eigenschaften grob in **drei Hauptkategorien** einteilen. Diese sind In-Stream Ads, In-Page Ads und Kombinationswerbeformen. Bedingt durch die zunehmende Verbreitung des mobilen Internets und die sich dadurch ergebenden Potenziale für das Display-Marketing erfolgt seit einiger Zeit auch eine Betrachtung der **mobilen Anzeigenformate**.

Dabei werden Mobile Display Ads den ersten beiden der genannten Hauptkategorien zugeordnet. Der Begriff In-Stream Ads vereint Video- und Audiowerbeformen, die in eine Video- oder Audiodatei integriert werden. Im Hinblick auf mobile Werbeformen ist anzumerken, dass insbesondere Mobile Linear Video Ads als Form der In-Stream-Kategorie systematisch erfasst werden. Anders ist dies bei der Kategorie der In-Page Ads. Die als Mobile In-Page-Ads dargestellten Werbeformen werden wie die Desktop-PC Ads in Premium Ad Package, Standardwerbeformen und Sonderwerbeformen gegliedert. Auffällig ist dabei jedoch, dass die jeweiligen mobilen Anzeigearten einer anderen Kategorie angehören als die klassischen Anzeigeformate, wie zum Beispiel der Medium Rectangle, welcher im klassischen Bereich den Standardwerbeformen und im mobilen Bereich dem Premium Ad Package angehört. Trotz der unterschiedlichen Kategorisierung zwischen mobilen und klassischen Anzeigeformaten ist die Funktionsweise der jeweiligen Werbeform gleich. Der Unterschied liegt in der Größe bedingt durch die unterschiedlichen Bildschirmgrößen und im erweiterten Anwendungsgebiet durch Applikationen bei mobilen Endgeräten. Die Vielfalt und die oftmals komplexen und fließenden Differenzierungskriterien sind ausschlaggebend dafür, dass im Weiteren nur die Hauptformen näher betrachtet werden.

In-Stream Video Ads

Eine der drei Hauptkategorien von Display Ads sind In-Stream Video Ads. Sie werden untergliedert in Linear Video Ads, Linear Audio Ads und Non-Linear Video Ads. Im Allgemeinen zählen hierzu alle Audio- und Videowerbungen, die in einen anderen Audio-Stream oder ein anderes Video eingebunden sind, beispielsweise in ein Hörbuch oder einen Film. In Abhängigkeit von der Einblendung des Werbeinhalts erfolgt die Unterscheidung in „Linear“ und „Non-Linear“.

- **Linear Video Ads** werden nie zeitgleich zum eigentlichen Video abgespielt. Geht das Video Ad diesem voran, handelt es sich um eine Pre-Roll. Erfolgt die Einblendung des Ads in den Videoinhalt als eine Art Werbeunterbrechung, wird das Video Ad als Mid-Roll bezeichnet. Von einem **Post-Roll** ist die Rede, wenn das Ad im Anschluss an das eigentliche Video abgespielt wird.
- **Linear Audio Ads** stellen eine ähnliche Werbeform wie Linear Video Ads dar, wobei die Werbeauslieferung rein audiobasiert erfolgt. Bei dieser Form kann zwischen zwei Arten differenziert werden: Pre-Stream Audio Ads werden unmittelbar vor dem Audiospot platziert. Die Auslieferung von In-Stream Audio Ads erfolgt im laufenden Audio-Stream.
- **Non-Linear Ads** erfahren aufgrund der parallelen Einblendung des Werbevideos zum Hauptvideo nicht die gesamte Aufmerksamkeit des Nutzers. Umgesetzt wird diese Werbeform beispielsweise durch sogenannte Overlay Ads und Branded Player. Ähnlich einem Banner wird das **Overlay Ad** über den Videoinhalt gelegt und parallel abgespielt. Die Platzierung erfolgt im oberen oder unteren Bereich und sollte die Sichtbarkeit der eigentlichen Inhalte gewährleisten. Eine Gemeinsamkeit zum

Branded Player als Werbemittel besteht in der Verlinkung, die den Nutzer nach dem Anklicken des Video Ads zur Website des werbetreibenden Unternehmens weiterleitet. Ein Branded Player stellt keine eigentliche Videowerbung dar, vielmehr handelt es sich hierbei um einen Rahmen, der den eigentlichen Videoinhalt von allen Seiten umgibt. (vgl. Bundesverband Digitale Wirtschaft 2015)

In-Page Ads

Die Werbemöglichkeiten der Kategorie In-Page Ads können weiter untergliedert werden in Premium Ads, Standardwerbeformen und Sonderwerbeformen. Alle Standard- und Sonderwerbeformen können auch als In-Page Video Ads platziert werden. Hierbei werden Videos ohne Ton wiedergegeben. Die Tonaktivierung erfolgt durch das aktive Anklicken eines Buttons innerhalb der Werbefläche. Oftmals wird diese Werbeform auf Log-out-Seiten positioniert. (vgl. Bundesverband Digitale Wirtschaft 2015)

Premium Ads

Zu den Premium Ads gehören neuere Werbeformen, die aufgrund von geänderten Bedürfnissen und Anforderungen der Kunden entstanden sind. Mit deren Einsatz werden aufmerksamkeitsstärkere Werbemittel in die Websites eingebunden, wodurch die Produkte erfolgreicher vermarktet und somit die Einnahmen beziehungsweise der Erfolg der Vermarkter erhöht werden sollen. Premium Ads sind unter anderem Pushdown Ads und Banderole Ads.

- **Pushdown Ads:** Pushdown Ads ähneln in ihrer Beschaffenheit den Expandable Super Bannern. Sie sind in der Regel unterhalb des Kopfbereiches einer Website platziert und werden unterschieden in automatische und nichtautomatische Pushdown Ads. Ein automatisches Pushdown Ad klappt durch das Laden einer Seite die Werbefläche automatisch von 728×90 Pixel auf 728×300 Pixel nach unten auf. Bei einem nichtautomatischen Pushdown erfolgt das Aufklappen durch das Mouseover-Prinzip oder das Anklicken des Ads. Der Hauptunterschied zum standardisierten Banner liegt darin, dass die Größe der Werbefläche nicht vorgegeben ist. Die Breite beträgt in der Regel zwar mindestens 728 Pixel, kann jedoch in Abhängigkeit zur eigentlichen Seitenbreite variieren. Des Weiteren werden die Inhalte der eigentlichen Website im Gegensatz zum Expandable Super Banner nicht überdeckt, sondern nach unten geschoben. Dies soll bei den Nutzern ein geringeres Störempfinden hervorrufen und die Sichtbarkeit der Inhalte trotz Werbeeinblendung gewährleisten.
- **Banderole Ads:** Das Banderole Ad gehört zu den aufmerksamkeitsstarken Werbemitteln. Die Grundfunktion besteht im Aufklappen einer 770×250 Pixel großen und transparenten Werbefläche in der Regel von rechts nach links und hervorgerufen durch den Aufruf einer Website. Die Besonderheit dieses Werbemittels ist zum einen die transparente Werbefläche, die über dem Inhaltsbereich der Website liegt, zum anderen ihre Fixierung an einer bestimmten Stelle. Durch die Betätigung eines eingebundenen Close-Buttons oder nach Ablauf der Einblende-Zeit von ungefähr

15 Sekunden reduziert sich die Größe auf 25×250 Pixel. (vgl. Bundesverband Digitale Wirtschaft 2015)

Standardwerbeformen

Zu den Standardwerbeformen gehören unterschiedliche Bannerarten, die teilweise nationale und internationale Standards erfüllen. Die Standardisierung dieser Formen erfolgt national durch die Unit AdTechnology Standards und international durch das amerikanische Interactive Advertising Bureau. Die angestrebte Standardisierung der Werbeformate dient der Vereinfachung von Produktion und Anlieferung der Onlinewerbung. International anerkannte Werbeformate sind Super Banner, Rectangle, Medium Rectangle und Wide Skyscraper. Alle Standardwerbeformen bis auf die Flash Layer können im GIF, JPEG, PNG oder Flash-Format dargestellt werden. Im Folgenden wird auf die wichtigsten Standardwerbeformen eingegangen, die sich insbesondere hinsichtlich der Größe der Darstellung unterscheiden, die in Bildpunkten (Pixeln) angegeben wird. Dabei bezeichnet die erste Zahl die Breite der Werbefläche, die zweite deren Höhe.

- **Rectangle:** Hierbei handelt es sich um ein 180×150 Pixel großes Werbefeld, das innerhalb des redaktionellen Bereichs eines Webauftritts platziert wird. Dabei sollte es zur Steigerung der Aufmerksamkeit des Nutzers an mindestens drei Seiten von Inhalt umgeben sein. Wird die Werbefläche auf 300×250 Pixel erweitert, handelt es sich um ein Medium Rectangle.
- **Skyscraper:** Die ebenfalls standardisierten Skyscraper unterscheiden sich von klassischen Bannern dadurch, dass sie hochformatig sind. Meistens werden sie am rechten äußeren Rand einer Website platziert. Der Standard Skyscraper hat eine Fläche von 120×600 Pixel, der Wide Skyscraper variiert von 160×600 bis 200×600 Pixel. Der Expandable Skyscraper funktioniert wie der Expandable Super Banner. Bei einem Mouseover klappt er von der Größe eines Wide Skyscraper zur Seite zu einer Fläche von 420×600 Pixel auf und entsprechend wieder zusammen.
- **Banner:** Für Bannerwerbung liegen drei standardisierte Werbeformate vor. So hat ein Full Banner eine Werbefläche von 468×90 Pixel, die des Super Banners beträgt 728×90 Pixel. Beide werden am oberen Rand einer Website platziert. Der Expandable Super Banner wird zunächst in der gleichen Größe und an der gleichen Stelle wie ein Super Banner angezeigt, klappt aber durch eine Berührung mit dem Mauszeiger (Mouseover) zu einer erweiterten Werbefläche von 728×300 Pixel nach unten auf und bietet somit neben dem größeren Format auch ein höheres Überraschungspotenzial. Verlässt der Mauszeiger das Banner, klappt er wieder auf die Ursprungsgröße zusammen.
- **Layer:** Ein Flash Layer ist eine Sonderform innerhalb der Kategorie der Standardwerbeformen. Nicht nur das Format, das eine Flashprogrammierung erfordert, auch die individuell wählbare Größe ist im Vergleich zu den vorgestellten Formen different. Im Allgemeinen handelt es sich um eine Werbefläche, die beim Öffnen einer neuen Webseite über dem Content-Bereich erscheint und deren eigentlichen Inhalt zunächst

verdeckt. Obwohl es hierbei kein vorgegebenes Format in Bezug auf die Größe gibt, werden aufgrund der Flashprogrammierung Standards durch Mindestanforderungen formuliert. Im Gegensatz dazu ist das Format eines Universal Flash Layers mit 400×400 Pixeln einheitlich vorgegeben. Die Größe der Werbefläche ist das einzige Unterscheidungsmerkmal der beiden Flash Layer. Sowohl ihre Positionierung über dem Inhalt als auch die Einbindung eines klar erkennbaren Close-Buttons zum Schließen des Werbemittels ist in beiden Fällen zwingende Voraussetzung. (vgl. Bundesverband Digitale Wirtschaft 2015)

Sonderwerbeformen

Eine weitere Unterkategorie der In-Page Ads stellen die Sonderwerbeformen dar. In der Regel haben die dazugehörigen Werbemittel keine vorgegebenen Formate. Hierzu zählen unter anderem Microsite, Interstitial und In-Text.

- **Microsite:** Eine Microsite ist eine Website, die mit einem anderen Werbemittel desselben Werbetreibenden verlinkt ist, zum Beispiel einem Banner. Durch das Anklicken des Banners auf der ursprünglich aufgesuchten Website wird der Nutzer auf die Microsite weitergeleitet, auf der weiterführende Produktinformationen bereitgestellt werden. Besonders beliebt ist diese Werbeform für Gewinnspiele und Sonderaktionen.
- **Interstitial:** Interstitials werden bei einem Wechsel von Websites für die Dauer von bis zu zehn Sekunden über den Inhalt der eigentlich vom Nutzer gewünschten Seite eingeblendet. Sie zählen zu den weniger verbreiteten Werbeformen, da sie ein hohes Risiko bergen, dass der User die Seite wieder verlässt, bevor das Interstitial ausgeblendet wird und somit die eigentlichen Inhalte nicht zur Kenntnis nimmt.
- **In-Text:** Eine weitere Unterkategorie der In-Page Ads sind die weitverbreiteten In-Text-Werbungen. Hierbei handelt es sich um Begriffe beziehungsweise Schlüsselwörter, die Bestandteil des Inhalts einer Website sind und mit Verlinkungen versehen werden. Durch das Ziehen des Mauszeigers über diese Schlüsselwörter erscheinen in einem sich öffnenden Werbefenster die Werbeinhalte des Werbetreibenden. Diese Inhalte können Grafiken, Bilder, Texte und auch Videoelemente enthalten. Bei letzterem handelt es sich um sogenannte In-Text-Video-Werbung. Das Anklicken des Werbefensters führt den Nutzer auf das jeweilige Angebot des Werbenden oder liefert im Falle eines In-Text-Videos die Videowerbung in einem expandierten Fenster aus. (vgl. Bundesverband Digitale Wirtschaft 2015)

Kombinationswerbeformen

Als Beispiele für eine Kombinationswerbeform werden im Folgenden Tandem Ads und Wallpapers vorgestellt. Bei **Tandem Ads** handelt es sich um eine Kombination von Video Ads und In-Page Ads. So bietet es sich an, ein Pre-Roll mit einem anschließenden Overlay Ad zu kombinieren und gleichzeitig ein Super-Banner zu schalten. Zu beachten ist jedoch, dass die eingesetzten Werbemaßnahmen nicht zu dominant sind und vom Nutzer als übermäßig störend empfunden werden. Der **Wallpaper** umrahmt den Inhalt einer Website

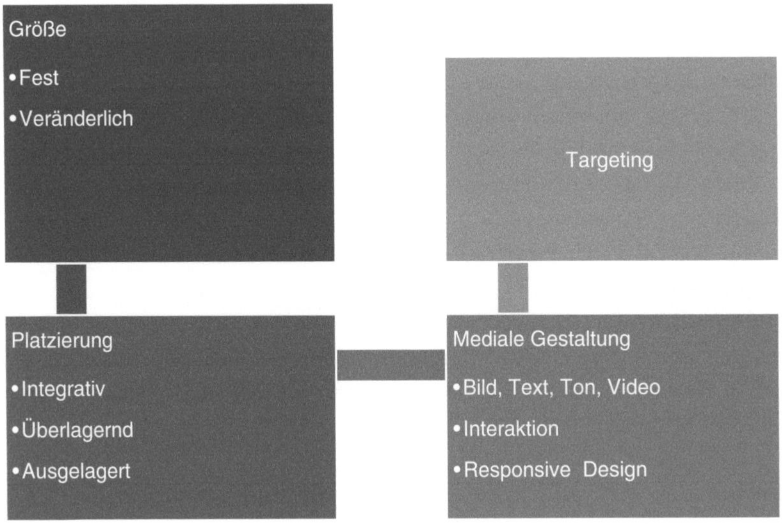

Abb. 4.20 Ausgestaltung von Werbeanzeigen

durchlaufend am oberen Rand und an der gesamten rechten Seite mit Werbung. Die Größe der Werbefläche ist nicht standardisiert, sondern abhängig von der Gestaltung der Website, auf der geworben wird. (vgl. Bundesverband Digitale Wirtschaft 2015)

4.3.3 Ausgestaltung und Beurteilung

Ausgehend vom Einsatzzweck, dem Darstellungsmedium beziehungsweise dem Standardisierungsgrad können Werbeanzeigen unterschiedlich gestaltet werden. Auf die auch in der Abb. 4.20 dargestellten Ausgestaltungsparameter wird im Folgenden näher eingegangen.

Größe

Als Gestaltungsparameter stehen den Werbetreibern in Bezug auf die Größe von Anzeigen zwei Möglichkeiten zur Verfügung. Zum einen kann die Auslieferung der Werbeinhalte in einem fest definierten und zum anderen dynamisch in einem veränderbaren Anzeigenfeld erfolgen. Bei den **festen Formaten** sind die Werbeeinblendungen in der Regel gleich sichtbar. Gegensätzlich verhält sich dies bei **veränderlichen Anzeigebereichen**. Hier werden die Inhalte im Gesamten erst durch Expansion der Werbefläche sichtbar. Bewirkt wird dies oftmals durch eine Aktion wie Anklicken des Werbebereiches oder die Mouse-Over-Funktion. Um die userseitige Aktion herbeizuführen, wird im zunächst kleineren Anzeigefenster versucht, mittels Anreizinformationen das Interesse der Nutzer zu wecken. Beispielhafte Werbeformen für beide beschriebenen Darstellungsformen sind die folgenden:

– Fest, zum Beispiel Full Banner mit einer stets gleichbleibenden Größe von 468×60 Pixel, Button kleiner als 234×60 Pixel
– Veränderlich, zum Beispiel Expandable Super Banner, die wie dargestellt von einer Anzeigefläche von 728×90 Pixel mittels Mouse-Over auf eine Größe von 728×300 Pixel expandieren.

Platzierung

Weitere Ausgestaltungsmöglichkeiten betreffen die Platzierung der Werbeanzeigen. Hierbei kann unterschieden werden zwischen integrativen, überlagernden und ausgelagerten Formen. Bei den **integrativen Formen** werden die Werbeanzeigen innerhalb des Inhaltes oder zumindest innerhalb des Anzeigenbereiches der Site eingebunden. Innerhalb des Inhaltes eingebundene Anzeigen stellen in der Regel die Werbeformen In-Text Ads und Rectangle dar. In-Text Ads sind vom Werbetreibenden definierte Schlüsselbegriffe, die im redaktionellen Text des Werbepartners zu Hyperlinks umgewandelt werden. Die Werbeauslieferung bedarf auch hierbei einer Aktion (zum Beispiel Anklicken des als Hyperlink dargestellten und hervorgehobenen Schlüsselbegriffes). Ein Rectangle wird ebenfalls in den Inhaltsbereich integriert, hierbei ist das Rectangle von mindestens drei Seiten vom redaktionellen Text umgeben. Die Auslieferung der Werbung erfolgt hierbei sofort und bedarf keiner weiteren Aktion. Eine weitere Form der integrativen Anzeigenformate stellen Banner dar. Hierbei erfolgt die Platzierung jedoch nicht im Inhaltsbereich, sondern im Kopf- oder Fußbereich sowie auf der linken oder rechten Seite neben dem Inhalt. Abzugrenzen sind die beschriebenen Formen von den **überlagernden Formaten**, die nicht in die Site integriert sind, sondern beim Aufruf der Site über dem Inhalt erscheinen und diesen damit überlagern. Ein Beispiel für diese Form stellen Layer (Flash Layer) dar. Die **ausgelagerten Formate** sind dadurch gekennzeichnet, dass die Werbeauslieferung in einem neuen Fenster erfolgt. Als Beispiel für diese Art kann das Interstitial genannt werden, welches als Werbeunterbrechung in einem neuen Fenster eingeblendet wird, wenn der Nutzer zum Beispiel durch Anklicken eines Menüpunktes auf eine neue Landingpage gelangen will. Ausgehend von den Ausgestaltungsparametern Größe und Platzierung folgen weitere Gestaltungsmöglichkeiten, die die inhaltliche Darstellung und Funktionalität betreffen.

Mediale Gestaltung

Digitale Anzeigen können insbesondere aus **Text-, Bild-, Ton- oder Videoelementen** bestehen. Text- und Bildanzeigen lassen sich in Bezug auf den Animationsgehalt in statische und animierte Anzeigen unterteilen. **Statische** Anzeigen enthalten unbewegte Bilder und/oder Texte. Hier wird die Werbebotschaft statisch ausgeliefert und ähnelt einer Plakatwerbung. Eine Weiterentwicklung stellen **animierte** Anzeigen dar. Die Animation kommt über die Einblendung von hintereinander geschalteten Einzelbildern, die sich als Sequenz in einer Datei befinden, zustande. Dadurch können größere Texte und Werbebotschaften vermittelt werden, jedoch fehlt es wie auch bei einfachen statischen Anzeigen an Interaktionsmöglichkeiten.

In Bezug auf die Möglichkeiten der **Interaktion** kann zwischen der nutzerseitigen Steuerung und der automatisierten Auslieferung differenziert werden. Charakteristisch für **nutzergesteuerte Anzeigen** ist, dass der User Einfluss auf die Anzeige hat. So kann er bei einem Expandable Banner entscheiden, ob, wann und wie lange der gesamte Werbebereich eingeblendet wird. Auch bei Video Ads kann der Nutzer nach einer kurzen Anzeigedauer von meist fünf Sekunden entscheiden, ob er den weiteren Werbeinhalt konsumiert. Des Weiteren zählen alle Anzeigenformate, die vom Nutzer über einen „Schließen-Button" beendet werden können, zu dieser Kategorie. Sobald eine nutzerseitige Steuerung beziehungsweise Beeinflussung nicht möglich ist, wie es bei Werbespots, die nicht übersprungen werden können, der Fall ist, wird von **nicht nutzersteuerbaren Anzeigen** gesprochen.

Vor dem Hintergrund des mobilen Internets hat sich eine neue Form der medialen Gestaltung etabliert: **Responsive Ads** sind Anzeigen, die die bereits beschriebenen Funktionen erfüllen können und sich zudem an die Größe des Displays von jedem Endgerät anpassen.

Targeting

Die bisher dargestellten Ausgestaltungsmöglichkeiten lassen vielfältige Kombinationen zu. Deren Erfolg ist je nach Zielgruppe unterschiedlich. Die Zielsetzung von Targeting-Maßnahmen liegt deshalb in der Bereitstellung zielgruppenspezifischer Werbeinhalte. Dabei sollen Display Ads für Kunden und potenzielle Kunden nach Möglichkeit individuell eingeblendet werden. Zum Einsatz kommen dabei insbesondere folgende Methoden:

- **Targeting nach technischen Kriterien**: Im Fokus dieser Form des Targetings stehen technische Aspekte. Hierzu zählen die Software- und Hardwareumgebung, die Bildschirmauflösung des Endgerätes sowie das verwendete Betriebssystem. Das Ziel ist, jedem Nutzer die Werbung optimal anzuzeigen. Um lange Ladezeiten zu vermeiden wird das Bandbreiten-Targeting eingesetzt. Weitere Targeting-Optionen sind die Geschwindigkeit des Internetzugangs, der Provider oder die Einblendezeit.
- **Geo-Targeting**: Das Ausliefern von regionalen Werbeinhalten wird durch Geo-Targeting ermöglicht. In Verbindung mit der IP-Adresse und dem jeweiligen Standort des Internetnutzers werden standortbezogene Angebote angezeigt.
- **Keyword-Targeting:** Keyword-Targeting wird in Verbindung mit Suchmaschinen eingesetzt. Die Eingabe eines Suchbegriffs bewirkt das Einblenden von themenbezogenen Werbeinhalten. Voraussetzung hierfür sind die im Vorfeld einer Kampagne angepassten und ausgewählten Keywords.
- **Contextual Targeting:** Das Contextual Targeting verwendet festgelegte Keywords, die zum Inhalt einer Website gehören und bewirkt dadurch die Platzierung einer Werbeanzeige auf dieser Webseite. Es werden also Websites und Werbeanzeigen vereint, die in Ihrem Kontext zusammenhängen. Beispielhaft hierfür sind Werbeanzeigen eines Autohändlers auf einer Motorsportseite.

- **Behavioral Targeting:** Das Behavioral Targeting greift durch den Einsatz der Cookie-Technologie, die die Inhalte der von einem Nutzer besuchten Websites und seine Interaktion mit Werbeeinblendungen speichert, auf dessen bisheriges individuelles Surfverhalten zu. Auf der Basis der gespeicherten Daten erfolgt die Werbeauslieferung umso mehr, wenn der Nutzer sich vermehrt auf bestimmten themenspezifischen Websites aufhält.
- **Semantisches Targeting:** Grundlage des Semantischen Targetings ist die Berücksichtigung des gesamten textuellen Inhaltes einer einzelnen Seite. Die Analyse dient der Bestimmung von Schwerpunktthemen und ist ausschlaggebend für die Platzierung themenspezifischer Werbeinhalte.
- **Re-Targeting:** Das Re-Targeting basiert wie das Behavioral Targeting auf dem Nutzerverhalten. Zum Einsatz kommt diese Methode insbesondere in Verbindung mit E-Commerce-Seiten. Hat ein Nutzer Interesse an einem bestimmten Produkt bekundet, zum Beispiel durch die Suche nach einer bestimmten Produktgruppe oder das Legen eines Artikels in einen Warenkorb, werden darauf abgestimmte Werbeeinblendungen platziert. Ein bekanntes Beispiel ist die Einblendung von Zalando-Werbebannern. Durch den Kauf des beworbenen Produkts bei der Konkurrenz geht allerdings die Wirkung der Werbeeinblendung verloren. (vgl. Engelken 2014)

Adserver als technische Basis

Zur Auslieferung, Steuerung und der Erfolgskontrolle von Display Advertisements werden sogenannte Adserver benötigt. Der Begriff Adserver bezeichnet sowohl den physischen Server selbst als auch die Software, die sich auf diesem Server befindet. Der Einsatz von Adservern ermöglicht durch die zuvor dargestellten Targeting-Optionen eine zielgruppenspezifische Werbeauslieferung und dient der Minimierung von Streuverlusten. Die **Funktionsweise** basiert auf dem Prinzip Angebot und Nachfrage von Werbeplätzen und einem Werbepool mit Advertisements. Grundlegend ist, dass die Auslieferung von Werbung durch die Einbindung eines vom Adserver zugewiesenen Codes in die Website des Vermarkters erfolgt. Wird die entsprechende Website durch einen Nutzer aufgerufen, wird eine Anfrage bezüglich der Einblendung einer Werbung an den Adserver gesendet. Der Anfrage folgt die Übermittlung entsprechender Parameter an den Browser des Nutzers, daraufhin die Darstellung des Ads und das Protokollieren der Einblendung durch den Server. Das Anklicken der Werbung durch den Nutzer bewirkt zunächst die Weiterleitung auf den Server, der dies protokolliert und den Nutzer daraufhin auf die Website des Advertisers leitet. Der gesamte Vorgang erfolgt sekundenschnell, sodass der Websitebesucher die Hintergrundabläufe in der Regel nicht wahrnehmen kann. Zu den heute **bekanntesten Adservern** gehören folgende:

- DoubleClick (Google)
- AdTech
- OpenX (OpenSource)
- Open AdStream

- Adition
- Adform (vgl. Hünebeck 2014)

Vorteile von Display-Marketing

Zu den Vorteilen des Display Advertisings zählen die **Kosteneffizienz** und der **messbare Erfolg**. Der Einsatz von Adservern und die Möglichkeit, Vermarkter einzubeziehen, fördern die Mess- und Steuerbarkeit der Aktivitäten ebenso wie die technische Entwicklung. Darüber hinaus kann durch Display Advertising eine breite Masse an potenziellen Kunden erreicht werden (hohe Reichweite). Im Gegensatz zu Offline-Maßnahmen wie Zeitschriftenwerbung oder Fernsehwerbespots besteht durch Verlinkungen die Möglichkeit der direkten Interaktion beziehungsweise Reaktion der Nutzer. Die unterschiedlichen Vergütungssysteme sind ebenfalls vorteilhaft, denn oftmals erfolgt eine Zahlung an den Betreiber der Website, auf der geworben wird, erst für einen erfolgreichen Aufruf der Website des Werbetreibenden oder einen getätigten Kauf. Ebenso besteht die Möglichkeit, detaillierte Informationen bezüglich der Effektivität des eingesetzten Werbemittels zu erhalten und auszuwerten. Ein weiterer Vorteil ist die freie Individualisierung und Gestaltung der Ads. (vgl. Zier 2008, S. 42)

Herausforderungen (Nachteile)

Der Einsatz und die Auslieferung von digitalen Display-Werbeinhalten stellen die Werbetreibenden sowie deren Partner (Publisher) vor Herausforderungen. Aufgrund der steigenden Verbreitung von Onlinewerbung wird in der Praxis oftmals die sogenannte **Bannerblindheit** diskutiert und als Herausforderung angesehen. Hierbei ist die nutzerseitige Wahrnehmung der Werbeflächen und -inhalte aufgrund des übermäßigen Einsatzes nicht mehr gewährleistet. Um dieser Entwicklung entgegenzuwirken, kommen immer auffälligere und aufwendigere Formate und Arten von Display Ads zum Einsatz. Während durch Innovationen der Bannerblindheit, wenn auch nur teilweise, begegnet werden kann, sind derartige Versuche bezogen auf den **Einsatz von Werbeblockern** nicht erfolgreich. Dieser Herausforderung können Werbetreibende nur bedingt begegnen und müssen sich auf diejenigen Nutzer beschränken, die keine Blocker verwenden. Hierbei gilt es, gezielte und relevante Werbeinhalte auf hochwertigen Partnersites zu platzieren. Denn diejenigen Sites, die übermäßig viele Werbeeinblendungen ausliefern, wirken schnell unseriös oder die Nutzer werden aufgrund der **überfrachtenden** Wirkung der Display Ads überfordert und nehmen die beworbenen Produkte sowie die Werbeanzeigen selbst nicht mehr wahr. Die nutzerseitige Frustration und das daraus resultierende vorzeitige Verlassen einer Site kann auch von zu vielen einzelnen Werbeunterbrechungen herbeigeführt werden. Die Werbetreiber und Publisher stehen dabei vor der Herausforderung, Werbeanzeigen so zu platzieren und auszuliefern, dass diese den **„Flow" des Nutzers** nicht wesentlich beeinträchtigen beziehungsweise unterbrechen.

4.3.4 Controlling

Ebenso wie bei den bereits dargestellten Instrumenten des Online-Marketings sind auch beim Display-Marketing entsprechende Controlling-Maßnahmen durchzuführen, auf die im Folgenden einzugehen ist.

Erfolgsfaktoren des Display Advertisings

Damit Display Advertising-Maßnahmen den gewünschten Erfolg erzielen, sollten diese zielgruppenspezifisch ausgeliefert werden. Daher sollte bereits vor der Gestaltung und Umsetzung einer Kampagne eine möglichst genaue **Zielgruppe** definiert werden. Auch die Beachtung des Umfeldes der Platzierung sowie die Wahl des Advertisements im Hinblick auf die Zielgruppe sind wichtige Aspekte. Hilfestellung bietet dabei die Anwendung geeigneter **Targeting-Optionen**. Anhand dieser werden Streuverluste minimiert und es erfolgt bereits vor der Auslieferung der Werbeinhalte eine Selektion der potenziellen Werbepartner. Ein wesentlicher Erfolgsfaktor des Display-Marketings ist die **Anzeigedauer** der Einblendungen sowie deren **Frequenz**. In der Praxis hat sich ein Wert von maximal 15 Sekunden Einblendedauer etabliert. Die Frequentierung in Bezug auf dieselben Nutzer sollte nicht ausgereizt werden, da dies zum Verlust der Werbewirkung führen kann. Als weiterer Faktor ist auch das **Image** sowie die **Bekanntheit** des Werbetreibenden und mehr noch des Publishers von wesentlicher Bedeutung.

Kennzahlen des Controllings

Um den Erfolg einer Werbekampagne messen zu können, existieren Kennzahlen. Wichtig ist deren Interpretation. Im Folgenden werden nur ausgewählte Kennzahlen dargestellt.

- Eine grundlegende die Werbewirkung betreffende Kennzahl des Display-Marketings ist die **Click-Through-Rate (CTR)**. Durch das Verhältnis der Anzahl der getätigten Klicks zu der Anzahl der Werbeeinblendungen lässt die CTR als Kennzahl Rückschlüsse auf den Attraktivitätsgrad eines Werbemittels zu. Eine hohe CTR bedingt durch eine hohe Anzahl an Klicks kann somit als Zeichen für eine aufmerksamkeitsstarke Werbeeinblendung angesehen werden.
- Der **Tausenderkontaktpreis (TKP)**, im Englischen auch Cost-per-Mille (CPM), spiegelt die Kosten wider, die basierend auf der Anzahl der gebuchten Ad Impressions (Werbeeinblendungen) zum Tragen kommen. Abrechnungsgrundlage sind 1000 Werbeeinblendungen. Nur mithilfe des TKP können keine relevanten Schlussfolgerungen bezüglich des Erfolgs einer Kampagne gemacht werden. Erst über den Einbezug der folgenden Kennzahl kann eine hinreichende Bewertung des TKP erfolgen.
- **Cost-per-Click (CPC)** basiert auf dem Verhältnis des eingesetzten Mediabudgets zur Anzahl der getätigten Klicks und gibt Aufschluss darüber, wie viel ein Klick gekostet hat. Bezogen auf die Bezahlung wird diese Kennzahl auch als Pay-per-Click bezeichnet. Sie gibt neben den Kosten pro Klick Aufschluss darüber, wie viele der ausgelieferten Werbeinhalte tatsächlich angeklickt wurden. Durch den Einsatz von

Adservern und Vermittlern ist auch erkenntlich, an welchen Orten die meisten Klicks erfolgten. Diese Betrachtung lässt Schlussfolgerungen hinsichtlich der Relevanz von Werbepartnern zu, welche für zukünftige ähnliche Werbemaßnahmen präferiert ausgewählt werden können.

- **Cost-per-Action (CPA)** gibt als Kennzahl die Kosten wieder, die in Abhängigkeit zu der Anzahl der Aktionen stehen, die ein Werbemittel generiert hat. Diese Aktionen können zum Beispiel Verkäufe, Downloads oder Newsletter-Registrierungen sein. Auch hier wird für den Werbetreibenden ersichtlich, welche seiner Werbepartner die meisten Aktionen herbeigeführt haben und somit für eine weitere Kooperation vorteilhaft sind. Des Weiteren können Rückschlüsse auf die Qualität beziehungsweise die Effizienz einer Kampagne gezogen werden. Je höher die Anzahl der kundenseitigen Aktionen ist, desto effizienter war das eingesetzte Werbemittel. Unterkategorien der CPA bilden die folgenden Kennzahlen:
  - **Cost-per-Lead (CPL)** bezeichnet die Kosten in Bezug auf die Anzahl an qualifizierten Anfragen von Neukunden, die eine Werbeschaltung erzielt hat. Die Abrechnung erfolgt meist pro Besucher, welche auf eine Anzeige klicken und beispielsweise ein Formular auf der Website erfolgreich ausfüllen.
  - **Cost-per-Order (CPO)** stellt die Kosten dar, die in Bezug auf durch die Anzeige ausgelöste Produktbestellungen entstehen. Diese Kennzahl wird auch als Pay-per-Transaction bezeichnet und findet hauptsächlich in Verbindung mit dem Affiliate-Marketing Verwendung.
  - **Cost-per-Sale (CPS)** bezieht sich auf die Anzahl an komplett abgewickelten Verkäufen, zu denen eine Werbeschaltung geführt hat. Durch den Einsatz von Cookies als Trackingmöglichkeit werden Besuche auf der ursprünglichen Website bis zum Onlinekauf nachvollziehbar. (vgl. CPC-Consulting 2014)

4.3.5 Aktuelle Situation

Die steigende Bedeutung des Display-Marketings wird aus den nachfolgend dargestellten Statistiken deutlich.

Marktentwicklung der digitalen Werbung in Europa und der deutsche Online-Werbemarkt

Im Jahr 2013 konnten alle betrachteten Onlinesegmente in **Europa** eine positive Entwicklung verzeichnen. Bezogen auf das Marktwachstum weist die Display-Vermarktung das stärkste Wachstum auf. Sie erreichte 2013 einen Zuwachs von 14,9 Prozent gegenüber dem Vorjahr und besitzt damit ein Marktvolumen von 9,2 Milliarden Euro. Das zweitgrößte Wachstum erzielte das Segment Suchwortmarketing mit einem Anstieg von 13 Prozent auf rund 13 Milliarden Euro. **Deutschland** zählt mit einem Marktvolumen von 1,32 Milliarden Euro neben Großbritannien (2,19 Milliarden Euro) und Frankreich (1,02 Milliarden Euro) im Bereich Display-Werbung zu den stärksten Online-Werbemärkten in

Europa. Es wies ein Wachstum von 9,3 Prozent bei der Display-Werbung auf. Dieses im Verhältnis zum europäischen Durchschnitt gemäßigte Wachstum liegt auch daran, dass der deutsche Display-Markt absolut gesehen bereits eine entsprechende Größenordnung hat. Die Nettowerbeinvestitionen in digitale Display-Werbung im Jahr 2014 stiegen gegenüber 2013 um 6,6 Prozent auf 1,58 Milliarden Euro. Aus Sicht der Werbetreibenden bieten die vielseitigen Möglichkeiten der digitalen Kommunikation und besonders die großformatigen und multimedialen Werbeformen gute Voraussetzungen, komplexere Botschaften oder erklärungsbedürftige Produkte einer breiten Verbraucherschicht zu präsentieren und interaktiv ohne Medienbruch auf Reaktionen einzugehen. Prognosen des OVK zufolge soll sich diese positive Entwicklung auch 2015 in einer Wachstumsrate von 6,5 Prozent niederschlagen. (vgl. Bundesverband Digitale Wirtschaft 2015, S. 7 ff.)

Aufgeschlossenheit der Nutzer gegenüber Onlinewerbung

Des Weiteren hat die Studie offengelegt, dass sich rund 23 Millionen Internetnutzer gegenüber Onlinewerbung aufgeschlossen zeigen. 43 Prozent der Internetnutzer ab 14 Jahren, das sind über 22,70 Millionen Menschen, geben an, durch Werbung schon häufiger auf interessante Produkte oder neue Ideen aufmerksam geworden zu sein. Dabei zeigen sich vor allem junge User zwischen 14 und 29 Jahren mit 49,4 und Frauen mit 44,8 Prozent überdurchschnittlich empfänglich für Werbebotschaften im Internet. Die 30- bis 49-Jährigen liegen mit 45 Prozent leicht über dem Niveau der Internetnutzer insgesamt, während Männer mit 41,4 Prozent leicht darunter liegen. Bei den über 50-jährigen Internetnutzern lassen sich 35,6 Prozent durch Onlinewerbung motivieren. Diese hohe Werbeakzeptanz erlaubt Werbetreibenden in Kombination mit dem unmittelbaren Interaktionspotenzial des Internets, einen intensiven Dialog mit Interessenten beziehungsweise potenziellen Käufern aufzubauen. (vgl. Bundesverband Digitale Wirtschaft 2015, S. 7 ff.)

Ein ähnliches Ergebnis verdeutlicht Abb. 4.21. Bei der eigenen Onlineumfrage gaben von 435 Teilnehmern rund 41 Prozent der Teilnehmer an, dass sie bereits Produkte aufgrund von Onlinewerbung gekauft hatten. Wie bereits vom OVK ermittelt, sind Frauen insgesamt tendenziell onlinewerbeaffiner als Männer. Dadurch bietet sich die Möglichkeit, zielgruppengenauere Werbemaßnahmen zu gestalten.

4.4 Affiliate-Marketing

Als viertes Instrument im Rahmen des Online-Marketings ist das Affiliate-Marketing zu nennen, mit dem ein Unternehmen insbesondere auf fremden Partnerwebsites, in fremden Gewinnspielen oder in fremden Newslettern für sich und seine Produkte wirbt beziehungsweise andere Marketingmaßnahmen betreibt. Im Wesentlichen handelt es sich dabei um ein Provisionsgeschäft, mit dem eine große Zielgruppe erreicht werden kann. Das Affiliate-Marketing ist sehr eng mit dem Display-Marketing verbunden. Während es dort

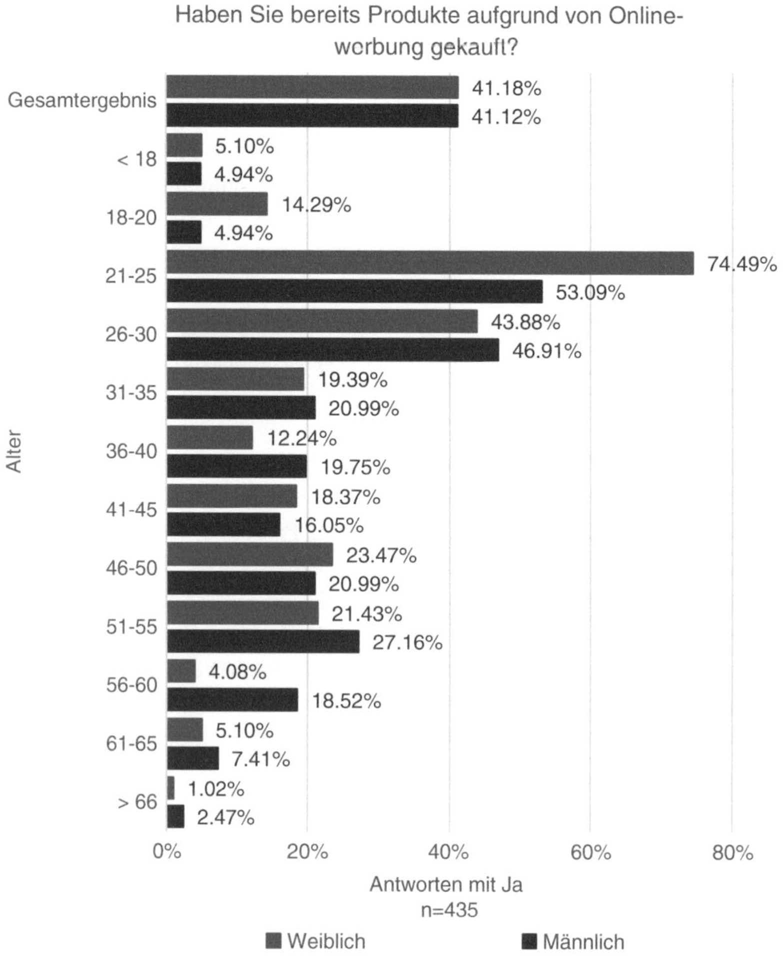

Abb. 4.21 Aufgeschlossenheit der Nutzer gegenüber Onlinewerbung (eigene Umfrage, Juni 2015)

jedoch primär um die Werbemöglichkeiten geht, liegt der Schwerpunkt beim Affiliate-Marketing auf der Darstellung des speziellen Provisionssystems.

Zunächst erfolgen eine Begriffsbestimmung sowie die Beschreibung der Ausgestaltungsmöglichkeiten des Affiliate-Marketings. Im Anschluss daran werden unterschiedlichen Trackingmethoden aufgeführt, mit denen die provisionsbasierte Entlohnung der Affiliates möglich ist. Weiter werden Varianten des Affiliate-Marketings dargestellt. Da es sich hier um ein Mittel handelt, welches die freie Werbefläche eines Partners nutzt, sind spezielle Rechtsgrundlagen einzuhalten, mit denen mögliche Betrugsrisiken vermieden werden sollen. Abschließend werden Maßnahmen des Controllings erörtert und auf die aktuelle Situation eingegangen.

4.4.1 Begriffe und Ausgestaltung

Unter Affiliate-Marketing versteht man eine besondere Form von Provisionsgeschäften in Form eines Partnerwerbeprogramms. Abgeleitet vom englischen Verb „to affiliate", das „anschließen, assoziieren" bedeutet, und dem Substantiv „affiliate", übersetzt mit „Partner", beschreibt der Terminus „Affiliate-Marketing" Online-Marketingmaßnahmen, bei denen Werbung in fremden Webpräsenzen oder anderen Onlinemedien platziert wird. Hierbei präsentiert ein werbetreibendes Unternehmen, auch Anbieter, Advertiser oder Merchant (Händler) genannt, zum Beispiel eigene Werbebanner oder Links zu seinem eigenen Internetauftritt auf der Website eines Partnerunternehmens, das auch als Websitebetreiber, Publisher oder Affiliate bezeichnet wird. Beide Parteien können gleichzeitig sowohl als Publisher als auch als Advertiser auftreten. Sie sprechen dann zumeist dieselbe Zielgruppe an und stellen sich gegenseitig Werbeflächen zur Verfügung. Für die Bereitstellung der Werbeflächen auf seiner Website erhält der Partner eine in der Regel erfolgsorientierte Vergütung, die sich anhand vereinbarter Parameter bemisst, beispielsweise der Transaktionsrate oder der Klickrate. Ein Anbieter schließt häufig Verträge mit einer Vielzahl von Publishern, um eine möglichst hohe Reichweite seiner Werbemaßnahmen zu erzielen. (vgl. Schröter et al. 2012, S. 7 f.)

Beteiligte Unternehmen und Wertschöpfungskette

Zu Beginn dieser Wertschöpfungskette steht das werbetreibende Unternehmen, welches als **Advertiser** bezeichnet wird. In Abhängigkeit von dessen Größe und des eingeplanten Marketingbudgets übernimmt eine Mediaagentur die Aufgaben der Werbetätigkeiten von der Gestaltung über die Umsetzung und Platzierung bis hin zum Controlling. Um die Werbeinhalte im Internet zu platzieren, gibt es **Vermarkter (Publisher)**, die Werbeflächen anbieten. Darüber hinaus haben sich auch sogenannte Ad Networks (Ad Exchanges) als Ergänzung zu klassischen Vermarktern etabliert. Ausgehend von diesen Marktteilnehmern gibt es unterschiedliche Ausprägungen der Wertschöpfungskette (ausführlicher Abschn. 4.4.3).

- Treten Advertiser und Publisher als **direkte Partner** auf, enthält die Wertschöpfungskette keine Vermittler. Der Vorteil dieser direkten Partnerschaft liegt darin, dass beide Parteien in der Regel gleichzeitig sowohl Publisher als auch Advertiser sind und zumeist dieselbe Zielgruppe ansprechen. Sie stellen sich gegenseitig Werbeflächen zur Verfügung.
- Ein weiteres Modell der Wertschöpfungskette besteht in der Möglichkeit, einen Partner in Form eines **Affiliate-Netzwerks** mit einzubeziehen. Dabei übernehmen diese die Mittlerrolle zwischen Publisher und Advertiser mit dem Ziel, die Effizienz zwischen den Akteuren zu erhöhen und die technische Erfolgsmessung mithilfe bereitgestellter Softwaretools zu vereinfachen. (vgl. Schröter et al. 2012, S. 7 f.)

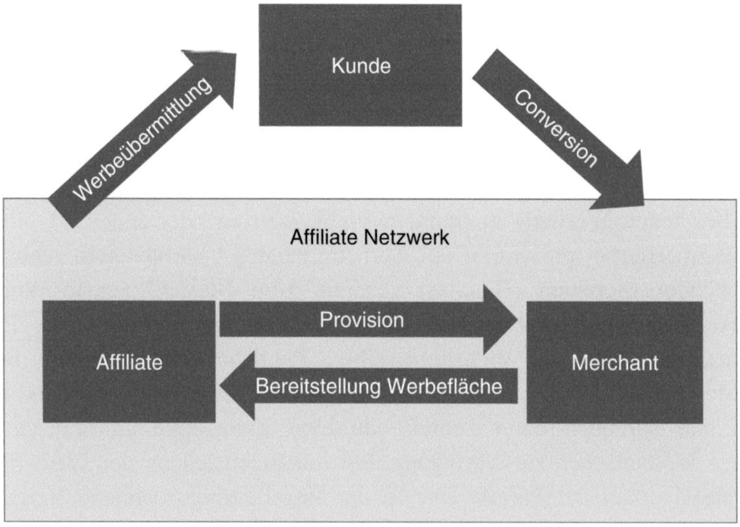

Abb. 4.22 Beziehungen und Funktionen im Affiliate-Marketing

Funktionsweise des Affiliate-Marketings

Der Ablauf im Affiliate-Marketing lässt sich wie in Abb. 4.22 dargestellt in **fünf Schritten** beschreiben. Zunächst veröffentlicht der Websitebetreiber die Werbemaßnahme des Anbieters. Diese Werbung nimmt dann der Besucher dieser Website wahr und wird in einem dritten Schritt nach einem Klick auf das Angebot auf die Internetpräsenz des Werbetreibenden weitergeleitet, auf der anschließend eine Aktion zwischen Besucher und Merchant erfolgen kann. Im letzten Schritt erfolgt die vertraglich vereinbarte Vergütung des Affiliates durch den Merchant. Zur **Identifikation des vermittelnden Affiliates** werden unterschiedliche Technologien (Abschn. 4.4.2) eingesetzt, die eine durch den Besucher getätigte Aktion (Conversion) erfassen. Diese Methoden sind vor allem bei der Nutzung von Affiliate-Programmen (zum Beispiel zanox) notwendig. (vgl. Kreutzer 2014, S. 214)

Vor- und Nachteile des Affiliate-Marketings

Das Affiliate-Marketing stellt für den **Werbetreibenden** eine kostengünstige Art der Produktwerbung dar, mit der er seine Reichweite im Internet ausbauen kann. Auf diesem Wege kann der Merchant neue Interessenten gewinnen und beispielsweise durch regelmäßige Versorgung mit Informationen über Newsletter oder E-Mails dauerhaft an sich binden. Ebenfalls können so Kunden gewonnen werden, die die beworbenen Produkte kaufen. Auch sind direkte Reaktionen möglich, zum Beispiel durch Gewinnspiele oder Rabattaktionen. Zweitrangige Ziele des Affiliate-Marketings sind die Steigerung der Bekanntheit, die eine Folge der größeren Reichweite ist, und des eigenen Images. Der **Affiliate** kann mit der Bereitstellung von Werbeflächen beziehungsweise dem Einstellen von Werbung auf seiner Site direkt Einnahmen erzielen. Zudem ist durch angesehene Merchants ein Imagetransfer möglich. Dieser Nutzen kann durch kostenlose oder kostenpflichtige flankierende Angebote noch verstärkt werden, zum Beispiel die Gewährung von Rabatten auf eigene Waren beim Kauf eines Produkts des Merchants. (vgl. Kreutzer 2014, S. 215)

Einen möglichen Nachteil stellt für Händler und Affiliates die potenzielle Rücksendung von Waren dar. Wird beispielsweise ein gekauftes Produkt vom Käufer wieder an den Händler zurückgegeben, muss dieser die bereits gezahlte Provision wieder zurückbuchen, wodurch für ihn ein Verwaltungsaufwand entsteht. Gleichzeitig hat der Affiliate dadurch einen Einnahmenverlust. (vgl. Trautmann 2012, S. 7)

Arten von Affiliate-Marketing

Die Arten von Affiliate-Marketing werden bestimmt durch die Einbindung der Werbemittel und der Werbebotschaften des Werbenden auf der Partnerseite. Für die Präsentation der Werbung eines Advertisers auf der Site des Publishers bestehen verschiedene Möglichkeiten.

- Beim **leistungsergänzenden** Affiliate-Programm wird mit unterschiedlichen Produkten die gleiche Zielgruppe angesprochen. So ist es denkbar, dass ein Online-Weinhändler auf den Seiten eines Weinzubehör-Shops wirbt. Durch das ergänzende Angebot treten der Werbetreibende und der Partner nicht in Konkurrenz zueinander und vermeiden Kannibalisierungseffekte. Eine andere Möglichkeit des leistungsergänzenden Affiliate-Marketings ist die Werbung auf Informationsseiten, zum Beispiel Testberichten, die für den Nutzer einen inhaltlichen Mehrwert darstellen. Im besten Fall erhält die Werbung dann den Charakter einer Empfehlung.
- Das **frequenzfokussierte** Affiliate-Programm rückt dagegen die Anzahl beziehungsweise die Häufigkeit der Besucher, die ein Publisher generieren kann, in den Mittelpunkt. Dieser wird daher versuchen, mittels Schlüsselwörtern oder Suchmaschinenoptimierung auf seiner Seite viel Nutzerverkehr zu erzeugen, um so hohe Werbeeinnahmen zu erzielen.
- Bei der Integration der Werbebotschaften kann zwischen zwei Ansätzen unterschieden werden. Sind der redaktionelle Inhalt der Webpräsenz des Affiliates und die werblichen Botschaften des Merchants klar voneinander getrennt, so handelt es sich um einen **Stand-Alone-Ansatz.** Dabei können die Werbemittel unterschiedliche Formate annehmen. Inhaltlich kann es sich beispielsweise um Unternehmensprofile, Produkte, Dienstleistungen oder besondere Angebote handeln. Klickt der Nutzer das dargestellte Werbemittel an, so wird er auf die Website des Merchants weitergeleitet und verlässt die Internetpräsenz des Affiliates. Damit ist das Ziel des Werbenden erreicht, Besucher auf seine Seite zu ziehen. Das Partnerunternehmen erreicht jedoch unter Umständen nur eine geringe Verweildauer des Besuchers auf seiner eigenen Webpräsenz und nimmt somit eher eine Vermittlerrolle zwischen Werbenden und Internetnutzer ein.

- Beim **Integrationsansatz** sind die Werbeaussagen in den Inhalt der Affiliate-Website eingebunden und nicht unmittelbar als Werbung zu erkennen. So sind zum Beispiel Textverlinkungen zwar fett, kursiv oder unterstrichen hervorgehoben, aber eingebunden in das redaktionelle Erscheinungsbild des Publishers. Durch das Anklicken dieser Links bleibt der Nutzer beim Webauftritt des Partners, wird hier durch das Angebot des Merchants geführt und kann auch Geschäftsbeziehungen mit diesem eingehen. Dies kann von Registrier- und Downloadfunktionen bis hin zur Shop-in-Shop-Lösung reichen, worunter die Einbindung eines kompletten Onlineshops in eine Affiliate-Website subsumiert wird. Da hierbei die Transaktionen zwischen Merchant und Nutzer über die Website des Partners getätigt werden, wird bei diesen Lösungen die transaktionsabhängige Vergütung des Publishers erleichtert. (vgl. Kreutzer 2014, S. 215 ff.)

Integration der Werbemittel

Zu den Werbemitteln des Affiliate-Marketings zählen alle Formen des bereits beschriebenen Display-Marketings (Abschn. 4.3.2). Diese Maßnahmen können alle auf der Seite eines Partnerunternehmens implementiert werden. Zusätzlich besteht beim Affiliate-Marketing die Möglichkeit, eine Produktdatenbank als CSV-Datei oder Smart Content zu integrieren.

- Eine **CSV-Datei** ist eine Textdatei, mit der beim Publisher in einer Produktseite Detailinformationen des Werbenden über sich und seine Angebote integriert werden. Die CSV-Datei wird vom Merchant selbst gepflegt, weshalb die Werbeinhalte auf der Internetpräsenz seines Affiliates immer aktuell sind. Zu diesen Informationen kann der Nutzer sowohl durch das Anklicken des beworbenen Produkts gelangen oder über eine Suchen-Funktion auf der Website des Partners, mit der die Angebotsdatenbank des Werbenden abgeglichen wird. Entweder bekommt der Nutzer die Ergebnisse dieser Suche dann auf der Website des Händlers präsentiert oder er bleibt auf der Seite des Affiliates.
- Mit **Smart Content** wird eine Aktionsbox beschrieben, die auf der Seite des Partners dynamische Werbemittel integriert. Auch hier kann der Werbende den Inhalt seiner Werbung aktualisieren, ohne dass der Publisher eingebunden werden muss. Die Applikation auf der Website des Affiliates wird Smart Widget genannt und ist keine eigenständige Anwendung, sondern dient auf der Bildschirmoberfläche lediglich der Präsentation von Informationen in einer bannerähnlichen Anzeige. Über diese Widgets werden die Inhalte verschiedener Internetpräsenzen über Schnittstellen, sogenannte APIs (Application Programming Interface) miteinander verbunden.

Die dargestellten Methoden bieten eine zusätzliche Erleichterung der Werbeauslieferung aus Sicht der Werbetreibenden. Das Ziel dieser Werbemittel ist die einfache und händlergesteuerte Auslieferung aktueller Werbeinhalte. (vgl. Kreutzer 2014, S. 219 ff.)

Vergütung im Affiliate-Marketing

Beim Affiliate-Marketing ist die Vergütung der Affiliate-Partner in der Regel an ein bestimmtes Resultat (Performance) gekoppelt. Die Kosten für diese Form des Marketings sind somit erfolgsorientiert. Die Affiliate-Technologie ermöglicht die zuverlässige Registrierung sämtlicher Transaktionen über die Partner-Website, von der ersten Einblendung bis zum Verkauf. Art und Höhe der Provision sind zwischen Programmbetreiber und Partner individuell vereinbar. Pay-per-Click (pro Klick), Pay-per-Lead (pro Interessent/Download/Abonnent etc.) und Pay-per-Sale (pro Verkauf) sind die gängigsten Varianten der Partnervergütung. Die Onlinevertriebsaktivitäten über die Partner-Websites sind somit direkt mess- und steuerbar. Dies ermöglicht dem Onlinehändler, sehr schnell zu erkennen, welche Partner welchen Besucherverkehr auf seiner Site und welchen Umsatz für sein Geschäft erzielen. Er kann besonders erfolgreiche Partner mit gesonderten Maßnahmen fördern und stärker an sein Geschäft binden. (vgl. Rubenson 2014)

Im Detail werden insbesondere folgende auch in der Abb. 4.23 dargestellten Vergütungsmodelle unterschieden:

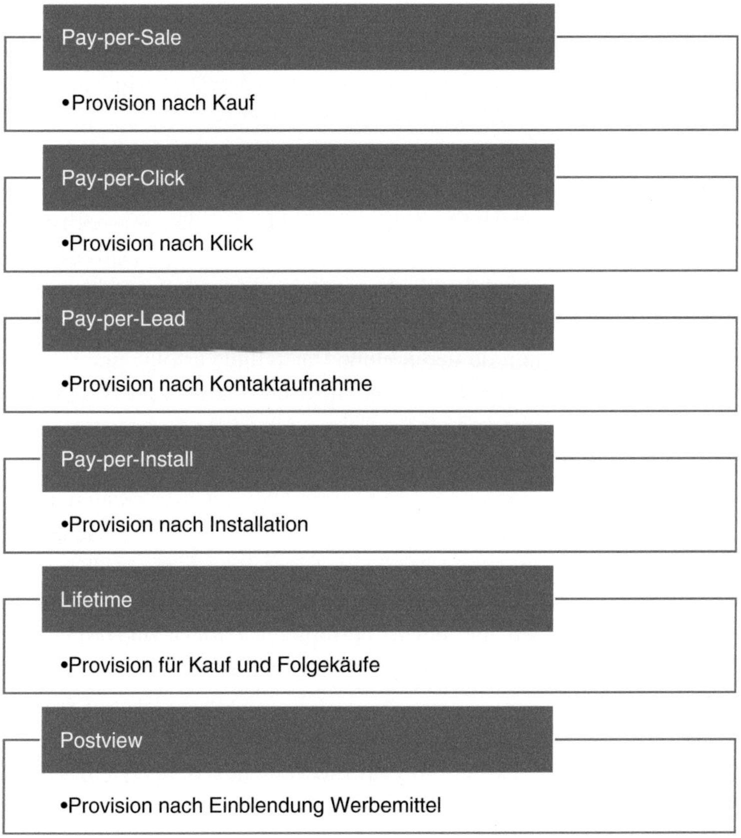

Abb. 4.23 Vergütung im Affiliate-Marketing

- **Pay-per-Sale**: Dieses Provisionsmodell beschreibt die gängigste Variante der Vergütung des Affiliate-Marketings. Hierbei wird eine Provision ausgeschüttet, sobald der beworbene Artikel gekauft wird. Dabei muss der Kauf des Produktes nicht unmittelbar nach Betätigen des Links erfolgen, generell wird ein Zeitraum von 30–60 Tagen bis zum Kaufabschluss gewährt. (vgl. Tollert 2009, S. 18)
- **Pay-per-Click**: Eine weitere beliebte und weitverbreitete Art ist das Pay-per-Click-Verfahren, mit dem pro Klick auf einen Link eine gewisse Vergütung gewährt wird. Aufgrund der niedrigen Klickpreise rechnet sich diese Methode für den Affiliate erst nach einer sehr großen Anzahl an Klicks auf den entsprechenden Link. (vgl. Kester 2006, S. 39 f.)
- **Pay-per-Lead**: Die dritte bekannte Methode ist die Vergütung nach dem Pay-per-Lead-Verfahren. Diese Variante wird oft da eingesetzt, wo online kein direkter Vertragsabschluss beziehungsweise Verkauf möglich ist, beispielsweise bei Versicherungen oder Unternehmen, die sich mit Kundenberatung beschäftigen. Hier wird die Provision gezahlt, wenn ein Kunde durch Klicken der Werbefläche auf die Seite des Werbetreibenden gelangt und Kontakt zum jeweiligen Ansprechpartner aufnimmt. (vgl. Tollert 2009, S. 18)
- **Pay-per-Install**: Bei Vergütung auf Pay-per-Install-Basis bekommt der Affiliate eine Provision, wenn der Kunde eine bestimmte Software oder mobile App installiert. Diese Art der Entlohnung wird oft von Softwareunternehmen oder generell von Unternehmen im Rahmen einer Mobile-Marketingkampagne eingesetzt.
- **Lifetime-Vergütung**: Bei dieser Form der Provisionszahlung wird der Affiliate für jeden weiteren Einkauf eines vorher geworbenen Kunden erneut bezahlt. Sie ist also auf eine längere Dauer angelegt und erlischt nicht nach dem einmaligen Kauf eines Produktes. (vgl. Kester 2006, S. 45 f.)
- **Postview**: Als Postview wird die Vergütung der Affiliates nach angezeigten Werbebannern bezeichnet. Es wird nachverfolgt, welche Werbebanner dem Nutzer angezeigt wurden, und schon für deren bloße Darstellung erfolgt eine Vergütung, auch wenn der Kunde sie tatsächlich nicht angeklickt hat. Daher wird diese Methode auch als Pay-per-View bezeichnet und oft für Image- oder Brandingzwecke genutzt.

4.4.2 Trackingmethoden

Um den Affiliate erfolgsorientiert entlohnen zu können, müssen Nutzer und deren (Trans-) Aktionen eindeutig identifiziert und einem bestimmten Partner zugeordnet werden. Die entsprechenden Verfahren werden Trackingmethoden genannt.

URL-Tracking

Gelangt ein Kunde über eine Partnerseite auf die Seite des Werbenden, wird die Identifikationsnummer (ID) des Publishers Teil der URL des Merchants. Dessen URL lautet dann zum Beispiel http://www.Merchant.de/Partner-ID. Diese Methode ist unabhängig von den Browsereinstellungen des Kunden und bietet eine **zuverlässige Zuordnung** des Affiliates. Der **Nachteil** ist, dass der Publisher nur dann eine Provision bekommt, wenn der Kunde direkt die gewünschte Transaktion ausführt, also ein Produkt kauft oder ein Formular ausfüllt. Handelt der Nutzer erst zu einem späteren Zeitpunkt und besucht hierzu die Website des Merchants direkt ohne den Umweg über die Internetpräsenz des Affiliates, erhält dieser keine Vergütung. (vgl. Lammenett 2012, S. 43)

Cookie-Tracking

Ein Cookie bezeichnet ein „Stück Information", das im Browser eines Besuchers über einen bestimmten Zeitraum oder dauerhaft gespeichert wird. Beim Affiliate-Marketing wäre diese Information die **ID des Partners**. Wenn ein Kunde nun die Website eines Merchants ein weiteres Mal besucht, wird er aufgrund des gespeicherten Cookies identifiziert. Somit können auch Transaktionen, die erst bei einem wiederholten Besuch der Website stattfinden, einem bestimmten Partner zugeordnet werden, über den der Erstkontakt stattgefunden hat. Auch **Wiederholungskäufe** werden so dem Affiliate zugesprochen. Damit erhält er auch dann eine Provision, wenn ein Kunde nicht spontan und direkt beim ersten Besuch der Website des Werbenden ein Geschäft abschließt. In der Regel werden Cookies für eine bestimmte Laufzeit gespeichert, beispielsweise 10 Tage. In seltenen Fällen werden sie im Rahmen der „Lifetime-Provision" permanent gesetzt. Hat jedoch ein Internetnutzer in seinen Browsereinstellungen die Verwendung von Cookies **ausgeschaltet** oder **löscht** er diese bei Beendigung einer Browsersitzung, funktioniert diese Tracking-Methode nicht. (vgl. Lammenett 2012, S. 43 f.)

Session-Tracking

Das Session-Tracking stellt eine Sitzungsverfolgung dar, welche mithilfe generierter Session-IDs umgesetzt wird. Eine solche **Sitzungs-ID** wird jedem einzelnen Nutzer im Anschluss an die Anwahl eines Werbebanners zugeordnet. Anhand der aufgezeichneten Informationen, die in der individuellen Session-ID gespeichert werden, kann ermittelt werden, welcher Affiliate als Werbepartner in Verbindung mit der nutzerseitigen Aktion steht (Kauf eines Produktes, Registrierung für den Newsletter). Beim Affiliate-Marketing wird zur Identifikation der Partner bei der Eröffnung einer Sitzung die zutreffende Partner-ID mit übergeben und gespeichert. In der Regel sind eine Session und die Session-ID bis zum Neustart des Browsers aktiv. Nur in diesem Zeitraum können die zustandsbezogenen Informationen und das Nutzungsverhalten der Benutzer aufgezeichnet werden. Durch die Schließung der aktiven Browsersitzung werden sowohl die Session-ID als auch die hinterlegten Informationen gelöscht. Ein wesentlicher **Vorteil** dieser Methode besteht darin, dass sie im Gegensatz zum Cookie-Tracking auch dann funktioniert, wenn Cookies deaktiviert sind. Demgegenüber steht als **Nachteil** die zeitlich begrenzte Transaktionserfassung, die mit der Beendigung der Sitzung ebenfalls endet. (vgl. Lammenett 2012, S. 44 f.)

Datenbank-Tracking

Bei dieser Tracking-Methode wird die Partner-ID gemeinsam mit der Kunden-ID in einer Datenbank gespeichert. Somit werden auch Folgetransaktionen eines Kunden eindeutig einem bestimmten Partner zugeordnet und auch nach einem längeren Zeitraum noch zuverlässig provisioniert. Auch die oben beschriebenen **Lifetime-Vergütungen** sind mit diesem Tracking-Verfahren möglich. Aufgrund der verlässlichen Provisionszahlungen kann der Affiliate zudem **langfristig wirkende Werbemittel** einsetzen, zum Beispiel Newsletter oder Gewinnspiele. Ein **Nachteil** des Datenbank-Trackings ist, dass aufgrund der Verknüpfung einer Kunden-ID mit einer bestimmten Partner-ID neue und eventuell aktivere Partner nicht entsprechend vergütet werden. (vgl. Lammenett 2012, S. 45)

Fingerprint-Tracking

Fingerprint-Tracking ist eine Methode, bei der **bestimmte Systemdaten des Kunden gespeichert** werden, wie beispielsweise IP-Adresse, Browser, Betriebssystem und Bildschirmauflösung. Diese Daten werden dann im System des Anbieters beziehungsweise des Affiliate-Netzwerks als eine Art digitaler „**Fingerabdruck**" hinterlegt. Der Fingerabdruck enthält auch Informationen über den Affiliate. Führt der Nutzer die zu vergütende Aktion aus, werden seine Daten mit den gespeicherten Fingerprints verglichen und zurückverfolgt. Fingerprint-Tracking erkennt den Rechner des Nutzers auch in dem Fall, wenn Cookies gelöscht, deaktiviert oder blockiert wurden.

Pixel-Tracking

Diese Methode wird oft von Affiliate-Netzwerkbetreibern eingesetzt. Hierbei wird der Webserver des Netzwerkbetreibers über eine getätigte Transaktion informiert, indem ein für den Kunden unsichtbares, **1×1 Pixel großes Image** übermittelt wird. Es ist ein Teil des sogenannten Transaction-Tracking-Codes und befindet sich üblicherweise auf einer Danke-Seite zum Beispiel nach Abschluss eines Kaufvorgangs. Den Partner, dem die Provision für die Transaktion gutgeschrieben werden soll, ermittelt der Netzwerkbetreiber mittels Cookie-Tracking. Dazu wird der Link auf der Seite des Publishers zur Seite des Werbenden über den Webserver des Affiliate-Netzwerks geleitet, wo ein entsprechender Cookie gesetzt wird, der beim Aufruf des Transaction-Codes zugeordnet wird. **Für den Affiliate** ist dieses Tracking-Verfahren sehr **leicht umzusetzen**, da er nur das unsichtbare Image auf seiner Website implementieren muss und alle anderen Aufgaben vom Netzwerkbetreiber übernommen werden. Allerdings funktioniert das Pixel-Tracking nur, wenn Nutzer in ihren Browsereinstellungen die Anzeige von Bildern zulassen. (vgl. Lammenett 2012, S. 45 f.)

4.4.3 Varianten des Affiliate-Marketings

Möchte ein Unternehmen Affiliate-Marketing betreiben, steht es grundsätzlich zunächst vor der Wahl, selbst eine entsprechende Kampagne zu starten oder die Dienstleistungen eines Affiliate-Netzwerks in Anspruch zu nehmen.

Nutzung von Affiliate-Netzwerken

Mittels sogenannter Affiliate-Netzwerke wird sowohl die Zusammenarbeit zwischen einem Merchant und Tausenden Affiliates erleichtert als auch zwischen einem Affiliate und Tausenden Merchants. Dabei ist der Werbetreibende nicht auf die Nutzung eines einzelnen Netzwerks beschränkt.

Die Einbeziehung solcher Netzwerke hat einige Vorteile, da das jeweilige Netzwerk zahlreiche Serviceleistungen gegen eine Provisionszahlung übernimmt. Ihr Angebot beinhaltet im Allgemeinen folgende **Funktionen**:

- Anbahnung der Zusammenarbeit zwischen Werbetreibenden und Publishern
- Zugriff eines Vertragspartners (Netzwerk) auf eine Vielzahl von Merchants beziehungsweise Affiliates
- Übermittlung der Werbemittel an den Publisher
- Bereitstellung eines Trackingprogramms für die Entlohnung des Publishers
- Durchführung/Stornierung der Zahlungen an Affiliates und Netzwerk
- Evaluation der Zusammenarbeit (Schnelligkeit der Einbindung und Aktualisierung der Werbemittel, zielgenaue Platzierung, Messung der Effektivität, Überprüfung des Provisionsmodells)
- Betreuung von Merchants und Affiliates

Die bekanntesten und größten Affiliate-Netzwerke sind unter anderen zanox, affilinet, adbutler, TradeDoubler und Comission Junction. (vgl. Kreutzer 2014, S. 222 f.)

Insbesondere hervorzuheben ist die **größere Reichweite von Werbekampagnen** durch die Nutzung von Netzwerken. Zanox beispielsweise verfügt über etwa 29.000 aktive Affiliates. Zudem kann sich durch die aufgezählten, vom Netzwerk übernommenen Serviceleistungen eine Kostenersparnis gegenüber dem Eigenbetrieb ergeben. Ein Nachteil der Nutzung von Netzwerken liegt darin, dass für Merchants vor allem bei größeren Netzwerken fast immer eine **Einrichtungsgebühr** bei der Registrierung anfällt, die sogenannte „Setup-Fee". Bei affilinet etwa beträgt diese 3.000 Euro. Hinzu kommen die **Netzwerkprovisionen**, die pro zu vergütender Aktion anfallen und sich meist auf 30 Prozent der Affiliate-Provision belaufen. (vgl. Windfelder 2015)

Weiterhin werden Affiliate-Netzwerke zunehmend selektiver bei der **Auswahl zugelassener Merchants**. Es werden in der Regel Unternehmen bevorzugt, deren Produkte sich gut über das Internet verkaufen lassen, wie etwa Bücher, Kleidung oder Elektronik.

Meta-Netzwerke

Eine Ergänzung zu herkömmlichen Affiliate-Netzwerken sind sogenannte Meta-Netzwerke. die selbst als Partner in mehreren Affiliate-Netzwerken angemeldet sind. Dadurch teilen sie den Zugriff auf alle Partnerprogramme und Affiliates aus diesen Netzwerken mit denjenigen **Affiliates**, die wiederum bei den Meta-Netzwerken angemeldet sind. Die Meta-Affiliates bekommen eine ID zugewiesen, die als Sub-ID in die Tracking-URL des Meta-Netzwerks eingebunden ist und so an die Affiliate-Netzwerke weitergereicht wird. Meta-Affiliates können auch einen normalen Direktlink (beispielmerchant.de) auf ihrer Website posten. Dadurch, dass sie ein spezielles Script des Meta-Netzwerks in den Code ihrer Website eingebunden haben, wird dieser Link in einen Affiliate-Link mit der Sub-ID des Affiliates umgewandelt. Dieser wird dann an die Affiliate-Netzwerke weitergeleitet und entsprechend abgerechnet. Somit ist es möglich, jede Aktion dem entsprechenden Meta-Affiliate zuzuordnen. Aus **Merchant-Sicht** hat man bei den meisten Affiliate-Netzwerken die Möglichkeit, Meta-Netzwerke als Affiliates zuzulassen oder die Werbeschaltung über diese Netzwerke zu unterbinden. Eine Anmeldung bei einem Meta-Netzwerk ist für Merchants aufgrund der Funktionsweise nicht möglich. (vgl. Affiliate-Marketing-Blog 2015)

Eigenbetrieb des Affiliate-Marketings

Soll das Affiliate-Marketing in Eigenregie durchgeführt werden, ergeben sich spezielle Anforderungen für Unternehmen. Um das Tracking der zu vergütenden Aktionen und die Vergütung selbst durchzuführen, wird eine entsprechende **Software** benötigt. Hierbei unterscheidet man zwischen der Eigenentwicklung einer Affiliate-Software (Make-Option) und der Lizenzierung beziehungsweise des Kaufs einer Affiliate-Software (Buy-Option). Die Kosten für die Entwicklung eigener Software können beträchtliche Größen annehmen, zumal leistungsstarke Programme benötigt werden, um den Publisher entsprechend der vertraglich festgelegten Parameter zu entlohnen. Die dafür benötigten Tracking- und Verwaltungsprogramme müssen zudem gepflegt und kontinuierlich weiterentwickelt werden. Statt eigene Software zu entwickeln, können entsprechende Programme gekauft und somit der Entwicklungs- und Implementierungszeitraum erheblich verkürzt werden. Allerdings muss der Merchant noch seine **Partner**, auf deren Websites die Werbung erscheinen soll, selbst suchen und einen Vertrag mit ihnen abschließen, was immer noch einen großen Zeit- und Verwaltungsaufwand darstellt. Hierbei können **Affiliate-Verzeichnisse** die Suche nach geeigneten Werbepartnern erleichtern. (vgl. Kreutzer 2014, S. 221)

Ein Vorteil des Eigenbetriebs ist, seine Affiliates nach den eigenen Ansprüchen und Erwartungen **wählen** zu können. In einem Affiliate-Netzwerk besteht die Gefahr, auf den Websites von unerwünschten Publishern zu erscheinen und so etwa mit Produkten oder Unternehmen in Verbindung gebracht zu werden, die mit dem Selbstverständnis des Unternehmens unvereinbar sind. Gleichzeitig ist jedoch die eigene Auswahl sehr aufwendig, was unter Umständen gegenüber der Partnervermittlung durch Netzwerke ein Nachteil sein kann.

Mobile-Affiliate-Marketing

Mobile-Affiliate-Marketing erweitert den klassischen Begriff des Affiliate-Marketings um die spezielle Ausrichtung auf mobile Endgeräte aller Art. Aktuell steigt die Relevanz des mobilen Ablegers. Laut einer Studie des Affiliate-Netzwerks zanox wurden im Jahr 2014 bereits 13 Prozent aller Transaktionen über mobile Endgeräte wie Smartphones oder Tablets durchgeführt, was etwa 10 Prozent des Umsatzes ausmachte. Es ist zu erwarten, dass der mobile Markt weiterhin wächst, wodurch sich die Umsatzverhältnisse im Affiliate-Marketing zunehmend in seine Richtung verschieben werden. (vgl. Zanox 2015c)

- Das Mobile-Affiliate-Marketing weist im Vergleich zur klassischen Variante einige Besonderheiten auf, beispielsweise bei der **Wahl der Werbemittel**. Diese müssen an die Displayformate entsprechender Mobilgeräte angepasst werden und sollten im Format 6:1 vorliegen. Einige Affiliate-Netzwerke wie zum Beispiel belboon bieten verschiedene mobile Bannerarten an, die vom belboon-Server je nach vorliegendem Endgerät automatisch ausgewählt werden. (vgl. Belboon 2015)
- Auch beim **Tracking** ergeben sich Besonderheiten. Cookie-Tracking ist zum Beispiel auf mobilen Endgeräten oft nicht möglich, da es auf diesen meist standardmäßig deaktiviert ist. Als Alternative wird beispielsweise das Session-Tracking genutzt. Auch hierbei leisten einige Affiliate-Netzwerke Unterstützung. Bei zanox hat man zum Beispiel die Möglichkeit, das speziell für mobile Apps entwickelte Tool „zanox Software Developer's Kit (SDK)" zu nutzen, mit dessen Hilfe die Aktionen des Nutzers nachverfolgt werden können. (vgl. Zanox 2015b)
- Bei den **Vergütungsmodellen** kommt der Pay-per-Install-Vergütung eine größere Bedeutung zu als im klassischen Affiliate-Marketing. Oft ist das Ziel der Teilnehmer am mobilen Markt, dass eine bestimmte App auf möglichst vielen Mobilgeräten installiert wird. Auch Pay-per-Lead und Pay-per-Sale sind stark vertreten, Letzteres insbesondere bei In-App-Käufen.

Offline-Affiliate-Marketing

Auch im Offlinebereich bietet Affiliate-Marketing einige Potenziale. Eine häufig praktizierte Möglichkeit sind Gutscheine, die Paketsendungen beiliegen (Abschn. 3.2.5). Diese enthalten einen individuellen Gutscheincode, sozusagen eine „Offline-Affiliate-ID", die im Onlineshop eingegeben werden muss. Anhand dieses Codes wird dann nachverfolgt, welcher Partner den Gutschein verschickt hat und somit die Provision erhält. Die Abrechnung erfolgt meist erfolgsbasiert über Pay-per-Lead oder Pay-per-Sale.

4.4.4 Spezifische Rechtsvorschriften und Betrugsrisiken

Mit rechtlichen Fragestellungen bezüglich des Vertragswerks müssen sich in der Regel hauptsächlich Unternehmen befassen, die sich selbst um ihr Affiliate-Programm kümmern. Affiliate-Netzwerke verfügen über rechtlich geprüfte, standardisierte Verträge. Diese Verträge selbst zu formulieren stellt einen erheblichen Aufwand dar. Besonders wichtig ist, die Verträge von fachkundigen Juristen formulieren oder zumindest prüfen zu lassen. Eng verbunden mit den spezifischen Rechtsvorschriften sind mögliche Betrugsrisiken, die im Anschluss dargestellt werden.

Provisionen und Umgang mit Eigenklicks

Die Verträge müssen exakte Angaben zur Höhe der **Provision** und zur Art der zu vergütenden Aktion beinhalten. Außerdem ist die Festlegung eines Auszahlungsminimums sinnvoll, damit nicht schon bei sehr kleinen Beträgen Zahlungen zu leisten sind, da dies ein zu großer Aufwand wäre. Dieses Minimum beträgt in vielen Affiliate-Netzwerken 25 Euro. Darüber hinaus sollten Zahlungsfristen und regelmäßige Auszahlungstermine festgelegt werden, um zum entsprechenden Stichtag gebündelte Zahlungen vornehmen zu können und so den Verwaltungsaufwand zu reduzieren. (vgl. Zanox 2015a)

Die sogenannten **Eigenklicks**, also das Klicken des Affiliates selbst auf die Werbemittel des Merchants, sind aus Sicht des Händlers naturgemäß unerwünscht, vor allem bei einer Abrechnung auf Pay-per-Click-Basis. Oft werden sie in gewissem Rahmen geduldet, auch weil sie zum Teil zu Testzwecken erfolgen. Dieser Rahmen sollte vertraglich festgehalten und Verletzungen durch entsprechende Maßnahmen geahndet werden.

Werbliches Umfeld

Werbliches Umfeld bedeutet in diesem Zusammenhang, dass sich Merchants solche Affiliates suchen, die aus der gleichen oder einer verwandten Branche kommen wie sie selbst. Beispielsweise sucht sich ein Verkäufer von Autoteilen einen Autohändler als Partner. Die Möglichkeit, Affiliates nach **Branchenähnlichkeit** auszuwählen, ist einer der größten Vorteile des Eigenbetriebs eines Affiliate-Programms. Es können sich allerdings unter Umständen Probleme ergeben, wenn ein Partner, der eigentlich dem werblichen Umfeld des Merchants angehört, auch Zugang zu einer Website mit einem anderen Umfeld hat, denn der Affiliate kann auch dort die Werbemittel des Merchants einsetzen. Dies könnte in ungünstigen Fällen zu **Imageverlusten** führen. Vorstellbar wäre etwa, dass ein Hersteller von Elektronikprodukten einen Elektro-Händler als Affiliate zulässt und sich nach Vertragsschluss herausstellt, dass dieser auch eine Erotik-Website betreibt, auf der er die Werbemittel des Merchants einsetzt. Für solche Fälle sollte die Möglichkeit der Kündigung vertraglich fixiert werden. (vgl. Lammenett 2014, S. 68 f.)

Vertragslaufzeit

Bei Affiliate-Verträgen sind oft Vereinbarungen mit **unbegrenzter Laufzeit** üblich, die aber unter gewissen Voraussetzungen jederzeit **kündbar** sind. Diese Voraussetzungen sollten im Vertragswerk unbedingt festgelegt werden. Ein Beispiel für einen außerordentlichen Kündigungsgrund ist etwa die zuvor genannte Werbemittelschaltung außerhalb des werblichen Umfelds.

Haftung und Datenschutz

Die Frage der **Haftung** im Affiliate-Marketing ist ein äußerst wichtiger Punkt. Aus Sicht des Merchants ist relevant, ob er für Rechtsverstöße seines Affiliates haften muss. Diesbezüglich wurden unterschiedliche Urteile gefällt. So muss ein Merchant beispielsweise auch dann für Wettbewerbsverstöße des Affiliates haften, wenn er sich deren Unterlassung vertraglich zusichern ließ. Laut einem Urteil des Bundesgerichtshofs haftet der Merchant sogar für Rechtsverstöße des Affiliates, wenn diese ihm nicht bekannt waren oder gegen seinen Willen durchgeführt wurden. Dies gilt allerdings ausschließlich für die Domain, die im Affiliate-Vertrag festgelegt wurde. Etwaige Verstöße auf anderen Domains sind davon unberührt. Wichtig ist daher, dass die Werbung per Vertrag auf bestimmte Domains beschränkt und Werbung auf anderen Websites verboten wird. Zusätzlich sollten die Websites neuer Affiliates auf Verstöße überprüft werden, um die Haftungsproblematik zu umgehen. (vgl. Lammenett 2014, S. 68 f.)

Zur Nachverfolgung zu vergütender Aktionen werden im Affiliate-Marketing **nutzerbezogene Daten** gespeichert beziehungsweise weitergegeben. Der verantwortungsvolle Umgang mit diesen Daten sowie die Einhaltung rechtlicher Rahmenbedingungen sollte vertraglich festgehalten werden. Unabhängig von gesetzlichen beziehungsweise vertraglichen Bestimmungen gilt es hier auch, das Vertrauen der Öffentlichkeit und der Nutzer zu erlangen, dass ihre Daten zu keinem anderen Zweck als der Nachverfolgung zu vergütender Aktionen genutzt werden. (vgl. Lammenett 2014, S. 68 f.)

Betrugsrisiken

Die Vergütungsmodelle des Affiliate-Marketings bieten einige Manipulationsmöglichkeiten durch betrügerische Affiliates. Die Tragweite und Dimension der Betrügereien ist unklar. Affiliate-Netzwerke streiten naturgemäß die zum Teil recht hoch bezifferten Schadenssummen ab. Einige der bekanntesten Betrugsmöglichkeiten sind nachfolgend beschrieben.

- **Cookie-Dropping** oder Cookie-Stuffing ist eine Methode, bei der mit automatischen Weiterleitungen oder sogenannten iFrames ein Klick auf die Werbemittel des Merchants vorgetäuscht wird, ohne dass dieser tatsächlich stattgefunden hat. Dies geschieht mithilfe weniger Pixel großer Rahmen, die Inhalte von anderen Websites importieren. Diese Websites werden ohne das Wissen des Nutzers aufgerufen. In der Folge speichert der Browser des Nutzers den Besuch dieser Website durch einen Tracking-Cookie. Besucht der Nutzer später die Website des Merchants und führt eine zu vergütende Aktion aus, wird diese dem Affiliate zugerechnet und er erhält eine Provision, auf die er eigentlich keinen Anspruch hat. Vor allem Pay-per-Lead- und Pay-per-Sale-Modelle sind für diese Art von Betrug anfällig. (vgl. Kreutzer 2014, S. 533)
- Bei **AdWords-Hijacking** werden die Google AdWords-Anzeigen eines Merchants vom Betrüger exakt kopiert. Anschließend bindet er seine eigene Affiliate-ID in den

Link zur Merchant-Website ein und schaltet daraufhin die Anzeige selbst bei Google. Der Nutzer klickt augenscheinlich auf die Original-Anzeige des Merchants, wird aber tatsächlich über einen Affiliate-Link weitergeleitet. Auch hier sind hauptsächlich Pay-per-Lead- und Pay-per-Sale-Vergütungen betroffen. (vgl. Mag-tutorials 2015)
- **Fake-Sales** werden durchgeführt, indem der Partner oder ein Komplize über den Affiliate-Link auf die Website des Merchants geht und dort für hohe Geldsummen Produkte unter falschem Namen kauft. Anschließend storniert er die Bestellung wieder. Zu diesem Zeitpunkt ist dem Affiliate die Provision bereits gutgeschrieben. Verfügt der Händler nicht über eine Verbindung zwischen seinem Warenwirtschaftssystem und dem Affiliate-Programm, kann er die Bestellung nur schwer zuordnen und die Provision nicht zurückfordern.
- Sogenannte „**Klickbots**" sind Programme oder Skripte, die automatisiert auf Werbebanner klicken und somit die Klickzahl künstlich in die Höhe treiben. Von dieser Betrugsmöglichkeit sind daher Pay-per-Click-Vergütungsmodelle betroffen.
- **Browser Extensions** oder Browser-Add-ons sind herunterladbare Zusatzprogramme, die einen gewissen Mehrwert bieten, beispielsweise die Ad-Blocker genannten Werbeblocker. Einige dieser Browser-Extensions wandeln nach der Installation ohne Wissen des Nutzers URLs in Affiliate-Links einer bestimmten Website um und verschaffen dieser somit Provisionen. Ein Beispiel aus dem Jahr 2011 ist das Add-on „YouTube Downloader", das zusätzlich zu seiner eigentlichen Funktion, dem Download von YouTube-Videos, URLs entsprechend umwandelte. (vgl. Gutt 2011)

4.4.5 Controlling

Auch im Affiliate-Marketing ist ein gewissenhaftes Controlling erforderlich, um den Nutzen einer Kampagne festzustellen und gegebenenfalls Maßnahmen zu entwickeln, sollte sie nicht zufriedenstellend verlaufen.

Grundlegende Positionen

Aus **Sicht des Merchants** ist insbesondere darauf zu achten, welche Umsätze beziehungsweise welchen Nutzen die Affiliates für das Unternehmen generieren. Partnern, die hohe Umsätze erzeugen, könnten dann beispielsweise umfangreichere Werbemittel zur Verfügung gestellt werden. Mit Affiliates, die niedrige beziehungsweise keine Umsätze generieren, empfiehlt sich unter Umständen die Beendigung der Zusammenarbeit. Entsprechend sollte auch aus **Sicht der Affiliates** gehandelt werden. Erzeugt die Werbung für einen bestimmten Merchant höhere Provisionen, kann die Zusammenarbeit mit diesem Unternehmen ausgedehnt werden, etwa indem mehr Werbebanner zur Händler-Website eingebunden werden. Generiert ein Merchant kaum Provisionen, kann der Platz für dessen Werbebanner sinnvoller genutzt werden, indem die Werbemittel anderer Händler an diesen Stellen eingebunden werden. Bei der Nutzung von **Affiliate-Netzwerken** werden entsprechende Wirtschaftlichkeitsanalysen von diesen durchgeführt, die Merchants beziehungsweise Affiliates können dann entsprechend reagieren. Beim **Eigenbetrieb** des Affiliate-Marketings müssen die Unternehmen selbst entsprechende Kennzahlen berechnen.

Kennzahlen im Affiliate-Marketing

Im Affiliate-Marketing sind vorrangig folgende Kennzahlen relevant:

- **Page-Impressions:** Diese geben die Anzahl der Einblendungen der Werbemittel des Merchants auf der Affiliate-Website an. Je öfter die Werbung eingeblendet wird, desto wahrscheinlicher ist, dass Nutzer auf die Banner klicken und zur Merchant-Website gelangen, auf der dann eine Aktion stattfinden kann, die sowohl den Affiliates als auch den Merchants nutzt.
- **Conversion-Rate:** Diese Kennzahl gibt an, wie viele der Nutzer, die auf die Werbemittel klicken, auch tatsächlich die gewünschte Aktion auf der Merchant-Website durchführen. Ist die Conversion-Rate niedrig, kann der Affiliate diese unter Umständen verbessern, indem er durch „Pre-Selling" Kunden auf das Angebot vorbereitet beziehungsweise deren Neugierde weckt. Merchants können bei einer niedrigen Conversion-Rate dem Affiliate anders gestaltete Werbemittel zur Verfügung stellen.
- **Earnings per Click (EPC):** Aus Affiliate-Sicht ist diese Kennzahl sehr wichtig, denn sie beschreibt, wie viel Provision durchschnittlich pro Klick auf ein Werbemittel generiert wird. Basis für die Berechnung sind die Conversion-Rate sowie die Provision, die der jeweilige Merchant zahlt.
- **Stornoquote:** Es liegt im Interesse des Merchants, die Stornoquote möglichst gering zu halten. Einerseits entsteht durch Stornierungen ein zusätzlicher Verwaltungs- und Kostenaufwand, andererseits werden Affiliates durch hohe Stornoquoten abgeschreckt, da sie die Provisionen reduzieren.

Darüber hinaus gibt es weitere Kennzahlen, die in speziellen Fällen relevant sind. (vgl. Projecter 2015)

4.4.6 Aktuelle Situation

Als Entscheidungsgrundlage hinsichtlich des Einsatzes von Marketinginstrumenten ist eine Analyse der aktuellen Marktdaten und Entwicklungen unumgänglich. Im Hinblick auf das Affiliate-Marketing kann eine Bewertung mithilfe der im Folgenden dargestellten Sachverhalte erfolgen.

Affiliate-Markt im Umbruch

Der aktuelle Markt des Affiliate-Marketings ist laut Aussagen führender Affiliate-Marketing-Experten im Umbruch. Während Ende 2013 noch von einer Krise im Affiliate-Marketing die Rede war, verzeichnen führende Affiliate-Netzwerke im Jahre

2014 **Umsatzzuwächse**. Zurückzuführen ist dies insbesondere auf die von den Advertisern und Merchants geforderte Anpassung der Tracking-Methoden und Abrechnungsmodelle. Ansätze des Suchmaschinenmarketings wurden mit Display Advertising-Vermarktungsstrategien zusammengeführt. Targeting-Methoden dienen hierbei der zielgruppenspezifischen Auslieferung von Anzeigen. Das Real-Time-Bidding ermöglicht in Echtzeit eine automatisierte und performancebasierte Werbeauslieferung. Kritisch bewerten die Experten im Hinblick auf die weitere Entwicklung **Betrugsrisiken** und das dadurch entstandene negative Image des Affiliate-Marketings. Diesem wird jedoch durch Analyse-Tools und Beobachtung entgegengewirkt. Große Netzwerke distanzieren sich sogar komplett von den Vorwürfen, Affiliate-Betrug zu betreiben und verweisen auf Tracking-Tools, die gezielt eine Customer Journey aufzeigen, aus der sich auch der Anteil am Verkauf durch Netzwerke bestimmen lässt. (vgl. Neue Mediengesellschaft Ulm 2015)

Keine fortlaufende Datenerhebung

Bedingt durch eine Trennung der Bereiche Display- und Affiliate-Marketing im Online-Vermarkterkreis (OVK) werden aktuell von diesem keine Daten für das Affiliate-Marketing veröffentlicht. Die letzten Prognosen des OVK beziehen sich mit 440 Millionen Euro auf das Jahr 2013 und gehen für die Affiliate-Branche von einem Werbeausgabenwachstum von 7 Prozent aus. Basierend darauf hat der iBusiness-Verlag neue Prognosewerte für das Jahr 2015 berechnet und veröffentlicht. Danach wird unter Einbezug bisher nicht erfasster Netzwerke für das Jahr 2015 mit Werbeausgaben in Höhe von ungefähr 700 Millionen Euro gerechnet. (vgl. Affiliate Blog 2015)

4.5 Soziale Medien

Neben den bisher aufgeführten vier Themen Website, E-Mail, Display- und Affiliate-Marketing gelten soziale Medien als weiteres Instrument, um mit derzeitigen und potenziellen Kunden zu kommunizieren, zu interagieren sowie zu ihnen Beziehungen aufzubauen, zu halten und zu stärken.

Im Punkt Begriffsbestimmung und Systematik werden zunächst das Instrument „soziale Medien" als solches definiert und unterschiedliche Arten von Social Media angesprochen. Daran schließen sich Informationen über die Ziele und Wichtigkeit von sozialen Medien als Marketinginstrument an. Auch werden in diesem Rahmen die Subinstrumente Facebook, Twitter, YouTube und die Corporate Blogs ausführlicher dargestellt. Nachfolgend werden die Erfolgskomponenten des Marketings in sozialen Medien beschrieben, wobei ein wichtiger Aspekt der Umgang mit und zwischen den Nutzern ist. Anschließend werden unterschiedliche Evaluierungsmöglichkeiten vorgestellt, mit denen im Rahmen des Controllings anhand der Auswertung von Kennzahlen der Erfolg des Social Media-Marketings gemessen werden kann. Informationen über die aktuelle Situation schließen den Abschnitt ab.

4.5.1 Begriffe und Systematik

Der Begriff soziale Medien (Social Media) beschreibt allgemein Unternehmenspräsenzen, die den Nutzern die Möglichkeit bieten, als Gemeinschaft miteinander zu interagieren. Das Spektrum der Interaktionen reicht dabei in der einfachsten Form vom Einholen von Informationen bis hin zu deren Bereitstellung und Weiterentwicklung. In diesem Kontext werden die Inhalte als nutzergenerierte Inhalte bezeichnet, besser bekannt als User Generated Content. Soziale Medien fördern den gegenseitigen Austausch von Meinungen und Erfahrungen und bieten den Nutzern somit einen Mehrwert. Die oftmals mit Social Media gleichgesetzten sozialen Netzwerke wie Facebook und Twitter stellen nur einen Teilbereich dar. Für Zwecke des Marketings können Unternehmen soziale Medien sowohl passiv nutzen als auch sich aktiv in diesen betätigen.

Arten von Social Media

Die zahlreichen Arten von Social Media-Anwendungen können in Kategorien eingeteilt werden. Diese Kategorien stellen lediglich eine grobe Einteilung dar. Eine genaue Differenzierung ist aufgrund der nicht eindeutig abgrenzbaren Funktionalität nur bedingt möglich. Ersichtlich ist dies am Beispiel von Twitter, das zum einen ein soziales Netzwerk ist, das den Nutzern ermöglicht, miteinander zu interagieren und soziale Kontakte zu pflegen. Zum anderen zählt der Dienst zu den Microblogs, da die Kommunikation in Form von zeichenbegrenzten Posts erfolgt. In Abb. 4.24 sind die Social Media-Arten zusammengefasst dargestellt. Sie dienen alle der unkomplizierten und schnellen Bereitstellung von Informationen, ihrer Verbreitung und dem Informationsaustausch im Allgemeinen.

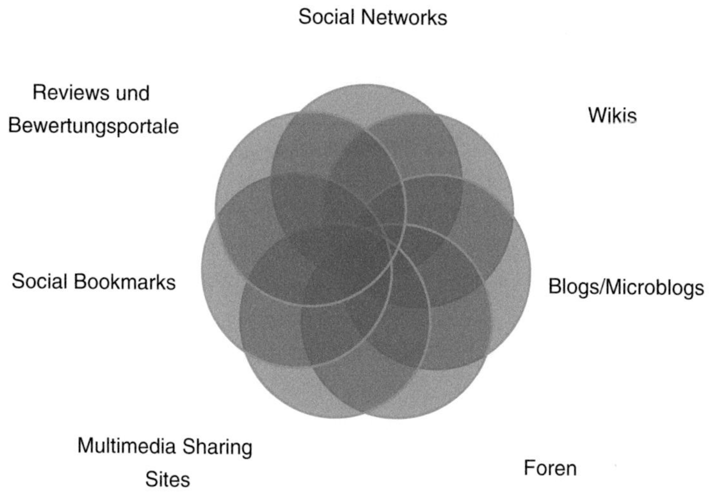

Abb. 4.24 Arten von sozialen Medien

- Der Begriff **„Blog“** ist abgeleitet aus dem Wort „Weblog“, das aus den Begriffen „Web“ und „Logbuch“ entstanden ist, und bezeichnet ein im Internet einzusehendes „Tagebuch“ eines Betreibers. Ein Blog kann mithilfe eines Content-Management-Systems gestaltet werden. Die Inhalte werden in der Regel chronologisch dargestellt und können von den Lesern kommentiert und über soziale Netzwerke geteilt werden.
- Ähnlich ist ein **Forum** gestaltet. Bei diesem gibt es jedoch keinen primären Autoren, sondern viele Teilnehmer, die gleichberechtigt Diskussionsbeiträge liefern und kommentieren.
- **Microblogs** sind eine Unterart der Blogs, die Einträge sind jedoch auf eine bestimmte Zeichenanzahl begrenzt. Darüber hinaus werden Microblogeinträge nur über bestimmte Dienste ermöglicht. Der bekannteste Microblogging-Dienst ist Twitter. Der Dienst ähnelt einem sozialen Netzwerk, da die veröffentlichten Einträge eines Nutzers für dessen Follower sichtbar und kommentierbar sind.
- Zu den **sozialen Netzwerken** (Social Networks) zählen zum Beispiel Facebook, Xing und LinkedIn. Während die letzten beiden zwar auch als Community-Netzwerke bezeichnet werden, verfolgen sie jedoch eine andere Zielsetzung. Als Business-Netzwerke dienen sie aus Sicht ihrer Nutzer dem Aufbau und der Pflege von Geschäftsbeziehungen und indirekt auch dem Recruiting. Facebook galt hingegen lange Zeit nur als Freundschaftsnetzwerk, bis es sich zusätzlich zu einem bekannten und etablierten Marketingkanal entwickelte. Zurückzuführen ist dies auf das Aufkommen zahlreicher Gruppen und Interaktionsmöglichkeiten innerhalb des Netzwerkes, wodurch die Möglichkeit geschaffen wurde, schnell und einfach mit Gleichgesinnten in Kontakt zu treten und Beziehungen unterschiedlichster Art aufzubauen und zu pflegen.
- Der Begriff **Wiki** ist eine Kurzform für WikiWeb. Das heute bekannteste Wiki ist die Online-Enzyklopädie Wikipedia. Dabei handelt es sich um öffentlich zugängliche Websites, deren Inhalte aufgrund eines freien Autorensystems von jedem Benutzer veränderbar sind. Die so erstellten Inhalte stellen User Generated Content dar. Im Allgemeinen dienen Wikis der Sammlung, der Erfassung und dem Teilen von Informationen und Wissen.
- Der Oberbegriff der **Multimedia Sharing Sites** vereint Foto-Sharing-Portale und Videoportale. Dabei werden von den Nutzern erstellte multimediale Elemente wie Fotos und Videos in den jeweiligen Portalen hochgeladen und veröffentlicht. Zu den bekanntesten Foto-Sharing-Services zählen Flickr von Yahoo und Picasa von Google. Der Ersteller kann die Gruppe der Nutzer, mit denen die Inhalte geteilt werden sollen, bestimmen und eingrenzen. Die bekanntesten Portale zur Veröffentlichung von Videos sind YouTube und MyVideo. Der Zugang zu deren Inhalten ist in der Regel öffentlich und allen Nutzern möglich. Zum Ansehen der Videos werden also keine Anmeldung und kein Account benötigt, wie es bei sozialen Netzwerken oder Microblogging-Diensten der Fall ist.
- **Social Bookmarks** dienen als Onlinedienste dem Anlegen, Sammeln und Teilen von Lesezeichen. Mithilfe von Browsern können Lesezeichen für den eigenen Bedarf erstellt werden. Diese Lesezeichen dienen dem Wiederauffinden von interessanten Websites,

Artikeln, Bildern und Videos. Durch das Teilen dieser Linksammlungen und dem gemeinsamen Erstellen von Internet-Lesezeichen zu einem bestimmten Themengebiet auf verschiedenen Plattformen werden Bookmarks zu Social Bookmarks. Zu den bekanntesten Social Bookmarking-Plattformen zählt Mister Wong.

- Eine weitere Art von Social Media stellen **Review- und Bewertungsportale** dar. Diese Portale bieten Nutzern die Möglichkeit, ihre Eindrücke und Erfahrungen, ein bestimmtes Produkt, eine Dienstleistung oder ein Unternehmen betreffend, in Form einer Bewertung abzugeben. Hierzu zählen auch Preisvergleichsportale, die eine Bewertung von Produkten und Anbietern auf ihrer Website ermöglichen. Zu den bekanntesten Review- und Bewertungsportalen gehören die Tourismusseiten holidaycheck.de sowie tripadvisor.com.

Kategorisierung von sozialen Medien

Die zuvor dargestellten sozialen Medien lassen sich auch nach der Art der Interaktion zwischen den Nutzern unterscheiden. Zum einen können sie primär auf **Kommunikation** abzielen. Dieser Kategorie werden Blogs, Microblogs, soziale Netzwerke und Social-Bookmarking-Plattformen zugeordnet. Zum anderen liegt der Nutzenaspekt sozialer Medien auf der **Kooperation zwischen Usern;** hierzu zählen Anwendungen wie Wikis und Bewertungs- und Auskunftsplattformen. Eine letzte Klassifizierung bezieht sich auf **Content-Sharing** als Nutzungsklasse. Dabei steht das Teilen von Inhalten über spezifische Media-Sharing-Plattformen wie beispielsweise YouTube oder Flickr im Vordergrund. Vorteile des Einsatzes von sozialen Medien sind die Kommunikation in Echtzeit, die Zugänglichkeit der Medien für alle Internutzer und die Förderung des nichtlinearen Dialogs. (vgl. Kreutzer und Blind 2014, S. 333)

4.5.2 Soziale Medien als Marketinginstrument

Soziale Medien sind mittlerweile zu einem wichtigen Marketinginstrument geworden. Im Folgenden wird diesbezüglich insbesondere auf Facebook, Twitter, YouTube und Corporate Blogs eingegangen.

Ziele von Social Media-Marketing

Unternehmen können die Möglichkeiten von Social Media gezielt nutzen, um ihre Produkte, Dienstleistungen und das eigene Unternehmen vielen Menschen zugänglich zu machen und neue Zielgruppen zu erschließen. Die Ziele, die Unternehmen mit Social Media-Marketing verfolgen, sind einerseits von der jeweiligen **Branche,** andererseits von der **strategischen Ausrichtung** abhängig. Eine Untersuchung des Deutschen Instituts für Marketing hat jedoch ergeben, dass es trotz unterschiedlicher Branchenzugehörigkeit und strategischer Ausrichtung auch allgemeine Zielsetzungen gibt. Demnach ist die **Kundenbindung** das Primärziel von Social Media-Marketing. Weitere wichtige Ziele für die Unternehmen sind die Neukundengewinnung und die Steigerung der Marken- und/oder

Produktbekanntheit. Untergeordnet werden Ziele wie Marktforschung sowie Personalgewinnung genannt. (vgl. Deutsches Institut für Marketing Marketing 2012, S. 11)

Wichtigkeit und Nutzungshäufigkeit von sozialen Medien im Marketing

Neben der Zielsetzung fragte die zuvor genannte Studie auch nach der Wichtigkeit der einzelnen Instrumente für die Unternehmen. Es konnte eine positive **Korrelation** zwischen der Nutzungshäufigkeit eines bestimmten sozialen Mediums und der Einschätzung von dessen Wichtigkeit bestätigt werden. Das bedeutet, dass die Medien, die am häufigsten eingesetzt werden, auch als diejenigen wahrgenommen werden, die am wichtigsten für Social Media-Marketing sind. Facebook wurde dabei als das stärkste soziale Medium genannt, gefolgt von XING. Die Schlusslichter bilden Live-Chats und Flickr, die auch die geringste Nutzungshäufigkeit aufweisen. Anhand des Einsatzes und der Wichtigkeit der verschiedenen Instrumente lassen sich diese in drei Kategorien einordnen: **Pflichtinstrumente**, **Kann-Instrumente** sowie **ergänzende Instrumente**. (vgl. Deutsches Institut für Marketing 2012, S. 8)

Facebook als Marketinginstrument

Das bekannteste und meistgenutzte soziale Netzwerk der Welt ist Facebook. Es bietet sowohl privaten als auch geschäftlichen Nutzern diverse **Funktionen**, zum Beispiel die Chronik oder die Profilseite des Users oder des Unternehmens. Innerhalb dieser Chronik haben die Nutzer verschiedene Interaktionsmöglichkeiten, durch die sie sich untereinander nahezu grenzenlos austauschen können. (vgl. Heymann-Reder 2011, S. 25 f.)

Aktuell beläuft sich weltweit die aktive **Nutzerzahl** von Facebook auf ungefähr 1,5 Milliarden Menschen mit steigender Tendenz. Dies und die geringen Einstiegskosten machen Facebook für die Ausrichtung von Marketingstrategien für Unternehmen interessant. Da das im Jahre 2004 gegründete Netzwerk vergleichsweise neu ist, liegen bislang wenige veröffentlichte Erfahrungswerte vor, welche Marketing-Strategie auf Facebook erfolgreich ist. Zudem unterliegt Facebook ständigen Anpassungen und Weiterwicklungen. Die meisten Nutzer erwarten von Unternehmen, die eine **Facebook-Präsenz** ähnlich der Abb. 4.25 unterhalten, die Möglichkeit, direkte Dialoge mit ihnen führen zu können. Daher sind die Pflege der Seite sowie der Einsatz eines verantwortlichen Teams von wesentlicher Bedeutung. (vgl. Jelinek 2012, S. 9)

Werbung auf Facebook

Von und über Facebook gegebene Werbemöglichkeiten werden als Werbeanzeigen bezeichnet. Im **Gegensatz zu den Fanpages**, mit denen sich Unternehmen auf einer eigenen Facebook-Seite präsentieren, sind Werbeanzeigen kostenpflichtig. Die Schaltung solcher Werbeanzeigen kann durch die werbetreibenden Unternehmen unterschiedlich gesteuert werden und primär an zwei Zielsetzungen ausgerichtet sein. Die erste Zielsetzung basiert auf der **Steigerung der Bekanntheit** beziehungsweise der Vergrößerung des Fan-Publikums mithilfe der Generierung von „Gefällt mir"-Angaben. Die zweite Zielsetzung dient der **Bewerbung eines bestimmten Produkts** oder einer Dienstleistung.

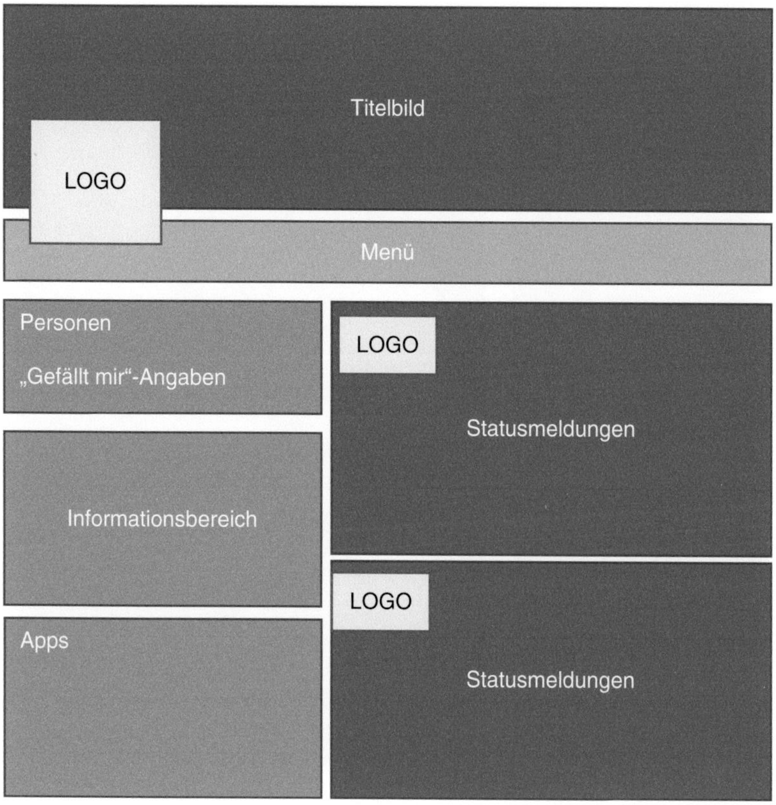

Abb. 4.25 Beispiel Facebook-Auftritt

Hierbei werden vom Werbenden das Anklicken der Werbung und der Besuch sowie der Kauf des jeweiligen Produktes durch die Nutzer angestrebt. Um den Erfolg der Werbekampagnen zu fördern, ermittelt Facebook auf Grundlage bereits in der Vergangenheit getätigter Klicks und aus bekanntgegebenen **Vorlieben der Nutzer** (Bücher, Spiel, Serien, Produkte, Marken etc.) die größte Wahrscheinlichkeit eines Klicks. Basierend auf diesen Informationen und den demografischen Daten der Nutzer ist es Facebook möglich, die Werbeanzeigen zielgruppenspezifisch sowie erfolgsorientiert auszuliefern beziehungsweise zu platzieren. Die Vergütung der Werbeeinblendungen erfolgt bei Facebook über spezielle Werbeanzeigenauktionen. Hierbei legt das werbende Unternehmen ein maximales Gesamtwerbebudget und die Höhe eines Gebots fest. Sollte das **Budget** innerhalb eines bestimmten Zeitraums (Tages- oder Laufzeitbudget) nicht ausreichen, wird die Werbeanzeige automatisch aus dem Anzeigenbestand entfernt. Die Platzierung der Werbeanzeige kann das werbende Unternehmen nur begrenzt über die Zielgruppenbestimmung steuern. Sollten **konkurrierende Werbeanzeigen** vorhanden sein, wird der Anzeigenrang mittels mehrerer Faktoren bestimmt. Zu diesen Faktoren gehören der maximale Cost-per-Click, das verfügbare Budget und die Qualität der Werbeanzeige. (vgl. Facebook 2015)

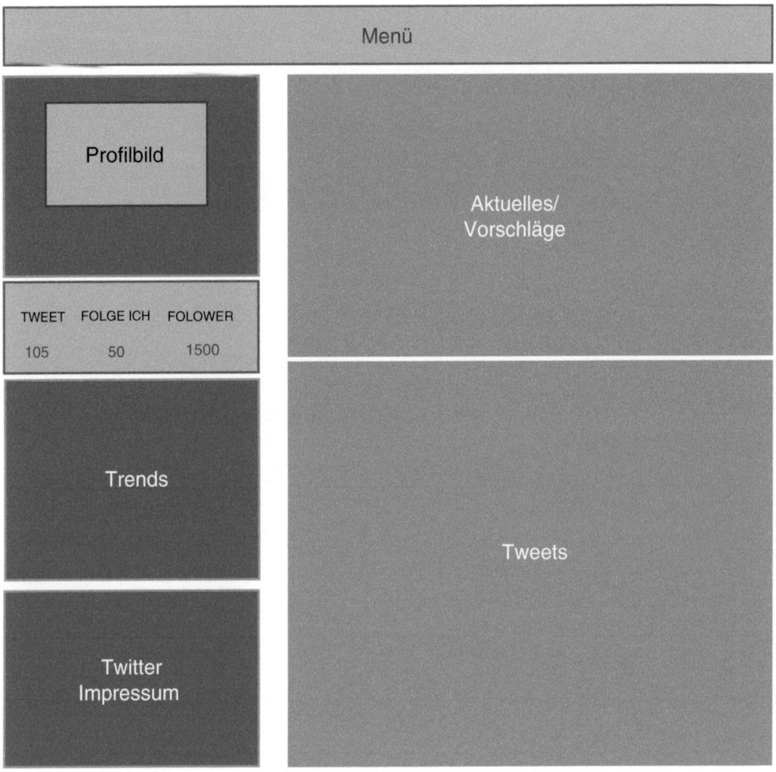

Abb. 4.26 Beispiel Twitter-Startseite

Twitter als Marketinginstrument

Das soziale Netzwerk Twitter (deutsch Gezwitscher) dient dem **Micro-Blogging,** das heißt der Verbreitung von telegrammartigen Kurznachrichten im Netz. Twitter verfügt über 1,5 Milliarden **Mitglieder**, von denen allerdings nur rund 200 Millionen Nutzer regelmäßig aktiv sind, das heißt anderen Nutzern folgen, veröffentlichte Kurznachrichten lesen und selbst tweeten. Ähnlich wie Facebook wird Twitter von Privatpersonen, Organisationen, Unternehmen und Massenmedien genutzt. Abbildung 4.26 stellt den abstrakten Aufbau der Startseite von Twitter dar. Die linke Seite zeigt das Profil des Nutzers mit einer Anzeige der Anzahl der Tweets und Follower sowie einer Vorschlagsliste von Unternehmen, Organisationen und Trends, die dem Nutzer eventuell gefallen könnten. Auf der rechten Seite sind die aktuellen Tweets zu sehen. Eine Beispielseite von Twitter ist in Abb. 4.27 dargestellt. Um Stichworte als Schlagworte zu markieren nutzt Twitter **Hashtags** (#Twitter), die es den Nutzern erleichtern sollen, nach informativen Beiträgen zu suchen. Das Kennzeichnen als Favorit dient – ähnlich dem „Like" auf Facebook – der Bewertung von Beiträgen. Es besteht auch die Möglichkeit, Nachrichten von Unternehmen zu abonnieren. (vgl. Heymann-Reder 2011, S. 25 f.)

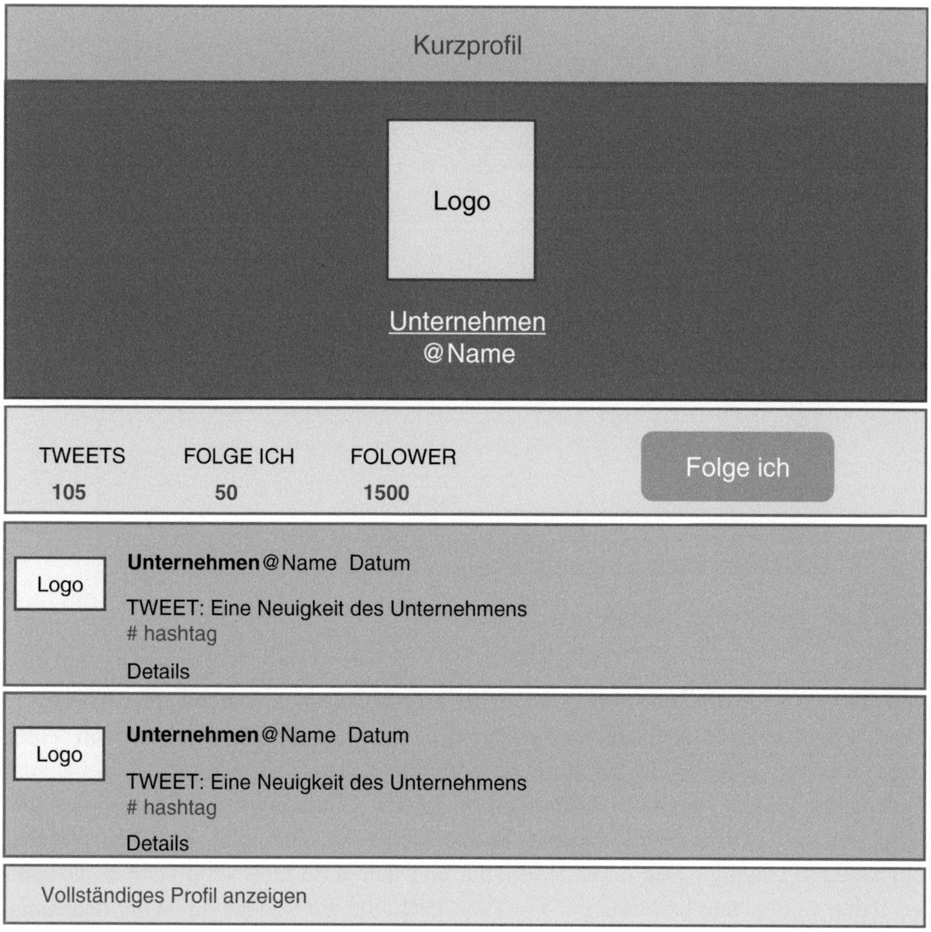

Abb. 4.27 Beispiel für Twitter

Der Microblogging-Dienst „Twitter" ermöglicht die Verbreitung von Kurznachrichten, sogenannten „Tweets", mit einer Beschränkung auf 140 Zeichen. Die Kommunikation findet nach dem klassischen **„One-to-Many"-Prinzip** statt. Jedoch können einzelne „Tweets" auch von Nutzern „retweetet" oder beantwortet werden. Die veröffentlichten Kurznachrichten haben eine hohe Priorität für **Suchmaschinen** und sind besonders für mobile Endgeräte und somit das **Mobile-Marketing** geeignet. Unternehmen profitieren von der Nutzung, insbesondere aufgrund der schnellen Verbreitung von Unternehmensnachrichten. (vgl. Weinberg et al. 2012, S. 165)

YouTube als Marketinginstrument

YouTube ist eine Video-Sharing-Plattform, die das Einstellen von Videoinhalten erlaubt. Videos können in verschiedenen Formaten hochgeladen werden. Eine Videoauflösung

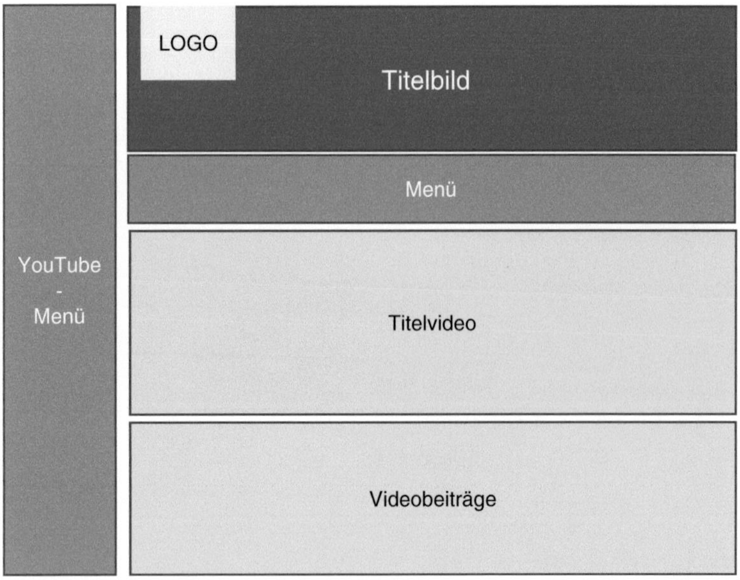

Abb. 4.28 Grundaufbau YouTube

von 480 × 360 Pixeln oder höher ist dabei empfehlenswert. Unternehmen stehen zu Werbezwecken zwei Optionen zur Verfügung. Zum einen die **Einblendung von Video Ads**, also Werbefilmen, in bereits veröffentlichte Videos von anderen Nutzern, zum anderen die Präsenz durch den **Aufbau eines eigenen Channels**, der individuell gestaltet wird. Hierzu wird, wie bei anderen Social Media-Anwendungen auch, ein eigenes Nutzerkonto benötigt. Der selbst bestimmte und definierte Username kann nicht mehr verändert werden und bestimmt die YouTube-URL, die die Kunden direkt auf den Kanal leitet. Hierzu eignet sich zum Beispiel der Firmenname. Das Profilfeld dient bei einem Unternehmensauftritt der Vorstellung des Unternehmens und der Bereitstellung von Kontaktinformationen. Die Gestaltung des Profils sollte zwecks Wiedererkennung dem Corporate Design angepasst werden. In Abb. 4.28 ist der Grundaufbau eines YouTube-Channels dargestellt. Das Auffinden von eingestellten Videos wird unterstützt durch die Titelvergabe und die Einbindung von Keywords. Anhand der **Statistikfunktion** YouTube-Insight kann verfolgt werden, wie viele Zuschauer Videos wo und zu welcher Tageszeit angesehen, kommentiert oder bewertet haben. Dies entspricht einer Reichweitenanalyse und dient der quantitativen Erfolgsmessung.

Corporate Blogs als Marketinginstrument

Das Prinzip des Blogs entstand bereits 1993, wurde allerdings erst im Jahre 1999 durch die Weblog-Portale „LiveJournal“ und „Blogger“ populär. Neun Jahre nach Gründung dieser Portale betrieben bereits 186 Millionen Menschen einen eigenen Blog, welche wiederum von 346 Millionen Menschen gelesen wurden. Viele Unternehmen erkannten frühzeitig die

Vorteile des Weblogs und führten neben dem eigentlichen Websiteauftritt eigene Weblogs mit dem Ziel ein, die Kundenbindung zu verstärken. Der Fachbegriff für unternehmenseigene Blogs lautet Corporate Blogs. Corporate Blogs können mehrere Funktionen haben. Zum einen dienen sie als kostenlose Werbefläche für die Produkte und Dienstleistungen oder das Unternehmen selbst. Zum anderen werden sie zur Verbesserung des direkten Kundenkontakts verwandt. Darüber hinaus kann ein Weblog im Falle von negativer Presse genutzt werden, um zeitnah auf falsche oder verzerrte Informationen zu reagieren. Corporate Blogs weisen neben Vorteilen wie Kundennähe, Verbesserungen in der Suchmaschinenplatzierung und kostengünstige Marketingkanäle auch **Nachteile** auf. Wie in allen sozialen Medien birgt die direkte Kommunikation mit dem Kunden ein gewisses Risiko, negative Werbung zu betreiben. (vgl. Zarrella 2012, S. 16 f.)

Bessere Nutzung durch die Möglichkeit der Verknüpfung

Von zentraler Bedeutung ist die Verknüpfung der Social Media-Elemente. So sollte ein YouTube-Channel oder Blogeintrag durch die Einbindung von Social Sharing-Elementen wie dem „Gefällt-mir-Button" und der Option des Teilens auf Twitter und Facebook und umgekehrt miteinander verknüpft werden.

4.5.3 Erfolgskomponenten

Der Einsatz des Social Media-Marketings basiert auf der Erkenntnis, dass Menschen soziale Wesen sind, was sich besonders auf das Onlinekaufverhalten auswirkt. Personalisierte Werbung, Mitmach-Aktionen oder Empfehlungen von Freunden sprechen die Nutzer in besonderem Maße an. Da sich heute jeder im Web 2.0 an Diskussionen und mit Beiträgen und Kommentaren beteiligen kann, vollzieht sich ein Wandel vom Zeitalter der Massenmedien zu einem Zeitalter der Medienmassen. Auf den verschiedenen Social Media-Plattformen gibt es zahlreiche Möglichkeiten für ein Unternehmen, Social Media-Marketing zu betreiben. (vgl. Chu 2013, S. 9 f.) Hierbei sind die im Folgenden genannten Komponenten zu beachten.

Ausrichtung an den Grundprinzipien der Kommunikation als Voraussetzung für den Erfolg

Die Voraussetzung für ein erfolgreiches Social Media-Marketing ist eine Ausrichtung an den folgenden Grundprinzipien der Kommunikation:

- Ehrlichkeit/Authentizität
- Offenheit/Transparenz
- Kommunikation auf Augenhöhe
- Relevanz
- Kontinuität/Nachhaltigkeit

Von zentraler Bedeutung sind die Ehrlichkeit und Authentizität der Unternehmen innerhalb der Kommunikation. Sind beide nicht gegeben, kann dies dem Image des Unternehmens schaden. Die Offenheit und Transparenz wird durch regelmäßige Kommunikation und Kritikfähigkeit gefördert. Dies beinhaltet die Kommunikation auf Augenhöhe, bei der die Kunden beziehungsweise Nutzer wahr- und ernstgenommen werden sollten. Weiterhin sollten die verbreiteten Inhalte für die jeweilige Zielgruppe relevant und von Interesse sein. Kontinuierliches und nachhaltiges Engagement in den sozialen Medien ist wichtig für die langfristige Kundenbindung. (vgl. Kreutzer und Blind 2014, S. 336)

Umgang mit Nutzern

Die Nutzer erwarten von einem Unternehmen, dass dessen Auftritt in einem sozialen Netzwerk **Unterhaltungswerte** bietet. Von zentraler Bedeutung sind dabei auch die dargestellten Erfolgsvoraussetzungen. Daher empfiehlt es sich, entsprechend auf Kritik zu reagieren. Auf keinen Fall sollten **Nutzerkommentare** gelöscht oder ignoriert werden. Allgemein sollte das Ziel sein, die Nutzer zum Mitmachen anzuregen und sie in die Marketingaktionen des Unternehmens mit einzubeziehen. So vergrößert sich die Chance, die Bekanntheit des Produkts oder Unternehmens durch **„digitale Mundpropaganda“** zu steigern. Des Weiteren lohnt es sich, auf andere Kommunikationsplattformen zu verweisen, da die Nutzer meist in mehreren Netzwerken aktiv sind. (vgl. Weinberg et al. 2012, S. 170)

4.5.4 Controlling

Die Messung beziehungsweise Evaluierung von Social Media-Marketing-Aktivitäten ist komplex und abhängig von dem Social Media-Instrument, das von den Unternehmen als Kanal beziehungsweise Instrument eingesetzt wird. Zur Unterstützung der Erfolgsmessung bieten sich Monitoring Tools an. Diese Tools werden zum einen von den Plattformbetreibern selbst angeboten, zum anderen gibt es Lizenzsoftware, die die Reichweitenentwicklung messen und auch Conversions- und Transaktions-Raten ermitteln. Im Allgemeinen gilt, dass es unternehmensabhängige quantitative und qualitative Faktoren gibt, um den Erfolg von Social Media-Anwendungen zu messen sowie darzustellen.

Kennzahlen

Für Unternehmensseiten auf **Facebook**, den sogenannten Fanpages, gelten die gleichen Kennzahlen wie für einen unternehmerischen **YouTube-**Channel. Hierbei können im ersten Schritt die Anzahl der Fans einer Seite beziehungsweise der Abonnenten eines Kanals ermittelt werden. Diese geben Aufschluss darüber, wie hoch die Reichweite der Social Media-Präsenz ist. Weiter kann die Anzahl von Seitenaufrufen, aller hinterlassenen Kommentare und der Kommentare pro „Post“ erhoben werden. Relevant ist auch die Anzahl von Empfehlungen, welche durch die Einbindung von Social-Sharing-Buttons erhoben werden können. Des Weiteren können Kriterien wie die demografische Struktur der erreichten Fans und somit der Zielgruppe erhoben und für weitere Zwecke, wie die

Anpassung von Produkten, verwendet werden. Im Hinblick auf einzelne Artikel, Videos oder Verlinkungen können folgende Zahlen erhoben werden:

- Anzahl der Views
- Anzahl der Downloads
- Anzahl der Nutzer, die teilen
- Anzahl der Bewertungen/Kommentare
- Anzahl der Abonnements für bestimmte Inhalte
- Anzahl der entstandenen Freundschaftsbeziehungen

Der Erfolg einer **Twitterpräsenz** kann beispielsweise durch folgende Zahlen gemessen werden: Anzahl der Follower, Anzahl der Retweets, Anzahl der Replies sowie Häufigkeit der Erwähnung des Unternehmens in den Tweets anderer Nutzer. Weitere **allgemeine Evaluierungs-Möglichkeiten**, die teilweise auch für Blogs Gültigkeit besitzen, bestehen in der Erhebung sowie Beurteilung der Loyalität der Fans, Follower und Abonnenten, indem einmalige Besucher von den wiederkehrenden unterschieden werden. Diese Differenzierung liefert wiederum Aufschluss in Bezug auf die Qualität der Inhalte und Angebote. Ein wichtiges Kriterium für die Einschätzung des Erfolgs von Aktivitäten in den sozialen Medien ist die Beachtung der Tonalität der Beiträge. Verstärkt negative Beiträge geben Aufschluss über das Image und die Qualität der Produkte beziehungsweise Services eines Unternehmens und können als Grundlage für Verbesserungs- und Handlungsmaßnahmen dienen. Positive Beiträge stärken das Markenbewusstsein und haben im Hinblick auf das Empfehlungsmarketing einen hohen Stellenwert. (vgl. Krampen 2012, S. 13 ff.)

Social Media-Management-Tools und Wettbewerb

Im Dialog mit dem Nutzer lassen sich für das Unternehmen frühzeitig kritische Themen erkennen. Dadurch kann das Unternehmen rechtzeitig reagieren und Situationen entschärfen, bevor es zu einer massenhaften öffentlichen Entrüstung auf den Social Media-Seiten des Unternehmens kommt (Shitstorm). Die hohe Anzahl an Kommentaren und sonstigen Nutzeraktivitäten macht ein **Filtern und Aufbereiten** der relevanten Informationen notwendig. Hierfür bieten sich mittlerweile eine Vielzahl an Social Media-Management-Tools wie „shoutlet", „vitrue", „Tigerlily" und „wildfire" an. Vom Social Media-Marketing der **Konkurrenz** kann auch die eigene Wettbewerbsanalyse profitieren (Competitve Intelligence). Durch Beobachtung der Aktivitäten der Konkurrenz kann deren Strategie rekonstruiert sowie deren Stärken und Schwächen analysiert werden. Bei den eigenen Social Media-Aktivitäten ist dementsprechend darauf zu achten, die Tiefe der Einblicke für Dritte in das eigene Unternehmen einzudämmen. (vgl. Elgün und Karla 2013, S. 54)

4.5.5 Aktuelle Situation

Die folgenden Ausführungen zeigen die aktuelle Nutzung der sozialen Medien von Unternehmen und von Konsumenten auf.

Nutzung von sozialen Medien in deutschen Unternehmen
Wie in Abb. 4.29 dargestellt wird Social Media als Marketinginstrument aktuell nur von knapp 55 Prozent der deutschen Unternehmen mit mehr als 250 Beschäftigen genutzt. Bei kleinen und mittelständigen Unternehmen liegt der Nutzungsanteil noch geringer bei 30 bis 40 Prozent. Somit betreiben nahezu 50 Prozent der befragten Unternehmen kein Social Media-Marketing. Verglichen mit der steigenden Nutzung von Social Media-Aktivitäten durch die Verbraucher ist ersichtlich, dass Potenziale nicht genutzt werden. (vgl. Statista 2014a)

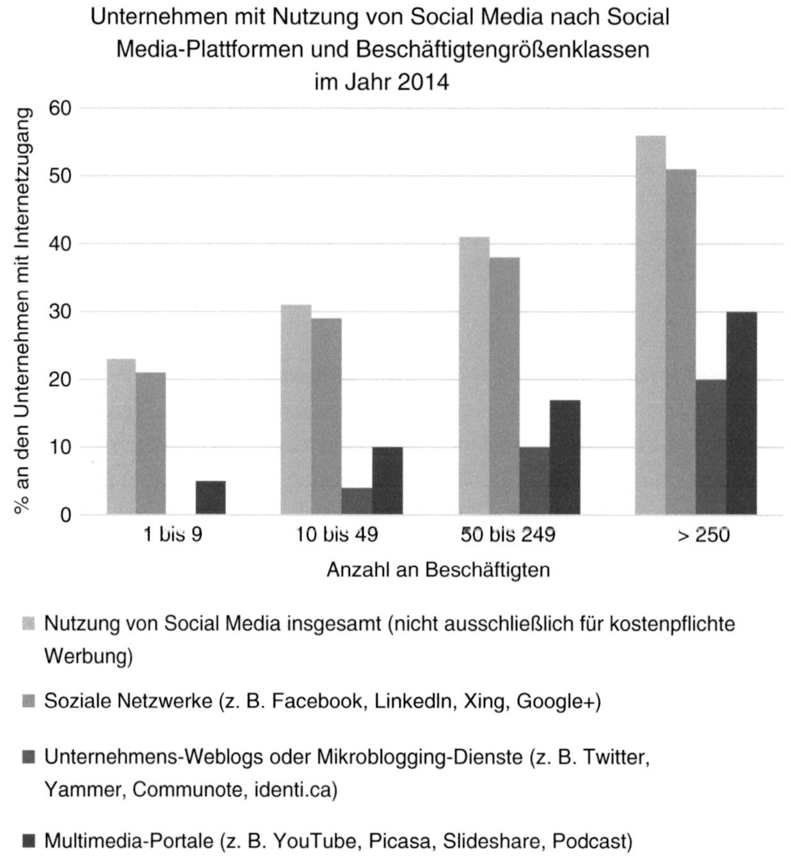

Abb. 4.29 Nutzung von sozialen Medien in deutschen Unternehmen, (vgl. Statistisches Bundesamt 2014)

Gründe für die Nutzung von sozialen Medien aus Unternehmenssicht

Diejenigen Unternehmen, die Social Media als Marketingkanal erkannt haben und nutzen, sehen laut der Studie des BVDW (Bundesverband Digitale Wirtschaft) die Kunden im Zentrum ihrer Aktivitäten. Abbildung 4.30 zeigt die meistgenannten Gründe für den Einsatz von Social Media, aber auch die Hindernisse, die aus Sicht der Unternehmen gegen dessen Einsatz sprechen. Ein Großteil der Unternehmen nutzen Social Media zur Kundenbindung (70 Prozent) sowie zum Support und zur Kundenbetreuung (56 Prozent). Weitere Projekte und Aufgaben, bei denen soziale Medien häufig Anwendung finden, sind unter anderem Werbekampagnen, Marktforschung, Öffentlichkeitsarbeit, Mitarbeiterkommunikation und Vertriebsunterstützung. (vgl. Ullrich 2014)

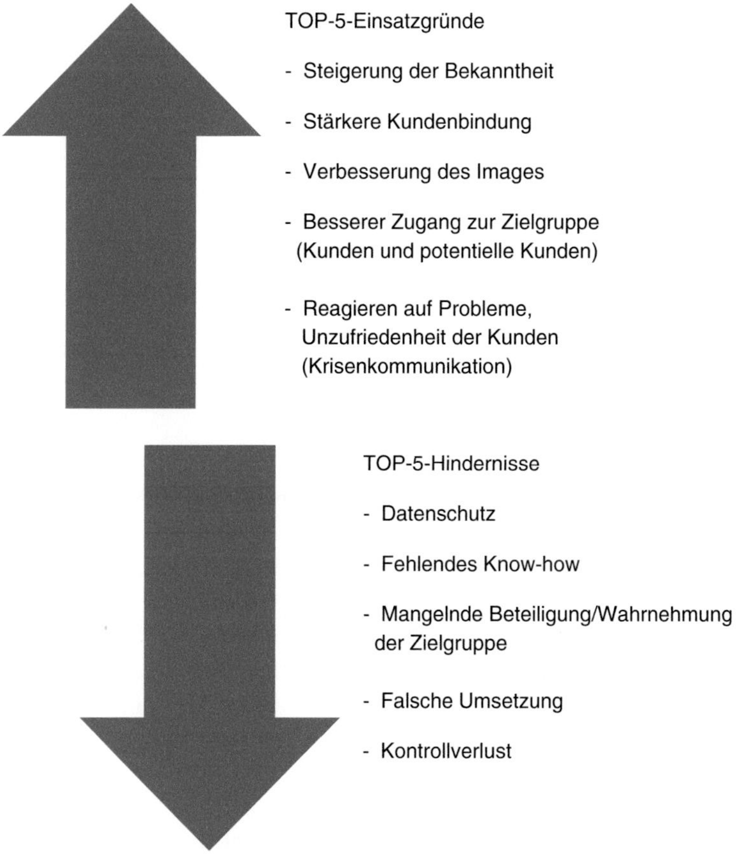

TOP-5-Einsatzgründe
- Steigerung der Bekanntheit
- Stärkere Kundenbindung
- Verbesserung des Images
- Besserer Zugang zur Zielgruppe (Kunden und potentielle Kunden)
- Reagieren auf Probleme, Unzufriedenheit der Kunden (Krisenkommunikation)
TOP-5-Hindernisse
- Datenschutz
- Fehlendes Know-how
- Mangelnde Beteiligung/Wahrnehmung der Zielgruppe
- Falsche Umsetzung
- Kontrollverlust

Abb. 4.30 Gründe für die Nutzung von sozialen Medien aus Unternehmenssicht, (vgl. Ullrich 2014)

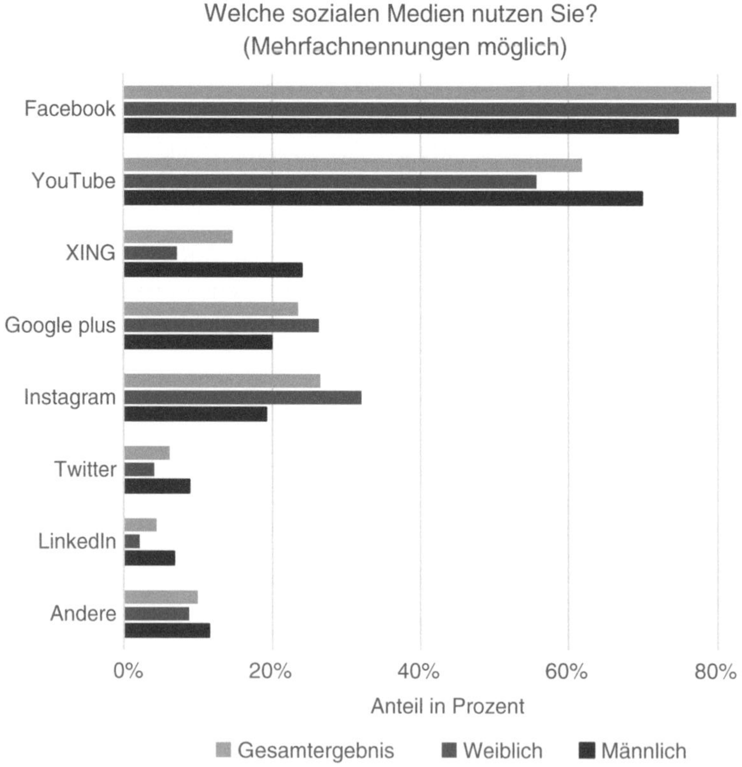

Abb. 4.31 Beliebtheit von sozialen Medien bei Nutzern (eigene Umfrage, Juni 2015)

Beliebtheit von sozialen Medien bei Nutzern

Die Ergebnisse von Umfragen zeigen, dass Facebook und danach YouTube zu den beliebtesten Anwendungen zählen. Demnach sollten Unternehmen in sozialen Netzwerken mindestens durch eine Facebook-Fanpage zur Steigerung der eigenen Bekanntheit präsent sein. Für die Unternehmen, die keine solche Präsenz betreiben, besteht hier unter Umständen Handlungsbedarf. (vgl. Tomorrow Focus Media 2013, S. 8)

Analog zu den Resultaten von Marktforschungsinstituten, hat eine eigene Onlineumfrage im Juni 2015 ähnliche in Abb. 4.31 dargestellte Ergebnisse hervorgebracht. Demnach gehören Facebook und YouTube zu den beliebtesten und am meisten verwendeten sozialen Medien.

Nutzung von sozialen Medien nach Themengebieten und Ihre Bedeutung für Kaufentscheidungen

Auch die in Abb. 4.32 dargestellten Ergebnisse einer eigenen Umfrage zur Nutzung der sozialen Medien sind interessant. Bei einer entsprechenden Berücksichtigung in ihrer

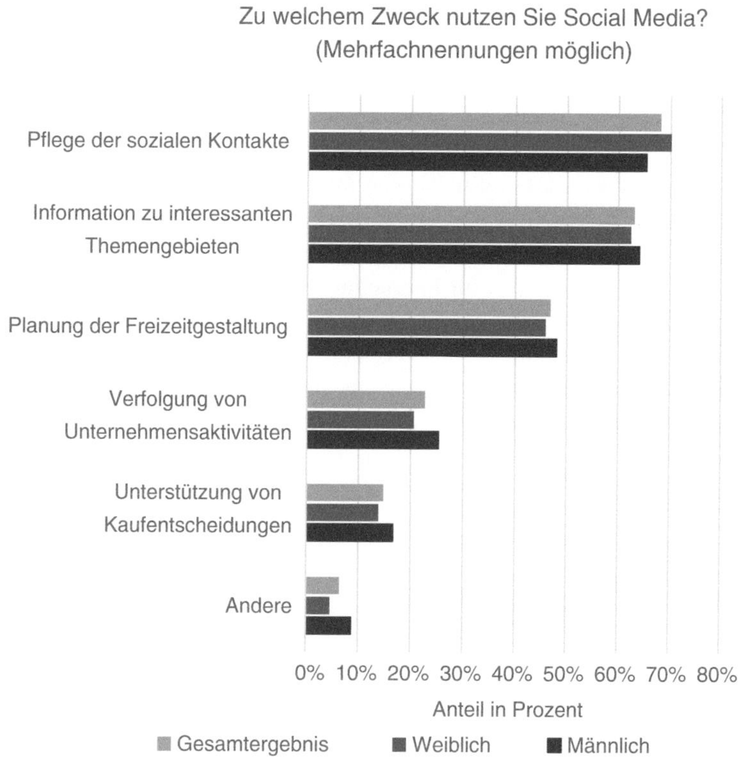

Abb. 4.32 Nutzung von sozialen Medien nach Themengebieten (eigene Umfrage, Juni 2015)

Marketingkonzeption können Unternehmen damit neue Kunden gewinnen und ihre Umsätze steigern.

Da sich Konsumenten über Produkte und Dienstleistungen neben Vergleichsportalen sowie Hersteller- und Händlerwebsites auch über soziale Medien informieren, sollten diese verstärkt genutzt und verknüpft werden. Deutsche Unternehmen sind beispielsweise auf Video-Sharing-Plattformen bisher jedoch nur bedingt vertreten. (vgl. Google 2014)

4.6 Suchmaschinen

Um Online-Marketing für die eigenen Interessen gezielt einsetzen zu können, muss das Verhalten und die Entwicklung des Marktes und der Nutzer beobachtet werden. Der überwiegende Teil der Internet-User nutzt fast ausschließlich Suchmaschinen, um die gewünschten Informationen zu erhalten. Eine direkte Eingabe der Internet-Adresse, des Uniform Resource Locator (URL), um direkt auf eine bestimmte Website zu gelangen, erfolgt nur noch selten. Um im schnelllebigen Onlinegeschäft den Anschluss an das aktuelle Verhalten der potenziellen Kundschaft nicht zu verlieren, kann das Suchmaschinenmarketing eingesetzt werden. Die dezentrale Verwaltung des Internets macht Suchmaschinen und die jeweiligen Suchdienste, die im Netz als virtuelle Vermittler zwischen dem Unternehmen und dem Kunden operieren, unumgänglich. Die Suchdienste ermöglichen den Nutzern das Auffinden von Informationen aller Art und haben sich zu unverzichtbaren Recherche-Instrumenten entwickelt. Daher müssen auch Unternehmen ihre Onlineaktivitäten unter Berücksichtigung der Suchdienste konzipieren. Wer in Suchdiensten nicht präsent ist, ist für Internetnutzer faktisch nicht existent.

In diesem Abschnitt werden zunächst wichtige Begriffe und die Systematik der Suchmaschinen erörtert. Es folgt die Darstellung von unterschiedlichen Arten der Suchmaschinenwerbung und der Vorteile, die diese Werbeform bietet. Im Anschluss werden Möglichkeiten zur Suchmaschinenoptimierung beschrieben. Wie bereits zuvor wird der Abschnitt mit Erläuterungen zum Controlling und zur aktuellen Situation abgeschlossen.

4.6.1 Begriffe und Systematik

Suchmaschinen lassen sich nach verschiedenen Kriterien systematisieren. Diese werden im Folgenden zunächst dargestellt, um hiervon ausgehend die Funktionsweise von Suchmaschinen, deren geschichtliche Entwicklung sowie Begriff und Teilbereiche des Suchmaschinenmarketings zu erörtern.

Suchmaschinenbegriff und Differenzierung nach dem Suchgebiet

Unter dem **Begriff** Suchmaschinen sind Suchdienste zusammengefasst, die den Anwender bei der Suche nach Informationen sowohl in begrenzten Verzeichnissen als auch im gesamten World Wide Web unterstützen. Bei Suchdiensten handelt es sich um Programme, die aufgrund der Eingabe von Begriffen seitens der Nutzer eine Suchanfrage starten und relevante Ergebnisse auflisten. Die Suchanfrage erfolgt innerhalb einer dafür vorgesehenen Suchmaske. Mittlerweile können Suchanfragen auf Phrasen und ganze Sätze ausgeweitet werden. Suchmaschinen lassen sich hinsichtlich der Ausrichtung ihrer Suchfunktion unterscheiden. Soll eine große Anzahl an Seiten nach Informationen durchsucht werden, handelt es sich um eine horizontale Suche. Dabei wird das gesamte Internet nach zutreffenden Ergebnissen durchsucht und in einer Trefferliste ausgegeben. Die Suchmaschinen, die diese Suchfunktion unterstützen, werden als **Allgemeine Suchmaschinen** bezeichnet. Zu dieser Kategorie zählen die in Deutschland bekanntesten und am häufigsten verwendeten Suchdienste von Google, Bing und Yahoo. Mit einer vertikalen Suche sollen Informationen in einem begrenzten Bereich gefunden werden. Im Vordergrund steht hier eine zeiteffiziente zielführende Suche durch den Zugriff auf vorselektierte Informationen, Daten und Quellen. Suchdienste dieser Kategorie sind spezialisierte **Business-Suchmaschinen** und **Lieferantensuchmaschinen**. Aufgrund der

Fokussierung auf geschäftliche Informationen ist die qualitativ und quantitativ relevante Trefferquote hoch. Zu den in Deutschland wichtigsten Branchensuchmaschinen zählen „Wer liefert was?“ und die Seibt-Industriedatenbank. (vgl. Onlinemarketing-Praxis 2014)

Volltextsuchmaschinen, Metasuchmaschinen und Webkataloge

Eine weitere Kategorisierung von Suchmaschinen ist durch die Art der Suche möglich. Danach lassen sich Suchmaschinen in Volltextsuchmaschinen, Metasuchmaschinen und Webkataloge gliedern.

- **Volltextsuchmaschinen:** Bei Volltextsuchmaschinen erfolgt die Informationssuche, –aufbereitung, –sammlung und -sicherung automatisiert mithilfe von Suchrobotern. In Abhängigkeit von festgelegten Indizierungs-Kriterien der jeweiligen Suchmaschine werden die Ergebnisse systematisch sortiert und ihrer Relevanz entsprechend ausgegeben. Volltextsuchmaschinen sind die Suchmaschine von Google und Bing von Microsoft. Darüber hinaus ist es Websitebetreibern möglich, die eigene Internetpräsenz in derartigen Suchmaschinen anzumelden und so das Auffinden durch die Nutzer zu fördern.
- **Metasuchmaschinen:** Metasuchmaschinen besitzen keine eigenen Datenbestände, sondern greifen bei einer Suchanfrage auf die Datenbankbestände mehrerer anderer Suchmaschinen zurück. Entsprechend setzen sie zur Informationsgewinnung auch keine eigenen Suchprogramme ein. Die Nutzer einer Metasuchmaschine haben in der Regel die Möglichkeit, bestimmte Suchmaschinen einschließlich ihrer jeweiligen Datenbankbestände auszuwählen oder auszuschließen. Da in mehreren Suchmaschinen gleichzeitig gesucht wird, wird die Suche horizontal verbreitert. Ein solches Vorgehen bietet zum einen den Vorteil, dass der Nutzer einen größeren Datenbestand als mit der Nutzung von nur einer Suchmaschine abfragen kann, zum anderen werden Duplikate aus den Suchergebnissen entfernt. Beispiele für Metasuchmaschinen sind MetaCrawler und Metager.
- **Webkataloge und verzeichnisbasierte Suchmaschinen:** Signifikant für Webkataloge ist die manuelle und redaktionelle Erfassung der Daten. Gewonnene Informationen und Daten werden von der Redaktion des Suchmaschinenbetreibers in ein Verzeichnis aufgenommen. Die Datensammlung und -erhebung erfolgt einerseits durch eine manuelle Suche, größtenteils aber durch aktive Anmeldungen und Einträge der Websitebetreiber. In beiden Fällen werden die Websites zunächst in einer Datenbank erfasst, anschließend besucht und ihr Inhalt evaluiert. Die Kriterien für die letztendliche Aufnahme in das Verzeichnis der Suchmaschine sind im Allgemeinen der Titel, die Beschreibungen und Inhalte sowie die Branche. Wesentlich ist die Qualität der Site, ihr Informationsgehalt sollte für die Nutzer einen Mehrwert darstellen. In der Regel liegt die Eintragung einer Website in einen Webkatalog im Ermessen der Redakteure. Oftmals bieten verzeichnisbasierte Suchmaschinen die Möglichkeit, die Suche innerhalb des eigenen Verzeichnisses mit der Suche in externen Suchmaschinen zu kombinieren. Zu den in Deutschland bekanntesten

Katalogsuchmaschinen zählt die Suchmaschine von Yahoo. Weitere wichtige Webkataloge sind dmoz.de, Allesklar.de und Bellnet.de. (vgl. Justitz 2011, S. 3 f.)

Funktionsweise von Volltextsuchmaschinen

Damit Unternehmen erfolgreich im Online-Marketing sind, ist es sinnvoll, die Funktionsweise von Suchmaschinen zu verstehen. Jede Suchmaschine besitzt einen eigenen Such- und Bewertungsalgorithmus zur Beurteilung von Internetseiten, wobei das genaue Verfahren von den Betreibern geheim gehalten wird. Letztendlich liegen jedoch allen die in Abb. 4.33 dargestellten drei Schritte zugrunde. Im **ersten Schritt** erfolgt das Durchsuchen des Webs mithilfe von softwaregestützten Suchrobotern. Dieser Vorgang wird auch als „Crawlen" bezeichnet und benutzt zur Informationsgewinnung sogenannte Webcrawler, Spider beziehungsweise Searchbots. Der Crawlvorgang beginnt bei einer Gruppe von als qualitativ hochwertig klassifizierten Websites und führt entlang deren Linkstruktur, um neue Websites und Dokumente zu identifizieren. Dabei werden (Website-) Inhalte erhoben, aufbereitet und gespeichert. Bereits gespeicherte Inhalte und Informationen werden dabei auf ihre Aktualität geprüft und gegebenenfalls aktualisiert oder entfernt.

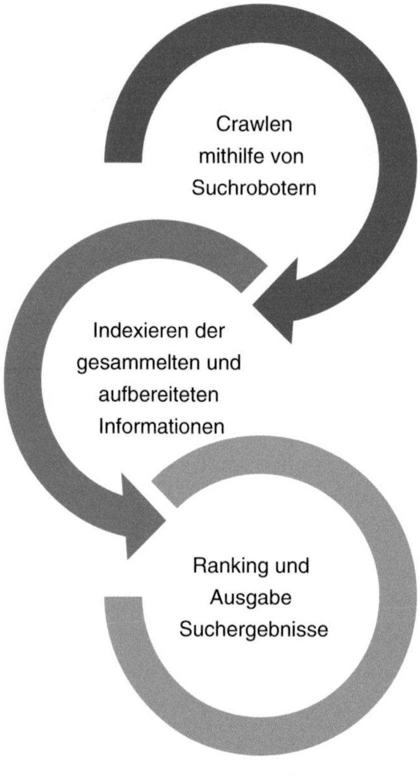

Abb. 4.33 Funktionsweise von Volltextsuchmaschinen

Der **zweite Schritt** ist das Indexieren der gesammelten und aufbereiteten Daten. Hierbei werden neben relevanten Begriffen einer Website auch ihre Linkstruktur, weitere Informationen und Bilder und deren Beschreibung erfasst und innerhalb des Suchmaschinenindexes, auch als Webindex bezeichnet, systematisch hinterlegt. Diese Systematisierung der Daten ist Voraussetzung für den **dritten Schritt**, der die Verarbeitung der Suchanfrage, das Ranking und die Ausgabe der Suchergebnisse umfasst. Eine Suchanfrage im Netz löst eine Anfrage an den Suchmaschinenindex aus, die an den Dokumenten-Server weitergeleitet wird. Dabei werden der Suchanfrage entsprechende Websites und Dokumente abgerufen und im Hinblick auf ihre Relevanz aufgelistet. Die aufgelisteten Suchergebnisse liefern einen Titel, eine kurze Erläuterung und die genaue Webadresse. Für die Sortierung der Ergebnisse setzen allgemeine Suchmaschinen auf technische Rankingverfahren, die auf komplexen mathematischen Bewertungsalgorithmen beruhen. Die Bewertung erfolgt nach inhaltlichen Kriterien und der Linkpopularität. Genaue Informationen bezüglich der Rankingkriterien sind nicht bekannt, jedoch weist die Suchmaschine von Google beispielsweise über 200 Kriterien auf. (vgl. Peherstorfer 2013, S. 1 ff.)

Geschichtliche Entwicklung der Suchmaschinen

Die heute bekannten Suchdienste der Suchmaschinen erfuhren eine weitreichende Entwicklung. Ihre Ursprünge liegen im Jahre 1990, als der Verzeichnissuchdienst **Archie** entstand, der vorwiegend an Universitäten Verwendung fand. Die erste crawlerbasierte Suchmaschine erschien 1993 zeitgleich mit der kostenfreien Nutzung des World Wide Webs unter dem Namen **„The Wanderer“**. Aufgrund der freien Nutzung des Internets und den immer weiter verbesserten Crawlern wurden ab 1995 die ersten kommerziellen Suchmaschinen entwickelt. Bereits 1994 wurde das Internetverzeichnis **Yahoo** als Linkliste etabliert. Ein Jahr später erschien der Vorreiter der heute bekannten Suchmaschine von Google als Beta-Version unter dem Namen **BackRub** am Markt und fand großen Anklang. Auch **Altavista** wurde Ende 1995 als indexbasierte Volltextsuchmaschine etabliert und wurde zu einer der beliebtesten Suchmaschinen. Der nächstgrößere Anbieter Microsoft brachte im Jahre 1998 den Suchdienst **MSN Search** als Vorgänger von **Live Search** und ab 2009 **Bing** auf den Markt. Durch den Erfolg des Microsoft Internet Explorers und die Integration seines Suchdienstes erfuhr MSN Search in den USA größte Popularität. Im selben Jahr veröffentlichte **Google** seine Suchmaschine, die aufgrund weiterer Entwicklungen und Anpassungen steigende Beliebtheit erfuhr und ihren Marktanteil weiter ausbaute. Um Googles Marktmacht entgegen zu wirken, kooperieren Microsoft und Yahoo seit 2010, indem über Yahoo gestartete Suchanfragen über die Suchmaschine **Bing** gesteuert werden. (vgl. GMX Newsroom 2013)

Begriff und Teilbereiche des Suchmaschinenmarketings

Das Suchmaschinenmarketing ist eine Teildisziplin des Online-Marketings. Dabei stehen Suchmaschinen im Mittelpunkt, die als primärer Einstiegspunkt einer Suchanfrage im Internet genutzt werden. Zum einen können Suchmaschinen zu Marketingzwecken

Abb. 4.34 Teilbereiche des Suchmaschinenmarketings

verwendet werden, indem Möglichkeiten für Werbeeinblendungen gekauft werden (**Suchmaschinenwerbung**), zum anderen wird die eigene Website unter Berücksichtigung bestimmter Kriterien so ausgestaltet, dass sie sich möglichst auf der ersten Seite der Suchergebnisliste befindet (**Suchmaschinenoptimierung**). Diese Optionen des Suchmaschinenmarketings werden in Abb. 4.34 dargestellt.

4.6.2 Suchmaschinenwerbung

Der englische Begriff Search Engine Advertising (SEA) steht für bezahlte Werbeeinblendungen auf den Suchergebnisseiten einer Suchmaschine. Im deutschsprachigen Raum finden auch die Bezeichnungen Suchmaschinenwerbung, Keyword Advertising und Paid Links Anwendung. Die Werbeeinblendungen sind bezahlte Sucheinblendungen und werden in Abhängigkeit vom durch den Nutzer eingegebenen Suchbegriff angezeigt. Die hauptsächliche Zielsetzung des SEA besteht in der Generierung von zusätzlichem Traffic auf der Unternehmenswebsite, der den Bekanntheitsgrad steigern und Umsätze generieren soll.

Vorteile der Suchmaschinenwerbung im Vergleich zu klassischer Werbung

Die Vorteile von Suchmaschinenwerbung gegenüber der Werbung in Printmedien oder auf Internetseiten sind das präzise Erreichen der erwünschten Zielgruppe und die große Reichweite der Werbeschaltung. Durch die Angabe von Keywords und einer bestimmten Region kann die Ausstrahlung der Werbeanzeige genau definiert werden. Mittels des CPC-Verfahrens (Cash-per-Click oder Cost-per-Click) werden nur die Werbeanzeigen in Rechnung gestellt, die von einem Nutzer tatsächlich angeklickt wurden. Ein weiterer Vorteil gegenüber herkömmlichen Werbemaßnamen ist die Messbarkeit von SEA. Es kann genau erhoben werden, wie häufig eine einzelne Werbeanzeige angezeigt und

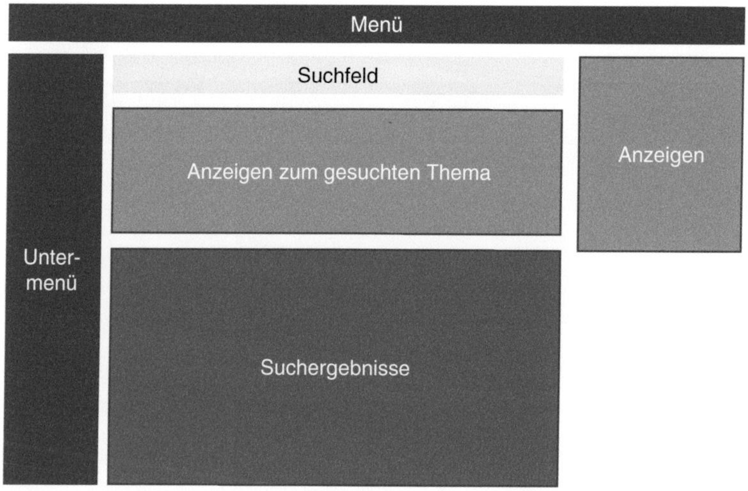

Abb. 4.35 Grundaufbau von Suchergebnissen der Yahoo-Suchmaschine

angeklickt wurde. Aufgrund einer so hohen Transparenz können die Werbekampagnen angepasst und optimiert werden. (vgl. Bischopinck und Ceyp 2007, S. 115 ff.)

Arten der Suchmaschinenwerbung

Bezogen auf den Ort der Werbeeinblendung lässt sich Suchmaschinenwerbung in sogenannte Natural Listings und Werbeanzeigen auf Partner-Websites untergliedern.

- Die als **Natural Listings** bezeichneten Anzeigen werden auf der jeweiligen Suchergebnisseite oberhalb oder am Rand der eigentlichen Suchergebnisse aufgeführt. Yahoo und Google, die beiden derzeit wichtigsten Anbieter im Bereich SEA, weisen auf Werbeeinblendungen mit der Kennzeichnung „Anzeige“ hin. Abbildung 4.35 und 4.36 zeigen den Grundaufbau der Suchergebnisansichten beider Suchmaschinen. Anzumerken ist, dass Yahoo in der Regel weniger Werbeanzeigen aufweist als Google. Yahoo Search Marketing als Anbieter von SEA ermöglicht, Werbeanzeigen auf Yahoo und Bing sowie eigenen Netzwerksites zu platzieren. Durch die Nutzung von Google AdWords, dem entsprechenden Pendant von Google, stehen den Werbetreibenden alle Anzeigebereiche von Google und weiteren Suchmaschinen, die dem Google-Suchnetzwerk angehören, zur Verfügung.
- Beide Anbieter eröffnen zusätzlich die Möglichkeit, **Werbeanzeigen auf Partner-Websites** durch Affiliate-Netzwerke und Display Advertisements zu schalten. Dies zählt zur zweiten Art des Keyword Advertisings, das im Vergleich zu Natural Listings Suchmaschinenwerbung im weiteren Sinne darstellt.

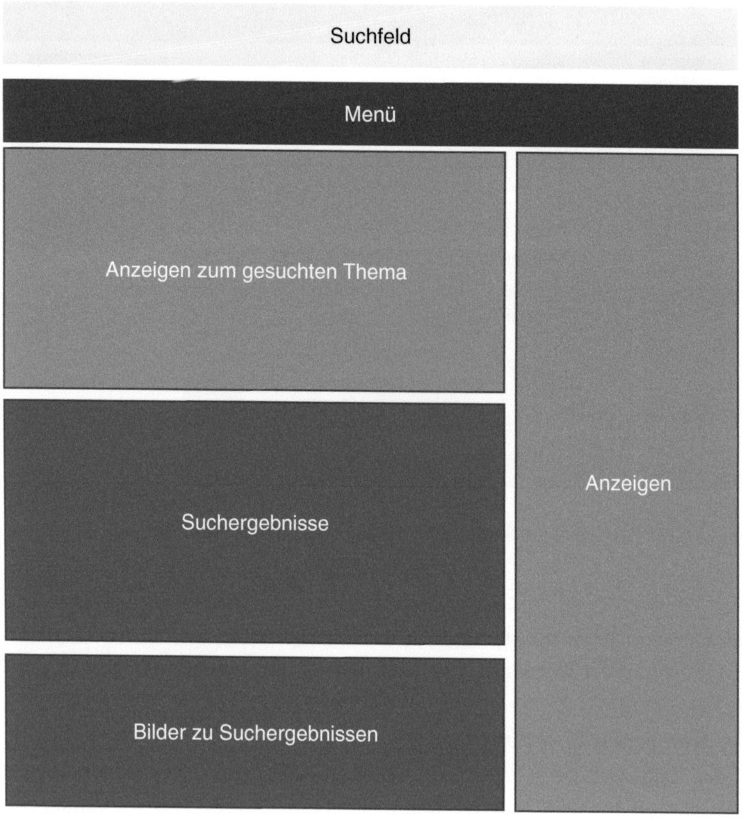

Abb. 4.36 Grundaufbau von Suchergebnissen der Google-Suchmaschine

Schritte zur Erstellung einer Anzeige

Die Werbetätigkeit mithilfe der Suchmaschinen basiert auf festgelegten Suchbegriffen (Keywords), die die Nutzer bei ihren Suchanfragen zum Zwecke der Recherche verwenden. Der Werbetreibende legt zunächst einen oder mehrere für seine Werbeanzeige zutreffende Suchbegriffe fest sowie einen Preis, den er für ein einmaliges Anklicken dieser Werbeanzeige zu zahlen bereit ist. Nur dieses Anklicken durch einen Nutzer wird dem Werbetreibenden in Rechnung gestellt (Cost-per-Click-Prinzip). Durch das Anklicken der Werbeeinblendung wird der Benutzer auf die jeweils verlinkte Zieladresse weitergeleitet. Die Erstellung einer Anzeige geschieht in drei Schritten. Im **ersten Schritt** erfolgt die Planung und Erstellung der Werbeanzeige selbst. Bei Natural Listings handelt es sich um Textanzeigen, die zur Erreichung einer angemessenen Klickrate sowohl inhaltlich korrekt als auch ansprechend gestaltet sein sollten. Weitere Aspekte der Planung und Erstellung sind die Budgetierung der Kampagne und eine attraktive und inhaltlich vernetzte Zielseite. Die Auswahl von Suchbegriffen, die das werbende

Unternehmen und/oder dessen Leistungen und Produkte beschreiben, erfolgt im **zweiten Schritt**. Zielführend sind Begriffe, die in direktem Zusammenhang mit dem beworbenem Produkt stehen. Neben den Suchbegriffen können weitere Faktoren definiert werden, wie zum Beispiel eine regionale Eingrenzung als Reichweite- beziehungsweise Einblende-Kriterium. Im **dritten Schritt** ist dann die Preisfestlegung für jedes einzelne Keyword vorzunehmen. Der Preis stellt neben Qualitätsfaktoren der Anzeige die Grundlage für die Einblendung und die Reihenfolge der Auflistung dar. Jede Werbeplattform besitzt jedoch einen eigenen Algorithmus zur Positionierung der Werbeanzeige. Im Falle von Google wird der ausschlaggebende Faktor „Qualitätsfaktor" genannt. Der Qualitätsfaktor besteht aus mehreren Bestandteilen und wird bei jeder Suchanfrage neu berechnet. Die Positionierung erfolgt über einen Auktionsprozess.

Google AdWords

Das Werbe-Tool Google AdWords wurde im Jahre 2000 veröffentlicht und bietet zusätzlich zur Werbung innerhalb der Google-Suchergebnisse, womit Google den größten Teil seines Umsatzes erwirtschaftet, die Möglichkeit, Werbeflächen in Such-Werbenetzwerken sowie in Display-Netzwerken zu schalten. AdWords basiert auf dem Keyword Advertising, welches Schlüsselwörter als beschreibende Elemente nutzt. Wie bereits bei der Google-Suchmaschine selbst sind mehrere Faktoren für die Positionierung der Werbeanzeigen ausschlaggebend. Die Nutzung von Google AdWords generiert Werbeanzeigen, welche auch als sponsored links bezeichnet werden. Diese als Anzeigen gekennzeichneten Treffer erscheinen in der Ausgabe der Suchergebnisliste im rechten Bereich und bei besonders hoher Relevanz im oberen Bereich, das heißt oberhalb der organischen Treffer. (vgl. Beck 2011, S. 33 ff.)

Qualitätsfaktor bei Google AdWords

Der Qualitätsfaktor einer Werbeanzeige bei Google AdWords ist ein elementarer Bestandteil des Anzeigenrangs und wird von mehreren (Unter-) Faktoren bestimmt. Wie genau der Qualitätsfaktor berechnet wird, gibt Google nicht bekannt. Das Unternehmen benennt auch nur eine geringe Anzahl an Faktoren, über die der Qualitätsfaktor definiert wird. Zu den bekannten Faktoren gehören Klickrate, Qualität der Landingpage, Alter der Werbekampagne sowie die Relevanz. Die **Klickrate** zeigt, wie häufig eine Anzeige angeklickt wird. Daraus schließt Google auf einen guten oder schlechten Zusammenhang von Keyword und Anzeigentext. Für die **Qualität der Landingpage** sind weitere Faktoren ausschlaggebend: zum einen die Relevanz zwischen Werbeanzeige und Inhalt der Landingpage und zum anderen die Ladegeschwindigkeit der Zielseite. Durch die Einhaltung dieser Parameter versucht Google, dem Internetnutzer eine funktionelle Plattform bereitzustellen, sodass keine Kunden aufgrund fehlerhafter Werbeanzeigen verloren werden. Ein weiterer Aspekt des Qualitätsfaktors ist das **Alter der Werbekampagne**. Je älter eine aktive Werbekampagne ist, desto ausgereifter und erfolgreicher ist diese. Neue Werbekampagnen sind theoretisch sehr gut geplant, weisen jedoch in der Praxis noch Mängel auf. So sind Veränderungen notwendig, um eine gute

Conversion zu erlangen. Der Begriff „Conversion“ beschreibt im Bereich des Suchmaschinenmarketings die Umwandlung von einem Suchenden zu einem Kunden. Neben externen Elementen einer Werbeanzeige haben Faktoren wie Keyword und Anzeigentext ebenfalls Einfluss auf den Qualitätsfaktor. Der angestrebte **Anzeigentext** und das zu bewerbende **Keyword** sind vollständig aufeinander abzustimmen. Erst die Kombination aus Keyword, Anzeigentext und Landingpage führen zu einem hoch dotierten Qualitätsfaktor. (vgl. Zebisch 2010, S. 127)

Anzeigenrang bei Google AdWords

Ein guter Anzeigenrang ist innerhalb einer Marketingkampagne ein sehr wichtiger Aspekt. Je höher der Rang bewertet wird, desto besser wird eine Anzeige platziert. Neben dem bereits erwähnten Qualitätsfaktor fließt auch die Zahlungsbereitschaft pro Klick (Cost-per-Click (CPC)) in den Anzeigenrang mit ein. Der Anzeigenrang lässt sich mithilfe der folgenden Formel berechnen:

$$\textbf{Anzeigenrang} = \textbf{Qualitatsfaktor} * \textbf{maximaler CPC}$$

Der maximale CPC wird von den Unternehmen selbst gewählt und gibt an, wie hoch der Preis eines einzelnen Klicks sein darf. Je höher der Qualitätsfaktor angesetzt wird, desto weniger muss pro Klick bezahlt werden, um den gleichen Rang zu erreichen. Die Kosten des tatsächlichen CPC lassen sich ebenfalls mit einer Formel berechnen:

$$\textbf{Tatsachlicher CPC}_{\mathbf{A}} = (\textbf{Anzeigenrang}_{\mathbf{B}} / \textbf{Qualitatsfaktor}_{\mathbf{A}}) + \mathbf{0,01Euro}$$

Der tatsächliche CPC der Anzeige A wird berechnet, indem der Anzeigenrang des direkten Nachfolgers B durch den Qualitätsfaktor der Anzeige A dividiert und im Anschluss der Wert 0,01 Euro addiert wird. Erhält eine Marketingkampagne eines Unternehmens einen geringen Qualitätsfaktor, so besteht die Möglichkeit, diesen durch die Zahlung höherer Klickpreise auszugleichen und so trotzdem einen guten Rang zu bekommen. (vgl. Zebisch 2010, S. 135)

4.6.3 Suchmaschinenoptimierung

Die Suchmaschinenoptimierung ist ein Instrument des Suchmaschinenmarketings und zielt hauptsächlich auf eine gute Platzierung in den Suchergebnissen bei möglichst vielen, auf die eigene Website bezogenen Schlüsselwörtern ab. Die Platzierung in den Suchergebnissen ist essenziell für den Erfolg einer Website. Jede Suchmaschine im Internet nutzt ihre eigenen Algorithmen und Vorgaben, um die Platzierung der Suchergebnisse zu ermitteln. Die Suchmaschinenoptimierung hat sich im Laufe der Zeit immer mehr als festes Element im modernen Marketing-Mix etabliert. In der heutigen

Zeit und durch die Vielzahl an Internetangeboten ist das Interesse an einer guten Positionierung in Suchmaschinen stark gestiegen. Der Suchmaschinenoptimierung (SEO) kommt bedingt durch die große Anzahl an Internetseiten und dem daraus resultierenden Konkurrenzkampf eine zentrale Bedeutung zu. Die Optimierung der eigenen Website baut auf dem Verständnis der Komplexität von SEO in Bezug auf die Funktionsweise der Suchmaschinen und der einzelnen Faktoren innerhalb der Suche auf. Die Faktoren des PageRanks lassen sich in zwei Kategorien unterteilen:

- Die erste Kategorie beinhaltet Faktoren, die für die Nutzer sichtbar und spürbar sind. Hierbei handelt es sich um die sogenannten OnPage-Kriterien, zu denen der Titel der Seite sowie die eigentlichen Keywords zählen. Weitere Kriterien stellen die Ladegeschwindigkeit und die Erreichbarkeit der Unterseiten dar. OnPage-Kriterien sind dadurch gekennzeichnet, dass sie durch die Seitenbetreiber selbst beeinflussbar sind.
- Die zweite Kategorie des Rankings sind die OffPage-Kriterien. Kennzeichnend hierbei ist, dass diese Art der Optimierung nicht direkt von dem Seitenbetreiber beeinflusst werden kann und auch von den Besuchern nicht wahrgenommen wird. Der wohl wichtigste Punkt der OffPage-Kriterien sind die Backlinks. (vgl. Erlhofer 2012, S. 23 f.)

Content (Inhalt) der Internetseite als bedeutendster Aspekt der OnPage-Optimierung

Der bedeutendste Aspekt der OnPage-Kriterien ist der Content (Inhalt) der Internetseite. Bestandteile des Inhalts sind **Texte, Bilder, Videos** und sonstige in die Website eingebundene Elemente. Content bezeichnet somit alle sichtbaren Komponenten, die dem Besucher zu Informationszwecken dienen. Im Vordergrund stehen hierbei Informationen über Produkte und Leistungen sowie zum Unternehmen selbst, wie zum Beispiel Leitbild und Geschichte. (vgl. Röring 2011, S. 64 ff.)

Die Einzigartigkeit des Inhalts, auch **Unique Content** genannt, ist für Suchmaschinen wichtig. Sollte Content von anderen Seiten übernommen worden sein, erfolgt durch die Suchmaschine eine schlechtere Bewertung, da davon ausgegangen wird, dass sich für die Suchenden kein Mehrwert ergibt. Weiter sind die bereitgestellten Informationen selbst ein wichtiger Aspekt der OnPage-Optimierung. So sollten die dargestellten Texte prägnante Keywords und Keyword-Kombinationen beinhalten. Allerdings führt eine zu hohe Keyword-Dichte (Keyword Density) innerhalb der Texte zum sogenannten Keyword-Spam und wird negativ gewertet. (vgl. Rupp 2010)

OnPage-Keywords als Grundlage

Keywords (Schlüsselwörter) bilden die Grundlage der Suchmaschinenoptimierung. Unter Keywords versteht man die Suchbegriffe, mit denen eine Website im Internet gefunden werden soll. Das verdeutlicht die Wichtigkeit der Beschreibung und Verwendung von Schlüsselwörtern innerhalb der Internetseite. Mit dem gezielten Einsatz von **optimierten Keywords** – aber auch von Kombinationen mehrerer Keywords – soll erreicht werden, dass Suchende auf die jeweilige Unternehmensseite gelangen. In diesem Zusammenhang ist die Keyword-Recherche seitens des Unternehmens ein wichtiger Schritt. Um den Seitenbetreibern deren Ermittlung zu erleichtern, besitzen eine Vielzahl von Anbietern spezielle Datenbanken. Hierzu zählt auch das Google Trends-Tool, welches das Google Keyword-Tool abgelöst hat. Mithilfe von **Keyword-Datenbanken** kann die Verbreitung sowie das nutzerseitige Suchinteresse regional und im Zeitverlauf nachvollzogen werden. (vgl. Röring 2011, S. 29 ff.)

Gute Usability ist häufig förderlich für eine gute Platzierung in einer Suchmaschine

Eine gute Usability (Abschn. 4.1.3) ist häufig förderlich für eine gute Platzierung in einer Suchmaschine. Teilweise kann es jedoch auch konkurrierende Ziele bei der Optimierung der beiden Bereiche geben. Der Begriff Usability ist gleichbedeutend mit Benutzerfreundlichkeit. Die Bewertung der Usability erfolgt anhand von drei Leitkriterien: Effektivität, Effizienz und Zufriedenheit. Die Entwicklung einer Unternehmensseite sollte neben der optischen Gestaltung auch die in der Euronorm ISO 9241–11 verfassten Kriterien berücksichtigen. Gemäß dieser Norm bedeutet **Effektivität**, dass der Nutzer die gewünschten Informationen vollständig und korrekt erhält. **Effizienz** wird definiert als „der im Verhältnis zur Genauigkeit und Vollständigkeit eingesetzte Aufwand, mit dem Benutzer ein bestimmtes Ziel erreichen". Dies bedeutet, dass die Internetseite durch die vorhandene Funktionalität gewährleisten sollte, dem Nutzer die gewünschten Informationen unkompliziert und zuverlässig zur Verfügung zu stellen. Effizienz wird hier an der Zeit gemessen, die ein Nutzer benötigt, um das erwünschte Ziel zu erreichen. Das dritte Leitkriterium **„Zufriedenheit"** sollte ebenfalls das Ziel der Usability sein. Ein Nutzer mit einer positiven Einstellung gegenüber der Unternehmensseite wird das Angebot gerne wieder nutzen und darüber hinaus den Service weiterempfehlen. Eine weitere ISO-Norm zeigt auf, wie die Benutzerfreundlichkeit einer Unternehmensseite gezielt getestet werden kann. In der ISO 9241–110, früher ISO 9241–10, werden Normen benannt, die für eine verbesserte Dialoggestaltung der Benutzerschnittstellen und interaktiven Systeme entwickelt wurden. (vgl. Rudlof 2006, S. 52 ff.)

Grundsätze der Dialoggestaltung zur Verbesserung der Usability

Die genannte ISO-Norm 9241–110 enthält sieben Punkte, die gezielt getestet werden können, um die Usability der Website zu verbessern:

- **Aufgabenangemessenheit** bezeichnet die zweckmäßige Funktionalität der Internetseite, ohne unnötige Interaktionen seitens des Nutzers zu fordern.
- **Selbstbeschreibungsfähigkeit** beschreibt die Verständlichkeit der Site. Mithilfe dieses Punktes soll geprüft werden, ob die vorhandene Site dem Nutzer eine eindeutige Navigation gewährleistet.
- **Lernförderlichkeit** definiert die Fassbarkeit des vorhandenen Systems für den Umgang durch die erlernende Person.

- **Steuerbarkeit** bezieht sich im Fall einer Internetsite auf die Einfachheit der Navigation und Funktionalität. Die Steuerung der Site sollte einfach und klar zu erkennen sein.
- **Erwartungskonformität** bezeichnet die Vorhersehbarkeit der nächsten Aktion durch den Nutzer. Der Nutzer sollte erkennen können, welches Thema durch den Klick auf ein bestimmtes Element der Internetsite erscheinen wird.
- **Individualisierbarkeit** ist nicht für jede Unternehmenssite von großer Bedeutung. Mit dem Begriff „Individualisierung" wird die manuelle Anpassungsfähigkeit der Internetsite durch den Nutzer beschrieben. Dem Besucher werden in dem Fall Möglichkeiten wie Veränderungen der Schriftgröße oder Schriftfarbe angeboten.
- **Fehlertoleranz** bezeichnet die Fähigkeit der Internetsite, eventuell auftretende Fehler zu umgehen. Es gibt mehrere Möglichkeiten, um auf auftretende Fehler zu reagieren. Zum einen kann eine spezielle Seite eingerichtet werden, die im Falle eines Fehlers automatisch aufgerufen wird. Zum anderen kann mit der Bitte eines erneuten Versuchs auf die Ursprungsseite zurückgeführt werden. Bei jeder Website sollten Maßnahmen zur Fehlerbehebung getroffen werden, da sonst im Falle eines Fehlers der standardisierte HTTP-Fehlercode 404 ausgewiesen wird. (vgl. Rudlof 2006, S. 52 ff.)

Überblick zur OffPage-Optimierung

Die Bewertung einer Site durch Suchmaschinen wird zudem von Faktoren bestimmt, auf die der Betreiber selbst keinen oder nur indirekten Einfluss nehmen kann. Eine besondere Rolle spielen hierbei sogenannte Backlinks. Eine zusätzliche Möglichkeit ist die Wahl des Domain-Namens, der dauerhaft die Internetadresse des Websitebetreibers darstellt. Auch Einträge in Verzeichnisse und die Häufigkeit der Klicks auf eine Website können das Ranking beeinflussen.

Backlinks spielen eine besondere Rolle

Backlinks sind Verlinkungen auf anderen Internetseiten, die auf die eigene Seite verweisen. Je mehr Links auf die eigene Seite verweisen, desto wichtiger erscheint die eigene Seite. Allerdings ist nicht nur die **Anzahl** der erzeugten Verlinkungen wichtig, sondern auch deren **Qualität**. Hierbei spielt unter anderem der PageRank der Absenderseite eine Rolle. Je höher die Suchmaschine diese Seite bewertet hat, desto hochwertiger ist der erzeugte Backlink. (vgl. Rupp 2010, S. 65)

Weitere Kriterien für die Linkbewertung sind die Linkposition, das Alter des Links sowie die Themenrelevanz. Die Suchmaschinen bewerten einen Link, der **innerhalb eines Textes** erscheint, höher als einen Link, der im Fußbereich der Internetseite implementiert ist. Zudem spielt das **Alter des Backlinks** eine Rolle. Durch das regelmäßige Durchsuchen der Crawler können die Suchmaschinen feststellen, wie lange ein Backlink bereits zur Verfügung steht. Je länger ein Link existiert, desto besser wird dieser bewertet. Zusätzlich zum eigentlichen Link wird die **Themenrelevanz** zwischen den Seiten kontrolliert und bewertet. Mithilfe der Keywords ist die Suchmaschine in der

Lage, die Inhalte der verlinkenden und der verlinkten Seite zu überprüfen und einen Zusammenhang zwischen ihnen herzustellen. Überschneiden sich die Inhalte und Themengebiete, wird dies besser bewertet als bei verschiedenen Themen. (vgl. Erlhofer 2012, S. 457)

OffPage-Optimierung durch die Wahl der Domain

Die Benutzung von Schlüsselwörtern innerhalb der URL einer Website führt zu einer höheren Bewertung seitens der Suchmaschinen. Idealerweise wird das Keyword im Domainnamen aufgegriffen, zum Beispiel das Suchwort „amazon" in der URL www.amazon.de. Weiterhin sollte der Domainname möglichst kurz sein, da er zum einen vom Nutzer besser behalten werden kann, zum anderen lange Namen häufig zur Verschlechterung des Images führen. Auch die Wahl der Top-Level-Domain (TLD) beeinflusst das Image einer Website. Als seriös gelten hier zum Beispiel .de, .at, .ch, .com, .net, .org, .info oder .biz, wohingegen Top-Level-Domains wie .vu oder .cc ein schlechtes Image anhaftet. Problematisch ist, mehrere Domainnamen für den selben Inhalt zu verwenden, da Suchmaschinen Doppelungen aus der Ergebnisliste streichen, ohne dass der Websitebetreiber Einfluss darauf hat und die Domains sich im Ranking gegenseitig Konkurrenz machen. Auch das Alter einer Domain wird zur Beurteilung ihrer Relevanz herangezogen. Daher sollten gut eingeführte Domainnamen nicht ohne triftigen Grund abgemeldet werden. (vgl. Bischopinck und Ceyp 2009, S. 216 f.)

OffPage-Optimierung durch den Eintrag in Verzeichnisse

Für den Eintrag einer Website in ein Verzeichnis spricht, dass diese für viele Internetnutzer der Ausgangspunkt ihrer Recherche sind. Zudem erzeugen Verzeichniseinträge qualitativ hochwertige **Backlinks** für einen Internetauftritt. Google selbst empfiehlt die Anmeldung einer Website im Open Directory Project und bei Yahoo. Bei jeder Anmeldung in einem Verzeichnis muss darauf geachtet werden, dass relevante Schlüsselwörter im Beschreibungstext verwendet werden. Allerdings sind Einträge in verschiedene Verzeichnisse oftmals mit laufenden **Kosten** verbunden, sodass diese mit einem eventuell verbesserten Ranking abgewogen werden sollten. (vgl. Bischopinck und Ceyp 2009, S. 223)

OffPage-Optimierung durch Erhöhung der Klickrate

Einige Suchmaschinen erfassen, wie oft der Link auf eine Website in ihren Ergebnislisten von ihren Nutzern angeklickt wird, und ziehen diesen Wert zur **Relevanzbewertung** eines Internetauftritts oder eines Dokuments heran. Nach einer Suchanfrage wird dem Nutzer die Ergebnisliste als eine Sammlung von verlinkten Titeln und kurzen Beschreibungstexten präsentiert. Um eine hohe Klickrate zu erreichen, sollte der Betreiber einer Website bei der Konzeption dieser Elemente eine ansprechende und informative **Wortwahl** verwenden, um den Nutzer zum Klick auf seine Seite zu motivieren. (vgl. Bischopinck und Ceyp 2009, S. 224)

Rankingfaktoren von Google für das Jahr 2014

Es ist auch weiterhin davon auszugehen, dass Google seine Marktposition innerhalb der nächsten fünf Jahre beibehalten wird. Dieser Umstand bietet den Unternehmen die Möglichkeit, ihre Suchmaschinenmarketing-Maßnahmen langfristig zu planen und zu gestalten. Lediglich im Hinblick auf die Suchmaschinenoptimierung und der durch Google stets angepassten Rankingfaktoren ist eine allzu langfristige Planung nur bedingt durchsetzbar. Die wichtigsten Rankingfaktoren für das Jahr 2014 betrafen, wie bereits in den Vorjahren, die **OnPage-Optimierung** mit besonderem Augenmerk auf der Optimierung des Titels in Kombination mit dort eingebundenen Keywords. Weitere Faktoren sind die Optimierung des HTML-Quellcodes, der Ladegeschwindigkeit und des Contents, der nicht nur qualitativ hochwertig sein soll, sondern auch passend und zielführend. Im **OffPage-Bereich** sind die ausschlaggebenden Kriterien ein sauberes Linkprofil einer Website und die Qualität von Backlinks. Als weitere direkte SEO-Rankingfaktoren könnten neue Bereiche wie die lokale Optimierung oder die Optimierung von Rich Snippets (kleine Inhaltsauszüge eine Website in den Suchergebnissen) eine Rolle spielen. (vgl. Horn 2014)

4.6.4 Controlling

Alle Aktivitäten des Suchmaschinenmarketings benötigen für ihren effektiven und effizienten Einsatz eine ständige Kontrolle. Diese Kontrolle soll den Erfolg einer durchgeführten Marketingkampagne messen. Hierbei sind sowohl qualitative als auch quantitative Messkriterien festzulegen. Ein allgemeingültiges Kennzahlensystem existiert nicht. Jedes Unternehmen sollte eigene Kriterien festlegen und anhand von Soll-Ist-Vergleichen den Erfolg evaluieren. Wichtig ist ein zeitlich konstant durchgeführtes Monitoring und die Auswertung sowie Interpretation der gewonnenen Erkenntnisse im Hinblick auf die zuvor festgelegten Ziele. Im Allgemeinen stellen Kennzahlen unternehmensabhängige beziehungsweise individuelle Kriterien dar, da sie im hohen Maße durch unternehmerische Gegebenheiten determiniert sind. Ihre Erhebung und Evaluierung bietet viel Interpretationsspielraum. Daher sind ein langfristiger Beobachtungszeitraum, ein geeignetes Monitoring-Tool sowie eine realitätsnahe Zielgrößendefinition wichtig für das Controlling.

Allgemeine Kennzahlen

Folgende, auch aus Abb. 4.37 ersichtliche Kennzahlen sind im Allgemeinen für eine zielgerichtete Steuerung einer Suchmaschinenmarketing-Kampagne sinnvoll:

– **Klickrate oder Click-Through-Rate (CTR)**: Relevant ist hierbei das Verhältnis von Einblendungen der Website in Suchergebnissen zu Klicks. Als Kennzahl gibt die Klickrate Aufschluss über die Relevanz eines Suchbegriffes. Je treffender Suchbegriffe einen Anzeigentext beschreiben, desto höher ist in der Regel die Klickrate. Im Allgemeinen ist ein Wert von über zehn Prozent anzustreben, bei hundert

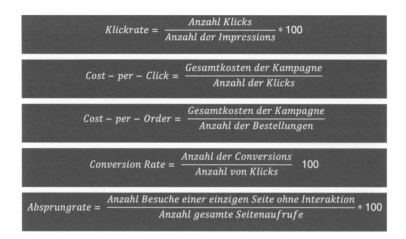

$$Klickrate = \frac{Anzahl\ Klicks}{Anzahl\ der\ Impressions} * 100$$

$$Cost - per - Click = \frac{Gesamtkosten\ der\ Kampagne}{Anzahl\ der\ Klicks}$$

$$Cost - per - Order = \frac{Gesamtkosten\ der\ Kampagne}{Anzahl\ der\ Bestellungen}$$

$$Conversion\ Rate = \frac{Anzahl\ der\ Conversions}{Anzahl\ von\ Klicks}\ 100$$

$$Absprungrate = \frac{Anzahl\ Besuche\ einer\ einzigen\ Seite\ ohne\ Interaktion}{Anzahl\ gesamte\ Seitenaufrufe} * 100$$

Abb. 4.37 Kennzahlen im Suchmaschinenmarketing

Einblendungen sollte die Unternehmenswebsite also mindestens zehnmal angeklickt werden. Bei geringeren Werten sind Optimierungen bezüglich der verwendeten Suchbegriffe, der Anzeigentexte sowie der Höhe von Geboten und Schaltzeiten vorzunehmen. Die Berechnung basiert auf der Anzahl der Klicks, die dividiert werden durch die Anzahl an Einblendungen (Impressions).

- **Cost-per-Click (CPC)**: Bezogen auf das Suchmaschinenmarketing gibt diese Kennzahl Aufschluss über die durchschnittlichen Kosten, die für einen Klick aufgebracht werden müssen. In der Regel gilt, dass konkurrenzintensive Suchbegriffe und Suchbegriffkombinationen einen höheren Preis aufweisen. Diese Kennzahl kann wie auch die nachfolgend beschriebene Kennzahl zur Wirtschaftlichkeitsanalyse einer Kampagne herangezogen werden. Die Berechnung erfolgt über das Verhältnis der Gesamtkosten einer Kampagne zur Anzahl an Klicks.
- **Cost-per-Order: (CPO)**: Diese Kennzahl spiegelt die Höhe der durchschnittlichen Kosten einer Bestellung aus Unternehmenssicht wider. Für die Berechnung sind die Gesamtkosten des Suchmaschinenmarketings in Verhältnis zu den getätigten Bestellungen zu setzen. Demnach wird der CPO von den Ausgaben für die Werbetätigkeit und von der Anzahl der in Verbindung mit der Anzeige generierten Bestellungen bestimmt.
- **Conversion Rate**: Eine Conversion ist eine durch das Unternehmen definierte und gewünschte Aktion des Websitebesuchers. Die Conversion Rate ist die Anzahl der Besucher, die diese Aktion ausführten, bezogen auf alle Besuche auf der Website des Werbenden. Die Berechnung erfolgt entsprechend durch die Division der Conversions durch Klicks. Die Kennzahl gibt Aufschluss über die Relevanz verwendeter Suchbegriffe und das Angebot des Websitebetreibers.
- **Absprungrate**: Die Anzahl der Besucher, die eine definierte Aktion nicht bis zum Ende durchführen und die Website frühzeitig verlassen, wird mit der Absprungrate

angegeben. Die Erfassung dieser Kennzahl erfolgt in der Regel mithilfe von Webanalysesoftware-Tools. Eine hohe Absprungrate von Besuchern, die über Suchmaschinen auf die jeweilige Website gelangen, kann darauf hinweisen, dass die Kampagne nicht zielführend ist und den Nutzern nicht die erwünschten Informationen bereitstellt. (vgl. Martin 2014)

Weitere Kennzahlen

Weitere wichtige Kennzahlen, die mithilfe von Monitoring-Tools einfach erfasst werden können, sind:

- Die **Anzahl der qualitativ hochwertigen Keywords**, die für die Marketingkampagne zum Einsatz kommen. Durch Tools wie Google Adwords, Conversion Viewer und etracker werden diejenigen Suchbegriffe ausgegeben, die die meisten Besucher auf die eigene Anzeige aufmerksam machen und zum Klick bewegen. Für diese Keywords ist es sinnvoll, auch mehr Budget einzuplanen.
- Die **Anzahl** der durch Suchmaschinen **indexierten Seiten**. Ist die Anzahl der einzelnen indexierten Seiten eines Webauftrittes hoch, ist von einer guten SEO auszugehen.
- **Verteilung und Anzahl der Keywords**, die die Nutzer zu einer **Conversion** (Kauf eines Produktes, Eintragung in einen Newsletter) bewegt haben.

Die Vielzahl an Kennzahlen und ergänzenden qualitativen Kriterien ermöglichen es, ein umfassendes unternehmensspezifisches Controlling zu betreiben. Aufgrund ihrer jeweiligen Zielsetzung, Budgetierung und Anwendung der jeweiligen Marketing-Maßnahmen sind Unternehmen jedoch zu heterogen, um an dieser Stelle ein genau definiertes Controlling mit entsprechenden Monitoring-Tools zu benennen.

4.6.5 Aktuelle Situation

Auch zu dem Thema Suchmaschinen werden abschließend aktuelle Statistiken dargestellt und interpretiert.

Suchmaschinenverteilung in Deutschland

Die in Deutschland mit Abstand am häufigsten genutzte Suchmaschine ist **Google**, über die der größte Anteil aller Suchanfragen der Internetnutzer läuft. Dies verdeutlichen Erhebungen, welcher zufolge Googles Suchmaschine mit einem Marktanteil von knapp 95 Prozent in Bezug auf das Suchmaschinenmarketing den Marktführer in Deutschland darstellt. Die Suchmaschinen **Bing und Yahoo** folgen mit einem gemeinsamen Marktanteil von nur knapp 4,5 Prozent, wobei Yahoo als Metasuchmaschine fungiert und dieselben Suchergebnisse aufweist wie Bing. Diese Verteilung gibt für Unternehmen, die Suchmaschinenmarketing betreiben, beziehungsweise beabsichtigen dies zu tun, Aufschluss über das voraussichtlich erfolgversprechendste Umfeld ihrer Werbetätigkeit. (vgl. Statista 2014b)

Werbepreisentwicklung

Die durchschnittlichen Kosten, die für einen Klick auf Google-Anzeigen aufgebracht werden müssen, sind seit dem Jahre 2011 stetig gefallen. Im ersten Quartal des Jahres 2015 war ein Rückgang von sieben Prozent gegenüber dem Vorjahresquartal zu verzeichnen. Somit können Unternehmen mehrere gleichwertige Keywords für ihre Anzeigenkampagne buchen. Jedoch ist davon auszugehen, dass aufgrund der monopolartigen Marktstellung von Google und der ansteigenden Werbetätigkeiten der Unternehmen, die durch diese Preissenkung herbeigeführt werden könnten, die Preise langfristig wieder steigen. (vgl. Brandt 2015)

Literatur

Affiliate Blog (2015) Neue Werbeausgaben-Prognose für 2015; 700 Mio. Euro im Affiliate-Marketing. http://www.affiliateblog.de/neue-werbeausgaben-prognose-fuer-2015-700-mio-euro-im-affiliate-marketing/. Zugegriffen am 12.08.2015.

Affiliate-Marketing-Blog (2015) Wie arbeiten Meta-Netzwerke und wo liegen die Unterschiede? http://blog.100partnerprogramme.de/2011/02/14/wie-arbeiten-meta-netzwerke-und-wo-liegen-die-unterschiede/. Zugegriffen am 26.07.2015.

Beck A (2011) Google AdWords. mitp, Heidelberg, München, Landsberg, Frechen, Hamburg.

Beilharz F (2015) Newsletter Software Vergleich. http://www.mailing-software.de/. Zugegriffen am 28.07.2015.

Belboon (2015) Mobile Affiliate Marketing. http://www.belboon.com/de/mobile-affiliate-marketing-advertiser.html. Zugegriffen am 26.07.2015.

Belik J (2010) WordPress 2.8; Vom einfachen Blog zur dynamischen Website. Addison Wesley, München.

Bischopinck Y, Ceyp M (2007) Suchmaschinen-Marketing; Konzepte, Umsetzung und Controlling. Springer, Berlin, Heidelberg.

Bischopinck Y, Ceyp M (2009) Suchmaschinen-Marketing; Konzepte, Umsetzung und Controlling für SEO und SEM. Springer, Berlin, Heidelberg.

BitKom (2011) Netzgesellschaft. http://www.bitkom.org/files/documents/BITKOM_Publikation_Netzgesellschaft.pdf. Zugegriffen am 15.10.2014.

BitKom (2014) Online-Auftritt wird für kleine Unternehmen wichtiger. http://www.bitkom.org/de/markt_statistik/64026_79573.aspx. Zugegriffen am 15.10.2014.

Brandt M (2015) Google-Werbung wird immer billiger. http://de.statista.com/infografik/1838/veraenderung-der-kosten-pro-klick-auf-google-anzeigen/. Zugegriffen am 28.07.2015.

Bundesverband Digitale Wirtschaft (2015) Werbeformen. http://www.werbeformen.de/ovk/ovk-de/werbeformen/display-ad.html. Zugegriffen am 28.07.2015.

Chu I (2013) An Social Media führt heute kein Weg mehr vorbei. Controlling & Management Review 1:8–13.

Contentmanager (2012) Open Source CMS im Vergleich. http://www.contentmanager.de/cms/open-source-cms/. Zugegriffen am 28.07.2015.

Core Consulting (2014) Arten von Webseiten. http://www.coreconsulting.de/it-beratung/2010/03/01/welche-arten-von-webseiten-gibt-es. Zugegriffen am 26.03.2014.

CPC-Consulting (2014) Conversion-Rate und ROI-Tracking im Online-Marketing. http://www.cpc-consulting.net/conversion-rate-roi. Zugegriffen am 30.10.2014.

Cybox (2013) CMS Grundlagen. http://www.cyres.de/cms-grundlagen/index.htm. Zugegriffen am 21.03.2014.

Deutsches Institut für Marketing (2012) Social Media Marketing in Unternehmen 2012. https://www.marketinginstitut.biz/blog/wp-content/uploads/2013/10/Studie-DIM-Social-Media-Marketing-in-Unternehmen_2012_121121.pdf. Zugegriffen am 28.07.2015.

Dieter J (2007) Checkliste zur Analyse von Websites. http://www.webrhetorik.de/Arbeit/Inhaltsverzeichnis/Checkliste_zur_Analyse_von_Website.pdf. Zugegriffen am 28.07.2015.

Ehrendorfer M (2013) Die 29 wichtigsten Online Marketing Kennzahlen. http://www.e-dialog.at/blog/die-29-wichtigsten-online-marketing-kennzahlen. Zugegriffen am 09.03.2015.

Elgün L, Karla J (2013) Social Media Monitoring; Chancen und Risiken. Controlling & Management Review 1:51–57.

Engelken T (2014) Targeting; Methoden und Lösungsansätze-Praxis. http://www.onlinemarketing-praxis.de/targeting/targeting-methoden-und-loesungsansaetze. Zugegriffen am 30.10.2014.

Erlhofer S (2012) Suchmaschinen-Optimierung. Galileo Press, Bonn.

Eurostat (2015) Unternehmen mit einer Website. http://appsso.eurostat.ec.europa.eu/nui/show.do?dataset=isoc_ci_cd_en2&lang=de. Zugegriffen am 03.08.2015.

Facebook (2015) Kosten und Budgets von Werbekampagnen. http://www.facebook.com/help/318171828273417. Zugegriffen am 27.03.2014.

GMX Newsroom (2013) Vom Uni-Projekt zum täglichen Werkzeug; Die Geschichte der Suchmaschinen. http://newsroom.gmx.net/2013/11/27/suchmaschinen-vom-universitaetsprojekt-zum-taeglichen-recherchewerkzeug/. Zugegriffen am 23.12.2014.

Google (2014) Consumer Barometer. https://www.consumerbarometer.com/en/graph-builder/?question=S19&filter=country:germany. Zugegriffen am 27.11.2014.

Gremm D (2009) KPI Kennzahlen Web Controlling; Die Checkliste für Ihren Interneterfolg. http://www.daniel-gremm.de/kpi-kennzahlen-web-controlling-checkliste/674. Zugegriffen am 09.03.2015.

Gutt M (2011) Suchmaschinenoptimierung & -marketing. http://www.seowriter.de/youtube-downloader-spyware-missbrauch-amazon-partnerprogramm. Zugegriffen am 26.07.2015.

Hammer N, Bensmann K (2011) Webdesign für Studium und Beruf; Webseiten planen, gestalten und umsetzen. Springer, Berlin, Heidelberg.

Hampel S (2011) Werbewirksames E-Mail-Marketing; Eine experimentelle Studie zur Wirkung formaler Gestaltungselemente der E-Mail-Kommunikation auf ausgewählte Konstrukte des Konsumentenverhaltens. Logos, Berlin.

Heymann-Reder D (2011) Social Media Marketing; Erfolgreiche Strategien für Sie und Ihr Unternehmen. Addison Wesley, München.

Hintermaier A (2015) Grundlagen zur Erstellung von Websites. http://www.muc.kobis.de/fileadmin/muc_kobis_images/startseite/pdf/webdesign-intro.pdf.

Horn P (2014) SEO Rankingfaktoren 2014. http://nblogs.de/seo-rankingfaktoren-2014-darauf-kommt-es-an-2757/. Zugegriffen am 23.12.2014.

HTML (2015) Wie funktioniert CSS? http://de.html.net/tutorials/css/lesson2.php. Zugegriffen am 26.07.2015.

Hünebeck D (2014) Adserver. http://wifimaku.com/online-marketing/digitale-werbung/adserver. Zugegriffen am 28.07.2015.

ITWissen (2015) E-mail. http://www.itwissen.info/definition/lexikon/electronic-mail-E-mail-Elektronische-Post.html. Zugegriffen am 28.07.2015.

Jacob M (2014) Kundenorientierte Evaluation von Webpräsenzen. Wirtschaftsinformatik & Management 5:50–57.

Jacobsen J (2009) Website-Konzeption; Erfolgreiche Websites planen, umsetzen und betreiben. Addison Wesley, München.

Jelinek J (2012) Facebook-Marketing für Einsteiger. Addison Wesley, München.

Jodeleit B (2010) Social Media Relations; Leitfaden für erfolgreiche PR-Strategien und Öffentlichkeitsarbeit im Web 2.0. dpunkt, Heidelberg.

Justitz R (2011) Einführung in die effektive und strategische Suchmaschinenoptimierung. Books on Demand, Norderstedt.

Kester M (2006) Affiliate-Marketing für B2C-online-Shops; Grundlagen, Methoden und Ausprägungen in der Praxis. Books on Demand, Norderstedt.

Klopp M (2012) So nutzen Sie das Internet als Motor Ihrer Akquise. http://www.kundengewinnung-internet.de/akquise-online.html. Zugegriffen am 26.03.2014.

Krampen T (2012) Social-Media-Monitoring. http://www.affiliatemarketing.de/wp-content/uploads/2013/05/Social-Media-Monitoring.pdf. Zugegriffen am 27.11.2014.

Kreissl H (2010) Workflow Management in webbasierten Content Management Systemen. Grin, München.

Kreutzer RT (2014) Praxisorientiertes Online-Marketing; Konzepte – Instrumente – Checklisten. Gabler, Wiesbaden.

Kreutzer RT, Blind J (2014) Praxisorientiertes Online-Marketing; Konzepte – Instrumente – Checklisten. Gabler, Wiesbaden.

Lammenett E (2012) Praxiswissen Online-Marketing. Gabler, Wiesbaden.

Lammenett E (2014) Praxiswissen Online-Marketing; Affiliate- und E-Mail-Marketing, Suchmaschinenmarketing, Online-Werbung, Social Media, Online-PR. Gabler, Wiesbaden.

Lieven von S (2014) 7 digitale Marketing Trends 2015. http://www.artegic.de/files/0,0/1836/artegic_WP_7trends.pdf. Zugegriffen am 15.10.2014.

Mag-tutorials (2015) Google Adwords Hijacking Methoden. http://www.mag-tutorials.de/tutorials/ratgeber/google-adwords-hijacking-methoden/. Zugegriffen am 26.07.2015.

Martin D (2014) Suchmaschinenmarketing. http://www.vicom-search.com/suchmaschinenmarketing/. Zugegriffen am 23.12.2014.

Müller D (2015) PHP. http://www.omkt.de/php/. Zugegriffen am 26.07.2015.

Neue Mediengesellschaft Ulm (2015) Ist Betrug noch ein Problem im Affiliate-Marketing? http://www.internetworld.de/onlinemarketing/affiliate-marketing/affiliate-marketing-branche-im-aufschwung-928709.html?page=1_ist-betrug-noch-ein-problem-im-affiliate-marketing. Zugegriffen am 27.07.2015.

Nielsen J (2000) Designing Web usability. New Riders, Berkeley.

Nielsen Norman Group (2015) Web Usability. http://www.nngroup.com/topic/web-usability/. Zugegriffen am 28.07.2015.

Online-Lotse (2015) Webseiten Programmierung. http://www.online-lotse.de/html/index.php. Zugegriffen am 26.07.2015.

Onlinemarketing-Praxis (2014) Suchmaschinen im Internet. http://www.onlinemarketing-praxis.de/suchmaschinenmarketing/suchmaschinen-im-internet. Zugegriffen am 23.12.2014.

Onlinemarketing-Praxis (2015) Definition Website. http://www.onlinemarketing-praxis.de/glossar/website. Zugegriffen am 28.07.2015.

Peherstorfer L (2013) Social media für die Suchmaschinenoptimierung; Wie wirken sich Facebook, Google+ und Co. auf das Ranking ihrer Webseite aus? Diplomica, Hamburg.

Pieper S (2013) Ziele im E-Mail Marketing definieren. http://www.artegic.de/blog/ziele-im-e-mail-marketing-definieren/. Zugegriffen am 28.07.2015.

Projecter (2015) Affiliate Reporting und Erfolgsmessung. http://www.projecter.de/blog/affiliate-marketing/affiliate-reporting-den-erfolg-des-partnerprogramms-bewerten.html. Zugegriffen am 26.07.2015.

Röring S (2011) Websites optimieren für Google & Co. Entwickler Press, Frankfurt am Main.

Rothe S (2003) Was ist Usability? http://www.stero.de/usability.htm. Zugegriffen am 03.04.2013.

Rubenson C (2014) Affiliate-Marketing. http://wifimaku.com/online-marketing/affiliate-marketing. Zugegriffen am 28.07.2015.

Rudlof C (2006) Handbuch Software-Ergonomie; Usability Engineering. http://www.ukpt.de/pages/dateien/software-ergonomie.pdf. Zugegriffen am 28.07.2015.

Rupp S (2010) Google-Marketing; Werben mit AdWords, Analytics, AdSense & Co. Markt + Technik, München.

Schiffelholz R (2014) Kennzahlen im E-Mail-Marketing. http://blog.inxmail.de/erfolgsmessung-und-optimierung/kennzahlen-e-mail-marketing/. Zugegriffen am 15.10.2014.

Schröter A, Westermeyer P, Müller C, Schlottke T (2012) Die Zukunft des Display Advertising. http://rtb-buch.de/rtb_fibel.pdf. Zugegriffen am 28.07.2015.

Schwarz T (2007) Professionelle Newsletter. http://www.email-marketing-forum.de/Fachartikel/details/Professionelle-Newsletter/8164. Zugegriffen am 15.10.2014.

SEO-Küche (2014) Dynamische Seiten sind für Suchmaschinen optimierbar. http://www.seo-kueche.de/seo-lexikon/dynamische-seiten/. Zugegriffen am 26.03.2014.

Sistrix (2015) Was ist der Unterschied zwischen einer URL, Domain, Subdomain, Hostnamen usw.? http://www.sistrix.de/frag-sistrix/onpage-optimierung/was-ist-der-unterschied-zwischen-einer-url-domain-subdomain-hostnamen-usw/. Zugegriffen am 28.07.2015.

Stahl E (2012) E-Commerce-Leitfaden; Noch erfolgreicher im elektronischen Handel. Univ.-Verlag Regensburg, Regensburg.

Statista (2014a) Führt Ihr Unternehmen generell Social Media Aktivitäten durch? http://de.statista.com/statistik/daten/studie/214149/umfrage/nutzung-von-social-media-durch-unternehmen/. Zugegriffen am 27.11.2014.

Statista (2014b) Marktanteile führender Suchmaschinen in Deutschland im Februar 2015. http://de.statista.com/statistik/daten/studie/167841/umfrage/marktanteile-ausgewaehlter-suchmaschinen-in-deutschland/. Zugegriffen am 23.12.2014.

Statistisches Bundesamt (2014) Unternehmen mit Nutzung von Social Media nach Social Media-Plattformen und Beschäftigtengrößenklassen im Jahr 2014. https://www.destatis.de/DE/ZahlenFakten/GesamtwirtschaftUmwelt/UnternehmenHandwerk/IKTUnternehmen/Tabellen/05_NutzungSocialMedia_IKT_Unternehmen.html. Zugegriffen am 31.07.2015.

Tollert D (2009) Die Provisionsgestaltung im Affiliate Marketing; Eine Analyse auf der Basis der Prinzipal-Agent-Theorie. Kohlhammer, Stuttgart.

Tomorrow Focus Media (2013) Social Trends – Social Media. http://www.tomorrow-focus-media.de/fileadmin/customer_files/public_files/downloads/studien/TFM_SocialTrends_SocialMedia.pdf. Zugegriffen am 27.11.2014.

Trautmann S (2012) Werbung im Internet; Aktuelle Erscheinungsformen. Grin, München.

Tüting A (2011) Webseiten erstellen mit Joomla! 1.7. Franzis, Poing.

Ullrich S (2014) Social Media in Unternehmen. http://bvdw-socialmedia.de/bvdw-studie-social-media-in-unternehmen/. Zugegriffen am 27.11.2014.

Unternehmer (2013) Trends im Bereich E-Mail Marketing. http://www.unternehmer.de/marketing-vertrieb/147382-trends-im-bereich-e-mail-marketing. Zugegriffen am 28.07.2015.

Weinberg T, Pahrmann C, Ladwig W (2012) Social Media Marketing; Strategien für Twitter, Facebook & Co. O'Reilly, Köln.

Windfelder K (2015) Affiliate-Netzwerk-Vergleichstabelle. http://www.100partnerprogramme.de/nc/affiliate-netzwerke/netzwerk-vergleich.html. Zugegriffen am 26.07.015.

Zanox (2015a) Affiliate-Netzwerk-Vergleichstabelle. http://www.100partnerprogramme.de/nc/affiliate-netzwerke/netzwerk-vergleich.html. Zugegriffen am 26.07.2015.

Zanox (2015b) Zanox enables performance-based marketing of mobile apps and offers app tracking for iOS and Android. http://www.zanox.com/gb/publicrelation/zanox-enables-

performance-based-marketing-of-mobile-apps-and-offers-app-tracking-for-iOS-and-Android-00033/. Zugegriffen am 26.07.2015.
Zanox (2015c) Zanox Mobile Performance Barometer. http://www.zanox.com/export/sites/zanox/gb/.content/images/pr-images/zanox-mobile-performance-barometer-2015.pdf.
Zarrella D (2012) Das Social-Media-Marketing-Buch. O'Reilly, Köln.
Zebisch S (2010) Google AdWords; Punktgenau und zielgerichtet werben. Business Village, Göttingen.
Zier T (2008) Markenführung und Werbewirkung im Internet. Grin, München.

Stichwortverzeichnis

© Springer Fachmedien Wiesbaden 2015

M. Jacob, *Integriertes Online-Marketing*, DOI 10.1007/978-3-658-10754-3

Printed in the United States
By Bookmasters